갈릴리로 오라

마태복음에 나타난 하나님 나라 묵상

〈개정판〉

김 대 옥 지음

기독교문서선교회

기독교문서선교회(Christian Literature Crusade: 약칭 **CLC**)는
1941년 영국 콜체스터에서 켄 아담스에 의해 시작되었으며
국제 본부는 영국의 쉐필드에 있습니다.
국제 CLC는 59개 나라에서 180개의 본부를 두고, 약 650여 명의
선교사들이 이동도서차량 40대를 이용하여 문서 보급에 힘쓰고 있으며
이메일 주문을 통해 130여 국으로 책을 공급하고 있습니다.
한국 CLC는 청교도적 복음주의 신학과 신앙서적을 출판하는
문서선교기관으로서, 한 영혼이라도 구원되길 소망하면서
주님이 오시는 그날까지 최선을 다할 것입니다.

Come to Galilee
A Meditation on the Kingdom of God Revealed in Matthew

by
Daeok Kim

Korean Edition
Copyright © 2014 by Christian Literature Crusade
Seoul, Korea

❦ 일러두기

별도의 언급이 없는 한 본서에 인용된 성경은 개역개정판입니다.

·

주님의 양 떼를 돌보며

하나님 나라의 확장을 도모하는

이 땅의 모든 이들에게 바친다

·

추천사 1

강성열 박사
호남신학대학교 구약학 교수

사랑하는 제자요, 주님 나라의 동역자인 김대옥 목사의 『갈릴리로 오라』를 추천하게 되어 기쁘게 생각한다. 한 권의 책을 만들어 낸다는 게 결코 쉬운 일은 아니다. 구약 전공자로서 많은 책들을 저술해 보고, 번역해 본 추천자로서도 한 권의 책을 만들기 위해 긴 글을 쓰고 다듬고 정리하는 작업이 쉽지 않다는 것을 잘 알고 있다. 그런데도 저자는 이미 몇 권의 책을 출판한 경험을 바탕으로, 개인적으로 마태복음을 묵상하기도 하고 또 그것을 청년 대학생들과 함께 나누기도 하면서, 긴 원고 여정을 성공적으로 잘 마무리한 것 같다. 그것은 서론에서부터 물 흘러가듯이 자연스럽고도 매끄럽게 이어지는 저자의 맛깔스런 글에서 금방 드러난다.

복음서를 조금이라도 읽어본 사람은 예수님의 설교 핵심이 하나님 나라에 있다는 것을 부인하기 어렵다. 공생애를 시작하면서 맨 처음으로 설교하신 내용도 하나님 나라가 가까이 왔다는 것이었다. 이 점을 잘 알고 있는 저자는 『갈릴리로 오라』의 부제를 "마태복음에 드러난 하나님 나라 묵상"으로 정하였고, 책의 내용도 5부로 나누어 하나님 나라의 예고, 청사진, 실제, 강화, 위임 등으로 세분하였다. 그리고서는 이 다섯 가지의 하나님 나라 주제들에 맞추어 하나님 나라의 기원으로부터 시작하여 그 마지막에 이르기까지의 발전 과정을 본문 중심으로 흥미롭게 추적해가고 있다.

주지하는 바와 같이, 하나님 나라는 공동체이다. 그런데 예수님의 설교가 줄기차게 하나님 나라에 초점을 맞추고 있다는 것은, 성도들의 신앙과 삶 역시 하나님 나라 공동체에 속한 것이지 않으면 안 된다는 사실을 우리에게 가르쳐 준다. 달리 말해서 예수님을 믿는 사람들의 신앙과 삶은 본질적으로 하나님 나라 공동체에 속한 것이어야 하고, 처음부터 끝까지 그 안에서 움직이는 것이어야 함을 의미한다. 어찌 보면 이는 성도들의 신앙생활이 근본적으로 공동체성을 가지고 있는 것임을 의미한다. 신앙생활은 결코 혼자서 하는 것이 아니라 다른 성도들과의 사귐과 교통 속에서 하는 것이라는 얘기다. 이 점에서 볼 때, 하나님 나라 공동체에 초점을 맞춘 『갈릴리로 오라』는 이 땅의 성도들에게 신앙생활의 기본 원리를 가르쳐 주는 귀한 신앙 교본이 아닐 수 없다. 한국 교회의 목회자들과 성도들에게 이 책을 꼭 한 번 읽어볼 것을 적극 권한다.

추천사 2

김철해 박사
햇불트리니티신학대학원대학교 신약학 교수

예수님을 진실하게 믿는 것이 어떤 것인지 알고 그리고 성경을 본격적으로 체계적으로 읽고 싶어 하는 사람들에게 이 책을 추천한다. 특별히 성경 말씀의 의미가 별로 마음에 와 닿지 않는 사람들에게 『갈릴리로 오라』는 큰 도움을 줄 수 있는 책이다.

이 책은 여러 가지 특징이 있다.

첫째, 이 책에 담겨있는 저자의 삶의 음성을 들을 수 있는 책이다. 일찍 선교기관에서 철저하게 말씀으로 훈련받은 저자가 배운 말씀대로 살려고 노력하는 자신의 간증이 구석구석 담겨있다.

둘째, 하나님 나라와 그 의를 사모하는 저자가 선교지에서의 경험과 지금도 대학생들의 신앙을 지도하면서 철저하게 느끼고 있는 신앙 여정을 지도해 주는 책이다.

셋째, 성경에서 가장 먼저 접하게 되는 마태복음을 읽으면서 신앙의 뼈대와 말씀의 깊이를 동시에 갖추게 하는 책이다.

물질 만능과 지식의 홍수 속에서 방황하며 신앙의 혼란에 빠진 사람들에게 말씀에 따라 세상사는 법을 보여준다는 면에서 이 책을 강력하게 추천한다.

추천사 3

이상규 박사
고신대학교 교회사 교수

솔직히 나는 이 책의 원고를 보고 매우 놀랐다. 저자로부터 마태복음에 관한 묵상집 『갈릴리로 오라』를 출판한다는 이야기를 듣고 기존의 묵상집과 같은 책이려니 생각했으나 원고를 보니 나의 기대 이상이었다. 이전부터 김대옥 목사님을 알고 지냈지만, 이 책 원고를 읽고 나는 그를 다시 생각하게 되었다. 저자는 이 책이 '청년묵상 시리즈'의 시작이라고 했지만 '청년'만이 독자층일 수 없고, '묵상'만이 이 책의 목적이 아니며, 성격은 묵상 그 이상의 의미가 있다는 생각이 들었다.

이 책은 마태복음 스물여덟 장을 한 장씩 다루되 '하나님 나라'라는 관점에서 묵상하도록 꾸며져 있다. 하지만 실제로는 매 장마다 본문에 대한 해설과 주석까지 곁들인 매우 유용한 책이다. 이 책 한 권이면 마태복음의 메시지를 포괄적으로 이해할 수 있다는 생각이 들었고, 이 책의 안내를 받으며 묵상할 때, 우리 삶에 큰 변화를 줄 것이라는 확신이 생겼다. 실제로 마태복음에 대한 주석이나 해설서는 다양하다. 그러나 주석은 너무 진부하여 영적 동력이 부족하고 해설서는 너무 건조하여 감동을 주기 어렵다. 그런데 이 책은 해설과 주석의 성격까지 포함하면서도 묵상집으로 꾸며져 있기 때문에 마태복음 본문에 대한 바른 해설과 함께 하루하루의 삶에 대한 영적 각성과 감동을 줄 수 있는 책이라고 확신한다.

이 책에는 몇 가지 주목할 점이 있다.

첫째는 하나님 나라의 관점에서 집필되었다는 것이다. 하나님 나라라는 개념은 신약성경의 가장 중요한 개념이고, 마태복음도 예외일 수 없다. 비록 어자적으로는 마가복음이나 누가복음에는 '하나님 나라'

(Kingdom of God)가 많이 사용되었으나 마태복음에는 '하나님 나라,' 곧 '바실레이아 투 데우'는 4회 나오지만, '하늘나라'(Kingdom of Heaven), 곧 '바실레이아 톤 우라논'은 33회나 사용되었다. 이것은 유대인 독자를 고려한 흔적이 분명하지만, 마태복음의 주제는 하나님 나라(혹은 천국)임이 분명하다. 이점을 중시하여 '하나님 나라'라는 관점에서 마태복음 묵상을 기획한 것은 신학적으로 매우 적절하고도 타당한 시도라고 할 수 있다.

또 저자가 학생들을 가르치면서 실제로 사용한 바 있는 검증된 책이라는 점에서 우리에게 신뢰를 주고 있다. 무엇보다도 복음주의 신학 바탕에서 기술되었다는 점에서 신뢰할 만하다. 성경을 말한다고 해서 다 복음적이라고 말할 수 없다. 성경을 해석 혹은 해설하되 어떤 신학적 전통에서 성경을 읽는가에 따라 자유주의 혹은 알미니안주의가 될 수도 있고, 개혁주의가 될 수 있다. 이 책은 신학을 말하고 있지는 않고 그것이 목적이지도 않다. 그러나 건실한 신학적 바탕에서 이 책이 기술되었다.

저자는 건전한 신학교육기관에서 교육을 받고 학문적 수련을 거친 학식과 영성을 겸비한 인물이라는 점에서 이 책은 신뢰할 만하다.

이 책을 읽으면서 저자에게 꼭 하고 싶은 말이 있다. 마태복음을 시작으로 신약의 모든 책의 묵상집을 집필해 주기를 바란다. 나는 이 책이 하나님의 말씀을 묵상하고 믿음 가운데서 경건하게 살고자 하는 이들에게 큰 유익을 줄 것으로 확신한다. 우선 나 자신의 신앙생활을 위해서라도 이 책으로 묵상하고 싶다.

감/사/의/글

"우리 중에 이루어진 사실에 대하여 처음부터 목격자와 말씀의 일꾼 된 자들이 전하여 준 그대로 내력을 저술하려고 붓을 든 사람이 많은지라"(눅 1:1-2)라고 했던 누가의 기록과도 같이, 마태복음이나 하나님 나라를 주제로 붓을 든 앞서 간 선진들이 참으로 많았다. 그럼에도 그 많은 책 무더기 속에 이 두툼한 분량의 그리 특별하지도 않은 책 한 권을 더하면서 감사에 앞서 두려운 마음이 앞선다. 그러나 "그 모든 일을 근원부터 자세히 미루어 살핀 나도 데오빌로 각하에게 차례대로 써 보내는 것이 좋은 줄 알았노니 이는 각하가 알고 있는 바를 더 확실하게 하려 함이로다"(눅 1:3-4)라는 누가의 부연설명이 다소 필자의 마음을 대변하는 것 같아 용기를 냈다. 이 책에 담긴 필자의 작은 통찰들이, 예수 그리스도와 그분의 나라에 관한 확신함에 이르는 또 하나의 작은 길을 낼 수 있기를 기대하며 독자들 앞에 내어 놓는다.

사실 이 책은 필자의 의도적인 집필의 소산이라기보다는 오히려 마태복음 자체가, 아니 그 책을 통해 예수님이 가르쳐 주시는 말씀을 배우며 기록한 강의노트 정도라 말하는 것이 더 정확하겠다. 복음서를 통해 필자는 예수님을 따라 길을 나선 여행자가 되어, 그분이 이끌어 가시는 대로 뒤를 따르며 그 가르치시는 바를 받아 적어 온 셈이다. 한마디로 이 책은 마태복음을 중심으로 하나님 나라를 탐구했던 필자의 복된 묵상 누림의 열매다. 책은 그 과정에서 예수님을 더 가까이에서 발견하기 위해, 그분의 선포와 사역의 핵심인 하나님 나라의 바른 원형을 붙잡기 위해 씨름해 온 부산물이다.

이를 위해 필자는 오늘 우리가 머무는 삶의 자리라는 배경 위에서 복음서를 새롭게 펼치고자 했다. 예수님의 말씀과 행적을 새로이 더듬어 보고자 마음을 기울였다. 당연한 귀결이지만, 그 과정에서 많은 소중한 것들을 깨닫고 배울 수 있었고, 그것들을 자신의 일상 삶에 적용하며 살아내기 위한 씨름은 적지 않았다. 그와 동시에, 양육하던 소그룹 순장들과 캠퍼스 한쪽 강의실에 둘러앉아 우리가 살아가는 세계 속에서 실현될 하나님 나라를 꿈꾸며, 함께 배움을 추구하며, 기도하고 성찰하며, 현실적인 적용들을 고민하기도 했다. 그러한 과정에서, 우리를 통해 세상 속에 현현하셔야 할 예수 그리스도와 이 세상 한복판에 실현되어야 할 하나님 나라의 핵심가치 그리고 그 나라 삶의 방식들을 재발견할 수 있었고, 필자는 이것들을 한 단락, 한 단락 글로 이어왔다.

이 과정은 성경을 더욱 현실적으로 이해할 수 있게 해 준 놀라운 축복의 시간이었다. 본래부터 성경에 내재해 있었지만, 그리고 오랜 역사 속에서 목소리를 발해왔지만 제대로 듣지 못했던 성경의 진정한 목소리들을 생생하게 들을 수 있었다. 묵상하는 본문 속에서 예수님은 생생하게 다가오셨고, 그분의 음성은 또렷했고, 그분의 명령 앞에 구체적으로 설 수 있었다. 피상화 되어 있던 예수님과 그의 나라가 내 안에서 실재가 되어 왔다.

그동안 필자는 성경 안에 길이 있음을 청년 대학생들에게 지속해서 안내해 주고자 애써왔다. 성경은 단순히 종교생활의 안내서쯤이 아니라, 그 안에서 예수님을 만나고, 그 예수님이 바로 그 길(the way) 되심을 발견할 수 있도록 안내하고 싶었다. 그리하여 그들이 고민하고 씨름하고 살아가는 삶의 제반 영역에 대한 근본적 해답(the answer), 곧 주(The Lord)가 되심을 고백하며 가장 정상적인 그리스도인의 삶을 살아낼 수 있기를 바라왔다. 이 책은 그런 기대에 미력이나마 보탬이 될까 하여 용기 내어 내놓는 한 작은 열매다.

하지만 돌아볼수록 부족함 투성이다. 그것은 필자 존재의 폭과 깊이와 비례하는 것임을 부정하지 않는다. 하지만 계속 붙들고만 있을 수 없어 부끄러워 붉어진 얼굴 모습 그대로 세상에 내어 놓는다. 부디 이 책이 당신 곁의 작은 묵상의 동반자가 되기를 소망한다. 이 책을 읽는 독자 모두가 마태복음을 통해 생생히 대면하게 되는 주 예수님과 그분 안에서 흐르는 하나님 나라를 좀 더 구체적으로 인식하고, 삶의 현장에서 그 나라를 살아내고 싶은 열망이 가득하여지기를 바라는 마음 간절하다.

글을 마무리하면서 이 책이 나오기까지 함께 관심을 가지고 격려하며 조언을 더해준 여러 지인들에게 감사한다. 더 나은 글이 될 수 있도록 미리 읽어 주시고 여러 생각을 나눠 주신 바른교회아카데미의 김상욱 목사님, 구세군 전라지방 청년담당관이신 김성훈 사관님, 포항성결교회의 박영주 사모님, 한동대학교 교목실의 김향미 간사님에게 감사드린다. 그리고 제자의 부족한 글에 애정 어린 귀한 추천의 글을 적어 주신 두 분 은사이신 강성열 교수님과 김철해 교수님 그리고 먼 발치에서도 따뜻한 격려를 아끼지 아니하시는 이상규 교수님에게도 진심으로 감사드린다.

또한 늘 사랑으로 돌보아 주셨던 형님과 누님 가족 모두에게, 앞서 길 가시면서 직·간접적으로 가르쳐 주신 모든 스승께, 함께 동역하는 한동의 모든 교수와 교목실 식구들, 공동체의 순장들에게도 감사한다. 또한 지난 20년간 사랑으로 동역해 준 아내와 늘 아빠를 응원하는 사랑하는 아들 진이와 딸 수에게 감사를 빼놓을 수 없다.

끝으로 필자의 기대가 현실이 되도록 부족한 책을 세상에 내어 주신 CLC 박영호 사장님에게 감사드린다. 하지만 무엇보다도, 이 복된 한동의 공동체 안으로 불러주신 하나님, 이 책에서 꿈꾸는 하나님 나라를 부여해 주신 예수님 그리고 이 책에 표현된 생각들을 주신 성령께 모든 감사와 영광을 돌려 드린다.

2012년 2월 22일
한동대학교 캠퍼스에서 저자 드림

개/정/판/에/부/쳐

초판본이 나온 지 어느덧 두 해가 흘렀다. 부족하고 또 많은 분량의 글임에도 그동안 많은 이들이 이 책을 읽어 주었고, 이를 통해 새로운 도전과 삶의 전환점을 얻게 되었다고 했다. 특히 이 책은 자신의 신앙 전반에 대해 많은 것을 생각하게 하였다는 반응을 보내주었다. 각자가 서로 다른 신앙 유형을 가지고 또 서로 다른 생각과 적용을 가지고 살아가지만, 필자와의 나눔을 통해 자신과는 다른 해석과 지평을 얻어내는 계기를 얻는다면, 그래서 자신의 신앙을 성찰하고 더 나은 삶을 추스르는 기회를 얻어 갈 수 있다면 필자로서는 참 감사한 일이다.

그동안 필자는 청년들의 신앙 현실과 영적 갈망, 그리고 성경이 제공하는 구원의 실재 사이의 간격을 인식하고, 부족하나마 이 책을 통해 그 간격들을 메워 보고자 마음 썼다. 지금도 필자가 만나는 많은 청년들은 여전히 예수님의 맨얼굴과 그의 삶과 죽음의 실재에 대해 낯설어한다. 그들은 그분의 메시지인 하나님 나라에 대해 피상적이며 어느 분의 표현처럼 몹시 '지구 탈출적' 관점을 소유하고 있다. 많은 원인 중에서도, 그들이 자라난 모판의 토양과 그 자양분을 생각하지 않을 수 없다. 대중적 기독교의 이해는 여전히 한 '개인'이 '훗날 죽어서' '천상천국'으로 그 '영혼'이 들어간다는 구원개념을 고정화하고 있다. 하지만 성경이 강조하고 있는 구원의 실상은 '모든 이'들이 '지금' '이 땅에서' 그 '전인적 존재가' 구현하고 누릴 '총체적 하나님 나라'인 것이다.

문제는 이 이해가 각자의 신앙 형태와 내용을 결정해 버린다는 점이다. 일반화의 우려가 있긴 하지만 대략 구분해 볼 때, 그 이해는 그리스도인으로 하여금 사적이고 개인적 영성에 충실하여 다분히 착하게 살아가는 체제 순응형 그리스도인으로 살게 하거나, 또는 공적이고 사회적 영성을 체득하고 기독교의 지평이 온 창조세계의 회복된 현실에 미치는 것을 이해하고 다분히 현실 참여적인 그리스도인으로 살아가게 한다. 그것은 교회 내부형 그리스도인과 세상 변혁형 그리스도인으로 구분되게 한다.

이러한 이해를 확산하기 위해 필자는 여전히 이 부족한 책이 좀 더 읽힐 필요가 있다고 생각했다. 복음서가 그려주는 예수님과 하나님 나라를 잘 이해할 때, 다른 성경을 이해하고 또 살아내는 데 있어서 중요한 토대가 될 것이라는 확신이 있기 때문이다. 예수님은 많은 가르침을 통해 우리를 자유롭게 하고자 하신다. 나아가 그 복음으로 자유롭게 된 우리가 여전히 포로 되고 억눌린 세상을 자유롭게 하기를 꿈꾸신다. 그러한 현실을 맞이하기 위해 오늘은 그 갈릴리에 오셔서 가르치시는 예수님 앞에 머물러야 한다. 그 배움을 통해 하나님 나라는 더욱 가열차게 회복되어 갈 것이다. 이 책을 통해 예수님과 하나님 나라의 가치를 보다 뚜렷하게 인식하고 그것을 어떻게 실현해 낼까 고민하며 살아가고자 하는 독자들이 많아지기를 기대한다.

개정판에는 가급적 초판본의 흐름을 유지하되 불필요한 군더더기를 제하고 하나님 나라의 주제 안에서 전체적인 조화를 꾀해보았다. 처음에는 대폭 수정을 고려했지만 이것도 필자의 한 소중한 분신임을 생각하면서 이번 책은 이쯤에서 마감하기로 한다. 여기에 다 담아 내지 못한 내용들은 앞으로 더 배워가면서 다음 글들에 담아보겠다는 다짐으로 그 아쉬움을 달래본다.

이 책과 더불어 하나님 나라를 상고해 갈 친애하는 모든 독자들을 축복한다.

2014년 2월
김대옥

차 례

추천사 1 (강성열 박사, 호남신학대학교 구약학 교수)　6
추천사 2 (김철해 박사, 횃불트리니티신학대학원대학교 신약학 교수)　8
추천사 3 (이상규 박사, 고신대학교 교회사 교수)　9
감사의 글　11
개정판에 부쳐　14

머리말　18

1부 하나님 나라의 예고

제1장　왕의 등장　33
제2장　하나님 나라의 전야　43
제3장　하나님 나라의 예고　49
제4장　하나님 나라의 시작　57

2부 하나님 나라의 청사진

제5장　하나님 나라의 선포　79
제6장　하나님 나라의 추구　109
제7장　하나님 나라의 실현　139

3부 하나님 나라의 실제

제8장　하나님 나라의 임함　155
제9장　하나님 나라의 확장　165
제10장　하나님 나라의 제자도　185
제11장　하나님 나라에 대한 오해　197

제12장 하나님 나라의 해석   207
제13장 하나님 나라의 실제   223
제14장 하나님 나라의 경험   239
제15장 하나님 나라의 현실   253
제16장 하나님 나라에의 저항   263
제17장 하나님 나라에 드리우는 그늘   273

4부 하나님 나라 강화

제18장 하나님 나라의 관계   285
제19장 하나님 나라의 주빈   297
제20장 하나님 나라의 주인   315
제21장 하나님 나라의 혁신   327
제22장 하나님 나라 강화   339
제23장 하나님 나라의 화음   353

5부 하나님 나라의 위임

제24장 환난의 날, 세상 끝에는   365
제25장 결산의 날, 양과 염소와 같이   377
제26장 배반의 날, 나는 그를 모른다   387
제27장 운명의 날, 다 이루었다   415
제28장 부활의 날, 하나님 나라의 위임   429

꼬리말   442
참고도서   446

머/리/말

예수님과 하나님 나라

오늘날 우리 그리스도인들의 삶에서 '예수님'은 무척 피상적인 존재로 전락해 있는 것 같다. 삶의 현장에서 예수님은 무척 먼 존재가 되었다. 그분은 우리의 신앙 속에서 인격적 대상으로 확인되기보다는 상투적인 종교적 예배대상으로 물러가 계신다. 예배의식 안에서는 익숙하고 유용한 이름으로 남을 뿐, 그분은 보이는 현실에서 실재(the reality)로 인식되지 못한다. 심지어 그 이름은 교회 안에서조차 세속화되어 성공과 부, 또는 아예 어떤 종교지도자들이 손에 쥐고 휘두르는 권력행사의 도구로 수단화되어 있다. 그 이름에 우주와 창조와 세계와 나와 너의 온 존재가 의존적으로 달려 있다는 통찰은 희미해진 지 오래다. 그래서 세상은 더 이상 이 땅을 변혁하시던 예수님의 모습을 발견하기 어렵다. 예수님은 이제 교회에서나 세상에서나 여지없는 종이호랑이가 되어 계신다. 교회의 예전들 속에 갇혀, 중세 성당에 장식된 스테인드글라스 속에 멈춰 서신 모습 정도의 형국이라면 너무 과한 진단일까?

'하나님 나라'는 어떠한가? 예수님이 그러한데 하나님 나라는 더한 형편이 아니겠는가? 하나님 나라는 여전히 언젠가 죽음 이후에나 경험될 저 너머의 세계 차원으로만 이해되는 형편이다. 종종 길거리와 지하철 속에서 전도의 이름으로 만나게 되는 '예수천당'의 표어 만큼이다. 이 구호는 오늘날 우리 그리스도인들의 하나님 나라에 대한 이해를 요약하는 말처럼도 들린다. 그런데 애석하게도 물질 만능과 과학주의가 편만한 오늘의 세상은 그러한 개념 정도의 천국은 동경의 대상이란 지위마저 부여하지 않는다. 그 세상을 살아가는 그리스도인들도 그 양쪽을 서성이며 방황한다.

오늘의 부요한 현실은 다가올 천국에 대한 믿음도 희미하게 만든다. '세상 속의 천국시민'이란 정체성은 다분히 통합되지 못한 채 세상과 천국의 이분된 사고만을 양산한다. 그러다 보니 정작 예수님이 강조하신 땅 위의 현실에서 실현되어야 할 하나님 나라는 그리스도인의 주요 관심사가 되지 못한다. 이상하리만치 사람들은 예수님이 그토록 목숨 내어 가르치신 이 땅에서의 천국적 현실에 관심이 없다. 그러는 사이, 성도들이 그토록 회피하고 싶은 지옥의 현실은 이 땅 위에서 편만해져 간다.

심지어 그것은 우리의 많은 기독교 사역자들 안에서도 모호해 보인다. 그들 안에서도 하나님 나라가 함축하는 의미와 실제가 무엇인지, 그리스도인의 삶에서 그것이 어떤 의미가 있는지 모호하여, 설교나 교육을 통해 제대로 전달되지 않는다. 삶의 지향점으로 제시되지도 않는다. 따라서 성도들은 하나님 나라의 실제를 도전받지도 않으며, 살아보거나 경험할 기회조차 얻지 못한다. 그동안 그 영광스런 실재인 하나님 나라는 교회가 지향하는 꿈도, 비전도 되지 못한다. 그것은 여전히 죽음 저 너머에서나 경험하게 될 피상적 이상향으로 잠들어 있다.

하지만 실상 하나님 나라는 우리 주 예수님의 꿈이요, 역점이요, 소망이요, 유업이다. 그것은 예수님 자신의 실재요, 그분의 오심이요, 그분의 온 생애요, 죽음과 부활이요, 다시 오심의 주제다. 그것은 그러한 신적 현실을 통해 형성된 그리스도의 몸 된 교회, 곧 나와 너와 우리의 청사진이요 동시에 존재 이유다. 그럼에도 그 하나님 나라는 우리 안에서 희미하고, 다분히 피상적이며, 우리의 관심사 밖에 있다. 상황이 이러하다면, 먼저 우리 스스로 물어야 할 질문이 있다.

"우리가 그리스도인이 맞는가?"

마태복음과의 만남

'성경을 접할 때 맨 처음으로 읽게 된 책'이 마태복음이라는 이들이 많은 만큼, 어쩌면 마태복음만큼 사람들에게 익숙하고 또 사랑을 받는 책도 드물 것이다. 두렵지만, 바로 그 이유 때문에 많은 이들에게 마태복음은 식상한 책이 되어버렸을지도 모를 일이다. 하지만 예수님과 그의 나라에 관한 한 마태복음 한 권만으로도 충분하다 할 만큼, 이 책은 복음의 진수, 곧 그리스도와 하나님 나라의 모든 것을 담고 있다. 그만큼 읽고 묵상하는 이들로 하여금 구체적으로 예수님을 만나게 하고, 하나님 나라의 삶을 그리게 하며, 어떻게 그 나라를 위한 진정한 삶을 살 것인가를 고민하게 한다.

마태복음은 독특한 탄생기사부터 시작하여 예수님의 말씀과 사역들을 매우 상세한 묘사를 통해 소개하고 있다. 그 핵심은 하나님 나라의 임함이다. 산상수훈은 그중에서도 모든 이들이 찬사를 아끼지 않는 하나님 나라에 대한 예수님의 가르침의 백미다. 그 나라에 대한 엄청난 비유들과 교훈들과 생생한 이야기들이 산정에서, 호숫가에서, 나아가 광야에서 줄기차게 들려진다. 개인의 집에서, 회당과 성전에서, 길가에서, 시장에서, 법정에서, 심지어 사형장에서까지 하나님 나라의 비밀은 거침없이 열린다. 수많은 등장인물의 성격과 언행들이 구체적으로 묘사되며, 그들이 어떻게 예수님을 인식해 가는지, 예수님과의 만남을 통해 어떻게 하나님 나라를 발견하는지를 소상히 들려준다. 특히 예수님의 십자가와 부활에 관한 일련의 기사들은 몹시 생생하게 기술되어, 그 동산에서의 땀방울과 십자가상의 피비린내까지 우리의 시선과 콧잔등에 다가와 있을 정도다.

또한 마태복음이 펼쳐주는 현장의 구석구석에는 이 땅의 지옥 같은 현실에서 경험하는 숱한 인생들의 실패가 있고, 편견, 질병과 죽음과 억압과 살해와 반목과 질시와 무질서와 혼돈과 총체적 고통이 있다. 하지만 바로 거기에 하나님 나라가 임해온다. 바로 거기에 예수님이 오셔서 '임마누엘'로 계시고, 문제투성이의 삶의 현장에 예수님의 발길이 임하고, 소망 없는 인생들의 삶에 생명을 주는 예수님의 말씀이 임하고, 죽어가는 실상 속에서 오히려 진정한 삶(생명)을 얻는 하나님 나라가 임해온다. 예수님과 그 행적들 속에서 온통 하늘나라가 임해 온다. 마치 '하늘에서 이룬 것 같이 땅에서도' 이루어지고 있다.

마태복음은 처음 기록된 이후로 오랜 세월 동안 하나님의 백성에 의해 읽혀 오면서 변함없이 예수님을 드러내고, 하나님 나라에 대한 우렁찬 목소리를 높여 왔다. 그 자세를 흐트러뜨린 적도 없고, 목소리를 바꾼 적도, 그 핵심 메시지를 변경한 적도 없다. 하지만 세월이 흐르고 시대가 변해 오는 동안, 교회는 이 목소리를 다르게 듣거나, 취사선택하거나, 심지어는 심정적으로 폐기하여서 순전히 반응하지 못했다. 그 때문에 오늘날 독자에게 이 복음서의 원형이 보여주는 예수님과 그분이 들려주시는 하나님 나라의 소식은 매우 생경하게 들린다. 그래서 마태복음은 그처럼 모두에게 '익숙한' 책이면서도 동시에 실제로는 그렇게 '생경한' 책이다.

복음서가 나를 읽다

일반적으로 오늘날 독자들에게 있어서 예수님에 관해서라면 그리 새로울 것이 없다. 신앙생활에 마음을 쓰면서 성경도 읽고, 알려진 신앙 서적도 나름 읽어 온 독자들은 적어도 예수님에 대해서는 좀 안다고 자부할 것이다. 하지만 나는 이러한 생각에 이의를 제기하고 싶다. 즉 '내가 그렇게 자부하는 만큼이나 나는 예수님을 오해하고 있을 수 있다'는 사실이다. 더욱 심각한 것은 그러한 실상을 나 자신은 미처 깨닫지 못할 수도 있다. 또한 자신은 예수님이 말씀하신 대로 살고 싶은 의욕도 열정도 가지고 있고, 그 마음으로 선행과 봉사도 잊지 않고 살고 있기 때문에, 적어도 자신은 '예수님 편'에 서 있다고 간주할지도 모르겠다. 하지만 자신을 그렇게 간주하고 사는 것에 비례하여 현실은 정작 내가 예수님의 반대편에 서 있을 수도 있다!

이것이 바로 이번 묵상 여정을 통해 뼈저리게 통감한 나 자신의 깨달음이다. 묵상의 기회를 따라 예수님의 말씀을 속속들이 읽어가면서 그리고 거기에서 발견한 예수님의 깊은 속내를 조금씩 더욱 세밀히 알아가면서, 내가 알고 있었던 예수님과 성경 속에 기록된 예수님 사이에는 엄청난 간격이 생겨있음을 발견하게 되었다. 그리고 내가 생각해 왔던 것과는 달리, 예수님이 그토록 혐오하시던 적대자들 편에 서 있는 나 자신의 모습을 똑똑히 발견하게 되었다.

예수님의 말씀을 소상히 살펴볼수록 내가 알고 있던 예수님이 성경에 기록된 예수님의 본모습이 아니라, 내가 들어왔던 예수님 그리고 내가 상상해 온 예수님이었음을 발견하게 되었다. 말씀을 통해 예수님의 원래 모습에 더욱 근접해 갈수록 그분의 말씀과 그 의도, 그 말씀에 따른 내 삶에서의 적용이 분명해졌다. 말씀에 더 가까이 다가서 보면, 오히려 그 말씀에 너무도 멀어져 있는 자신을 보게 되는 역설적 경험이 뒤따랐다. 결국 나의 마태복음 묵상의 여정은, 내가 마태복음을 읽은 것이 아니라 복음서의 말씀이 나를 읽어낸 것이 되었다.

이처럼 복음서를 읽는다는 것은 나 자신의 진실을 발견해 가는 고통스러운 시간이다. 그것을 펼쳐 드는 순간, 나의 무지와 오해, 위선과 이율배반, 이기심과 독단, 정죄와 폭력성, 동시에 지나친 의존성과 용기 없음, 배반하고 도망하고 절망하고 눈물 뿌리는 내 자화상을 똑똑히 대면하게 된다. 군중 틈에 숨어 자신을 감추려던 어리석은 시도들이 말씀들 사이에서 고스란히 드러난다. 그럼에도 그것은 나의 서 있는 위치를 분명히 하고, 그 중심을 돌아보게 하고, 나아갈 향방을 조정해 주는 값진 경험이다. 놀라운 것은 그럼에도 계속해서 그 길을 따라가다 보면, 어느덧 예수님은 내게 가까워 있고, 그분의 중심인 하나님 나라가 다가와 있음을 알게 된다.

이는 복음서를 묵상해 가는 모든 이들이 경험하는 특권이요 축복이다.

복음서를 펼치면, 거기가 어디이건, 그곳에는 예수님이 계신다. 예수님과의 만남을 피할 수 없다. 호기심으로든, 우연한 기회로든, 아니면 그분을 알기 위해 작정하고 복음서 안으로 다가오는 모든 이들에게, 예수님은 기꺼이 만남을 허락해 주신다. 거기서 인격적인 관계가 시작되고, 내가 예수님을 읽어 내는 만큼, 예수님 또한 나를 깊이 읽어 주신다.

말씀 묵상을 통한 예수님과의 만남

유진 피터슨은 『이 책을 먹으라』라는 책에서 '뼈다귀를 갉아먹는 강아지'의 이미지를 들어 묵상이란 단어(히브리어로 하가)의 본뜻을 실감 나게 설명한다. 강아지가 뼈다귀 하나를 가지고 요리조리 굴려가며 맛있게 갉아 먹고, 음미하고 노니며 만족해하는 그 모습이야말로 성경의 묵상을 가장 생생하게 표현해 주는 그림이라는 것이다. 그렇게 될 때에 성경은 읽어야 하는 의무감이 아니라, 시편 기자의 고백처럼 "그 율법을 '즐거워하여' 주야로 묵상"하는 경지에 이르게 된다. 시편 19편에서와 같이 말씀이 "꿀과 송이꿀보다 더 달다"는 고백이 가능해진다. 말씀이 음식이 되는 경지에 다다른 것이다.

실로 기독교에서 묵상은 개인에게나 공동체에 이보다 실제적인 의미를 부여한다. 그것은 읽기를 통한 본문의 문자적인 의미 추론작업이나 위에 언급한 이미지를 넘어, 그것을 대하는 사람에게 인격적 사건이 된다. 그것은 단순히 성경을 읽고, 이해하고, 해석하고, 적용하는 지적이고 활동적 작업을 넘어선다. 묵상은 말씀이신 하나님의 임재에 들어가는 것이요, 따라서 인간을 향한 하나님의 현존 앞에 서는 것이다. 거기서 사귐이 일어나며, 동시에 우리를 향한 그분의 음성이 발현된다. 묵상하는 '말씀' 속에서 하나님의 과거 구원사건은 오늘 내 삶의 사건으로 재발견되고 재현된다. 거기서 하나님은 임해오시고, 다가오시고, 만나주시고, 말씀하신다. 따라서 우리는 그 말씀과의 인격적 만남(encounter)을 통해 형성되고, 빚어지고, '인간답게' 된다(마 4:4). 그리고 거기서 지속적인 생명을 얻고, 회복되고, 온전케 된다.

 늘 강조됐지만, 말씀은 기독교 신앙의 가장 중요한 핵심 코드다. 다른 종교와 달리 기독교를 정의하는 가장 중요한 명제는 그것이 '말씀의 종교'요 '계시의 종교'라는 점이다. 이 사실은 기독교 묵상의 내용과 향방을 결정해 준다. 그러므로 기독교인들은 '말씀'이라는 단어가 의미하는 바를 익숙하게 알 필요가 있다. 이것은 단순히 우리가 손에 끼고 종종 예배 때에 펼쳐보는 성경의 물리적 경험을 초월한다. 성경에 문자의 형태로 기록된 말씀은 성령의 초자연적 역사로 말미암아 성도와 교통이 일어나게 하는 주요 수단이 된다. 성경은 제2위의 하나님을 가리켜 '말씀 하나님'(Logos)이라 증거한다(요 1:1). 말씀은 하나님 존재 자체이기도 한 것이다. 그것은 곧 말씀이야말로 하나님의 존재방식이며, 그 말씀이신 하나님은 말씀을 통해 우리 가운데 당신의 임재를 드러내신다. 그러므로 말씀은 하나님이 우리에게 말씀하시는 방식이 된다.

 동시에 말씀은 하나님이 일하시는 방법이기도 하다. 하나님은 물질 현상계를 말씀으로 지으셨다. 하나님의 말씀은 우리에게 자신을 현현하시고, 신적 행동을 드러내시는 통로다. 말씀을 통해 우리를 부르시고, 명령하시고, 순종을 통해 역사를 이루게 하신다. 이 땅에서 하나님 나라는 이처럼 하나님의 말씀을 인격적인 사건으로 경험한 사람들이 그 말씀을 살아 낼 때 구체적으로 실현된다. 그것을 인정한다면 우리가 오늘도 보이지 않는 조그만 골방에서 하나님의 말씀을 묵상해 내고, 그 말씀을 살아 드리기 위해 마음 쓰는 것은 우리가 꿈꾸고 있는 하나님 나라를 이루는 첫 걸음이라 말해도 그릇되지 않는다.

 우리는 말씀 묵상을 통해 비로소 하나님을 만나고, 하나님의 음성을 듣고, 결국 하나님의 의중을 알게 된다. 오늘을 살아갈 힘을 얻고, 우리의 삶을 조정하기도 하고, 우리의 소명을 구체화하는 것은 모두 말씀을 통해

서다. 말씀은 우리의 피상적인 영역들을 극복해 내는 유일한 원천이다. 묵상은 우리가 하나님 나라를 사는 길이요 방식이다(신 6:4-9).

나는 청년들에게 묵상을 통한 '정상적인 그리스도인의 삶'을 강조해 오고 있다. 여기서 정상적인 삶이란 그리스도인이 어디에서 무엇을 하든지 '그리스도인'이란 이름 그대로 '그리스도의 사람'으로 사는 삶을 의미한다. 그것은 일상 속에서 그리스도의 주되심을 인정하고 사는 삶, 곧 그분을 내 삶의 모든 영역의 주인으로 모시고 사는 삶이다. 그것을 가능케 하는 유일한 길은 그분의 말씀을 내 삶의 법으로 삼고 사는 것이다. 그 법을 따라 삶을 추슬러 간다는 것은 곧 '하나님 나라의 삶'을 살아간다는 의미다. 그 법이 하나님 나라의 삶을 지향하기 때문이다. 날마다 말씀을 통해 주되신 예수님 앞에 서며, 거기서 그분의 명하심을 따라 일상을 살아가는 것이다. 하나님 나라는 그러한 각 사람의 삶을 통해 구현된다. 따라서 그리스도인에게 말씀 묵상은 한 날의 삶 속에서 주님을 모신 정상적인 삶을 가능케 하는 길, 곧 하나님 나라를 사는 첩경이다. 그러므로 말씀 묵상이 없는 삶은 정상적(normal)이 아닌 명목적(nominal) 신자의 삶으로 인도하고 만다.

예수님 이야기

각 장을 이어가면서 마태는 자상하게 이야기를 풀어간다. 그 이야기를 통해 우리는 그 '이야기 속에서 살아오시는 예수님'을 만난다. 나사렛에 오시고, 광야에 가시고, 산에 오르시고 말씀하시는 예수님을, 우리는 시공을 초월하여 오늘 내 삶의 터전에서 대면한다. 예수님은 수많은 필요와 다양한 형편에 처한 사람들을 만나주시며, 동시에 나의 처지를 돌아보신다. 하나님 나라는 이 세상 나라 안으로 구체적으로 임해 오며, 동시에 예수님은 오늘의 내 일상에 임해 오시고, 내 주가 되시고, 하나님 나라의 현실을 경험케 하신다.

마태가 들려주는 이 예수님 이야기는 우리를 무작정 설득하려 하거나 강요하지 않는다. 다만 묵묵히 우리의 존재 안으로 다가와 우리의 반응과 참여를 기다린다. 물론 때로 이야기 속의 예수님은 우리를 책망하거나, 수정을 요구하거나 가르치거나 결단을 촉구하지만, 오히려 우리에게 그 현장으로 들어와 그 사건들 속에 참여하고, 그곳에서 만나는 사람들과 더불어 인격적인 반응을 하도록 도우신다. 반응해 오는 이들을 기꺼이 그 현장으로 안내하신다. 우리가 그 이야기에 참여하는 순간, 이야기 속의 사건과 등장인물들은 우리에게 생생한 실제 사건이요 실제 인물이 된다.

이처럼 이야기 속에서 예수님은 생생한 실체가 되신다. 그분은 이야기를 통해 우리를 당신에게 기꺼이 초청하신다. 그리고는 그토록 주고 싶으셨던 천국을 우리에게 알려주시고, 그 삶의 방식을 전달해 주신다. 그때 우리는 그분의 이야기 속에서 그분과 동행하기를 배운다. 그 순간 우리는 공간적인 장애물이 허물어지는 것을 경험한다. 우리가 이전에 걸어보지 못한, 가본 적이 없는 숱한 장소에 서 보고, 그 길들을 걷고, 만나본 적이 없는 수많은 다양한 사람들을 만난다. 그분과 함께 갈릴리를 지나 유대 온 지경에 다니며, 그분이 만나시는 사람들과 함께 그분의 현존을 경험한다. 그러는 사이에 시간적인 장애물도 허물어지는 것을 깨닫는다. 나는 거기서 그들과 함께 오늘 예수님이 전달하시는 은혜를 얻고, 기적을 경험하며, 내 삶 속으로 임하는 하나님 나라를 경험한다. 그 이야기 속을 걷다 보면 어느덧 예수님은 내 삶의 중심에 서 계시며, 내 안에서 주인이 되신다. 이것이 예수님 이야기의 힘이다.

마태가 전해주는 이 예수님 이야기는 처음 독자들과 청중을 향해 이야기로, 설교로, 역사적 진술로도 읽히고 들려진 이야기다. 실제로 그것은 역사적으로 교회적 맥락 안에서 오래도록 설교의 형태로 전달되었던 이야기다. 따라서 우리는 순수 이야기 보다는 설교 속에서 이 예수님을 만나 왔을 가능성이 많다. 오늘날 그 두 세계의 경계가 점차 허물어지고는 있지만, 나는 감히 이야기 세계 속으로 좀 더 가까이 나아와서 예수님이 전해주는 하나님 나라의 이야기를 들어보라고 요청하고 싶다. 그러기 위해서는 좀 더 유연한 사고와 신앙적 상상력이 필요할 것이다. 평소에 알아왔고, 이해해 왔고, 그러하다고 단정해 왔던 영역들에만 머물면 '상상'하고 '참여'하기가 좀 어려울지도 모르겠다. 다행스럽게도 마태는 예수님과 그 나라에 관하여 매우 소상한 이야기들을 들려주고 있다. 따라서 조금만 마음을 쓰면 그가 하는 이야기가 무척 실제적이고도 이야기 그 이상의 세계를 경험케 하는 것을 느끼게 될 것이다.

갈릴리로 오라

이 책은 필자가 그 이야기 속에서 만나 보았고, 경험해 보았던 예수님과 그의 나라에 관하여 당신과 함께 그 옛 이야기를 되풀이하고, 또 오늘 우리의 이야기들을 조화시켜 보려는 작은 시도다. 예수님을 배워가면서 함께 나누고 싶었던 또 다른 이야기들을 당신과 함께 나누고 싶다. 당신은 이 책을 통하여, 그날의 예수님과 오늘의 자신 사이에 있는 긴 강 사이에 놓인, 얼기설기 나무로 엮은 구름다리 하나를 건너게 될 것이다. 그 다리에 오르면서, 미약한 부분이 보이면 뒤에 오는 사람들을 위해 널빤지 하나라도 덧대어 가면서, 예수님을 향한 복된 행로로 만들어 가기를 기대한다.

나는 그 이야기의 제목을 『갈릴리로 오라』는 예수님의 '부름'으로 정했다. 예수님이 처음부터 사람들을 찾으시고 또 부르신 것에 착안했다. 예수님은 회개하라고도 부르시고, 구원받으라고도 부르시고, 따르라고도 부르시고, 하나님 나라의 현실을 살라고도 부르시고, 그 나라의 증인들이 되라고도 부르셨다. "갈릴리로 오라"는 이 부름은 또한 예수님의 마지막 부르심이다. 십자가를 통해 이 땅에서 하나님 나라로 이르는 구원을 '다 이루신' 예수님은, 부활 후 다시 갈릴리로 가시며 제자들을 갈릴리로 부르셨다. 예수님은 부활을 증거하러 달음질하는 여인들에게 이렇게 전언하신다.

> 가서 내 형제들에게 갈릴리로 가라 하라 거기서 나를 보리라
> (마 28:10).

잘 아는 지상명령은 그 부르심과 그에 반응하여 갈릴리로 달려간 제자들과의 대면한 자리에서 주어진 것이다(마 28:16-20).

나는 이 제목을 통하여 독자들의 마음을 '갈릴리'에 묶어두고 싶었다. 이 책을 읽고 난 후에도 '갈릴리로 오라'는 예수님의 부르심이 가슴에 남아 있기를 기대하고 싶었다. 독자들이 이 책을 읽어가면서, 예수님이 오시고, 사시며 하나님 나라를 전파하셨던 그 부르심의 땅이 '갈릴리'였음을 늘 상기해 주기를 바랐다. 하나님 나라는 갈릴리라는 그 외지고 소망 없던 변방에서 시작되었고, 또다시 그곳에서부터 재출발하는 복된 소식임을 잊지 않고 기억해 주기를 원했다. 복음이 땅 끝까지 전파된 후에도 예수님의 심중에 담긴 핵심 메시지인 '하나님 나라' 복음의 원형은 여전히 갈릴리에 있음을 역설하고 싶었다. 우리가 이 화려한 땅, 풍요로운 세상의 한복판을 살아가는 동안 예수님과 그 나라의 복음이 희미해져 갈 때, 다시금 주목하고 돌아갈 곳이 갈릴리임을 상기해 주고 싶었다. 우리를 부르시며 기다리시는 예수님이 바로 그곳에서 새로운 출발을 기대하고 계심을 강조하고도 싶었다. 우리가 어느덧 갈릴리와 갈릴리의 예수님과 갈릴리의 복음을 화려하고 흠모할 만한 것, 부요하고 힘 있는 것 등으로 대체해 가는 현실에 안주해 가는 것만 같기 때문이다.

오늘 예수님은 이 이야기들을 들려주시며 다시 우리를 부르신다. 수많은 군중이 머물러 있는 갈릴리의 그 산정으로, 바닷가로 부르신다. 어둠과 슬픔과 억압과 혼돈과 고통으로 가득한 갈릴리 온 거리에 사는 백성들

의 삶의 현장으로도 부르신다. 거기서 예수님은 새롭게 하나님 나라를 선포하시고, 만나는 이들의 삶 속에 현실이 되게 하신다. 거기에 우리를 불러 그 나라를 맛보게 하신다. 궁극적으로 예수님은 우리가 이 여정 속에서 그 영광스런 하나님 나라 건설의 주인공으로 준비되도록, 오늘 다시 갈릴리의 그 옛길로 손짓하여 부르신다.

"갈릴리로 오라! 거기서 우리 만나자!"

주
예수께서
입을 열어
가르쳐 이르시되
심령이 가난한 자는 복이 있나니
천국이 그들의 것임이요
애통하는 자는 복이 있나니
그들이 위로를 받을 것임이요
온유한 자는 복이 있나니
그들이 땅을 기업으로 받을 것임이요
의에 주리고 목마른 자는 복이 있나니
그들이 배부를 것임이요
긍휼히 여기는 자는 복이 있나니
그들이 긍휼히 여김을 받을 것임이요
마음이 청결한 자는 복이 있나니
그들이 하나님을 볼 것임이요
화평케 하는 자는 복이 있나니
그들이 하나님의 아들이라 일컬음을 받을 것임이요
의를 위하여 핍박을 받은 자는 복이 있나니
천국이 그들의 것임이라

마태
복음
5:2-10
팔복나무

1부

하나님 나라의 예고

갈릴리로 오라

Come to Galilee

제 1 장
왕의 등장

특별한 가계도 - 왕의 족보 (마 1:1-17)

　어린 시절, 기드온협회가 발행한 파란색 표지가 덮인 조그만 신약성경을 처음으로 펼쳐본 때를 기억한다. 그것이 어떻게 그 시골 벽촌의 우리 집에까지 들어오게 되었는지는 알지 못하지만, 그 책을 펼쳐 본 첫인상은 지금도 선명하다. 크기는 꼭 어린 나의 손바닥만 한데, 종이는 그 어떤 종이보다도 얇고 부드러웠다. 평소에 알던 책과는 그 크기에서도 너무도 작아 신기할 따름인데, 그 작은 책 안에는 마치 깨알 같은 숫자와 글자들로 가득 차 있는 것이 신통하기까지 하였다. 그것이 내 첫 성경과의 만남이었다.
　그『신약전서와 시편』앞표지에는 마치 알라딘의 요술램프처럼 생긴 금장으로 된 등잔 그림이 원 안에 그려져 있었다. 호기심으로 책을 펴서 처음 접한 것이 바로 '마태복음'이었다. 무슨 뜻인지도 몰랐지만, 당시에 선배들로부터 물려받은 헌 교과서 외에는 책이란 것을 받아 본 적이 없던 나에게 그 책은 신기하고 호기심을 충동질하기에 그만이었다.
　하지만 호기심도 잠깐, 몇 줄 읽어 내려가면서는 온통 낯선 용어들 때문에 당황했던 기억이 난다. 발음하기조차 어려운 온통 낯선 이름들이 나열되어 있는데, 익숙한 명조체 사이에 듬성듬성 놓인 돋움체 폰트도 어색했다. 그것은 얼른 보아도 "누구는 누구를 낳고, 또 누구는 누구를 낳으니라"는 이야기들이 자꾸만 반복되는 족보가 분명했다. '이게 뭐지?' 고개를 갸웃거리면서 겅중겅중 그 신성한 족보를 읽어나갔다.

글쎄, 족보라니…. 오늘의 세대에겐 그다지 친근한 주제는 아니다. 하지만 조금만 인내하면서 읽어보면, 이 족보는 당시에, 특히 이 족보를 제공하고 있는 저자로서는 무척 소중히 여기는 일임에 틀림없음을 알게 된다. 그도 유대인이었고, 그가 독자로 삼고 있는 이들도 족보에 착념하는(딤 1:4 참고) 유대인들이었다. 게다가 그가 소개하고자 하는 예수님 역시 그 유대인의 혈통 속에서 탄생하였고, 또 그가 전달하고자 하는 메시지가 비중 있게 전달되기 위해서는 그 주인공의 출신성분과 뿌리에 대한 이해는 너무도 중요했을 것이다.

그렇다면 그는 어떤 뿌리를 가지고 있었는가? 그는 성골인가, 진골인가? 도대체 그의 기원은 어디에서부터인가? 오늘날 우리 중에 뿌리 없는 사람이 어디 있겠느냐마는, 요새 누가 양반 집안을 따지겠는가, 아니면 왕족 여부를 따져 묻겠는가? 하지만 1세기 전만 해도 우리나라에서 족보 없는 사람은 사람 축에도 들지 못하지 않았는가?

이제 그 족보를 펼쳐보자. 이름만 들어도 화들짝 반색할 유명한 이스라엘의 족장들이 맨 앞에 포진해 있다. 그는 믿음의 조상 아브라함의 후손이다. '이삭과 야곱의 하나님'과 같은 영예로운 호칭으로 사용하셨던 열조의 이름들이 그의 족보 위에 거명되어 있다. 그는 또한 다윗의 자손이다. 자신의 족보의 서두에 단군이나 세종대왕과 같은 인물들이 놓여 있다고 생각해 보라.

그런데 거기에는 통상 족보에 매우 어울리지 않는 이름들이 보인다. 바로 여자들의 이름이다. 우리 문화나 그네들의 문화를 막론하고 고대에는 여성에 대한 인식이 오늘날과 달랐던 터라, 족보에 여인들의 이름을 올리는 법이 없었다. 게다가 그 여인들의 이름은 한참 턱을 괴고 그들의 삶의 이력을 생각하게 하는 이름들이다. 다말, 라합, 룻, 우리야의 아내…. 한 마디로 성경에서 화젯거리가 된 커다란 흠을 남겼던 여인들이다. 오늘날 우리식의 도덕적 잣대를 대어본들, 예수님 당시의 통상적인 잣대를 사용해 본들, 모두 흠모할 마음이 달아나는 이름들이다. 시아버지를 속여 그와 관계를 맺고 아들을 가졌던 다말…. 여리고성 함락에 기여했다는 이유로 구원을 받았지만, 사실은 이방 여인이요, 게다가 기생(창녀)이었던 라합…. 믿음 있는 여인의 상징과도 같이 여겨졌지만 실은 출신이 이방(모압) 여인인 룻 그리고 여전히 '우리야의 아내'로 명명된 밧세바…. 아무리 간음과 살인이 자행되었다고 하지만, 나중에는 엄연히 다윗의 아내가 되었고, 후왕 솔로몬의 모친인 밧세바를 여전히 우리야의 아내로 명명하는 것은 예수 그리스도의 족보에 정말 어울리지 않는 표현임이 틀림없다.

통상적인 족보의 성격이라면, 차라리 지워내고 싶은 마음이 드는 이름들이다. 게다가 이것은 '메시아'의 족보가 아닌가? 저자는 예수님이 이스라엘이 대망해 오던 '바로 그 메시아'임을 증거하기 위해 이 족보를 기록했다. 그럼에도 저자는 그 이름들을 의도적으로 기록하고, 또 그 이름들에 얽힌 배경들을 알고 있는 독자들에게 의도적으로 그 이면을 생각해 볼 여지까지 암시해 주고 있다.

무엇보다 예수님의 족보 이야기는 우리의 인생 족보에 들어와 주신 예수님을 부각시킨다. 하나님의 아들이 허물로 가득 찬 우리의 족보 속에 오신 것이다. 잠시 빌려 주듯 그 이름만 넣어 주신 것이 아니라, 그의 온 존재와 삶을 그곳에 기록해 주신 것이다. 땀 냄새나고, 오물 냄새나고, 죄의 악취가 폴폴 거리는 인생들의 족보에 당신의 이름을 기꺼이 두신다. 당신의 삶을 기쁘게 의탁하신다. 그분은 이미 우리 중의 하나가 되어 계신다. 우리의 '형제'와 같은 자로 같은 라인에 당신의 이름을 기록해 두고 계신다.

> 거룩하게 하시는 이와 거룩하게 함을 입은 자들이 다 한 근원에서 난지라 그러므로 형제라 부르시기를 부끄러워하지 아니하시고(히 2:11).

그러므로 예수님의 족보는 '내가 출생이 괜찮다'고 자랑하는 그 자랑을 무효화 한다. 적어도 예수님의 족보는 '1등만 기억하는 더러운 세상'에 반기를 든다. 앞서 언급한 바와 같이 그 안에는 오히려 '삭제해 버렸으면…' 하고 바라는 이름들이 함께 자리하고 있다. 예수님은 그러한 인생들에 서슬 퍼런 정죄의 칼날을 들이대지 않는다. 그들의 이름은 기꺼이 그곳에 있다. 오히려 그러한 인생들을 통하여 오늘날 구원하시는 '메시아'가 이 땅에 오셨음을 분명히 한다. 아니, 오히려 그러한 인생들도 메시아의 뼈대를 구축하는 조상의 대열에 속할 수 있음을 역설적으로 보여준다.

그 족보는 이와 같은 인생을 하나님의 자녀로 이끌어 주시고, 그 인생들을 통하여 구원의 역사를 써 오신 하나님의 은혜의 역사를 밝히는 계보다. 그것은 깨어지고, 무너지고, 처참한 인간 역사에 와 주신 예수 그리스도를 밝힌다. 하나님은 우리의 더럽고, 가망 없고, 아무런 대책도 없는 삶터에 와주셨다.

왕의 탄생 (마 1:18-25)

마태는 예수님의 신비한 탄생을 소개하기로 작정했다. 마가복음과 요한복음에는 없는 구체적인 탄생기사를 간직하고 있다는 사실만으로도 그 의도를 짐작할 수 있다. 하지만 그렇게 작정한 것 치고는 우리가 호기심을 가지고 제기하는 질문에 대한 답변을 얻을 만큼 아기 예수 탄생에 얽힌 정황설명이 그리 구체적이지는 않다. 마태의 실제 관심은 어떻게 이런 일이 가능한가에 있지 않다. 그는 이미 그 성령으로 말미암은 동정녀 탄생을 기정사실화 하여 수용하고 있다. 그에게 예수님의 탄생에 얽힌 신비는 기적과 같은 특별한 어떤 것이 아니다. 오히려 모든 탄생이 그러하듯, 이 신비한 일은 신비한 영역 속에서 더욱 신비한 경험으로 전달된다. 하지만 그 신비한 일은 마태에 의해 마치 늘 일어나는 일상처럼 담담히 소개되고 있다.

마태가 전하는 바, 예수님의 오심은 하늘에서 기획된 천상의 작품이었다.

> 보라 처녀가 잉태하여 아들을 낳을 것이요…(사 7:14).

이미 정혼한 남자가 있던 마리아는 그 일이 자신에게 어떤 결과를 불러올지도 모르는 채, 하나님의 구원사역에 믿음으로 동참했다. 그녀의 수락은 결국 인간 역사에 전무후무한 동정녀 잉태를 가져왔다.

그런데 상식적으로 처녀가 잉태할 수는 없지 않은가? 이미 어떤 이들은 상식을 동원하여 예수님의 탄생에 관한 모독적인 주장을 일삼기도 했다. 하지만 우리는 마태가 전한 이야기처럼 마리아가 '성령으로 잉태했다'는 사실을 의심 없이 받아들인다. 그것은 우리가 천성적으로 의심 없는 부류의 사람이어서가 아니다. 또는 그때 마리아에게 무슨 일이 일어났는지를 잘 알아서도 아니다. 대개 우리는 의심조차 해 본 적이 별로 없으며, 아니 그렇게 생각한다는 것에 일말의 부담마저 있다. 그러한 민감한 사안을 두고 태클을 걸기란 왠지 신성모독의 죄를 저지르는 것 같고, 또한 의심한들 입증 가능한 만족할만한 답변을 얻어낼 자신도 없다. 그냥 마태의 확신에 동의하는 편한 길을 선택하는 것이다. 단순하게 성경이 기록하고 있는 대로 믿을 따름이다.

그래도 괜찮다. 실은 그 의심은 마리아의 약혼자였던 요셉이 이미 했던 의심이었다. 다음의 이야기 속에서 요셉은 이것이 상식을 넘는 신적 개입이었다는 사실을 겸허히 수용한다.

의인 요셉 (마 1:19-25)

요셉은 꿈속에서 보았던 일을 그냥 '한여름 밤의 꿈'처럼 여겨버릴 수 있었을 것이다. '참 기이한 일이다. 내가 이 일을 고민했더니 꿈에 나타났나?' 하면서 고개를 한두 번 흔들어 버리고 잊고자 할 수도 있었을 것이다. 하지만 그는 꿈에서 본 일을 기정사실로 받아들인다.

그것이 계시적이었든 또는 요셉이 그렇게 받아들였든 상관없다. 마태는 그가 의로운 사람이라는 점에 관심을 둔다. 그는 의로운 사람이다. 그가 의로운 사람이란 말은 곧 성경에서 그토록 하나님이 찾으시는 '의인'이라는 말이다(창 18:26; 렘 5:1). 놀랍게도 하나님은 정결한 여인과 의로운 남자를 알고 계셨다.

당연한 귀결이지만, 그의 의로움은 앞으로 마태복음에서 많이 경험하게 될 바리새인들의 율법적인 의로움과 대비된다. 죄를 범한 사람들을 정죄하거나 그들에게 공의를 집행하기 위한 칼이나 폭력을 행사하는 의가 아니다. 그것은 오히려 겸손하고 긍휼히 여기는 의로움이다. 그것은 그로 하여금 지극히 인간적이고 배려심 넘치며, 마음 따뜻한 사람으로 살며 행동하게 한다. 사실 하나님의 율법 적용의 원리가 바로 그것이다. 그가 율법을 몰라서가 아니다. 그는 이 일이 사람들에게 알려질 경우, 그의 약혼녀는 율법에 따라 돌로 침을 받아 죽임을 당하게 되어 있음을 잘 알고 있다(레 20장 참조). 그래서 그는 조용히 파혼을 하고자 이 일을 곰곰이 생각해 보고 있다. 그는 그 일의 자초지종을 알 리 만무했지만, 상식적으로 생각해 보아도 쉽게 이해할 수 있는 일은 아니다. 결혼의 꿈을 불태우고 있었을 젊은 청년에게, 사실 이 일은 너무도 가혹해 보인다. 젊은 혈기대로라면 만천하에 공개하여 그 불의가 처단되도록 하고 싶을지도 모른다. 아니, 그가 알고 있던 종교적 해법만 생각해 보아도, 자신이 큰소리치거나, 또는 자신이 피를 보지 않는다 할지라도 자연스레 종교인들에 의해 심판을 받고 율법에 따라 처리될 수도 있다. 따라서 괜히 자신이 나설 필요마저도 없는 일이라 생각해 보기도 했을 것이다.

하지만 그는 이 일이 그렇게 해결되어서는 안 된다고 여긴다. 그는 소리 없이 이 문제를 처리함으로 본인도 자유롭고, 약혼녀도 자유롭기를 원한다. 결국 두 사람의 약혼은 무효가 되고, 함께 꿈꾸었던 결혼의 꿈도 무산될 것이다. 하지만 파혼은 이 일을 계획하신 하늘의 뜻이 아니다. 하나님은 이 일을 구체적으로 다루신다. 그분은 즉각 천사를 동원하신다. 그것도 그가 가장 수월하게 경험할 수 있는 꿈을 통해서 말이다. 그리고 그를 위로하고 격려하며, 그 일에 대한 자초지종을 일러 주신다.

세상에! 처녀가 잉태한 사실도 엄청난 일이지만, 그 이면에 담긴 하늘의 뜻은 실로 꿈도 꿔보지 못한 일이다. 그런데 그가 지금 그 꿈을 꾸고 있다. 하나님의 직접적인 신적 행동을 통해 잉태한 태중의 아이는 장차 "자기 백성을 저희 죄에서 구원할 구원자(메시아)"다. 천사는 이 놀라운 이야기를 전하면서 "무서워 말라"고 당부한다. 당황해 있는 요셉에게는 이러한 따사로운 다독임이 필요했을 것이다.

요셉은 하나님 사자의 분부대로 하여 그 아내를 데려온다. 그것은 그가 의롭다는 하나님의 인정을 증명하는 셈이다. 그는 단순히 동정만 하는 유형의 사람이 아니다. 하나님의 뜻으로 헤아린 일을 실천으로 이끌어 내는 사람이다. 성경은 그러한 행함의 사람들을 의롭다 인정한다. 5장에 나오는 산상수훈을 통해 예수님이 가르치시는 의(義)도 '행위'로 증명되는 성질의 것이다.

그는 임신한 아내를 조용히 데려와 동거를 시작한다. 하지만 그는 그 아이를 낳기까지 아내와 동침하지 않는다. '하나님의 일'을 존중한 것이다. 때로는 일상의 평범을 초월해 내는 분리된 성역을 인정하는 것은 중요하다. 다만 임신한 아내를 데려와 동거함으로써, 사람들로 하여금 마치 태중의 아이가 자신의 아이임을 인정하도록 하는 지혜도 발휘한 것으로 보인다.

이 아이의 탄생은 오래전 선지자들을 통해 예고된 것이었다. 이 모든 일은 옛 선지자들을 통하여 이르신 하나님의 말씀을 성취하려는 것이다. 그것은 곧 '한 선지자'를 일으키실 것에 대한 말씀이었다(신 18장). 그 기원이 상고이신 분(미 5:2)에 관한 내용이었다. 곧 처녀를 통해 오실 메시아의 도래에 관한 내용이었다. 그분은 우리의 영원히 기념할 이름, 기념할 존재, 곧 임마누엘이심을 분명히 하셨다(사 7:14).

그들은 곧 아이를 낳아 이름을 '예수'라 한다. 그것은 '자기 백성을 그 죄에서 구원할 자'라는 뜻이다. 하지만 그 이름은 무척 평범한 이름이다. 구원을 사모하던 당시 사람들이 태어나는 아들들에게 수여했던 '여호수아', '호세아'와 동일 어원의 이름이다. 후에 그를 '다른 예수들'과 구분하기 위해 일컬어지던 이름이 바로 '나사렛 사람 예수'다. 그 특별한 아기의 그 특별한 이름이, 실상은 평범한 가정의 그토록 평범한 이름 중의 하나였다.

이것은 요셉이 보인 또 하나의 순종이었다. 말씀에 따른 작명의 행위는 지극히 작은 것이었지만 '나는 주님의 말씀대로 행한다'라는 굳은 심지에서 나오는 작은 순종의 행위였다.

임마누엘 (마 1:23)

예수님의 탄생은 인류역사를 둘로 가르는 하나의 사건이 된다. 그 아기의 탄생은 단순한 생물학적 인구 하나가 느는 것을 초월하여, 백성들 가운데 하나님의 임재를 불러오는 사건이다. 아기는 '임마누엘'(Immanuel)이라 일컬어진다. 그 아기의 현존은 "하나님이 우리 가운데 계신다!"라는 선포요, 확증이다.

예수님은 그렇게 인류역사 속에 오셔서 영원한 임마누엘의 메시지가 되신다. 그분은 실로 우리의 현재 속에 함께 계신다.

두 세 사람이 내 이름으로 모인 곳에 나도 그들 중에 있느니라
(마 18:20).

부활 후 이 땅을 떠나 본향으로 가시면서도 우리에게 남겨주신 말씀은 임마누엘의 약속이었다.

내가 세상 끝 날까지 너희와 항상 함께 있으리라(마 28:20).

임마누엘! 하나님이 우리와 함께하신다! 흙먼지 날리는 광야 투성이의 이 지구 안 인생들 안에 초월자요, 전적 타자인 창조주가 거처를 함께 하신다. 자신이 손수 빚으시던 그 '흙덩이' 안으로 자신을 가둔 채 우리 안에 와 계신다.

그것은 하나님이 스스로 선택하신 현현의 방식이다. 예의 그 호렙산에서의 두려운 불꽃으로도 아니며, 지진과 번개와 구름으로도 아니다. 나약하기 이를 데 없고, 스스로는 생존 자체도 불가능한 철저한 의존적 존재인 인간 아기를 통해 하나님이 인간 안에 함께 거하시는 가장 실제적인 사건이 되게 하신다. 인간들이 눈치도 채지 못할 정도로 그분은 사람들 사이에 거하신다.

하나님의 임재는 그랬다. 소외된 갈릴리 나사렛 동리의 가난한 목수의 집, 바로 거기에 하나님이 계셨다. 그 거리에 하나님이 함께 거니시고, 그 동리에 하나님이 거해주셨다. 오늘도 하나님은 우리 인생의 초라한 일상의 한복판에 '티' 내지 않고 함께 하신다. 숨지 않으시지만, 우리가 인식하지도 못할 정도로 현현해 계신다. 하나님 나라는 그렇게 임해 있다.

갈릴리로 오라

Come to Galilee

제 2 장
하나님 나라의 전야

이방 박사들의 방문 (마 2:1-12)

동방에서 세 명의 박사들이 '유대인의 왕'으로 오시는 분께 경배드리고자 예루살렘에 당도했다. 도대체 무엇이 그들로 이 멀고도 험한 여행을 떠나게 했을까? 마태는 그들에 관하여 상세한 설명을 해 주는 것에 관심이 없다. 다만 그들은 어느 날 '그의 별'을 보고 '그에게' 경배하러 예루살렘에 당도했다고 전한다. 그들이 별에 관심이 많은 것으로 보아 학자들은 그들이 점성학 또는 천문학을 연구하던 학자들이었을 것으로 여긴다. 또한 그들이 페르시아 조로아스터교의 사제들이 아니었을까 추측하기도 한다.

그러므로 이 그림은 참 아이러니하다. 이 아기 예수를 경배하기 위해 찾아든 사람들은 메시아를 대망하던 유대의 언약 백성이 아니었다. 그들은 이역만리 페르시아의 타종교를 신봉하던 이방인 박사들이었다. 그들은 천리 길도 개의치 않고, 자신들의 일정과 계획도 포기하고, '메시아로 오신 유대인의 왕'을 뵙고자 달려온 것이다. 소중한 재정까지도 드려 오직 그분께 경배하기 위해 산과 광야와 사막을 가로지르며, 여정의 수고와 고통도 개의치 않고 먼 길을 달려왔다.

여기서 예수님의 탄생기사는 독특함을 분명히 보여준다. 곧 하나님의 구원은 유대와 이스라엘이라는 유대인들의 공간적 한계를 넘고, 여호와의 택한 백성이라고 하는 언약의 한계마저 넘어선다. 나신 왕은 진정 유대인의 왕이 아닌 온 열방의 왕으로 임하신 것이다. 그 첫 성탄에 우리 이방인들을 대표하여 바로 이 예배자들이 왕으로 오신 아기께 경배를 드린다.

피난민이 된 '구원자' (마 2:13-15)

'세상을 구원할 아기 예수'를 모시기 위해서는 감당해야 할 것들이 많았다. 그의 부모는 처녀의 몸으로 잉태하여 죽임당할 위협마저 감수하고, 그로 말미암은 가문의 수치까지도 감내해야 할 뿐 아니라, 태어난 아기의 신변에 따르는 수많은 위험마저도 감수해야 했다. 그 첫 번째가 바로 그 아기를 죽음의 위협으로부터 구하기 위하여 그를 먼 나라인 애굽에 피신시켜야 했던 일이다. 그들은 '구원자'를 구원한 셈이다.

애굽(Egypt)은 이스라엘 사람들에게 있어서 정서적으로 '피난처'와 같이 친근한 곳임엔 틀림없다. 그곳은 고대로부터 조상 요셉이 총독으로 섬겼던 곳, 그로 인해 야곱과 그의 가족 70인이 함께 내려가 약 400여 년을 지내며 번성을 구가하던 곳 그리고 거대한 민족으로 성장해 온 곳이었다. 또한 이스라엘 역사 속에서 동북쪽의 강대국들이 침략해 올 때마다 애굽은 이스라엘의 피난처가 되었다. 바벨론이 득세하던 때, 이스라엘에는 친 애굽파가 득세하여 바벨론에게 항복하라는 하나님의 뜻(렘 38:17)마저 어기게 될 만큼 애굽은 이스라엘에 많은 경우 피난처가 되어 준 것이 사실이다.

그렇다고 그곳이 낙원이라는 뜻은 아니다. 요셉과 마리아에게 여전히 애굽은 낯선 이국땅이요, 불확실성만을 가득 안은 채 떠도는 '히브리인'의 삶을 살아야 하는 곳이었다. 히브리라는 말 자체가 유랑민을 의미했고, 구약성경에서 지속적으로 관심하고 있는 대상이 바로 이 떠돌이 나그네들이다. 농사지어 소출을 얻을 땅이 없는 백성은 진정한 구제대상이었다.

게다가 애굽은 조상들이 박해받으며 살았던 '포로의 땅'이었다. 유대인들은 그 기억을 그들의 세포 속에 여전히 간직하고 있었다. 설령 안전한 삶이 보장된다 하더라도 그곳은 잠시 머물 땅이요, 영원히 기업 삼고 머물 수 없는 그래서 언젠가는 돌아갈 본향을 그리는 나그네로 살아가야만 하는 땅이었다. 그러한 이해 속에서 마리아도, 요셉도 피난살이가 쉽지는 않았을 것을 능히 짐작해 볼 수 있다.

아는 사람 하나 없는 척박한 애굽에서 나그네로 보낸다는 것은 누구에게나 쉬운 일이 아니다. 또한 조상 적부터 포로 되고 힘으로 억압받던 애굽 사람들의 틈바구니에서 연명하며 살아간다는 것은 아무래도 유대인의 왕이요 구세주라 소개받은 예수님에게는 어울리지 않는다. 하지만 이 땅의 억눌린 자들을 구원하기 위해 오신 그분에게 속박의 상황은 구원자의 일을 가장 잘 이해하게 하는 환경이 되었을 것이다. 가난한 자에게 복음을 전하고, 포로된 자들에게 놓임을 전하기 위해 오신 예수님(눅 4장)이 애굽의 피난살이로부터 땅의 삶을 시작하셨다는 것은 의미심장하다.

그분은 지상 삶의 시초부터 험난한 피난민의 삶, 실향민의 삶을 경험해야 했다. 탄생의 시점으로부터 원수처럼 죽음에 내몰리고 피난살이부터 해야 했다. 무기력한 사람 중의 하나가 되어 유랑의 삶을 거쳐 가난한 목수로 사시고, 결국 빈손으로 십자가에 매달려야 했다는 것은 우리가 믿는 기독교의 인생에 대한 이해가 무엇인지를 짐작케 한다.

격랑의 밤 – 왕을 제거하라 (마 2:16-18)

예수님의 탄생의 밤들은 흔히 우리가 성탄절을 기념할 때마다 언급하는 '고요한 밤'이 아니다. 성탄송에 나오는 고요와 기쁨과 축하는 메시아 탄생과 연결된 일련의 사건들을 충분히 표현하지 못한다. 예수 탄생의 소식은 당시 그 탄생을 맞는 사람들에게 매우 중대한 사건이었다. 적어도 동방에 살던 박사들에게는 자신들의 개인일정을 포기하고 그분을 경배하기 위해 달려오게 했다. 또한 유대를 통치하고 있던 헤롯왕에게 이 일은 극도의 긴장과 분노를 유발하게 했다. 그것은 끔찍한 유아학살을 불렀다. 그 아기 예수를 죽이기 위해 비슷한 시기에 태어난 사내아이들을 학살하는 끔찍한 일까지 감행케 했다. 천사들이 평화와 축복을 노래하는 고요한 밤이요, 박사들이 찾아와 고귀한 예물을 드리며 경배하는 밤이 분노와 살기, 살육과 광기와 죽음 그리고 통곡과 슬픔과 피난살이가 교차하는 격랑 이는 성탄이 되고 말았다.

그렇다. 우리가 낭만적으로 받아들였던 그 성탄의 밤은 그런 고요한 밤만으로 되어 있지 않다. 지극히 현실적인 차갑고 거친 세상의 소용돌이가 성탄의 한복판에서 일렁거린다. 광기 어린 탐욕이 난무하고, 생명의 탄생과 경이와 신비감은 잊은 채, 아니 그러한 감동을 간직할 여유도 없이 아기의 죽음을 부르는 긴장과 고통이 어둠 속에 숨어 있다.

우리는 예수님을 영접하는 사건을 너무 가볍게 받아들이는 경향이 있다. 예수님을 영접한다는 것은 개인의 삶 속에 성탄이 임하는 사건이다. 그것은 한 개인의 평온하던 삶 속에 격변이 예고되는 사건이다. 거기에는 모든 것을 포기하고서라도 예수님을 얻고, 그분을 경배하고자 하는 진정한 추구가 일어나는가 하면, 심지어 생명을 끊어서라도 그 왕을 제거하려는 음모와 살해 의도가 충돌하기 때문이다. 사람들은 그것을 가리켜 '영적전투'라 일컫기도 하지만, 이것은 삶의 전면에서 그리고 이면에서 실재하는 빛과 그림자다.

그날, 즉 헤롯이 자신의 권력욕에 의해 베들레헴과 인근 동리에 있는 두 살 미만의 사내아이들을 살육하던 날, 얼마나 많은 어린아이들이 목숨을 잃었는지 알 수는 없다. 본문 속에서 이 이야기는 간략히 처리되어 있지만, 그 기사가 던지는 실제 현장은 참혹하기 그지없었음이 틀림없다.

갓 태어나 자라며 부모와 가족들에게 기쁨이 되었을 꼬마 아이들…. 누군가에는 너무도 오래 기다려 왔던 이삭과도 같은 독자요, 또 누군가에게 마치 모세와도 같은 준수한 아이요, 그 어미 아비의 소망이요 생명과 다름없는 아이들인데, 어느 날 갑자기 날벼락 같은 군대가 들이닥쳐 어미의 품에서 아이들을 빼앗아 죽음에 내 던지고 만다.

　세상을 구원할 구세주가 오셨는데, 사람들이 구원을 받기는커녕 오히려 무죄한 아이들이 그로 말미암아 죽임을 당한다. 왕이 오셨는데 사람들이 기쁨을 누리는 대신, 오히려 많은 부모와 가족들이 슬픔과 애통의 시간을 보낸다. 미워하고 죽이던 사람들이 자유를 얻는 대신, 오히려 헤롯과 그 군대는 야욕에 사로잡혀 유아살육까지도 서슴지 않는다. 기대되었던 생명의 자리에 죽음이 엄습한다. 악이 관영하는 세상의 서글픈 아이러니다.

　이 아이들과 관련된 죽음의 아이러니는 예수님과 무관하게 보아서는 안 된다. 사실 그 아이들의 죽음은 아기 예수의 죽음이나 진배없다. 그 어미들의 애통은 어머니 마리아의 고통이나 다름없다. 사실 예수님의 구원의 그림은 '죽음의 그림'을 통해 더욱 선명해 진다. 이 죽음 가득한 세상에 생명의 메시아는 그토록 간절한 것이다.

　이 죽음의 이슈는 그 아기의 생애 속에서 끝날까지 지속한다.

　첫째, 예수님의 성육신 자체가 곧 죽기까지 복종하시는 하나님의 자기 비움이다(빌 2:5-8). 창조주 하나님이 죄 된 인간의 형상을 입으시고 자신의 자유를 구속하시고 인간의 한계 속에 들어오신 것은 거의 신의 죽음 수준이라 할 수 있다.

　둘째, 그분의 공생애 이전의 삶은 우리에게 철저히 감추어져 있다. 그것은 백성에게 그분의 죽음 아니면 피난과 진배없는 사건이다. 어쩌면 십자가 이전의 무덤 속과 같은 시간이다.

　셋째, 그분의 공생애는 그 시작부터 죽음의 그림자가 드리워졌다. 공생애 직전 광야의 40일 금식은 다시 한 번 예수님의 죽음의 경지를 실감케 한다. 공생애를 시작하시는 나사렛에서의 첫 설교사건(눅 4장)은 그의 앞길을 예고한다. 설교를 듣고 마음에 찔림을 받은 나사렛 사람들은 분노에 휩싸여 그를 벼랑 끝에서 밀쳐 죽이고자 했다.

　넷째, 그의 공생애를 통하여 문자 그대로의 죽음이 현실화된다. 가장 치욕스럽고 끔찍한 십자가형을 통해, 세상을 구원하러 오신 구세주는 그가 구원할 대상인 인간들에 의해 죽임을 당한다. 아니 성경적 관점에 따르면, 예수님은 우리 모두를 그 십자가에 초청하시고, 우리 모두를 그 십자가에 넘겨 죽이신다. 우리는 그분 안에서 함께 죽는다. 그분은 그렇게 죽음으로써 세상을 구원하고, 우리는 죽임을 당함으로써 구원을 받는다.

인생 속에 이러한 충격적 고통의 현실은 사실 비통하지만 특별한 것이 아니다. 에덴에서 아담이 그 아내 하와에게 죄를 전가할 때부터, 또한 가인이 그 동생 아벨을 돌로 쳐 죽이던 때부터 그리고 사람들이 서로 미워하고 반목하고 질시하고 죽이던 일을 다반사로 하던 때부터 줄곧 생의 한 복판을 차지하고 있었다.

헤롯의 죽음 (마 2:19)

아이들의 죽음기사 이후로 헤롯의 죽음이 담담하게 묘사되어 있다. 복음서가 그리고 있는 폭군의 이미지에도 불구하고, 그는 성경이 제시하는 예언의 성취를 두려워하기도 했다. 하지만 그 종교적인 지식은 그의 광기를 막는 데까지 작용하는 힘은 되지 못했다. 그는 결국 수많은 죄 없는 유아들을 살해하는 야만성을 드러내고 말았다.

폭군이요 건축광이었던 그는 수십 년간 백성을 노역과 공물에 신음하게 하다 결국 외롭게 죽어갔다. 애곡할 사람 하나 없는 자신의 삶을 한탄하면서도, 오히려 그의 죽음을 슬퍼하는 사람들이 많다는 것으로 위장하기 위해, 죄 없는 많은 남자를 죽여 그들의 과부와 가족들로 하여금 슬퍼 호곡하게 함으로써 자신의 죽음에 애곡이 뒤따르도록 했다는 기록에는 정말 인간이 어디까지 잔인해질 수 있는가에 전율하게 한다.

헤롯왕이 죽자 아기 예수님은 하나님의 지시하심을 따라 안전하게 귀국하여, 갈릴리 지방 나사렛이라는 동네에 와서 살게 된다.

제 3 장
하나님 나라의 예고

　피난살이에서 돌아와 나사렛에 정착하여 사는 동안, 예수님의 유소년, 청년 시절의 모습은 어떠했을지에 대해서는 복음서 기자들에 의해 알려진 바가 없다. 다만 누가(Luke)가 간략히 전해주는 단편 하나가 전부다. 그는 '자라며 강하여지고 지혜가 충족하며 하나님의 은혜가 그 위에' 있었다(눅 2:40). 그 일을 보여주는 일화 하나가 있다. 예수님이 열두 살 되던 해에 유월절을 맞아 부모님과 함께 예루살렘 성전을 찾으신 적이 있었다(눅 2:41ff). 그 부모가 해마다 그 여행을 해 왔다는 진술로 보아, 그들은 이스라엘 종교 안에서 성실한 삶을 살았고, 매해 유월절 여행을 해 왔음을 알 수 있다. 그런데 유월절을 마치고 돌아가는 길에 아이를 잃은 부모님은 성전에서 율법사들과 진지한 신학적 토론을 하고 있는 아들 예수의 모습을 발견한다. 독자들은 그 작은 흔적 속에서 소년 예수가 범상치 않은 인물로 자랐음을 발견하게 된다.

　그렇게 장(章)이 바뀌는 사이 어느덧 30여 년의 세월이 훌쩍 흘렀다.

세례 요한의 등장 (마 3:1-12)

　오랜 선지자들의 예언이 성취되었다! 엄청난 역사적 사건이 발생한 것이다. 세례 요한이 등장하면서 그는 고대 예언의 성취자로 소개된다. 그가 바로 선지자 이사야가 예언한 "광야의 외치는 자"요 "주의 길을 예비하고 그의 첩경을 평탄케 하는 자"(사 40:3)다. 또한 선지자 말라기가 예언한 오리라던 '엘리야'가 바로 그다(말 4:5). 400여 년이 흘렀다!

그의 등장 모습은 매우 특별하다. 그는 일반인들과는 구별된 의식주 형태를 취하고 있다. 광야라는 전혀 다른 삶의 터전에서 낙타 털옷에 가죽 띠를 두른 독특한 복장을 하고, 메뚜기와 석청으로 음식을 삼으며 생활하고 있다. 그가 예루살렘 성의 삶의 방식을 모르지 않았을 텐데도 단순한 삶(simple life)을 유지하며 회개를 선포하고 있다. 한 눈에 봐도 '선지자'다! 그는 자신이 선포하는 메시지와 매우 닮아 있다. 회개, 곧 기존의 삶의 방식과 세상의 가치들로부터 돌아서도록 선포하는 이에게, 더 좋은 음식과 화려한 의복, 더 편리한 주거환경 및 생활도구 등은 그의 관심사가 아니다. 사역자는 보내신 분의 소명을 따라 의연히 살아가야 한다. 먹고, 입고, 머물기 위해 섬기는 것이 아니라, 섬김을 위해 먹고, 입고, 머무는 것이다.

그는 하나님 나라가 가까이 왔음을 선포한다. 그의 메시지는 강렬하고, 그 내용은 하나님 나라요, 그것을 위해 회개의 세례를 베푼다. 그것은 새 시대가 도래한다는 경고다. 새로운 나라가 임하며, 새로운 통치자가 오실 것이다. 옛 길과 옛 방식, 옛 사고로는 통하지 않는 시대가 오는 것이다. 전혀 다른 원리와 가치관, 삶의 방식 그리고 전혀 다른 질서와 구조로 움직이는, 기존세계를 완전히 전복시키는 세계가 도래하는 것이다. 이것은 결국 사람들이 전혀 생각지 못했던 새로운 나라로 나타날 것이다. 전혀 새로운 양상의 메시아가 도래할 것이다.

그러므로 사람들은 회개 곧 방향전환이 필요하다. 사고 및 행동방식의 전환이 필요하다. 단순히 천상천국에 가기 위해 죄를 회개하라는 메시지를 뛰어넘어, 완전한 재탄생이 요구된다. 옛날에 사용해 오던 익숙하고 오래된 술 부대로는 감당할 수 없다. 그것은 완전히 새로운 포도주이기에, 그것을 감당할 만한 완전한 새 부대가 필요하다. 묻어 있는 옷의 먼지

들을 적당히 털어 내는 형국이 아니라, 헌 옷을 완전히 벗겨 내고 전혀 새로운 의복으로 갈아입는 일대 전환이 필요하다.

회개의 세례

그 상징적 사건이 바로 물세례다. 그 뒤에 오시는 분의 불세례를 피하고, 오히려 그분이 예비한 하나님 나라를 소유하기 위해서 이 회개의 물세례는 마땅한 예비과정이 된다. 모두 나와서 임박한 진노를 피해야 한다.

사람들은 이러한 영적 갱신 운동의 소문을 듣고 요한의 세례처로 몰려든다. 많은 사람이 이 메시지에 반응하여 예루살렘과 온 유대와 요단강 사방에서 몰려와 자신들의 죄를 자복하고 회개의 세례를 받는다. 하나님 나라로 난 길은 순조로이 열리는 듯해 보인다. 오실 메시아의 첩경은 평탄해 보인다.

그러한 영적 각성 운동의 와중에도 예외가 발생한다. 갱신을 위한 중심과는 상관없이, 그러한 현상과 운동에 집착하여 집회를 가리지 않고 달려다니는 사람들이 있다. 또한 단순히 그러한 기회를 자신들의 원하는 다른 목적에 활용하는 수단으로 삼고자 하는 이들이 꼭 있다. 바로 바리새인과 사두개인의 무리가 요한 앞에 등장한다. 요한은 그 거친 광야의 소리로 통렬한 책망을 던진다.

> 독사의 자식들아 누가 너희를 가르쳐 임박한 진노를 피하라 하더냐(마 3:7).

광야 사람의 눈은 무척이나 예리하다. 요한은 이들이야말로 하나님 나라의 도래와 함께 시작되는 심판의 대상자들로 주목하고 있었던 것 같다. 요한은 이미 그들의 위선을 꿰뚫고 있다. 세례에 참여하는 그들의 동기를 파악했다. 단순히 임박한 심판을 피하고자 하는 수단으로 세례가 이용되어서는 안 된다. 그것은 하나의 세속화의 시도이며, 새로운 갱신 운동을 그 기초부터 좀먹는 행위에 다름 아니다. 세례가 단순히 상징으로 그치거나, 심판을 면하기 위한 수단으로 전락해서는 안 된다. 게다가 그들의 심리적 안정기제로 오용되어서도 안 된다.

그 세례는 단순히 사람들에게 위안을 주고, 구원받았다는 확신을 선사하고, 천국행 티켓이 부여되었다는 보장을 선언하는 의식이 아니다. 그것은 오히려 한 개인과 공동체가 총체적으로 갱신되는 일대 변혁적 전환점이어야 한다. 그 세례를 통해 하나님 앞에 무뎌진 마음을 찢고, 형식으로 굳어진 옛 신앙을 도려내고, '그래도 괜찮다'고 여겨 왔던 피상적인 삶을 죽여 내는 통렬한 전향을 경험해야 한다.

따라서 그 세례는 그 회개에 합당한 열매를 맺음으로 회개의 진정성을 증명해야만 한다. 즉 세례가 기대하는 전환적인 삶이 뒤따라야만 한다. 그것은 옛 삶에 대해 죽고 새 삶을 사는 새 존재로 부활하는 것이다. 단순히 모임에 오거나, 예배에 참석하거나, 영적 갱신 운동을 함으로써 하나님께 대한 의무를 다한 것으로 생각하는 경향은 통하지 않는다. 요한의 세례는 '삶의 전환'을 요구한다. 요한은 또한 그들의 심중에 있는 영적인 교만과 영적 안정감을 파헤친다.

> 속으로 아브라함이 우리 조상이라고 생각지 말라(마 3:9).

우리 중에 많은 이들은 오해를 하고 산다. 우리 구원의 실재와는 달리 '속으로 아브라함이 우리 조상이라 생각'한다. 즉 우리는 철저한 회개의 과정을 생략한 채 '손쉽게' 천국을 소유했다고 생각해 버린다. 회개의 과정이 없는 구원 선언이 남발되기 때문이다. 그래서 사람들은 그것을 '값싼 은혜'라 부른다. 따라서 사람들은 값싼 구원의 소식에 만족하면서, 여전히 갱신되지 않은 자아들을 고스란히 거느리고 아브라함의 자손이라 여기며 구원의 감격도, 부르심에 대한 소망도 없이 살아간다.

요한은 스스로 자신들이 하나님의 언약 백성이요, 따라서 구원은 당연하다 여기는 소위 자동구원관을 깨뜨린다.

> 하나님이 능히 이 돌들로도 아브라함의 자손이 되게 하시리라 (마 3:9).

그 교만과 영적 안정감이 통하지 않는 새 시대가 도래했다. 그들의 전통도, 상식도, 안정감도 그 효용성을 잃었다. 안주하고 있던 신앙적 지위, 신학적 입장, 종교적 열심, 도덕적 위선 등 총체적으로 점검하라. 자신들의 삶부터 챙겨보라. 회개에 합당한 열매가 관건이다.

> 이미 도끼가 나무뿌리에 놓였으니 좋은 열매 맺지 아니하는 나무마다 찍혀 불에 던지우리라(마 3:10).

세례 요한에게 있어서 하나님 나라의 임함은 죄인들에게 무엇보다도 먼저 심판의 소식이다. 심판을 예비하신 하나님은 많은 열매가 아닌 좋은 열매를 기대하신다. 본문은 단호하다. 좋은 나무가 아니라면 존재 이유가 없다. 도끼질은 임박해 있다. 화로는 이글거리고 있다. 뿐만 아니라 그 도끼를 쥐신 분은 손에 키(곡식을 까불러 골라내는 도구)도 들고 계신다. 그는 알곡과 쭉정이를 분리하듯 자신의 타작마당을 정돈하실 것이다. 곳간 문은 열려있고, 화로의 연기는 치솟고 있다.

> 나는 너희로 회개하게 하기 위하여 물로 세례를 베풀거니와 내 뒤에 오시는 이는 나보다 능력이 많으시니 나는 그의 신을 들기도 감당하지 못하겠노라 그는 성령과 불로 너희에게 세례를 베푸실 것이요(마 3:11).

이 말씀을 통해 요한은 그래도 회개할 여지를 마련해 준다. 숫제 '그분이 오시면 너희는 죽었다! 그분이 당도하시기 전에, 회개의 물세례를 받아야 한다'는 경고의 의도를 내비친다. 또한 요한은 그 세례의 본질적인 차이를 밝히며, 물세례 과정을 지나 진정한 불세례에 참예하게 될 것을 예고한다. 물이 일차적으로 외부적 오염을 씻겨 내는 이미지를 준다면, 불은 그 전 존재를 완전히 새롭게 한다는 이미지를 가지고 있다. 철저히 용해시켜 그 존재 안에 섞여 있던 불순물을 제거하고 가장 순전한 본질만 남기는, 그렇게 함으로 순도 높은 거룩한 자아를 빚어내는 세례의 그림이다. 불로 정하게 하는 것은 곧 외면적 정결을 넘어서 내면적 정결까지를 요구하는 방식이다. 사람들의 삶과 영혼을 정결케 하는 것이다. 그것이 바로 거룩한 성령께서 거룩케 하시는 역사다. 하나님은 그러한 세례의 역사를 기대하신다.

세례의 원형 (마 3:13-17)

다가온 하나님 나라의 도래를 역설하며 회개를 외치던 요한은 당대의 그 어떤 권위자들이건 개의치 않고 탄핵을 망설이지 않는다. 광야 사람이 보는 세상의 현실은 회개 이외에는 소망이 없고, 그 돌이킴 없는 현실을 주도하고 있는 지도자들은 '독사의 새끼들'이나 다름없다.

그런데 그 요한 앞에 어느 날 먼 북쪽 지방 갈릴리에서부터 예수님이 당도하신다. 이분이 바로 자신이 증거하던 "성령과 불로 너희에게 세례를 주실" 분이시다. 요한은 한눈에 그를 알아본다. 그런데 그 예수님이 곧장 요한에게 나아와 그 앞에 무릎을 꿇고 머리를 숙이시고 그에게 세례를 요청하신다. 이런…! 요한은 당황스럽다. 예수님에게 마주 달려가 그분의 요청을 황급히 말리려 든다.

"이게 무슨 경우란 말입니까? 당신은 제가 비판한 그 대상자가 아닙니다. 당신은 세례가 필요 없는 분입니다. 정작 당신으로부터 세례가 필요한 사람은 바로 저 자신입니다. 그런데 당신이 제게 세례를 받으시겠다고 그 갈릴리에서부터 여기까지 나오십니까? 당치도 않습니다."

하나님의 의를 이루기 위한 행동은 당대의 문화적 기준으로 보아 파격적일 수밖에 없다. 죄인들이 받아야 할 회개의 세례를 무흠하신 메시아께서 먼저 받으신다. 섬김을 받아야 할 것으로 기대되는 스승이 먼저 제자들의 발을 씻기신다. 그것이 궂은 일이든, 문화적 상식과 차이가 있든 심지어 죽음을 초래하든, 말이 아닌 행동으로 제자들에게 본을 보이신다. 그렇다. 죄인들이 세례를 받아야만 한다면, 예수님 자신이 먼저 그 '죄인의 반열'에 서서 세례의 자리에 서신다.

예수님은 하나님의 의를 이룸에 대한 주안점을 가지고 자신이 요한에게 세례받아야 함을 정당화하신다. 무슨 의를 이룬다는 것일까? 정작 세례를 받아야 할 '독사의 자식들'의 다수는 현장에 나타나지 않고, 세례가 필요치 않은, 아니 오히려 그분의 이름으로 베풀어져야 할 세례의 주인이신 분이 친히 세례를 받으시겠다고 나선 것이다. 그분은 이 세례 사건에서부터 '세상 죄를 진 어린양'이 되어 '회개의 세례'의 본이 되고 계신다. 이 세례의 과정에서부터 세상의 죄가 그분께 전가된 그림을 보여준다. 그분은 구세주의 소명을 가진 '한 죄인'의 위치에까지 내려오셔서 겸손히 세례를 통해 죽음을 수용하고 계신다. 벌써 십자가가 예고된다.

세례를 마치고 물에서 올라오시는 모습은 짐짓 장엄한 부활을 예고하는 모습이다. 죄와 심판은 사라지고 삼위일체 하나님의 영광스런 현현이 구체적으로 임해오는 그림이다. 성자의 세례식에 하늘로부터 성령이 비둘기 같이 임하시고, 성부의 기쁨에 찬 확언이 천둥처럼 임한다.

> 이는 내 사랑하는 아들이요 내 기뻐하는 자라(마 3:17).

예수님의 이 세례 사건은 훗날 주신 "아버지와 아들과 성령의 이름으로 세례를 주라"(마 28:19)는 지상명령을 상기시킨다. 예수님의 세례사건은 그분의 세례 명령의 원형이며, 이 세례사건의 재현을 기대하게 한다. 따라서 열방 중 세례가 베풀어지는 곳 어디에서든 성삼위 하나님의 영광스런 임재 사건이 재현될 것이다.

세례는 단순히 죄를 씻는 의식을 넘어, 성삼위 하나님의 현현과 기름부음과 통치와 동행이 동시에 임해오는 구체적인 사건이 된다. 또한 성삼위 하나님의 임재 속에서 하나님의 가족 안에 새롭게 탄생한 사실을 하나님께로부터 구체적으로 확언을 받는 사건이 된다. 이때 "이는 내 사랑하는 아들이요, 내 기뻐하는 자라"는 하늘의 음성은, 과거의 예수님에게 국한되던 경계를 넘어선다. 이 하늘의 소리는 그분의 임재 안에서 세례를 받는 모든 이들에게 적용된다. 오늘 세례를 받는 이를 하나님의 자녀로 새롭게 인치시는 하늘의 보증이다.

오늘날 우리가 경험하는 세례식에는 외형상의 의식(ritual)만 남고, 그 세례가 의미하고 기대하는 바가 무엇인지 그리고 세례를 통해 경험하는 새로운 탄생에 대한 환희가 결핍되어 있다. 세례의 사건이 간직하고 있는 생동감을 더욱 생생하게 경험하고 싶다.

제 4 장
하나님 나라의 시작

시험과 유혹 (마 4:1-11)

하나님은 인생을 시험하시는가? 야고보는 "하나님은 누구도 시험치 않으시며, 사람이 시험을 받는 것은 다만 자신의 욕심에 이끌려 미혹됨이라"(약 1:14)고 한다. 하지만 오늘 마태는 예수님이 시험까지 받으셨다고 전한다. 하나님은 시험하신다. 다만 이 혼돈은 한글성경이 '시험'과 '유혹'을 다같이 '시험'이라 번역해 놓은 결과다. 분명한 것은 하나님은 시험(test)하시며 마귀는 유혹(temptation)을 한다는 사실이다. 하나님은 우리를 연단시키고 더욱 강하게 세우고자 하는 목적으로 조금은 냉혹한 시험을 하신다. 마귀는 우리를 유혹하여 무너뜨리고 멸망시키고자 하여 유혹이라는 달콤한 카드를 사용한다. 한편, 하나님의 시험 과정에서 마귀는 유혹을 병행하여 시험에 들게도 할 수 있다. 그리고 마귀의 유혹 속에서도 하나님은 우리를 연단하실 수 있다. 인생들에게 있어서는 시험이 유혹이 되기도 하고, 유혹이 시험이 되기도 하지만, 그 주체가 누구이며 그 목적이 무엇인가에 따라 그것은 시험이 되기도 하고, 또는 유혹으로 판명할 수도 있다.

◆ 성령과 마귀

예수님은 성령에 이끌려 광야로 가신다. 그 시험은 예수님의 공적 생애 준비를 검증하는 자격시험 정도의 것이었을까? 시험의 주도적인 역할은 성령이 하신다. 세례를 통해 예수님 위에 임하신 성령은 이제 광야의 시험을 위해 그를 주권적으로 이끌어 가신다. 마귀는 성령의 뜻에 따라 다만 시험하는 자일 뿐, 실제로 시험장을 준비하고 그 과정을 통제하시는 분은 성령이시다.

예수님이 시험을 받는 과정에서 주목해야 할 것은, 성령이 함께하시는 그 자리에 어떤 능력 행함이나 기적 같은 신비한 일이 동반되지 않는다는 점이다. 예수님에게 분명 성령이 임하시고, 동행하시는 데도 거기엔 고요함만 흐를 뿐, 특별한 성령의 역사는 눈에 띄지 않는다. 우리가 얼마든지 기대할 만한 신비한 사건이나 어떠한 눈에 띄는 반응도 없다. 그날에 어떤 이가 그 장면을 바라보았더라도, 거기에 성령의 역사는 보이지 않고 오직 예수님만 보였을 것이다. 하지만 성령께서 거기에 계신다. 성령은 은밀히 거하시며, 은밀히 보시며, 은밀히 역사하시는 하나님의 영이시다. 그분은 예수님을 그곳으로 인도하셨을 뿐 아니라, 그 시험을 허락하시고, 주도하시고, 그곳에 함께 하고 계신다. 바로 그 자리에 '시험관'이 같이 와 있다. 성령이 계시고, 예수님이 공생애를 예비하시는 그 자리에, 바로 마귀가 시험거리를 들고 준비하고 있다.

복음서는 마귀를 판타지 소설에나 나오는 등장인물로가 아니라, 실재하는 대상으로 제시하고 있다. 이상하게 들릴지 모르지만, 복음서를 펼치면 '마귀'가 득실거린다. 그의 다른 이름은 귀신, 악령, 사탄 등이다(evil spirit, demon, devil, satan). 때문에 그리스도인들은 마귀의 존재에 무척 관심이 많다. 그 주제는 소위 '영적 전쟁'이라는 이름으로 다루는 수많은 책과 강의들에 넘쳐나고 있다. 흥미롭게도 마귀는 사탄 숭배교를 제외하면 어느 종교를 막론하고 대체로 그 종교인들로부터 좋은 이미지를 부여받지 못한다. 물론 기독교와 같이 적대적인 반응이 있는가 하면, 그들의 부정적 속성에도 불구하고 보다 호의적으로, 아니 바로 그 부정적 속성 때문에 달램과 심지어는 섬김과 경배를 받는 경우도 있다.

사람들은 인간사의 수많은 영역에 마귀가 결부되어 있다고 믿으며, 그 믿음에 합당한 태도를 보인다. 기독교에서도 바로 그 사실을 인정한다. 하지만 지나칠 경우, 사람들은 바로 그 사실을 들어 매사를 마귀 탓으로 돌리는 경우가 생긴다.

"질병을 가져오는 것은 마귀다. 의심을 가져다주는 것도, 속이는 것도, 깨어진 관계도, 가난도, 악몽도, 예수님을 믿지 않는 것도… 모두 '마귀의 짓'임에 틀림없다."

그런데 그렇게 이해하고 믿다 보면, 마귀에게 많은 권위와 신임을 주고 만다. 그리하여 사람들이 정작 두려워하는 것은 하나님이 아니라 마귀가 된다. 대적할 대상임을 알면서도 영적으로나 정서적으로 마귀를 인정하는 일이 많다 보니, 거꾸로 그 마귀에 대한 인식과 영향력에서 자유롭지 못하게 된다. 이것이야말로 마귀의 궤계다. 역설적이게도 마귀의 이름이 하나님의 이름보다 더욱 신임(?)을 받고 있으니 말이다.

하지만 정작 성경은 마귀나 사탄에 대해 깊은 관심을 보이지 않는다. 그렇게 득실거리는 존재들로 그 실제를 소개는 하지만, 그 존재의 기원부터 시작하여 그들을 소상히 이해할 수 있는 내용은 너무도 적어서 우리가 원하는 만큼 충분히 알기 어려울 정도다. 오히려 마귀에 대한 성경의 메시지는 매우 단순하다. 즉 이 땅에 '마귀의 일'이 존재하지만, 예수님은 이 마귀의 일을 멸하러 오셨다는 것이다. 그것이 하나님 나라의 복음이다.

사실 인류는 '악'을 논리적이고 실증적으로 해명하는데 실패해왔다. 악의 기원을 하나님에게서 찾고자 하는 신학적 시도들은 하나님의 속성에 위배되기에 거부된다. 그러므로 사탄은 예로부터 악에 대한 상징적 표상으로 여겨져 왔다. 통상 악이란 인간을 통해 실재하기에 그 표상도 의인화된다. 따라서 사탄(마귀)은 '실재'하는 존재로도 인식가능하며, 실재하지 않으나 '실재하는 악의 의인화된 형태'로 다루어지기도 한다.

어쨌든 성경에 따르면 사탄은 '처음부터 거짓말쟁이'다(요 8:44). 그는 첫 사람 아담을 속이고 난 이후, 인간들 사이에서 변함없이 그리고 그침 없이 그 일을 수행해 오고 있다. 이제 오늘 그 광야에서 예수님에게도 예외 없이 그 기질을 발휘하고 있다.

◆ 세 가지 시험

시험하는 자는 하나님 나라를 선포하고 공여하시기 위해 막 공생애를 시작하시는 예수님을 찾았다. 그분은 광야에 나와 사십일을 금식하며 극한 상황에 처해 계셨다. 하지만 예수님은 시험에 대해 너무도 당당하시다. 시험에 떨기는커녕 시험관에 대해서도 호락호락하지 않으신다. 그분은 겸손히 시험에 응하시면서도, 의연하게 시험을 치르신다. 마치 '모든 것이 준비되었다'는 모습이다.

그렇다면 예수님은 어떤 시험을 받으시는가? 그것은 근본적으로 그의 메시아로서의 정체성과 소명에 관한 것이다. 심지어 그가 하나님 나라의 실현을 위해 어떤 노선을 택하게 될 것인가와 연관되어 있다. 그가 당대의 시류를 좇을 것인가? 대중의 기대를 충족시켜 줄 정치적 메시아로 등극할 것인가? 아니면 그만의 대안이 있는 것인가? 세 개의 시험이 핵심이다. 예수님은 이를 통해 인간의 한계와 인간적인 욕망, 심지어는 보냄 받은 소명까지도 재고해 보아야 하는 절체절명의 내적 고뇌와 사투를 벌여야 한다.

1. 돌로 떡이 되게 하라(떡에 매인 인간 - 경제영역)

첫째, 저 육체적 결핍에 처한 백성들의 필요를 어떻게 해결할 것인가? 비참한 가난과 곤궁, 인간의 존엄을 흔드는 배고픔의 문제를 어떻게 할 것인가?

인간은 식욕과 성욕 등의 육체적인 욕구는 물론 안정감과 같은 정서적이고 영적인 다양한 본성적 욕구들을 가지고 있다. 특히 의식주와 같은 물질적인 필요는 없어서는 안 될 인간의 필요조건이다. 이 인간의 생존문제(생계문제)는 사람의 출신과 신분 고하를 막론하고 그 어떤 고상한 문제보다도 앞선다. 따라서 이것들의 결핍은 인간 삶의 근본을 무너뜨린다.

"그러므로 네가 메시아거든 이 문제를 해결해보라! 이 돌들로 떡이 되게 하여 그들을 먹이라!"

그는 고뇌한다. 로마의 압제 하에서 억압받는 민초들의 그 주린 현실에 이 먹는 문제 해결이야 말로 가장 절실한 과제가 아닌가? 이 생존문제를 해결하기 위해 인생들은 얼마나 힘겹고, 때론 비참하고 비루하며, 때론 비인간적인 노동과 착취에 시달려야 하는가?

하지만 인간이 생존을 위해 '떡'(양식)을 필요로 하는 존재인 것은 안다. 하지만 인간은 그러한 육체적 양식으로만 사는 존재인가? 과연 떡의 충족이 그 비인간됨을 근원적으로 치유해 줄 것인가? 인간은 그런 생물학적 필요를 넘어 하나님의 말씀을 생명 삼고, 양식 삼아 사는 영적인 존재가 아닌가?

하지만 굶주린 현실은 그 후자를 포기하려 한다. 동물적 본성에 충실한 '떡'에 매인 인간, 즉 떡으로만 사는 육체적, 동물적 존재로 스스로를 한정시키려 한다. 이것은 어쩌면 인간의 총체적인 정체성에 대한 유혹이다. 먹어야 살고, 먹어야 의미 있는 행동을 하고, 먹어야 하나님을 예배하기도 하는 인간이기에, 어쩌면 인간에게 이 '먹고 사는 문제'는 가장 근본적이고 시급한 문제임이 틀림없다. 밥(돈)을 위해서라면 선도, 정의도, 자유도, 윤리도 간단히 포기할 수 있다.

하지만 예수님은 단호하면서도 간결하시다.

> 사람이 떡으로만 살 것이 아니요 하나님의 입으로부터 나오는 모든 말씀으로 살 것이라(마 4:4).

이 말씀을 이르시는 분은 누구신가? 요한에 따르면 그는 인생을 지으신 하나님이시다(요 1:1-3). 그분은 우리를 우리보다 더 잘 아시는 분이시다. 그분의 말씀은 분명하다. "사람은 떡으로만 아니라 하나님의 말씀으로 사는 존재다."

인간에게는 떡으로 해결해야 할 동물적 영역을 넘어서 하나님의 존재로 채워져야만 하는 하나님의 형상 영역이 있다. 물질(밥)이 해결할 수 없는 하나님 나라의 보다 소중한 가치들이 있다. 하나님이 말씀하시는 자유, 정의, 평화, 평등, 기쁨, 모두의 행복 같은 것 말이다. 따라서 사람이 하나님의 말씀을 먹지 않고 떡으로만 살아간다면, 그것은 '반(半) 인간'이요, 더 악화하면 '비(非) 인간'이 되고 만다. 사람은 하나님의 말씀을 의미 있게 수용할 때에라야 창조주의 의도 속에서 비로소 온전한 인간으로 살아가게 된다. "하나님 나라는 먹는 것과 마시는 것이 아니요 오직 성령 안에서 의와 평강과 희락이라"(롬 14:17). 당장 끼니를 걱정하는 현실적 가난을 좌시할 수는 없으나, 그렇다고 굶주린 배만을 채우는 메시아일 수는 없다. 하나님의 존재와 말씀으로 온전케 되는 진정한 인간원형 회복을 실현하는 메시아이어야 한다.

2. 성전에서 뛰어 내리라(초인적 갈망에 매인 인간 - 종교영역)

둘째, 저 병들고 무기력하며, 스스로를 구원할 수 없는 군중들을 어떻게 해야 할 것인가? 제국주의 식민치하에서 겪는 물리적이고 정서적인 고통의 문제를 어떻게 할 것인가?

그러한 한계 상황에 놓여 있는 세상 나라의 인간은 '초인적 능력에 대한 갈망'으로 굶주려 있다. 그들이 붙잡혀 있는 고통스러운 환경은 자연스레 슈퍼맨과 같은 초인적 대상을 갈망하게 한다. 현실이 물리적으로 괴로울 때 사람들은 종교적 피난처를 희구한다. 자신들을 구원해 줄 '구원자'요, 자신들의 억압상황을 일거에 보상해 줄 '대리자'를 찾는다. 그 전형을 보이고 그들의 욕구를 충족시켜보라. 그들은 단박에 그대를 추종할 것이다.

뛰어 내리라… 발이 돌에 부딪히지 않게 하리로다(마 4:6-7).

"초인적 갈망에 사로잡힌 저 대중들에게 초능력을 보여라! 심지어 천사들까지 동원하여 그들로 네가 '그 메시아'임을 단박에 입증해 보여라. 성전은 그런 신비가 보장된 장소가 아닌가?"

예수님은 곧장 고개를 흔든다. 그리고 시험관을 대적한다.

"그것은 하나님을 시험하고 모독하는 것이다. 하나님은 예배 받으실 분이지 나를 드러내고 입증하기 위한 수단이 아니다. 또한 성전은 이미 하나님의 은혜로 백성되고 자녀된 이들이 그분을 알현하는 곳이지, 그곳에서 하나님의 자녀인 것을 입증받기 위해 자신을 증명해야 하는 곳이 아니다.

또한 자신을 정당화하기 위해 하나님의 말씀을 오용하지 마라. 하나님이 성경을 주신 목적은 하나님께서 친히 백성에게 말씀하고자 하심이요, 그 말씀을 통해 백성이 구원과 안내, 생명을 얻도록 하기 위함이다. 자신의 목적을 달성시키고자, 자신의 주장을 신성화 하고자, 또한 자신이 모의하는 바를 지지하는 수단으로 사용해서는 안 된다. 성경을 인용한다고 해서 그것이 하나님의 말씀이 되는 것이 아니다. 오히려 그러한 목적으로의 인용은 사람으로 올무에 들게 하고 멸망에 이르게 한다.

하나님을 시험하지 마라. 그분은 만홀히 여김을 받으시는 분이 아니시다. 하나님의 말씀을 악의적으로 오용한다는 것은, 곧 그 말씀하신 분을 모욕하는 길이다. 그분의 말씀을 사사로이 그리고 악의적으로, 사적인 유익을 위해, 심지어 청중을 조종하고자 인용함으로써, 그 말씀이 맥락을 떠나 문자적으로 되살아날 때, 사람들은 그 올무에 들기 쉽다."

그는 단호하다. 대중의 종교적 욕망과 호기심을 만족시킴으로 인기에 편승한 메시아일 수는 없다.

3. 내게 경배하라 천하만국을 주리라(공간획득과 세상권력 소유욕에 매인 인간 - 정치영역)

셋째, 이방 로마의 압제 아래 있는 조국 이스라엘과 그 신민들의 현실은 어떻게 할 것인가? 로마를 한 순간에 무너뜨리고, 독립된 이스라엘의 현실을 맞이해야 하지 않겠는가!

당연하겠지만, 떡과 초인적 갈망에 사로잡힌 인간은 하나님 나라를 망각하고, 세상적 영광과 소유에 전념하기 쉽다. 세상이 추구하는 천하만국의 영광은 세상 나라 사람들의 가장 큰 최후의 유혹이다. 거기서 인간은 본래의 정체감은 물론 부여된 소명마저도 망각해 버리고 만다. 최대의 관심사는 자신의 세상을 소유하는 것이며, 따라서 온 세계가 함께 공유하는 영광의 하나님 나라는 그들의 관심사 밖이다.

> 내게 엎드려 경배하면 이 모든 것을 네게 주리라(마 4:9).

"네가 과연 메시아라면, 응당 이것을 목표해야 하는 것 아닌가? 로마 제국을 단숨에 몰아내고 진정한 하나님의 왕국을 실현해 낼 수 있다. 죽음과 전쟁과 폭력의 화신에게 굴복하라. 그리하여 이 땅의 왕이 되어 최고 권력자로서의 합당한 영예도 소유하고, 백성들을 호령하며 온 천하의 영광을 누려라. 자, 그 모든 것이 눈앞에 있다. 그대가 원하는 세상을 간단히 얻을 수 있다. 단 조건이 있다. 내 권세 앞에 부복하고 나의 노선을 수용해야 한다. 나에게 네 영혼을 내어주고 내 목소리를 청종해야 한다(4:9). 그렇게만 한다면 그 혐오스런 고통의 십자가를 질 필요도 없다."

하지만 예수님은 결연히 대적하신다.

> 사탄아 물러가라 기록되었으되 주 너의 하나님께 경배하고 다만 그를 섬기라 하였느니라(마 4:10).

인간은 하나님 앞에서라야 가장 자유롭고 온전한 존재가 된다. 하나님은 인간이 지니고 있는 그 형상의 원형이시기 때문이다. 또한 사람이 하나님께 매일 때 비로소 세상 나라의 수많은 매임에서 자유로운 존재가 된다. 하나님 나라야말로 인간에게 부여하기를 원하시는 하나님의 본래 계획이기 때문이다. 천하만국의 영광이 아무리 놀라운 것이라 한들 하나님 나라의 영광과 비교할 수 있겠는가? 저 "크고 화려한 성 바벨론"(계 14:8)이 저 "아름답고 거룩한 성 예루살렘"(계 21:2)과 견줄 수나 있겠는가? 이 땅에서의 사적 영광을 욕망하는 것은 결국 비교할 수조차 없는 하나님 나라를 잃게 한다. 그것은 몇 그램도 되지 않는 사금에 대한 욕심으로 아름다운 온 산야와 강들을 초토화하는 어리석음을 부르는 것과 다를 바 없다.

"하나님을 경외하고 그분을 섬기라!"

시험 속에서 드러난 것처럼, 그 시험하는 내용은 예수님이 선포하시는 하나님 나라와 철저히 대조적인 개념을 제시하고 있다. 그것은 하늘나라(Kingdom of Heaven)의 영역을 미리 구축(驅逐)해 버리고자 하는 세상 나라(kingdom of earth)의 목표들로 가득하다. 이 점에서 예수님의 시험 사건은 이어지는 산상수훈(마 5-7장)의 배경 역할을 한다.

하지만 하나님 나라의 훈풍은 세상의 악취를 오히려 돌파해 버린다. 시험에 대한 예수님의 태도는 요동함이 없이 한결같다. 딱히 눈에 띄는 무기를 든 것도 아니다. 특별한 수단을 동원하는 것도, 놀라운 능력을 시연하는 것도 없다. 그는 다만 하나님의 뜻에 초점을 맞춘다.

인간은 이미 저 에덴동산에서 '육신의 정욕과 안목의 정욕과 이생의 자랑'(요일 2:16)에 매인 바가 있다. 떡을 위해, 인간적 욕망을 위해 그리고 세속적 영광을 위해 인간은 유혹받는 길을 서슴없이 선택하고 말았다. 그 결과는 비참한 에덴의 상실이요, 하나님의 현존 경험의 상실 등이었다. 오늘도 아담의 후손들은 동일한 절차의 유혹을 거침없이 받고 있다. 사람들은 그 시험 속에서 자신이 거창한 획득과정에 있다고 생각하지만, 결국 자신의 욕망을 인해 무기력하게 무너져버린 자신을 발견하고 만다. 그러는 사이 그들은 또다시 하나님 나라를 잃어버린 백성으로 전락하고 만다. 에덴에서 승리한 사탄의 승전가는 지속적으로 세상 나라의 한복판에서 울려 퍼지는 것만 같다.

하지만 아니다. 인간 나라에 지축을 흔드는 전환적인 사건이 일어났다. 승승장구하던 사탄의 왕국을 박살내는 하나님 나라가 이 땅에 임했다. '때가 차매' 메시아가 시험을 이긴 승리자로 우리에게 오신 것이다. 이제 세상 나라 한복판에 하늘나라가 선포된다. 예수님의 선포와 더불어 그 나라가 침노하듯 이 땅에 임해 온다. 갈릴리 산상에서 외치신 예수님의 사자후는 사로잡혀 있던 사람들을 자유롭게 하며 그들을 잠에서 깨어나게 한다. 하나님 나라가 임했다!

기록되었으되… (마 4:4, 7, 10)

예수님은 세 가지 시험마다 '기록되었으되'(it is written)라는 말씀과 함께 최종적으로 하나님의 기록된 말씀을 통하여 시험을 물리치셨다. 이로써 예수님은 '하나님의 입에서 나오는 모든 말씀'이야말로 시험에 대한 유일한 대비책이요, 하나님의 백성이 취할 바임을 보여주셨다. 그렇다. 유혹과 속임에 대한 유일한 공격무기는 말씀, 곧 성령의 검(엡 6:17)이다. 그것은 하나님의 기록된 말씀에 대한 의존적인 태도요, 곧 자기 권위를 넘어선 하나님의 신적 권위에 의탁하는 태도다.

그렇다면 예수님은 왜 옛 선지자들의 기록(성경)을 인용하셨을까? 무엇보다도 예수님은 하나님의 말씀, 곧 구약성경(공동성서)의 유효성을 여실히 증명해 보이셨다.

> 천지가 없어지기 전에는 율법의 일점일획이라도 결코 없어지지 아니하고 다 이루리라(마 5:18).

동시에 예수님은 세례의 경우에서와 같이 대표적 인간으로서 본을 보여주신 것으로 보인다. 인간은 하나님의 말씀으로 사는 것이다. 하나님의 말씀을 따라 인간은 자신의 원형인 하나님 형상과 의중을 헤아리면서 사는 것이다.

인간은 하나님의 입에서 나온 하나님의 기록된 말씀으로 산다. 하나님의 말씀은 우리의 본연의 정체성과 직결 되어 있다. 우리는 하나님의 말씀을 통해 하나님 형상의 존엄을 유지하며, 그분의 마음과 뜻으로 완성되어가는 존재다.

예수님은 떡의 문제로 주리셨음에도 단순히 떡에 매인 인간임을 거부하고, 그것을 초월해 내는 인간상을 제시하신다. 우리의 생명은 떡으로 말미암음에도 우리에게 더 궁극적이고 진정한 생명은 하나님으로부터 말미암는다. 우리의 진정한 생명의 근원은 하나님이시며, 그 생명은 하나님의 말씀으로부터 말미암는다.

하나님의 말씀을 인용하는 데는 주의가 필요하다. 예수님의 방식은 이기며, 살리며, 회복시키며, 온전케 하는 인용이다. 반면, 그것은 얼마든지 '사탄의 인용'이 될 수 있다. 자신의 주장을 고집하기 위해, 게다가 거기에 신적인 권위를 부여하기 위해 말씀을 인용하는 행위는 공동체에 대한 영적인 폭력과 다름없다. 사탄은 성경 말씀을 들어 하나님의 백성들을 조종하며, 속이며, 기만하며, 죽인다. 실상은 무의미한 인용은 그날 광야에서 예수님을 시험하던 사탄의 인용이다.

갈릴리에서의 공생애 시작 (마 4:12-17)

드디어 때가 찼다! 요한의 세례에 이어, 광야의 은거를 마친 예수님은 드디어 공적 활동을 시작한다. 회개와 하나님 나라의 도래를 외치던 요한은 옥에 갇히고, 드디어 사역의 세대교체가 일어난다. 이는 메시아의 길을 예비하던 요한의 사명이 완수되었음을 의미한다.

세대교체라는 말을 사용하였지만, 사실 요한과 예수님의 사역은 하나님 나라 도래에 대한 강력한 연속선상에서의 사역적 연결이라 볼 수 있다. 회개의 요구와 그 선포 메시지의 핵심이 자구 하나 틀리지 않게 동일한 것이 그 증거다.

> 회개하라 천국이 가까왔느니라(마 4:17).

하지만 마태는 세례 요한으로부터 예수님으로 넘어가는 결정적인 전환국면을 강조하는 것으로 보인다. 그럼으로써 예수님이 요한의 바통을 받아 사역을 이어가시는 것처럼 암시한다. 비로소 예수님이 대중 앞에 서신다.

◆ 갈릴리

예수님은 당신의 공생애, 즉 하나님의 구원사역을 예루살렘이 아닌 변방지역인 갈릴리에서 시작하신다. 그리고 공생애의 대부분을 그곳에서 보내신다. 마태의 증거에 따르면, 갈릴리는 '이방의 갈릴리'다. 이방의 땅이라니…. 사실 갈릴리는 본래 이스라엘에게 주어진 약속의 땅이었다(수 20:7). 하지만 오래 전 솔로몬은 이방 왕 히람에게 건축의 대가로 그 땅을 거래의 조건처럼 내어주고 말았다.

> 솔로몬이 두 집 곧 여호와의 성전과 왕궁을 이십 년 만에 건축하기를 마치고 갈릴리 땅의 성읍 스무 곳을 히람에게 주었으니 이는 두로 왕 히람이 솔로몬에게 그 온갖 소원대로 백향목과 잣나무와 금을 제공하였음이라(왕상 9:10-11).

이방인…. 유대인들 앞에서 이방인이라는 말은 마치 개를 언급하는 것과 같은 것이었다. 그들에게 이 땅을 주어버렸을 때, 거기에 거하던 백성의 마음은 어떠했을까? 그런데도 이 땅을 받은 히람 왕마저 그 땅을 기뻐하지 않았다. 그 사실을 통해 당시에도 갈릴리가 어떠한 땅이었는지를 짐작하게 한다. 갈릴리는 '가불 땅'이라 불릴 만큼 선한 것을 기대하기 어려운 땅이었던 것이다.

> 히람이 두로에서 와서 솔로몬이 자기에게 준 성읍들을 보고 눈에 들지 아니하여 이르기를 내 형제여 내게 준 이 성읍들이 이러한가 하고 이름하여 가불 땅이라 하였더니 그 이름이 오늘까지 있느니라(왕상 9:12-13. '가불'은 '한계'라는 뜻으로, '메마른'이란 뜻이 있다).

그랬다. 갈릴리는 그처럼 내어줘 버린 땅이요, 기뻐함을 받지 못한 땅이요, 결국 사망의 땅이 되었다. 따라서 그곳 사람들은 오랜 세월을 '흑암에 앉은 백성'이었고 '그늘에 앉은 자들'이었다(마 4:16).

요세푸스와 같은 역사가들의 증거에 따르면, 예수께서 역사의 무대에 등장하던 무렵 갈릴리는 혁명과 투쟁의 땅으로 변모해 있었다고 한다. 비교적 안정된 삶을 유지하던 갈릴리가 후에 갈릴리의 수도가 된 세포리스(히. 칩포리. 나사렛에서 5Km 정도 서북쪽에 위치)와 디베랴(티베리아스)의 도시건설로 인해 세금부담의 압박이 심해지면서, 주민들이 토지를 매각하고 노예가 되거나 강도단에 들어가는 일이 많을 정도로 심각한 경제난을 겪고 있었다. 그러던 중 예수님이 탄생하던 BC 4년 경 헤롯대왕이 죽고 그의 아들 안티파스가 갈릴리를 물려받는 과정에서, 세포리스 거주민들이 무장봉기를 일으켰다. 이에 시리아 총독인 바루스(Varus)가 이를 진압하면서 수많은 사람들을 노예로 삼고, 봉기에 참여했던 2천여 명의 유대인들을 십자가에 처형하였다고 전한다. 이처럼 로마의 식민지 상황 속에서 야기된 혼란과 격동 속에서 갈릴리는 수많은 상처를 안고 수많은 자유 투쟁가들이 출몰하는 혁명의 땅이 되었다. 원성과 고통과 절망 속에서의 신음과, 피와 죽음을 부르는 난리의 소문이 그침이 없는 어둠과 사망의 땅이었던 것이다.

예수님은 바로 거기를 선택하여 오셨다. 이로써 선지자 이사야의 예언(사 9:1-2)은 성취되었다.

> 흑암에 앉은 백성이 큰 빛을 보았고 사망의 땅과 그늘에 앉은 자들에게 빛이 비취었도다(마 4:16).

임마누엘 예수님은 바로 사망의 그늘진 어둠의 땅 갈릴리에서 큰 빛이 되셨다. 예수님은 스스로 '갈릴리 사람'이 되어 오신 일을 주목해야 한다. 굳이 어두운 곳, 후미진 곳, 빛이 없는 곳, 죽음의 소식 가득한 곳을 택하신 것이다. 그 사실은 빛이신 예수님의 정체를 자연스레 드러낸다. 이미 밝은 곳에 빛은 무의미하다. 그는 어두운 사망의 땅을 선택하여 광명한 생명의 빛을 발하신다.

이 예수님은 내 초라하고 어두운 갈릴리와 같은 삶을 선택해 주신다. 세상에 빼앗겨 버리고, 잊혀 버린 내 영혼을 선택하여 와 주신다. 어둠을 몰아내시고 당신이 밝아 주심으로, 내 온 존재를 밝혀주신다. 이제 우리를 세상의 빛이라 일컬어 주신다(5:14). 그렇다. 우리는 비침을 받은 그 큰 빛을 반사하는 작은 빛들로서, 우리가 살며 비추어야 할 갈릴리를 생각해야 한다. 빛은 어둡고, 차갑고, 그늘진 사망의 골짜기에 어울린다. 물론 현실은 화려한 성읍일수록 빛으로 가득하다. 부유한 나라일수록 밤마저 빛으로 가득하다. 하지만 참으로 빛이 필요한 곳은 궁핍하고 가난한 성읍, 빛을 밝힐 수 없는 후미진 가정들이다. 바로 갈릴리의 어두운 그늘에 앉은 자들의 삶터다.

대낮에 빛은 별 의미가 없다. 아무리 밝은 조명이라 할지라도, 대낮의 조명은 실상 불필요하다. 아니 오히려 낭비다. 하지만 칠흑같이 어두운 곳에서는 작은 촛불이라도 귀하고 아름답다. 그처럼 빛은 어두운 곳일수록 의미를 갖는다.

세상이 어둡다고들 한다. 그런데도 빛 된 그리스도인들은 밝은 곳, 화려한 곳, 대우가 좋은 곳, 더 큰 이름을 낼 수 있는 곳을 기웃거리고 있다. 예수님의 빛을 받았다면 갈릴리로 가야 한다. 예수님처럼 의도적으로 어두운 곳을 선택하여 가야만 한다. 가서 갈릴리 사람, 나사렛 사람이란 이름을 가지고 그곳에서 빛이 되는 것이다.

세상은 아직도 정말 어둡다.

돌이켜라, 하나님 나라가 가까이 왔다! (마 4:17)

비로소 예수님의 사역이 시작되었다. 그분은 이렇게 입을 떼셨다.

> 회개하라 천국이 가까왔느니라(마 4:17).

예수님은 초라한 갈릴리의 한 지경에 서서 그 엄청난 하나님 나라의 임함을 선언하고 계신다. 서울도 아닌 지방의 한 촌락에서 모종의 신앙운동을 시작하신 것이다. 매스컴도 발달하지 않은 곳에서, 누구도 눈여겨 보아주지 않는 곳에서, 제법 성공을 거둔다 할지라도 누가 알아주지 않을 행보를 그렇게 시작하셨다. 어쩌면 세례 요한의 소문을 들었던 사람들은 지방에서 펼치는 세례 요한의 아류 정도로 이해했을지도 모르겠다.

이렇게 시작된 예수님 선포의 핵심은 '하나님 나라'였다. 마가와 누가 및 요한은 이를 하나님 나라(헬. $\beta\alpha\sigma\iota\lambda\epsilon\iota\alpha\ \tau o \upsilon\ \theta\epsilon o \upsilon$. 바실레이아 투 데우. Kingdom of God)라 명명했지만, 유대적 배경의 독자를 염두에 두고 복음서를 기록한 마태는 '하나님'이란 단어를 보다 완곡하게 '하늘'로 바꾸어 이를 하늘나라(헬. βασιλεια των ουρανων. 바실레이아 톤 우라논. Kingdom of Heaven)라 칭했다. 특별히 요한은 '하나님 나라'를 제한적으로만 사용하고(2회) 여기에 영생(Eternal life)이란 개념을 강조해 주었다(그렇게 함으로써 독자들로 하여금 '하나님 나라'를 사후의 천국으로 연상하게 하는 촉매가 되기도 했다). 하나같이 하나님이 우리에게 참으로 주시고자 하는 현실을 의미한다. 이를 위해 하나님이 선택하신 방법이 바로 당신의 기름부은 자(메시아)를 보내신 것이다.

마태는 예수님의 선포에 관한 이야기를 계속해서 들려주겠지만, 예수님이 전하신 이 하나님 나라는 단순히 죽어서 가는 본향이 아니다. 이는 이 땅에서의 하나님 통치를 의미한다. 시공간적으로 매우 입체적이며 전 영역을 아우르는 포괄적 성격을 갖는 하나님의 통치현실이다. 하나님 나라의 도래는 곧 하나님이 왕이신 '새 나라'의 도래요, 새 시대의 도래다. 그것은 이전 방식으로 되지 않으며 헌 부대로도 수용할 수 없다. 그것은 방향전환뿐만 아니라, 존재의 변화를 요구한다.

그것이 바로 하나님 나라를 제공받기 위한 확실한 조건이다. '하나님이 오신다!' '그분이 오셔서 판결자가 되신다.' '회개하라!' 모든 것이 바로잡힐 것이다. 옛 길에서 돌이켜라. 이는 그것은 요한의 선포와도 동일하며, 그 옛적 선지자들이 외쳤던 '돌아오라!'(히. *Shub*)는 선포와 같다. 이 선언은 우리가 처해 있는 인간 실존에 왜곡이 있음을 전제하고 있다. 무언가 잘못되어 있는 삶의 현실을 폭로한다. 하나님이 창조 시에 의도하신 본래의 길에서 빗나가 있고, 그릇되어 있다. 무엇보다도 그 삶 속에 하나님의 통치가 없다.

그렇다. 우리는 하나님으로부터 멀어져 있다. 하나님과 원수된 지경까지 멀어져 있다(롬 5:10). 하나님 아닌 것에 극진한 정성을 들이는 사이에 삶의 전 영역이 뒤틀려 있다. 인간관계는 물론 환경과의 관계 역시 적대적이다. 거기에서 수많은 고통과 부조리가 뒤따른다. 불의와 부정은 낯선 단어가 아니다. 그릇된 길, 모순으로 가득 찬 삶의 진흙 수렁에서 헤어나지 못하고 있다. 악의 실재로 뒤엉킨 현실이다. 바로 구원이 필요한 현실이다.

혼히 구원은 전적인 하나님의 은혜의 선물임을 강조하다 보니, 인간 편에서의 노력이나 일체의 행위를 거부하려는 생각이 일반화되어 있다. 하지만 예수님의 첫 선언은 하나님 나라를 하사하고자 하시는 하나님의 주권적 의도를 밝히심과 동시에, 그것을 위한 회개라는 차원의 인간적인 믿음의 행보를 요구하심을 기억해야 한다.

하나님에게로 돌아가자. 하나님이 가까이 와 계신다.

나를 따라 오라 (마 4:18-25)

> 나를 따라오라 내가 너희를 사람을 낚는 어부가 되게 하리라
> (마 4:19).

이것은 '회개하고 돌이키라' 말씀하신 예수님께서 길처럼 내어 주신 말씀이다. 길이라 생각하고 달려가던 길에서, 전면적인 방향전환을 말씀하신 주님은, 스스로 돌이킨 사람들에게 길이 되어 주신다. '말씀을 따라 돌이켰더니 더 이상 갈 곳 없다'는 암울한 현실이 아니다. 예수님 자신이 길이 되어 우리에게 해답으로 펼쳐주신다는 것이다(요 14:6).

하나님 나라를 소개하시는 예수님은 먼저 이 꿈을 함께 실현해 갈 동지들을 부르신다. 예수님은 호숫가에서 생업에 종사하고 있던 갈릴리의 어부들에게 다가가신다. 그리고 오늘날 우리 귀에까지 생생히, 또렷하게 들리는 말씀으로 그들을 초청하신다.

"나를 따르라!"(Follow Me!)

얼핏 보면 예수님은 다짜고짜 제자들을 부르고 계시는 것 같다. 마치 사전에 '나'를 아셨다는 듯이, 그분은 이미 우리를 보고 계셨다는 듯이(요

1:48, 사실 미리 보시고 아셨다!), 어느 날 갑자기 우리의 일상으로 들어오셔서 "나를 따라 오라"고 손을 내미신다. 사실 언제나 주님이 먼저 나를 발견해 주시고, 언제나 먼저 불러주시고, 언제나 먼저 손 내밀어 주신다. 당신의 일상이 이러한 불청객에 의해 방해를 받는다면 어떻겠는가? 예기치 못한 상황에 당황하지 않겠는가?

하지만 이 부르심에 대한 제자들의 반응은 우리의 눈과 귀를 의심케 한다. 베드로도, 야고보와 요한도 마치 그 초청을 기다리고 있었다는 듯, 그물과 더불어 부친을 뒤로하고 예수님을 따라나선다. 심지어 모든 것을 '버려두고' 따라나선다.

훗날 세관에 앉아 있던 마태도 모든 것을 뒤로하고 즉시 주님을 따르는 길에 나선다(마 9:9). 하나같이 아무런 생각도 없는 사람들처럼, 아무런 할 일도 없던 사람들처럼, 돌아볼 가족도 없는 것처럼…. 아무런 미래 계획도 없는 사람들처럼 모든 것을 뒤로하고 예수님을 따라나선다. 제자들의 따름은 그렇게도 단순하고도 또 철저하다. 그들이 뒤로 하고 떠나는 것은 문자 그대로 '모든 것'이다.

그들이라고 어찌 생각이 없겠는가? 어찌 계획이 없을까? 하지만 오늘 그들 앞에 서신 예수님은 고대하던 메시아, 바로 그분(The One)이시다. 그분의 부르심에 주저하고 있을 사안이 아니다. 갈망해 오던 하나님 나라의 꿈이 드디어 그들 앞에 부르심으로 임해 온 사건이다. 그러므로 "나를 따라오라!"는 예수님의 부르심도 단호하거니와 그 부르심에 결행하고 뒤따르는 제자들의 따름도 참으로 비장하다.

주님은 제자들을 부르시면서 부르심의 목적을 분명하게 해 주신다.

"나를 따라 오라. 그리하면 내가 사람을 낚는 어부가 되게 하겠다."

그것은 단순히 한 개인을 소명하시는 것을 넘어, 모든 백성을 하나님 나라로 초청하시는 부르심이다. 그것은 나를 하나님 나라의 일꾼으로 부르심으로 곧 다른 사람들을 하나님 나라로 이끌어 내도록 하는 데 있다. 그것이 곧 하나님 나라의 확장이다. 그것은 이 땅에 속한 나라의 경계를 넘어서, 이 땅에 임하지만 근본적으로 땅에 속하지 않은 하늘에 속한 하나님 나라다.

예수님에게는 바로 이 확장되는 하나님 나라의 그림이 있다. 그분은 온 세계를 바로잡고자 하는 꿈을 가지고 제자들을 부르신다. "나를 따르라"는 단호한 초청은 우리로 당신 나라의 "어부가 되라"는 부르심이다. 그것은 단순히 "예수 믿고 구원받으라"는 구원초청이 아니다. 이것은 오늘날 예수님을 따른다는 우리가 기대하고 꿈꾸는 세상과 전혀 다른 삶으로의 초대다. 전혀 다른 세계관, 전혀 다른 삶의 목표, 전혀 다른 삶의 형태에로의 부르심이다. 그것은 하나님 나라 건설이라는 대 과업으로의 부르심이다.

드디어 하나님 나라를 구성하는 일단의 무리가 형성되기 시작한다. 그들은 자신들이 사람 낚는 어부가 되기 전에 먼저 예수님에게 '낚여 온' 첫 사람들이다. 베드로라 하는 시몬과 그 형제 안드레 그리고 세베대의 아들 야고보와 그 형제 요한이 그들이다.

예수님은 이제 그들과 함께 매우 활발한 사역을 개시하신다. "온 갈릴리 지방을 두루 다니시면서 회당에 들어가 천국복음을 전파하시며 그들 가운데서 모든 병과 악한 것들을 고치신다"(마 4:23). 마태는 담담히 이를 전하고 있지만, 사실 이는 역사 속에 엄청난 파문을 불러오는 일대 사건이다. 예수님의 소문은 순식간에 온 수리아 지방까지 퍼져 나간다. 사람들은 저마다 그 놀라운 소식들을 전달하기에 바쁘다. 그 소문은 온갖 문제들에 사로잡혀 있던 사람들, 곧 배고픈 사람들, 질병과 고통에 눌려있던 사람들과 귀신들린 사람들, 세상의 온갖 억울한 일들로 신음하던 사람들을 예수님에게 불러낸다. 찾아드는 사람들의 행렬은 끊일 줄 모른다. 예수님은 그들을 기꺼이 맞이하신다. 지옥의 현실을 살던 사람들이 이제 도래한 천국의 현실을 맛보기 시작한다. 하나님 나라가 임했다!

소문은 벌써 갈릴리 지경을 넘어 예루살렘과 유대는 물론 요단강 건너편에 있는 데가볼리와 많은 마을들까지 퍼져 나간다. 문자 그대로 물결의 파장과도 같이 말이다. 오늘날이었다면 예수님의 행적 하나하나는 수많은 언론매체의 머리기사를 장식할 것이다.

나사렛 출신의 무명 선지자, 기적을 행하다!
갈릴리 호수에 수만 인파 몰려!
갈릴리의 선지자, 그가 메시아인가?…

예수님이 가시는 곳마다 수많은 무리가 그 뒤를 따른다. 그 숫자만큼이나, 그들의 삶의 지경 속에 하나님 나라는 확장되고 있다.

2부

하나님 나라의 청사진

갈릴리로 오라

Come to Galilee

제 5 장
하나님 나라의 선포

천국 살이 (마 5:1-16)

　산상수훈(The Sermon on the Mount. 마태 5~7장)이 열리면, 팔복(Beatitude)과 더불어 하나님 나라가 구체적인 성격을 드러낸다. 하나님 나라는 예수님의 선포 속에서 이 세상 나라 안으로 구체적으로 임해 온다. 거기서 예수님은 수많은 필요와 다양한 형편에 처한 사람들을 만나주시고 그들의 일상에 하나님의 통치현실을 수여하신다. 그 예수님이 오늘 내 일상에도 오시고, 그 일상에 하나님 나라를 선포하시고, 내 주가 되셔서 천국 살이를 가능케 하신다.

　◆ '하나님 나라에 산다'는 것은 이상향이 아닌 세상 나라 한복판에서 산다는 뜻이다

　예수님이 선포하신 하나님 나라는 매우 입체적인 성격을 띠고 있다. 그것은 시간적이면서도 동시에 공간적이다. 하나님 나라가 시간적 의미에서 입체적이라는 것은, 그것의 과거적이고 미래적이면서도, 현재적인 특성을 말한다. 그것은 '이미'(already) 임했고 그러나 '아직'(not yet) 완성에 이르지 않은 미래의 완성을 지향하고 있다. 그러면서도 그것은 과거와 미래 사이에 있는 '지금'(now)이라는 현재의 긴장 속에 임해 온다.

또한 하나님 나라가 공간적인 의미에서 입체적이라는 것은 죽음 이후에 오는 다가올 '천국'적 개념임과 동시에 오늘 '이곳'(here)에 임하는 것이기 때문이다. 또한 그것이 개인적 영토에 임하는 동시에 사회와 같이 공동체적이고 집단적 현실이 되기 때문이다.

하지만 예수님의 선포 속에서의 강조는 우리가 책임 있는 존재로 살아가야 하는 이 땅(즉 세상 나라)에 임하는 천국(하늘나라)이다. 하나님 나라가 세상 나라의 한복판에 지금 임해 온다. 예수님이 강조하시는 하나님 나라는 어떤 이들의 기대처럼 사후에 경험할 낙원이나 이상향이 아니다. 예수님은 이 세상 나라 안에 오셔서 그곳에 하나님 나라를 선언하신다. 그분은 인생들이 이 땅에 머무는 동안 하나님 나라를 소유하기를 바라신다. 따라서 하나님 나라는 가난과 애통과 불의와 폭력, 거짓과 부패와 박해와 살의, 어둠으로 가득 찬 이 세상의 한복판에 임해 온다.

예수님께서 '천국이 저희 것'이라 하실 때, 그것은 이 땅에서 이미 소유한 하나님 나라의 삶을 의미한다. 오늘 이 삶의 현장에 하나님의 통치가 임한다. 백성에게는 하나님의 통치를 수용하고, 그들을 향한 하나님의 목적과 의도에 순종하는 삶이 기대된다. 하나님 나라가 펼쳐진다.

◆ **하나님 나라에 산다는 것은 세상 나라에서 팔복의 중심으로 산다는 의미다**

하나님 나라의 주인이신 예수님의 도래와 더불어, 그것은 마치 침노하듯 이 세상 나라에 임해 온다. 하나님 나라는 인간을 향한 하나님의 가장 주된 관심사다. 예수님의 첫 선포가 바로 그것을 증명한다. "하나님 나라가 임했다!" 하지만 그것이 모두에게 일거에 허락되는 것은 아니다. 회개하는 사람들에게 우선 제한적으로 허락된다. "회개하라, 하나님 나라가 가까웠느니라!" 그것은 옛 길을 돌이켜, 하나님의 통치를 수용하는 전향을 의미한다. 그 나라를 특징짓는 것이 바로 팔복이다. 그것은 죽어서 천국가기 위해 지켜야 하는 규율이거나, 특정 시공간에서나 적용 가능한 특정한 윤리지침이 아니다. 그것은 이 땅에서 하나님 나라를 살아가는 사람들의 삶의 특징이다. 하나님 나라는 이러한 가치를 살아내는 이들을 통해 비로소 임해 올 것이라는 청사진이다. 여기 세상나라에서는 가난하고 서럽고 겸손하고 정직한 자가 복되거나 위로를 받거나 땅을 차지하거나 하지 못한다. 약자들과 연대하고 정의를 추구하고 평화를 위해 일하는 자들이 보상을 받거나 인정을 받기는커녕, 기득권자들에 의해 박해를 면치 못한다.

하지만 뒤바뀐 현실이 임할 것이다. 여기 바로 그 오실 자가 임해 있기 때문이다! 예수님은 하나님 나라를 사모하는 백성에게 조용히 말씀하신다.

첫째, 오늘 가난한가? 가난하다고 절망하지 마라. 오히려 하나님 나라는 가난한 그대들의 삶 터 안에서 싹터 나와야 할 회복된 현실이다. 인간이 갖는 모든 불행의 원인은 죄요, 그것의 원천은 욕심이다. 하나님 나라는 오늘 욕심을 거둔 이들의 삶 한복판에 임한다. 가난한 마음으로 가난한 이웃들과 연대하는 이들이 일궈내는 현실이다. 하나님 나라는 자기의 소유를 나누어 빈핍한 이들의 현실을 채워 넣는 손길을 통해 임한다. 그러함으로 가난한 이들이 함께 풍족함을 누릴 현실을 갖는다.

둘째, 오늘 애통해 하는가? 슬퍼할 일만 가득하다고 괴로워 마라. 슬픈 그대들의 현실에 하나님 나라가 임해 와야 한다. 오늘 기뻐하는 이들이여, 개인의 행복을 추구하기에 바빠 이 땅의 고통스러운 형편들을 외면하지 마라. 두 눈 부릅뜨고 호소할 곳 없어 탄식하는 이들을 발견하고, 그들의 애통을 어루만지며 살아라. 그 현실을 끌어안고 살아가는 서글픈 인생들의 애환을 함께 가슴 아파할 때, 하나님의 위로는 임해 올 것이다.

셋째, 오늘 온유한 중심으로 사는가? 오만하고 경쟁만 일삼는 사람들 사이에 살면서 낙심하지 마라. 나를 무시하고 억압하고, 나의 것을 빼앗고 싸움을 걸어오는 이웃에게 똑같이 굴지마라. 이웃은 경쟁하고 싸울 대상이 아니라, 온유함으로 돌아볼 대상이다. 이웃은 곧 확대된 자신임을 인식해야 한다. 하나님 나라는 온유한 자들이 차지하게 될 영토다.

넷째, 오늘 의에 주리고 목마른가? 불의로 가득한 세상을 한탄하며 타협하지 마라. 그것이 세상 나라의 아픈 현실 중의 하나다. 끝끝내 옳음을 추구하며 사는 것, 그것을 행동원리로 삼는 것, 그것이 궁극적으로 모두에게 하나님 나라를 선물할 것이다. 옳음을 추구하면 손해 보고, 못살고, 무시당한다고 포기하지 마라. 의로운 삶의 유무는 하나님 통치의 시금석이다.

다섯째, 오늘 긍휼히 여기는가? 총체적 폭력이 난무하는 세상 나라에서 고통 받는 이웃과 연대하는 일을 두려워하지 마라. 뒤로 물러나 소극적으로만 살지 마라. 힘으로 군림하는 사람들은 냉정하고 약자들에 대해서 가혹하다. 들짐승들처럼 이웃들을 착취와 범죄의 대상으로 삼는다. 사람답게 사는 세상을 꿈꾸라. 특별히 스스로를 보호할 능력이 없는 이웃들을 불쌍히 여기는 마음들을 공유한다면 그들의 환란이 그치게 될 것이다. 선한 사마리아인처럼 강도만난 자에게 이웃이 되라(눅 10:25-37). 그들의 처지에 공감하고 가진 것을 내어 그들의 필요를 채우며 살아라. 하나님 나라는 긍휼한 마음을 가진 자들에 의해 실현될 것이다.

여섯째, 오늘 마음이 청결한가? 정직하면 손해 본다는 세상의 목소리에 동조하지 마라. 세상은 서로 속이고, 감추고 그래서 부패하는 속성에 익숙해 있다. 은밀한 거래들과 부패한 정치 행보들 그리고 타인을 음해하는 것 등으로 세상 나라는 그렇게 움직이는 것처럼 보일지 모른다. 하지만 그침 없이 맑은 샘물을 흘려 내야 한다. 미약해도 지속해 내야 한다. 하나님 나라는 맑은 마음으로라야 살아지는 현실이다.

일곱째, 오늘 평화를 위해 일하는가? 자신의 이익을 고려하느라, 이념 때문에, 양자가 가진 차이들 때문에 붕괴해 있는 사회 현실에 등을 돌리지 마라. 개인과 공동체, 종교와 국가 간의 전쟁과 갈등, 반목들…. 이것이 세상 나라의 형편이다. 하나님의 의도하신 평화의 나라(사 65:25)는 화목케 하는 소명을 가진 자들의 몫이다. 의견이 다르다고 공동체를 깨고,

분열시키고, 배제하지 마라. 심지어 교리적인 이유라 할지라도 하나님의 이름으로 박해하고, 죽이고, 전쟁을 발하는 것은 하나님 나라를 구축(驅逐)하는 행위들이다. 하나님은 평화의 왕이요(사 9:6) 예수님은 우리의 평화이시다(엡 2:14). 하나님의 자녀는 평화를 만드는 이들이다.

여덟째, 오늘 정의를 위하여 핍박을 받는가? 정의를 추구하다 박해를 받거든 이상하게 여기지 마라. 세상 나라는 불의에 대해 관대하며, 그들을 꾸짖는 이들을 박해한다. 심지어 의의 화신인 예수 그리스도를 십자가에 처형해버린 일을 잊지 마라. 이 불의 가득한 세상 나라에 하나님 나라는 핍박을 감내하고 불의에 항거하는 자들을 통해서 임한다. 억압 당한다고 좌절하거나, 두려워 발을 빼지 마라. 진정으로 두려워할 자를 두려워하라(눅 12:5). 스스로를 변호할 수 없는 연약한 자들이 당할 불의한 현실에 대항하여 목소리를 내어라. 하나님의 자녀들은 이 땅에 하나님의 성품을 반영하는 이들이다.

> 오직 자랑하고 싶은 사람은 이것을 자랑하여라. 나를 아는 것과, 나 주가 긍휼과 공평과 공의를 세상에 실현하는 하나님인 것과, 내가 이런 일 하기를 좋아한다는 것을, 깨달아 알 만한 지혜를 가지게 되었음을 자랑하여라. 나 주의 말이다(렘 9:24, 표준).

예수님은 예고하신다. 이 땅에서 하나님 나라를 살아낸다는 것이 호락호락한 일이 아님을 말이다. 이와 같은 하나님 나라를 살기 위해 마음을 쓴다면, 그래서 삶의 향방을 전환한다면 사람들은 그들을 대적하고, 욕하고 핍박하고, 모든 악한 말을 할 것이다. 물론, 그것은 그들의 악한 속성을 드러냄이요, 예수님을 미워함 때문이다. 세상은 단지 그리스도인이 세상 나라에 속한 한패가 아니라는 사실 때문에 분노한다. 그들의 존재 자체가 그들을 정죄감에 빠지게 하기 때문이다.

도덕적 문제로 또는 독선적 태도나 공격적 선교 등으로 말미암아 받는 핍박이 아니라, 우리가 팔복의 중심으로 하나님 나라를 살고자 할 때, 세상 나라의 도전과 핍박은 피할 수 없다. 따라서 그러한 핍박은 오히려 우리가 하나님 나라를 살아간다는 증거다. 그러므로 "기뻐하고 즐거워하라. 그것이 진정 하나님 나라의 현실을 이끌어 내는 복"이다.

빛과 어둠이 공존하기 어렵듯, 세상 나라는 결국 하나님 나라를 감당치 못한다. 하나님 나라에 의해 세상 나라는 결국 물러가고 말 것이다. 하지만 하나님 나라는 그냥 오는 것이 아니다. 이 세상 나라에 진정한 하나님의 통치가 임하기를 갈망하는 이들의 헌신을 통해 임한다. 이 문제 많은 세상 나라의 한복판에서 하나님 나라의 중심인 팔복의 삶을 살아내는 이들에 의해 임한다.

◆ 하나님 나라에 산다는 것은 세상 나라 한복판에서 '소금과 빛'으로 산다는 의미다

하나님 나라에 사는 사람들의 특징이 팔복이라면, 팔복으로 빚어진 삶이 곧 '소금과 빛'의 삶이다. 예수님은 우리로 우리가 사는 이 세상에서 소금이요, 빛으로 살 것을 기대하신다. 하나님 나라가 바로 그 문제 많은 세상 나라의 한복판에 임하기 때문에, 이 소금과 빛이라는 하나님 나라 시민의 정체는 진정한 의미가 있다.

예수님 덕분에 하나님 나라 백성이 되고, 예수님이 기대하시는 팔복의 품성 내지는 특징들을 우리의 삶 안에서 구현해 낼 때, 마땅히 기대되는 우리의 정체는 이 세상에서 소금과 빛이다. 이는 우리가 세상에서 무언가를 해야 한다는 행위명령에 앞서, 본질상 우리가 이 땅에서 존재하는 방식이 바로 세상에 대하여 소금이요 빛이다. 이것이 우리를 향한 예수님의 기대다. 예수님이 허락해 주시고 열어주시는 하나님 나라에 초청받은 각 사람은 세상 나라 속에서 예수님의 나라를 살아가는 사람들이어야 한다. 예수님에 의해 하나님 나라의 특징적 삶의 요소를 가진, 그래서 세상 사

람들에게는 우리가 존재한다는 사실만으로 도전되고, 그 사실만으로도 그 공동체 안에서 부패와 어둠의 요소들이 물러가는 것이어야 한다.

또한 우리가 소금이요 빛이라는 것은 우리의 존재 때문에 맛깔 나는, 살맛이 나는 세상이 가능하다는 소명적 부르심이다. 우리의 현존으로 하여 밝음 있는 세상이 가능하다는 것이다. 그것은 우리의 정체와 천국적인 삶의 진정성을 일상 삶을 통해 드러내는 것이다. 소금처럼 녹고, 촛불처럼 자신을 태워 세상의 현실에 변화를 부여하는 것이다. 따라서 그것은 지극히 급진적이며 적극적이다. 자신을 녹여 그 거대한 부패의 속성을 막아내고, 자신을 불태워 그 두터운 어둠을 몰아내는 것이다.

예수님은 우리가 소금이기 때문에 맛을 낼 수밖에 없고, 빛이기 때문에 어둠을 밝힐 수밖에 없다는 것을 강조하신다. 경계의 말씀 한마디가 바로 그것이다. 우리가 그 정체에 맞게 사는 것이 마땅한데, 그렇게 살지 못하면 '답이 없다'는 사실을 도전하신다. "너희가 소금이고 빛이니 소금과 빛이 되도록 노력해라"가 아니다. "너희는 소금이요 빛이니 소금과 빛으로 역할 할 수밖에 없다"는 의미다. 만일 소금처럼 맛을 내지 못하면 어떻게 할 것인가? 빛을 발하지 못하면 어떻게 될 것인가? 예수님은 그것을 상상할 수 없다는 듯이 말씀하신다.

우리에게는 하나님으로부터 천부적으로 부여받은 성품과 취향과 재능 등이 있다. 하지만 하나님 나라에서 그것을 재발견하게 될 때, 그것은 단순히 달란트가 아니라 하나님이 내게 소금과 빛으로 살도록 하시는 하나님의 부르심이라는 것을 인식하게 된다.

예수님의 범위 설정은 분명해 보인다. 우리는 '세상의' 소금과 빛이다. 우리는 세상 속에서 우리의 현존으로 말미암아 우리가 살아가는 세상을 맛깔나게 하고 밝음 있게 하는 존재들이어야 한다. 그리스도인들의 기여로 말미암아 세상이 더욱 사람다운 삶, 모두가 행복한 삶을 누려갈 수 있는 아름다운 하나님 나라가 이루어져야 한다. 교회공동체 내부에서는 말할 것도 없고, 이 땅의 정치, 경제, 사회, 문화 전반에 걸쳐 소금과 빛의 소명은 힘을 발휘할 수 있어야만 한다. 예수님은 그 맥락을 염두에 두시고 우리의 역할을 기대하신다. "아무 쓸데 없어 다만 밖에 버리어 밟히느니라"는 예수님의 경고가 우리를 향한 그분의 절망감을 표현하는 말이 되게 해서는 안 된다.

오늘 예수님은 우리에게 경고와 더불어 우리에게 이와 같은 부르심이 있음을 상기시키신다. 우리가 오히려 길을 잃고 정작 세상의 어두운 곳에서, 맛을 잃어버린 그 무미건조한 곳, 부패한 곳의 삶의 양태를 우리 몸에 받아들이고 산다면, 우리 때문에 오히려 하나님을 더욱 모욕하는 적대적 형편을 야기하게 될 것이다. 그러면서도 말로만 기독교인이라고, 그분의 제자라고, 그분의 사람이라 하는 것은 외인들로 하여금 하나님께 영광을 돌리게 하기보다는 '너나 잘하세요'라는 비난과 조롱을 자초하는 길이다.

◆ 하나님 나라의 확장

오늘날 이 세상 나라의 형편을 살펴보면 하나님 나라가 세상 나라를 몰아내는 현상보다, 세상 나라가 하나님 나라로, 하나님 나라의 축소판이어야 할 교회를 잠식해 가고 있는 모습이 부각되어 보인다. 무엇 때문인가? 하나님 나라의 백성이 정체감을 잃고 세상 나라의 삶의 특징을 수용하기 때문이라 할 수 있다. 가난보다는 부요를 선택하고, 애통함보다 이기적인 쾌락에 집착한다. 온유함보다는 경쟁에 익숙하며, 의에 갈함보다 불의와 타협하는 일을 서슴지 않는다. 긍휼함보다 냉정한 태도에 빠르며, 청결한 마음보다 부패에 가담하기를 두려워하지 않으며, 평화를 위해 애쓰기보다 오히려 갈등과 분열을 가져오는 일에 앞장선다. 의를 위해 박해를 불사하고 행동하기보다 불의에 함구하거나 심지어 적극 가담하는 일까지 일상사가 되어버렸다. 빛을 잃어버리고 맛을 잃어버린 기독교가 과연 어둡고 부패해가는 세상에 하나님 나라를 도래케 할 수 있겠는가?

이런 현실에 잠들어 있는 교회는 심장충격기라도 작동해 보려는 듯 이벤트성 집회를 통해 '각성'을 이끌어 내려 한다. 하지만 하나님 나라는 외형적 사건 이전에, 내부적 변화로부터 온다. 또한 그것은 집단적 사건이기보다는, 매우 개인적인 영역으로부터 출발한다. 따라서 하나님 나라의 임함은 외형적으로 거대한 혁명적 전환을 당장에 가져오지는 않는다. 그것은 참으로 누룩처럼 은밀히 번져간다. 소리 없이 확산되고, 은밀히 침투해 가는 것이다. 그런 점에서 운동(캠페인)을 벌이듯 대형 이벤트를 통해 하나님 나라를 확산시키려는 시도들은 그 본질적 특성상 문제가 있다. 예수님은 군중집회에 착념하지 않으신다. 예수님의 소문을 듣고 수많은 군중이 뒤따르지만, 예수님의 관심은 각 사람에게 하나님 나라가 임하였는가에 있다. 사람은 군중 속에 들어갈 때 개성을 잃고, 개인적 고백을 잃고, 그 안에 쉽게 매몰되고 숨어 버린다.

하나님 나라는 예수님을 '나의 주'로 모신 이들의 삶에 임한다. 오늘날 이 척박한 동토라 할지라도, 하나님 나라는 우리 편의 순종을 통해 은밀히 확산하는 것이다. 거대한 세상의 기적적 변화를 꿈꾸기 전에, 오늘 내가 서 있는 곳에서 그 나라를 사는 것이다. 하나님 나라는 말에 있지 않고 우리 일상 속에서 하나님의 주권적 통치와 개인의 겸손한 순종에서 그 실체를 드러낸다.

율법의 폐기와 율법의 완성 (마 5:17-19)

> 내가 율법이나 선지자나 폐하러 온 줄로 생각하지 말라 폐하러 온 것이 아니요 완전하게 하려 함이라(마 5:17).

이는 예수님의 자기 변론이다. 사실 다음에 나올 안식일 논쟁과 같은 사건들은 사람들로 하여금 '저가 율법 폐기론자임이 틀림없다'는 오해에 빠지게 하였다.

여러 학자가 주장하는 바와 같이, 마태는 산상수훈을 통해 예수님의 율법의 해석자 되심과 모세와 율법을 능가하시는 분임을 증거 한다. 이후에 나올 예수님의 율법 재해석의 장면은 '나는 너희에게 이르노니'라는 표현을 통해 율법을 능가하는, 율법을 완성하는 자로서의 구체적인 예수님의 권위를 부여해 준다. 율법과 관련한 예수님의 자기증거는 이와 같은 군중의 오해에 관한 상세한 안내와도 같다. 그렇다고 신변에 닥칠 위험을 피해 가자는 임기응변식의 답변이 아니다. 성경의 고백에 따르면 이 율법에 관한 한 예수님은 기실 입법자요, 제정자시다. 그분이 입으로 반포해 준 것이다.

그런데 실상 당시 율법은 '폐기'가 아니라 '완성'될 필요가 있었다. 입법자가 보기에 사람들은 그 율법을 다루면서 입법자의 의도를 놓치고 있었다. 율법은 더 온전하게 이해되고, 입법자의 의도에 따라 집행되어야 했다. 즉 그 법은 사람들의 행위에 대해 구속하고, 정죄하고, 심판하는 법의 수준을 넘어서야 했다. 율법은 본질상 인간들의 복된 현실을 기대하는 하나님의 마음이요, 따라서 인간 세상에서 일어날 수 있는 악행들에 대한 일차적인 예방을 위해 주어진 것이다. 설령 이미 악행들로 말미암아 삶에 관한 모종의 왜곡이 빚어졌다면, 그 왜곡된 인간들의 삶을 바로잡는 것이 율법이다. 그것은 법을 위반하고 정죄 받은 사람들을 모욕하고, 채찍질하고, 수족을 자르며, 돌로 치며 생명을 끊는 것이 아니라, 오히려 그들을 그 악행들로부터 자유롭게 하며, 의롭게 살게 하고, 하나님이 기대하시는 인간 본연의 삶을 살아갈 수 있도록 회복시켜주기 위한 것이다. 모름지기 하나님의 율법은 백성을 살리며 세우고자 하는 법이요, 그들을 섬기고자 하는 법이다.

그러므로 율법 자체에 문제가 있는 것이 아니었다. 율법은 선한 것이요(롬 7:12, 16), 여전히 유효한 것이며(딤전 1:8), 심지어 "천지가 없어지기 전에는 율법의 일점일획도 결코 없어지지 아니하고 다 이루"는 것이다(마 5:18). 따라서 "누구든지 이 계명 중의 지극히 작은 것 하나라도 버리고 또 그같이 사람을 가르치는 자는 천국에서 지극히 작다 일컬음을 받을 것이요 누구든지 이를 행하며 가르치는 자는 천국에서 크다 일컬음을 받으리라"(마 5:19). 다만 그것은 입법의도에 따라 참되고 왜곡됨이 없이 온전하게 적용돼야 한다. 율법을 함부로 해석하거나, 왜곡하여 간과되거나, 호리라도 소홀히 다뤄지는 것은 하나님의 뜻이 아니다. 그것은 사람들의 삶 속에서 실천으로 나타나야 한다.

그것이 그 율법의 입법자이신 예수님께서 완성하고자 의도하셨던 것이다. 하지만 그 율법은 완성 곧 온전한 성취를 위해 재해석될 필요가 있었다. 예수님은 이 재해석을 위해 먼저 선공을 취하셨다.

서기관과 바리새인의 의 (마 5:20)

이 맥락 속에서 예수님은 "너희 의가 서기관과 바리새인보다 더 낫지 못하면 결단코 하나님 나라에 들어가지 못하리라" 말씀하신다. 역시 이어질 말씀을 전제하고, 이 율법에 계시한 하나님의 의도에 얼마나 충실해야 하는지를 강조하신다. 물론 이것은 당대의 종교지도자들이었던 서기관과 바리새파 사람들을 예로 들어, 앞서 제기한 행함(마 5:19)의 문제를 재차 언급한 말씀이다. 즉 서기관과 바리새인은 외형적으로 율법에 철저한 사람들인지는 모르지만, 예수님의 판단에 의하면 그들은 "계명 중에 지극히 작은 것 하나라도 버리고 또 그같이 사람을 가르치는 자"들이다. 따라서 그들은 "하나님 나라에서 지극히 작다 일컬음을 받을 것"이다. 또한 이들은 율법을 "행하며 가르치는 자"가 아니다. 따라서 예수님이 지금 임하게 하시는 하나님 나라에서 크다 일컬음을 받지 못할 것이다.

그러므로 그들에게는 '의'가 없다. 하나님 나라는 의로운 자들의 분깃으로 주어진다. 그렇다면 무엇이 의며, 어떻게 서기관과 바리새인의 그것보다 더 우월한 의를 소유할 수 있는가? 이제 율법을 재해석하시는 예수님의 음성을 한마디씩 되새겨보도록 하자.

생명에 관하여 (마 5:21-26)

　생명마저도 실험실에서 좌우할 수 있다고 믿는 오늘날의 과학주의적 사고가 팽배한 세대 속에서는 먼저 생명에 관한 논의를 더욱 심화할 필요가 있다. 하나님은 모든 생명은 하나님의 것이며, 심지어 짐승들의 생명마저 함부로 해할 때에는 살인에 해당하는 것으로 규정하신다(창 9:5). 성경은 모든 생명의 원천이 하나님이심을 분명히 하며(시 36:9), 따라서 생명을 가진 존재 하나하나에 경외감과 신비감을 가지고 대하고 있다. 그러나 지금까지 기독교 창조신앙의 적용은 인간을 그 피조세계의 꼭대기에 둠으로 하위에 있는 피조물을 돌보도록 부여된 자신의 직임을 남용하는 방향으로 왜곡되어 온 것이 사실이다. 놀랍게도 불교나 힌두교의 윤회사상과 저등 종교들은 범신론적 사고를 따라 생명 있는 것들에 대한 경외를 여전히 중시하고 있다. 반면에 그리스도인들이 가지고 있는 창조신앙의 왜곡된 형태는 그 오묘하고 놀라운 창조세계의 신비를 보는 안목을 잃게 하고, 인간의 편의와 경제적 이익을 위해서라면 얼마든지 생명파괴를 양보할 수도 있다는 자세를 취해왔다.

　결국 생명은 하나님의 호흡으로부터 와서, 그 생명호흡의 불어주심을 따라 온 세상을 하나님의 숨결로 가득 채운다. 대지 위에 존재하는 모든 생명 있는 것들은 아무리 하찮은 미물이라 할지라도 존귀하기 이를 데 없다. 당장 생명 있는 나무와 생명을 잃은 마른 가지를 비교해 보라. 그 현저한 차이는 다름 아닌, 그 안에 존재하는 생명 때문이며, 그것은 본질상 내 안에서 약동하는 생명과 다르지 않다. 사실 우리가 일반적으로 오해하는 바가 있는데, 그것은 우리 인간이 지상의 다른 생명 있는 것들과는 별개의 존재라 생각한다는 것이다. 따라서 우리는 인간의 생명이 바로 그것들과 직결되어 있다는 생각을 잘 하지 못하며, 오히려 그것들을 경시하거나 이용하기를 서슴지 않는다는 사실이다. 생명농업을 강조하는 피에르 라비는 심지어 "인간이 대지의 주인이 아니라 대지가 인간의 주인"이라고까지 주장한다. 사실 우리는 그 대지에서 지음 받아 다시 그리로 돌아가는 존재가 아닌가?

◆ 생명을 죽이는 것

예수님은 특별히 사람의 생명을 언급하신다. 예수님의 청중은 살인하지 말라는 말씀이 무엇을 의미하는지 알고 있었다. 그것은 대가적 심판을 요구했는데, 곧 자기 자신의 생명을 의미했다.

> 다른 사람의 피를 흘리면 그 사람의 피도 흘릴 것이니 이는 하나님이 자기 형상대로 사람을 지으셨음이니라(창 9:6).

생명이라는 것은 그 무엇으로도 보상할 수 있는 성격의 것이 아니다. 가령 누군가가 사고로든 고의적으로든 우리가 사랑하는 이의 생명을 앗아갔을 때, 무엇으로 그 생명을 보상할 수 있겠는가? 그런 의미에서 살인에 대한 현대적인 법 적용, 즉 보상이나 장기적인 격리 등으로 이를 처벌하는 것은 정당한 행위라고 받아들이기 어려운 부분이 있다.

생명의 주인이신 하나님은 그 생명에 대한 관리책임을 분명히 하신다. 타인의 생명은 곧 나 자신의 생명이다. 타인의 생명을 해하는 것은 곧 나 자신을 죽음에 내놓는 일이다. 게다가 그것은 하나님의 형상을 악의적으로 파괴하는 행위다. 따라서 살인행위는 단순한 악행이 아니라 하나님을 대적하는 행위가 된다. 그것은 소극적으로는 존재하기를 그치게 하는 것이요, 생명을 풍성하게 살아내도록 의도하신 하나님의 섭리에 대적하는 행동이다. 보다 적극적으로는 한 생명과 연관된 수많은 관계와 의미들을 파괴하고 지워 없애는 중대한 행위가 된다.

가인의 살인 이후 예나 지금이나 살인은 그침 없지만, 진정한 입법자이신 예수님은 이 살인의 문제를 재해석하고 강화해 주심으로 실제적인 살인의 문제를 진지하게 다루신다. 물리적인 살인행위는 말할 것도 없거니와 형제를 향하여 분노하는 것만으로도 살인에 해당하는 심판을 받게 된다. 이 범주 안에서 우리는 오늘도 살인을 '밥 먹듯' 하고 있는지도 모른다. 이런 의미에서 우리의 의는 율법주의자들의 그것보다 우위에 있어야 한다.

◆ 간접살인 - 사망자를 양산하는 세상

"와, 이거 사람 죽이네" 하면서 분노나 억울함을 어찌할 바 몰라 하소연하는 사람들을 종종 본다. 살인은 물리적으로 사람을 죽이는 것만을 의미하지 않는다. 예수님의 논지는 분명 간접살인의 맥락도 직접살인과 동일시 하시겠다는 것이다. 살인은 분노와 질투, 폭력을 넘어선 가장 극단적인 적대적 행동이다. 상대를 제거해 버림으로 사안을 해결하겠다는 표현이다.

내가 누군가에게 분노하고 어리석다며 욕하고 비하할 때, 그는 내 앞에서 죽임을 당한다. 그러므로 형제에게 그러한 언행은 애당초 불가능하다는 점을 분명히 해야 한다. 여기에서 '형제'라는 말은 형제와 자매, 부모와 자녀, 부부와 연인 사이는 물론 모든 이웃과의 관계를 통칭하는 단어로 해석해야 할 것이다. 형제에게 분노를 표출하고 욕하고 비난하는 것은 결국 아무리 미약했던 관계라 할지라도 관계의 단절을 부르기 때문이다.

예수님은 마치 모세의 율법과 같은 무게감을 적용이라도 하시듯, 강력한 어휘들을 강조하여 사용하신다. 이런 작은 행동 하나로 말미암아 법정에 서고, 심지어 사형을 면치 못한다는 의미다. 예수님이 과도한 과장법을 쓰시는 것일까? 적어도 예수님은 우리로 이 문제의 근본과 그 심각성을 직시하도록 경고를 하신다.

오늘날 우리 주변에는 수많은 간접살인이 다양한 경로를 통해 행해지고 있다. 특히 인터넷의 발달로 말미암은 근거 없는 소문과 악성 댓글은 실제로 사람들을 자살에까지 이르게 한다. 세상은 크고 작은 문제들로 말미암아 무척이나 화나고 짜증이 나 있다. 그것은 서로를 향하여 거침없는 분노와 공격적 성향을 표출하게 한다. 그러한 공격적인 언행은 동일하거나 보다 더 심한 폭력적인 표현으로 응수 된다. 간접적인 '연쇄 살인'이 자행되는 것이다. 한 번 살펴보라. 툭하면 욕하는 사람, 시비 거는 사람, 번화한 대중교통이나 도심에서 무례히 행하는 사람들 그리고 그들이 무차별적으로 가하는 언어적, 물리적 폭력의 해악들을….

'사망자를 양산하는 세상'이란 말을 다른 측면에서 보면 '살인자들로 가득한 세상'이란 말로 바꿀 수 있다. 죽어가는 사람들의 피(생명)가 호소하고 있다. 예수님은 이러한 문제 많은 세상의 한복판에서 살아가는 당신의 백성을 부르시며, 단순한 평화주의자 차원을 넘어 '평화를 만드는 사람'(peacemaker)이 될 것을 기대하신다. 살인하는 사회 속에서 화해와 평화를 전하는 이들이야말로 더 나은 의의 사람들이요, 진정 하나님 나라를 실현하는 사람들이다.

◆ 형제와의 관계가 먼저다

> 그러므로 예물을 제단에 드리려다가 거기서 네 형제에게 원망들을 만한 일이 있는 것이 생각나거든 예물을 제단 앞에 두고 먼저 가서 형제와 화목하고 그 후에 와서 예물을 드리라 (마 5:23f).

놀랍게도 예수님은 하나님과의 관계를 잘해보겠다고 예배하러 가는 사람들을 막아서신다. 하나님과의 '수직적 관계'를 결정하는 예배행위에 앞서 사람들과의 '수평적 관계'에서 먼저 온전하라고 말씀하신다. 심지어 그 수평적인 관계가 어긋나 있다면 예배마저도 유보하라는 말씀이다.

　이것이 예수님이 그 어두운 세상에 주시는 가장 현실적인 대안이다. 우리는 그저 하나님과의 개인적인 관계가 온전하면 다 된다는 생각으로, 실제 문제가 되었던 형제와 이웃과의 관계에 대해서는 무책임을 드러내는 경우가 있다. 영화 "밀양"이 보여준 살인자의 태도가 그 점을 적나라하게 반영해 준다. 그에게 용서를 선언하기 위해 찾아온 피해자의 어머니 앞에서, 그녀의 아들을 죽인 죄에도 불구하고 가해자는 자신이 하나님을 영접함으로 그분이 자신의 죄를 용서했다고 주장한다. 이제 모든 죄를 벗고 마음이 평안하다는 것이다. 그 행위에 대한 책임은 물론, 그 어머니로부터 빼앗아버린 아이의 생명이 무엇을 의미하는지는 고려하지 않은 채, 그 결과가 그 어머니에게 미친 현실이 어떠한 것인지도 마음 쓰지 않은 채, 단순히 교리적인 용서 개념에 위안을 삼고 살아가는 그 살인자의 위조된 평안함이 섬뜩하기까지 하다.

　하지만 그가 놓친 영적인 원리는 다음과 같다. 즉 땅에서 매인 것이 하늘에서도 매인 것으로 드러난다는 사실이다(마 16:19).

> 진실로 너희에게 이르노니 무엇이든지 너희가 땅에서 매면 하늘에서도 매일 것이요 무엇이든지 땅에서 풀면 하늘에서도 풀리리라(마 18:18).

　관계라는 것은 그처럼 시공을 초월하는 신비하고도 유기적인 것이다. 부부사이에 관계가 막히면 기도가 막힌다(벧전 3:7). 이는 곧 사람과의 관계가 막히게 되면 하나님과의 관계를 기대할 수 없다는 영적인 원리다.

　하지만 우리는 이 사람 간의 관계를 몹시도 가볍게 여긴다. 이 원리를 모르고 사람들을 함부로 대한다. 함부로 말하고 무례히 대하며, 그러는 사이 별로 의식할 사이도 없이 살인의 함정에 빠지고 만다.

◆ 호리라도 남김 없이

'호리라도….' 누가 이 요구에 온전할 수 있을까? 하지만 적어도 이 말씀을 행위의 목표로 삼아가야 한다. 공격성을 띤 한마디의 말과 작은 행동 하나가 오해를 부르고 폭력을 야기한다. 누군가에게든 위해의 소지가 있는 행위가 있다면 호리라도 남김 없이 해결되어야만 한다. 남아있는 작은 불씨는 언제든 되살아나 온 산을 집어삼킨다. 개인은 물론 국가 간, 민족 간에도 쌍방 간에 해결되지 않는 역사적인 갈등은 언제든 작은 계기를 빌미로 끊임없는 피의 보복을 부른다(삼상 15).

예수님의 대안은 분명하다.

> 먼저 가서 그 형제와 화목하라(마 5:24).

> 고발하는 자와 화해하라(마 5:25).

이 말씀은 나로부터 시작되는 평화의 시도를 요구한다. 내가 먼저 평화의 노력을 기울이지 않으면 늦을지도 모른다. 오해의 간격은 더욱 커져서 원수 갚는 일을 키워낼지도 모른다. 형제와 이웃과 관계하는 모든 대상에게 남김없이 투명한 관계를 회복하는 것, 이것이 바로 모두가 함께 평화롭게 공존하는 하나님 나라의 삶이다. 바울도 권면한다. "할 수 있거든 너희로서는 모든 사람으로 더불어 평화하라"(롬 12:18).

하나님은 더 나아가 당신의 백성이 더욱더 적극적일 것을 기대하신다. 심지어 원수라 할지라도 "친히 원수를 갚지 말고 하나님의 진노하심에 맡기라 기록되었으되 원수 갚는 것이 내게 있으니 내가 갚으리라고 주께서 말씀하시니라 네 원수가 주리거든 먹이고 목마르거든 마시게 하라 그리함으로 네가 숯불을 그 머리에 쌓아 놓으리라"(롬 12:19-20)고 말씀한다. 원수를 대할 때에도 보복하는 대신 원수의 필요를 적극 채움으로 관계의 주도권을 확보하라 말씀하신다. 이것이야말로 살인으로 가득한 이 세상을 하나님 나라로 만들어가는 첩경이기 때문이다. 오늘날 한반도 상황 속에서, 오랜 세월 전쟁의 고리를 끊지 못하고 서로 대립하고 있는 북한에 대한 그리스도인들의 태도도 점검해 볼 일이다.

간음의 문제 - 자유할 수는 없는가? (마 5:27-30)

> 여자를 보고 음욕을 품는 자마다 마음에 이미 간음하였느니라 (마 5:28).

이 말씀은 너무 가혹해 보인다. 특히 말씀의 직접적인 대상자인 남성들에게, 게다가 성적 표현의 자유를 외치는 목소리가 큰 현대사회를 살아가는 남성들에게 이 말씀을 적용한다면, 그들을 모조리 정죄하여 불법자로 만들어 당신의 법정에 세우고야 마는 결과를 빚게 될 것만 같다. 그만큼 이 말씀에서 자유로울 육체는 없을 것이기 때문이다.

하지만 예수님은 여성을 다만 성적 욕구충족 대상으로 당연시하는 남성중심문화를 거부하시며, 죄의 심층 이해를 통한 하나님 나라의 윤리문제를 간명하게 다루신다.

우선 율법이 기본적으로 직접적 행위를 지적했다면, 예수님은 그 행위를 이끌어 내는 동기에서부터 그 문제의 핵심을 보신다. 벌써 간음이 일어나는 곳은 마음이다. 행위는 다만 그 마음의 결과물일 뿐이다. 행위를 하지 않았다고 해서 괜찮은 것이 아니다. 이것은 간음의 문제뿐 아니라, 앞서 살인의 문제에서도 그러하거니와 하나님이 인간의 죄를 보시는 하나님의 본래 관점을 드러내시는 것으로 볼 수 있다. 즉 이것은 인간의 본성을 아시는 창조주의 눈길이라고 보아도 좋을 것이다. 달리 말하면, 실정법상의 논의를 떠나 예수님 편에서 보자면 실제로 간음을 한 자나 마음으로 음욕을 품은 자나 다를 바 없다는 것이다.

인간이란 존재는 본래 육체만으로 지어진 존재가 아니다. 인간은 마음과 영혼을 갖는 매우 신비한 존재다. 확연히 이분법적으로 생각하기는 어렵지만, 몸만 건강하다고 해서 마음과 영혼까지 건강한 것은 아니다. 육체적으로 정결하다고 해서 마음과 영혼까지 정결한 것은 아니다. 외적인 정결이나 문제없음이 내적인 온전함을 보장하지 않는다. 이는 그 반대의 경우에도 마찬가지다. 인간은 영·혼·육을 분리해서 언급할 수 없는 총체적인 존재다. 따라서 육체의 정결과 마음의 정결을 분리하여 이야기한다면 결국 '반쪽'만의 진실일 뿐이다. 이렇듯 인간의 총체성은 죄의 문제에서 더욱 분명해진다. 행위하지 않은 상태라고 하지만 적의와 살의, 또는 음란한 마음을 품고 겉으로는 아무 일도 없는 것처럼 살아갈 수 있다. 하지만 그것은 벌써 자기 자신을 메마르게 하고 총체적 불안의 상태에 이르게 한다.

따라서 예수님은 십계명에서 보이는 것과 같이 인간이 단지 '하지 않으면 괜찮은 수준'을 넘어서신다. 그것도 본래부터 당연히 그러하다는 듯이 말이다. 이제 죄의 평결은 율법에 따라 사람들이 내리던 죄과를 벌하는 수준에서 하나님 자신의 재판석으로 즉시 이끌어 간다. 어차피 사람은 아무리 율법에 능숙하다 한들, 사람의 마음조차 꿰뚫어 보고 정죄할 수는 없다. 하지만 마음과 중심을 보시는 하나님은 죄가 행위를 통해 구체화되기 전, 즉 마음 안에서 시발 되고 계획되는 순간부터 '안 된다!'(NO!)라는 선언을 발하시는 것이다.

하지만 이것은 마음으로부터 죄를 지었으니 그러한 범주에 속한 모든 이가 죄인이라는 정죄를 목적으로 하지 않는다. 오히려 그것은 죄가 시작되는 시점에서 그것을 차단함으로 예방하고 보호하려는 하나님의 관심이다. 예수님의 말씀을 법으로 삼는 천국 시민은 죄로 정한 그 무엇이 그들의 마음속에서 일렁거릴 때, 벌써 그것은 하나님의 금하신 일이며, 또 하나님이 이미 보시고 아신 일임을 인식하고, 그러한 생각 자체를 파기시키기를 기대한다.

이혼 - 간음케 하려고 작정한 것인가? (마 5:31-32)

이것은 오늘날의 교회에서도 피해 갈 수 없는 또 하나의 주제다. 오늘날 사람들은 다양한 이유를 가지고 이혼에 이르며, 한국은 OECD 국가 중 이혼율이 가장 높다고 한다. 율법은 이혼이 가능하다는 전제하에, 그럴 때 이혼증서와 함께 적절한 절차를 따를 것을 말했다(신 24:1). 하지만 하나님 나라의 주인은 한마디로 배우자를 '버리는' 이혼은 안 된다고 하신다. 한 가지 예외조항이라면 음행의 이유가 고려될 뿐이다. 부적절한 이혼행위가 결국 양자의 삶을 파괴하게 될 것이라는 점이 골자다.

이 말씀은 근본적으로 이혼 자체를 금하거나 이혼하는 사람들을 정죄하고자 하는 의도가 아니다. 본문의 맥락은 이혼하려는 사람들로 하여금 잠시 멈춰 그 관계를 재고하게 하며, 결국 이혼을 예방하고자 하는 예수님의 배려로 볼 수 있다. 그것은 가정 내에 임한 하나님 나라 현실을 왜곡하기 때문이다.

사람은 본디 한 남자와 여자를 만나 동고동락하며 인생을 함께 살아간다. 사랑으로 만나고, 사랑함으로 결혼하여, 한평생 동행을 약속하고 길을 떠난다. 하지만 그 길은 생각처럼 환상으로 가득한 이상향이 아니다. 현실이라고 하는 감내하기 벅찬 일상들의 연속이다. 다만 '두 사람'이 이제 '한 몸과 한 마음'으로 그러한 현실들을 헤치며 더욱 수월하고 의미 있는 삶을 함께 일궈가는 것이다. 두 사람의 관계에서도 어려움이 있기는 마찬가지다. 이미 익숙해진 표현처럼 '화성 남자와 금성 여자'가 만나 한 가정을 이루고 사는 삶에, 하나 됨을 방해하는 요소들은 너무도 많기 때문이다.

부부는 시간이 지나면서 두 사람 사이에 생기는 관계의 틈을 인식하게 된다. 어떤 이는 냉소적인 어투로 이를 비꼬지 않았던가? 죽자 사자 사랑한다던 이들이 결혼하고 나면 어떻게든 헤어질 구실을 찾는다면서 말이다. 사랑하여 결혼한 사람들이 그(녀)와의 관계 안에서 이런저런 문제 때문에 갈등이 생겨 이혼할 상상을 허용하기 시작한다. 그리고는 '다른 어떤 사람은 이 사람이 채워주지 못한 그 부분을 채워줄 수 있을 것'이라는 엉뚱한 상상을 동시에 할는지도 모른다. '이 사람은 내게 완벽하지 않다'는 주장은 곧 '누군가 내게 완벽한 사람이 있을 것이다'는 환상의 다른 표현이다. 하지만 그것은 문자 그대로 환상일 뿐이다. 우리가 인생을 감히 장담할 수는 없지만 완벽한 사람이란 존재하지 않으며, 게다가 나에게 완벽한 존재는 이 세상에 없다.

그토록 완벽해 보이던 사랑도 시간이 흐르면서 변화되기 마련이다. 사람은 사랑을 이야기하는 동안에는 자신이 매우 이타적인 사람인 것처럼 행동하게 되지만, 머지않아 자신이 본래 매우 이기적인 존재임을 확인하고야 만다. 따라서 부부 사이에서도 주고자 하는 사랑과 받고자 하여 요구하는 사랑들이 결국은 충돌하기에 이른다. 그리고는 상대에게 실망한 나머지 사랑과는 정 반대편에 있는 미움과 증오와 같은 감정들에 마음의 틈을 내어주기 시작한다.

또한 시간이 흐르면서 각자는 자기의 영역에서 계속해서 성장하고 변화하고 있다. 따라서 오늘의 불편한 관계는 그처럼 서로가 변화하고, 또한 그러는 사이에 생성되고 해결하지 못한 모종의 오해들이 축적된 결과일 가능성이 많다. 시간이 지속하면서 그러한 오해들은 서로에 대한 실망을 부르고, 나아가 신뢰를 거두고, 소통을 중단하고, 이제는 그 사람과 얼굴을 마주 보는 사실만으로도 불편함을 느끼는 지경에 이르게도 한다. 그리하여 이제는 이혼이라는 극단적인 해법까지 생각하게 된다.

하지만 우리는 처음 사랑의 선택이 틀리지 않았음을 인식함이 좋다. 첫눈에 반해 사랑에 빠졌든, 몇 차례 교제하면서 결혼상대로 받아들이게 되었든, 오랜 연애기간을 통해 결혼에 이르렀던지, 그 사랑의 선택은 그릇

되지 않았다. 아니 당신은 가장 최상의 선택을 한 것이다. 하나님도 그 선택을 인정하시고, 당신의 결혼에 하나님의 이름으로 인을 치시며 성혼을 선포해 주셨다. 따라서 그 사람을 당신 인생의 반려자로 선택하고 또 헌신하며 살아온 당신에게 있어서 그(녀)는 가장 최고요 최상의 존재임이 틀림없다. 그것은 과거에 서로 사랑에 불타오를 때뿐 아니라, 이혼을 논하고 이별을 생각하고 있는 바로 지금도 그러하다.

이혼은 하나님이 원치 않으시는 일이다. 그것은 하나님 나라의 원형을 깨뜨리는 일이기 때문이다.

맹세 - 진실 담긴 말 한마디 (마 5:33-37)

예수님은 아신다. 우리가 얼마나 "말에는 빠르고 행동에는 더딘지"를(약 1:19 참조). 수없이 맹세하고도 이행하지 못하는 것이 다반사다. 우리 문화는 아직도 대체로 약속에 철저하지 않다. 많은 경우, 다른 문화권에서 온 사람들이 보면 거짓말이라 할 수도 있는 지키지 못할, 아니 지키지 않을 가벼운 약속들을 남발하기도 한다. "다음에 우리 밥 한 끼 같이 하자" 등 말이다. 나아가 우리는 이행 여부는 고사하고 상대를 확신시키거나 안심시키기 위해 그러한 약속을 미리 제공하는 것이 마땅하다고 생각한다. 일단 직면한 상황을 피하는 것이 상책이며, 그렇다고 해서 상대방 또한 그것에 크게 관심 두지도 않는다고 여긴다.

게다가 어떤 그리스도인들은 어떤 이슈에 대해 종교적으로 보이게 하거나, 영적인 것으로 간주하도록 하기 위해, 거기에 하나님의 이름을 덧입히는 경우가 많다. 스스로 생각하거나 깨달은 것도 "하나님께서 내게 말씀하셨다"고 한다거나, 지금 달성하고자 하는 목적에 대해 말할 때에도 하나님의 뜻과 연관 지어 말하는 경우가 많다. 하나님의 이름으로 맹세한 그 말이 이행되지 못하면 하나님의 이름에 당장 모욕이 된다는 사실에는 개의치 않으면서 말이다.

예수님은 "도무지 맹세하지 말라"고 말씀하신다. 하늘이든, 땅이든, 예루살렘이든, 심지어 자기 자신이든 무엇을 걸고서 맹세하지 말라 하신다. 어쩌면 이스라엘 역사 속에서 오용되었던 맹세의 폐해를 기억하고 계셨을 것이다. 맹세 때문에 사사 입다는 딸을 번제로 드려야 했고(삿 11), 맹세 때문에 사울은 아들 요나단을 죽이려 들었다(삼상 14). 맹세는 특히 지켜내지 못할 약속을 과대 포장하여 전달하려는 위장술과 같은 방책이 되고 만다. 이 세상에 하나님께 속하지 않은 것이 없다. 우리는 아무것에나 하나님의 이름을 새겨 부도수표를 남발해서는 안 된다.

이행할 수 있든 없든, 도무지 맹세하지 말 일이다. 진실한 한마디면 된다. "맞으면 맞고, 아니면 아니다." 그 도를 넘는 행동은 벌써 악에 기회를 주고 만다. 그것이 말 많은 우리의 언어생활에 관한 예수님의 해법이다.

> 오직 너희 말은 옳다 옳다, 아니라 아니라 하라. 이에서 지나는 것은 악으로 좇아 나느니라(마 5:37).

공연히 헛된 맹세나 약속으로 사람들을 선동하지 말 일이며, 더욱이 하나님의 거룩한 것(특히 하나님의 성호와 우리가 그리스도인인 것)으로 약속하지 말 일이다.

개정 보복법 - 선으로 악을 이기라 (마 5:38-42)

예수님의 말씀을 듣고 있으면 그 권위에도 놀라지만, 그 내용의 과격성과 파격성에 놀라게 된다.

우선 본문에서 예수님은 구약의 보복법을 다루신다(레 24:17f). "눈은 눈으로, 이는 이로 갚으라"는 말씀으로 요약되는 이 동해-동량(다치게 한

곳에 같은 양만큼) 보복법은 그 외형적 뉘앙스에서 매우 잔인하게 보인다. 오늘날은 특히 이슬람권에서 나오는 이와 관련한 잔인한 소식들이 거기에 보강되어 더욱 그러한 느낌을 강화한다. 본래부터 이 조항은 과도한 보복을 금하려는 의도와 인간들을 보호하려는 의도를 가지고 제공되었음을 주지할 필요가 있다. 일반적으로 누군가가 내게 상해를 입히면, 나와 내 가족은 그에 상응하는 보복을 그에게 가하게 된다. 하지만 사람은 감정적인 동물인 까닭에 한 대를 맞고 나면 다섯 대는 두들겨 주어야 분이 풀린다. 즉 내 이빨 한 대가 부러지면 상대방의 이 두세 대는 부러뜨려 주어야 그나마 분이 풀리는 것이다. 창세기에 있는 디나 사건의 예는 이를 잘 설명해 준다(창 34).

일단 이 보복법은 피해자가 가해자에게 보복하게 허용함으로써 누군가에게 피해를 주는 행위를 원천적으로 금지하고자 의도하고 있다. 동시에 이 보복법은 보복의 '동해'와 '동량'을 제시함으로써 피해자와 그 가족이 가해자에게 감정적으로 더 큰 피해를 유발해 내지 않도록 방지하고 있다. 사실 어떤 이가 내게 어떤 상해를 입혔을 때, 더도 말고 덜도 말고 딱 그만큼만 정확히 그에게 보복한다는 것은 사실 쉬운 일이 아니다.

더 깊은 맥락에서 볼 때, 이 보복법은 이웃이 곧 나 자신과 동일한 존재임을 인식하며 살도록 돕는다. 즉 타인의 눈을 상해하는 행동은 곧 자신의 눈을 상해하는 행동이며, 타인의 생명을 해하는 것 역시 자신의 생명을 빼앗는 것이기 때문이다.

하지만 예수님은 보복법에서 피해자 편에서의 수동성을 탈피하여 더욱 능동적인 대처법을 제시하신다. 악한 자를 대적하지 말고, 이에서 더욱 진전하여 누군가가 내게 오른뺨을 치거든 왼편도 돌려대며, 누군가가 나를 송사하여 속옷을 가지고자 하면 겉옷까지도 가지게 하며, 누군가가 내게 억지로 오 리를 가게 하면 그 사람과 십 리를 동행하고, 누군가가 내게 물건을 구하면 그것을 허락하며, 꾸고자 하면 거절하지 말라는 것이다(마 5:39-42).

한마디로 사람들에게 맞고 살고, 속고 살고, 퍼주고 살고, 손해 보고 살라는 말씀 같다. 뺨을 맞는 수치도 부족하여 양편 뺨을 대고, 속옷을 빼앗겼는데 겉옷까지 내어주므로 벌거벗기까지 하라는 말씀인가? 자유를 억압해서 물리적으로 끌고가는 자에게 심지어 더 멀리까지라도 동행하며, 내게 요구하는 사람에게 거절치 말라는 것인가? 예시해 주시는 것들은 하나같이 약자들이 일상에서 겪게 되는 심각한 폭력적인 사례들이다. 신분이 낮다고, 바른말을 했다고, 마음에 들지 않는다는 등의 이유로 뺨을 맞고, 가난해서 빚을 갚지 못한다고 속옷까지 빼앗긴다. 소위 뒤를 보아주는 배경이 없어서 물리적 가해를 당하고, 자신을 방어할 힘이 없어서 타인들에게 빼앗길 수밖에 없는 그런 현실에 대해서도, 예수님은 아무 일 아니라는 듯이 응대하기를 기대하시는가? 도대체 자신 밖에 모르고, 타인은 안중에도 없는 이 험한 세상 한가운데서 이를 수용하며 살라는 말씀인가? 예수님은 우리를 너무 모르시는 것 아닐까? 이렇게 말씀대로 살다가는 바보 취급당하기 딱 좋지 않은가?

아니다. 단순히 당하고 살고, 모든 폭력을 수긍하고 살라는 것이 아니다. 그것은 하나님 나라가 아닌 지옥이다. 오히려 예수님은 모든 폭력의 소멸을 기대하신다. 그리 크지 않은 일상의 폭력에 대해 동해-동량으로 보복하기를 그칠 뿐 아니라, 오히려 폭력 행위자를 부끄럽게 함으로 그 폭력을 잠재우려 하신다. 폭력에 폭력으로 맞서지 않음으로 더 큰 폭력을 막고자 하신다.

하나같이 지독하고 포악한 폭력의 실례들임에도, 예수님은 비폭력을 고수하신다. 그런 멸시, 그런 불의, 그런 폭력, 그런 억지를 오히려 선으로 반응하라는 것이다. 사도 바울은 이를 다음과 같이 표현한다.

> 악에게 지지 말고 선으로 악을 이기라(롬 12:21).

그것이 예수님이 기대하시는 천국 살이 방식이다. 그렇게 살 때에야 비로소 이 세상 나라의 한복판에 하나님이 기대하시는 하나님 나라의 현실이 임해 오는 것이다. 세상과 똑같이 겨루며, 움켜잡고 보복하고 산다면, 우리가 하나님 나라를 살 수 있는 근거는 무엇이란 말인가? 보복은 더 큰 보복을 부를 뿐이다. 칼을 쓰는 자는 결국 칼로 망한다(마 26:52).

예수님은 인간을 아시는 분이시다. 실제로 우리가 자발적인 내어줌을 실천할 때, 세상은 오히려 그것을 감당하지 못하게 되고, 천국적인 삶으로 흡수되어 올 것이다. 오늘날 세상 나라 사람들은 자신들보다도 더 강하고, 똑똑해서 속지 않고, 당하지 않으며, 자신들보다 더욱 세력 있는 그리스도인들에게 감동하지 않는다. 오히려 상식적으로는 도저히 그리할 수 없는 반응들이 그리스도인들에게서 나올 때 세상은 반응하기 시작한다. 내 생각과는 달리, 하나님 나라는 힘으로 사람들을 움직이는 나라가 아니다. 사랑이라야 가능하다.

평화 만들기 - 하나님 경지의 인간관계 (마 5:43-48)

> 또 네 이웃을 사랑하고 네 원수를 미워하라 하였다는 것을 너희가 들었으나 나는 너희에게 이르노니 너희 원수를 사랑하며 너희를 핍박하는 자를 위하여 기도하라 이같이 한즉 하늘에 계신 너희 아버지의 아들이 되리니 이는 하나님이 그 해를 악인과 선인에게 비추시며 비를 의로운 자와 불의한 자에게 내려주심이라(마 5:43-45).

이 본문은 앞서 주신 팔복의 말씀을 그대로 반향한다.

> 화평케 하는 자는 복이 있나니 저희가 하나님의 아들이라 일컬음을 받을 것임이요(마 5:9).

예수님은 화평케 하는 자, 곧 '평화를 만드는 자'가 보일 구체적인 평화 만드는 방식을 언급하고 계신다. 하나님의 자녀는 평화를 만드는 자들이다. 앞서 언급한 것처럼 그것은 기본적으로 원수와 박해자들이 가해 오는 물리적인 폭력과 악의 요소들에 대해 평화적으로 대응하는 것이다. 악을 악으로 갚지 않고, 폭력을 또 다른 방식의 폭력으로 대응하지 않는 것이다. 이는 근본적으로 비폭력적인 방법이요, 하나님 나라의 근본방식이다. 그것은 거대한 폭력에 단순히 수동적으로 숨으라는 주문이 아니다. 보다 능동적이고 적극적으로 그들의 악을 사랑으로 능가하며 오히려 위해서 기도하는 경지를 기대하신다. 그것은 다름 아닌 하나님의 경지다. 그것이 바로 하나님의 자녀에 합당한 반응이다. 평화를 만드는 사람은 그렇게 함으로 하나님의 자녀가 된 실재를 입증하는 것이다. 하나님의 자녀가 된 자는 그렇게 '하나님의 자녀답게' 되어야 한다.

우리가 갖는 인간관계에 관한 일반적인 오해는 여기서 가차 없이 깨진다. 아군과 적군을 쉽게 구분하는 우리 자신과는 달리, 하나님은 당신이 지으신 모든 이들을 사랑하시며 돌보신다는 사실 때문이다. 예수님은 우리가 원수로 여기는 사람도 사랑을 받아야 하며, 심지어 우리를 박해하는 사람마저도 우리의 기도의 대상이 되어야 한다고 말씀하신다. 그렇게 해야만 하는 당위성의 근거는 무엇인가? 이는 하나님이 우리의 선악이나 의, 불의와 상관없이 우리를 돌아보시는 분이시기 때문이다. 이웃과 원수 간의 차별을 분명히 했던 모세의 율법은 여기서도 재해석된다.

이러한 사실은 종종 우리의 마음을 불편하게 한다.

"아니, 그럼 악이나 불의, 선인이나 의인을 똑같이 취급하신다면, 그게 정당한 것인가? 하나님이 그러실 수 있는가? 하나님이 그 양자 사이를 차별하지 않는다면, 우리가 굳이 선하게 살 이유는 무엇인가? 하나님께 특별대우 받고자 포기하는 것들이 얼마나 많은데, 하나님이 이처럼 포용력을 발휘하신다면 도대체 우리가 의를 행하고자 하는 노력이 무슨 소용이란 말인가?"

하지만 바로 여기에서 우리는 우리의 왜곡을 수정하고 하나님의 진정한 면모를 다시금 보게 된다. 우리는 제대로 된 하나님을 섬기고 있다. 우리는 바로 그 하나님의 최상 조언과 인도하심을 받고 살고 있는 것이다. 선인과 악인을 기계적으로 구분하지 않으시고 모든 인간을 사랑하고 돌보시는 크신 하나님이시다. 사실 그것이 정말 하나님답지 않으신가? 우리 눈에 보기에 조금 의롭다고 좋은 것들만 공급해 주시고, 우리 눈에 조금 불의하다고 그때마다 저주하고 심판하신다면, 그 하나님은 좀 '쩨쩨한' 신 같다. 그러한 하나님이라면 타종교의 신관이 제시하는 신과 다를 바가 무엇인가?

사실 이점이 또한 우리가 종종 갖는 모순이다. 우리가 하나님의 자리에 앉아서, 우리의 구미에 맞는 성경구절을 이끌어 온 다음, 사람들을 정죄하고 구분하고, 그런 연후에 우리가 하나님과의 특별한 관계와 신분을 가진 자들로 착각한다. 일종의 왜곡된 선민의식이다. 또 우리 눈에 보기에 죄인이라 간주하는 사람들에 대해, 하나님이 왜 그대로 두시는지 심지어 불평을 늘어놓는다.

사실 우리는 자신을 보면서, 자신은 항상 '선과 의' 편에 서 있는 사람들로 동일시하고, '악과 불의'와는 상관없는 사람처럼 여기지만, 그것은 우리가 스스로 속고 있는 것이다. 하나님 차원에서 객관적으로 내 안과 밖을 살펴본다면 어떻게 될까? 이쯤에서 조금 솔직해져 보도록 하자. 만일 하나님의 일반은총이 없이, 악인과 불의한 자를 즉각적으로 심판하시고, 햇볕도 비도 주시지 않았다면, 우리는 모두 진멸되고 말았을 것이다. 스스로 의롭다고 오해하며 사는 우리 자신이 바로 악하고 불의한 영역과 그리 구별되지 않는, 경계선상(borderline)에서 배회하는 삶을 살아가기 때문이다.

그렇게 원수나 박해자를 사랑하고 위해서 기도할 정도가 될 때, 예수님의 약속은 우리가 하나님의 아들(딸)이 된다고 하신다(마 5:45). 왜 그러한가? 그러한 행동 자체가 바로 하나님 수준의 행동이기 때문이다. 아들(딸)

은 아버지의 분신과 같다. 이 약속은 우리가 이 땅에서 천국적인 삶이 가능할 뿐 아니라, 그러한 삶을 통해서 하나님의 아들과 딸의 신분으로 살며 행동할 수 있다는 말씀이 된다.

> 너희가 너희를 사랑하는 자를 사랑하면 무슨 상이 있으리요 세리도 이같이 아니하느냐 또 너희가 너희 형제에게만 문안하면 남보다 더하는 것이 무엇이냐 이방인들도 이같이 아니하느냐 그러므로 하늘에 계신 너희 아버지의 온전하심과 같이 너희도 온전하라(마 5:46-48).

세상 나라 사람들도 자기를 사랑해 주는 사람끼리는 사랑한다. 가장 못되어 보이는 부류의 사람들이라 할지라도 그 정도의 수준은 상식적이다. 하나님 나라 시민의 다름이 무엇인가? 예수님의 기대와 권면은 우리가 하나님의 수준을 갖는 것이다. 아니 궁극적으로 하나님의 경지에 이르는 것이다. 사람을 대하되 하나님께서 바라보시는 안목으로, 하나님께서 대하시는 태도로 대하라는 것이다. 그것이 천국적인 관계의 이상적 전형이다.

우리는 오늘도 원수 같은 이들과의 관계를 포함하고 산다. 내 가족 안에서, 일터에서, 교회에서 쉽지 않은 다양한 관계 사슬 속에는 나를 세상 나라의 수준에 묶어두는 관계의 끈들이 엉켜있다. 나를 사랑하는 자를 사랑하는 것은 하나님의 통치를 인정치 않는 일반인들도 다 하는 일이다. 하지만 나를 박해하는 자를 사랑하고 위해 기도하는 것은 하나님 나라를 사는 그분의 백성에게서나 발견되는 특징적인 모습이다.

그러할 때, 나 자신이 오늘의 일상에서 하나님 나라를 살아갈 뿐 아니라, 그러한 삶을 통해 하나님 나라로 초청되는 사람들은 많아질 것이다. 사람들이 가장 힘들어 하는 것이 바로 인간관계 아닌가? 이 관계들 안에 하나님 나라를 이끌어 오는 것이야말로 하나님의 온전함에 이르는 첩경이 될 것이다.

갈릴리로
오라

Come to Galilee

제 6 장
하나님 나라의 추구

조심하라! (마 6:1-8, 16-18)

예수님의 말씀은 계속된다. 여전히 예수님에게 집중하고 있는가? 하지만 이번 장의 첫 단어가 우리를 그 자리에 멈춰 세운다.

"조심하라!"(Be careful!)

평소엔 익숙함에 스쳐 지나갔을지 모르지만, 주의를 기울여 보면 여기에서는 의로운 행위들이 주의와 경계를 받는다. 예수님은 앞서 "의에 주리고 목마르며, 의를 위해 핍박받는 것이 복이 있다"고 말씀하셨다. 하나님은 우리에게 의로운 삶을 원하신다. 그런데 그런 의로운 행위가 자칫 하늘에 계신 아버지께 상을 얻지 못할 일이 되기도 한다는 의미다. 이유가 있다. 그것은 땅에 있는 사람들에게 보이려는 동기로 행하기 때문이다. 의를 행하는 일은 본래 하늘나라에 속한 일이다. 그것은 세상 나라의 속성이 아니다. 즉 하늘에 속한 사람에게는 하늘나라 수준에서의 삶이 기대된다는 말이다.

예수님이 강조하시는 구제와 기도와 금식은 모두 기독교의 경건생활에 있어서 가장 기본적이고 필수적인 요소들이다. 하나님에게 가까이 나아가고, 사람들에게 가장 가까이 다가가 그들의 필요를 돌아보는 활동들이다. 교회가 놓아버릴 수 없는 가장 핵심적인 활동들이며, 기독교인이라면 모름지기 꼭 해야만 하는 경건하고 의로운 행위들이다.

그런데 예수님은 이처럼 소중하고 핵심적인 경건 행위에 강력한 경계 주의보를 발하신다. 위선적 경건에 조심하라는 것이다. 행한다고 해서 모두 능사가 아니다. 그것이 한갓 쓸모없고 무익한 행동이 될 수 있다. 그것은 행위의 본질적 의미가 무엇인지를 밝혀 준다.

또한 주의할 점은, 그 행위의 대상이 일차적으로 하나님이라는 점이다. 기도도 하나님께 드리며, 금식도 하나님께 드린다. 심지어 사람에게 전하는 구제마저도 하나님께 드린다. 이것은 마치 구약 제사법의 화목제와 마찬가지로, 사람이 하나님께 제물을 드리면, 하나님은 그것을 받으신 후 다시 음식으로 사람들에게 되돌려 주시는 방식이다. 하나님은 기도와 금식과 구제의 물질을 받으시고, 그에 대해 행위자에게 응답하신다.

그 때문에 모든 것은 하나님이 받으시는 방식으로 드려야 한다. '좋은 게 좋은 것'이라 하면서 단순히 사람에게 편리한 방식, 사람들이 선호하는 방식을 취해서는 안 된다. 하나님은 보이지 않으시며, 은밀한 중에 계시며, 또한 은밀한 중에 보시는 분이시다. 따라서 기도도, 금식도, 구제도 은밀히 진행되어야 한다. 사람에게 보이기 위한 동기는 그러한 경건을 무위가 되게 한다.

◆ 은밀한 구제

> 구제할 때에 외식하는 자가 사람에게서 영광을 받으려고 회당과 거리에서 하는 것 같이 너희 앞에 나팔을 불지 말라(마 6:2).

예수님은 외식(위선)을 경계하신다. 자신이 가진 것을 누군가에게 나누어 주기란 그리 쉬운 일이 아니다. 그 때문에 나눔을 실천하는 것은 타인의 놀라움과 존경의 대상이 되기 쉽다. 그런데 바로 그 점을 기대하고 구제행위를 하는 것은 다만 자기 의를 드러내기 위한 선전행위로 전락하고 만다. 구제는 사라지고 외식만 남게 된다. 구제는 모든 사람들이 결핍된 현실로부터 자유한 삶을 살게 하는 하나님 나라의 방책으로 기능해야 한다. 여기서 예수님의 은유는 실제로 요란한 음악을 울려대며 나팔을 부는 오늘날 자선행위의 여러 행태를 언급하시는 것만 같다.

그러므로 구제를 하려거든 타인들로 알지 못하게 하라! 심지어 "오른손이 하는 것을 왼손이 모르게 할 만큼"(마 6:3) 은밀함이 생명이다. 왜 그러한가? 하나님은 구제받는 사람이 갖는 외부인들에 대한 수치심을 지켜주고 싶으시다. 구제는 은밀히 하는 것이다. 받는 이와 그 주변 사람들에게 공개됨으로, 그가 구제를 받고 사는 사람임을 알게 해서는 안 된다. 심지어는 받는 이도 그것을 누가 주었는지 모르게 해야 한다. 그래야 받는 사람도 그 받아 누리는 부담감에서 해방된다. 흥미롭게도 율법은 부자들로 하여금 곡식을 거둘 때 모든 것을 거두지 말고 밭모퉁이를 가난한 자들을 위해 남겨 둘 것을 명령한다. 이는 가난한 자로 하여금 '구제 받았다'는 수치감보다 스스로 '노동하여 얻었다'는 자부심을 가질 수 있도록 배려하는 장치였던 것으로 보인다(레 23:22).

하지만 더 현실적인 적용으로는 "주는 자와 받는 자 외에는 아는 자가 없다"(계 2:17 참조)는 상황으로 이해된다. 현대 사회에서 주는 자가 누구인지도 모를 어떤 도움을 받는다는 것은 그리 쉬운 일이 아니다. 예수님의 강조는 구제하는 자의 동기에 있다. 그가 참으로 이웃을 돌아보는 마음으로 구제할 마음과 동시에 이웃이 이 일로 상처받지 않게 하는 배려를 담아 이웃에게 구제한다면, 가장 실제적인 구제의 본이 될 것이다.

사실 우리에게 재물이 있다는 것은 하나님이 우리를 먼저 구제하셨음을 의미한다. 또한 하나님께서 은밀히 구제하신 나머지, 우리는 그것을 자신이 노동해서 얻은 줄로 여길 정도다. 하나님은 우리로 청지기를 삼고 그것을 맡기셨다. 따라서 우리에게 구제할 힘이 있다면, 하나님의 사신이 되어 한사코 은밀하게 구제를 행해야 한다. 그래서 구제를 받는 사람으로 진정 "하나님이 나의 쓸 것을 채우셨다"는 고백이 있도록 해야 한다.

◆ 은밀한 기도

기도를 드리려거든 은밀히 들으시는 하나님에게 은밀하게 하라! 사람에게 보이기 위한 목적으로 교회의 공적인 장소나 거리에서 모여 기도하지 마라.

> 너는 기도할 때에 네 골방에 들어가 문을 닫고 은밀한 중에 계신 네 아버지께 기도하라 은밀한 중에 보시는 네 아버지께서 갚으시리라(마 6:6).

하나님은 그 기도가 상달되는 기도임을 분명히 하신다. 은밀한 중에 들으시는 아버지께서 응답해 주실 것이다.

하지만 오늘날 많은 사람은 종종 보이는 곳에 모여 기도하기를 선호한다. 예배 강단 위에 모여서, 공공장소의 한 모퉁이에서, 거리나 시장의 한복판에서 또는 시가지를 돌며 사람들 앞에 서서 기도한다. 손을 들고 기도하고 심지어 외치며, 방언하며 기도한다. 대적하며 기도하고 무너지도록 기도한다.

물론 그들은 여전히 순수하며, 사람에게 보이려는 동기로 기도하지 않을 것이다. 하지만 그들은 왕왕 자신이 사람들에게 보이는 기도를 의식하면서 기도하고 있는 자신을 발견하곤 한다. 단순히 문자적인 척도를 들어서 그러한 기도 방식을 정죄하려는 것이 아니다. 다만 예수님이 굳이 '조심하라'는 경계를 하신 이유가 무엇인지는 생각해 보아야 한다. 기도에 관해 세부적인 지침이 없는 경우라면, 우리는 더욱 자유롭고도 포용적인 태도를 보여야 할 것이다. 하지만 예수님이 우리에게 특별한 언급을 주신 경우라면, 주님의 말씀에 경청하고자 마음을 써야 하지 않을까? 게다가 이 말씀은 해석상의 어려움이 있거나 다른 해석의 여지들을 남기는 본문이 아니다.

또한 우리는 기도할 때에 사람들에게 감동을 주고자 무진 애를 쓴다. 특히 공적인 자리에서 대중을 대표하여 기도하는 경우에 더욱 그러하다. 그러한 의도로 기도를 시작하는 한, 우리는 하나님을 기만하며, 하나님을 가르치려 드는 내용을 많이 담게 된다. 내가 기도하는 동안에 내가 사용한 유창한 기도 문장을 통해 혹여 어떤 청중은 소위 은혜를 받는지 모르지만, 적어도 기도의 유일 청중이신 하나님에게는 아니다. 오히려 주님은 이러한 기도를 경계하신다.

> 또 기도할 때에 이방인과 같이 중언부언하지 말라 그들은 말을 많이 하여야 들으실 줄 생각하느니라 그러므로 그들을 본받지 말라 구하기 전에 너희에게 있어야 할 것을 하나님 너희 아버지께서 아시느니라(마 6:7-8).

왜 우리는 기도를 통해 많은 말을 하려 할까? 대개는 기도란 으레 그러한 것이라 배워왔기 때문이다. 하지만 그 이면에는 확신이 없기 때문일 수 있다. 믿어지지 않기 때문에 기도를 반복하고 많은 말로 기도를 한다. 어쩌면 이는 우리 안에 내면화된 상처로부터 시작된 것일 수도 있다. 또는 육신의 부모나 주변사람들로부터 우리의 요구나 간청은 무시당해 왔고, 설령 그것이 수용되었다 할지라도 수차례 '귀찮을 정도'로 강청한 결과로 얻어진 것들이 많아서일 수도 있다.

보다 근본적인 이유로, 우리가 하나님 앞에 '중언부언'하는 것은 하나님을 잘 모르기 때문이다. 우리는 그분이 우리에게 어떠한 분이신지 현실적인 이해가 부족하다. 그분이 우리의 필요를 아시는 분이며, 우리에게 좋은 것으로 채우고자 의도하시는 분임을 알지 못하기 때문이다. 그래서 우리는 '우리식'으로 하나님을 대한다. 그리고 '떼쟁이'가 된다.

하지만 예수님의 확신은 단호하시다.

하늘에 계신 아버지께서는 이 모든 것이 너희에게 있어야 할
것을 잘 알고 계신다(마 6:32, 공동).

하늘 아버지께서 내게 무엇이 필요하신지를 아신다. 이것이 무엇을 의미하는가? '구하지 않아도 된다'는 뜻이다. 확인을 위해 질문해 보자. 나는 아이들 둘을 기르는 아빠다. 자, 우리 아이들이 엄마와 아빠에게 '기도'(요청)해서 얻는 것들이 무엇이라 생각하는가? 그들이 부모에게 요청해서 얻는 것이라곤 고작해야 군것질을 위한 용돈이나 특별한 소용을 위해 필요한 작은 경비가 고작이다. 그들의 생존에 필요한 모든 것, 게다가 그들이 안녕과 복지, 교육에 필요한 모든 것은 이미 부모가 그 필요들을 다 알고 모두 채워주는 것들이다. 그들이 요청하기도 전에 말이다.

우리에게 있어서도 마찬가지다. 우리가 생존을 위해 필요로 하는 가장 근본적인 것들은 모두 은혜로 주어져 있다. 우리 하나님은 우리 인생이 무엇을 필요로 하는지 아신다. 게다가 당신의 자녀가 된 자들의 필요를 미리 아시고 채우시는 분이시다. 이러한 확신 없이 기도를 운운해서는 안 된다.

그러면 이를 수용하면 어떤 결과를 가져올까? 지금까지 해 오던 기도제목들을 점검해 보라. 어쩌면 나를 위한 많은 기도제목들이 더는 불필요한 것들로 판명날지도 모른다. 대신 지금까지 주신 것들에 대해 다만 감사가 넘쳐날 것이다.

◆ 은밀한 금식

금식을 하려거든 금식하는 소위를 사람 앞에 드러내지 말아야 한다. 예수님은 금식에서도 옛사람들의 방식을 거절하신다. 유대인들은 금식하기 위해 옷을 찢고 머리에 재를 뒤집어썼다. 얼굴을 씻지 않는 것은 물론 슬픈 기색을 띠며 하나님의 긍휼을 구했다.

하지만 예수님은 그 안에 담긴 위선을 보신다. 금식의 대상이 사람이 아니거든 그들의 시선에 개의치 마라. 오직 은밀한 중에 계시는 하나님 앞에 보이라(마 6:18). 오늘날도 사람들은 종종 "며칠 동안 어떤 목적으로 금식한다, 그러므로 기도해 달라" 부탁한다. 기도를 부탁한다는 명목으로 금식을 공공연히 알리는 경향이 있다.

금식에는 한 가지 고려해야 할 점이 있다. 예수님은 기도를 가르쳐 주시면서 우리에게 일용할 양식을 구하는 기도를 말씀하신다. 그분은 공생애 직전에 40일을 금식하셨던 분이다(마 4:2). 하지만 인간은 떡으로 사는 존재임을 알고 계셨다(마 4:4). 따라서 예수님은 우리의 가장 절박한 필요인 '먹고 사는 문제'에 대해 겸손한 기도를 부탁하셨다(마 6:11). 하나님이 '음식의 공급자' 되심으로 생명을 누리는 자신의 존재에 관한 인식을 분명히 하고 살라는 말씀이다.

그렇다. 우리는 날마다 먹고 살아갈 양식을 하나님에게 구하는 존재들이다. 그런데 그 기도를 드리는 자가 동시에 음식을 거부하는 기도행위를 한다는 것 자체가 역설적이다. 음식을 위해 은혜를 구해 놓고서, 정작 은혜로 주신 음식을 거절하고, 그것도 다른 문제의 해법을 요청하는 수단을 삼고 금식한다는 것은 얼른 보아 어울리는 그림은 아니다.

사실 예수님은 공생애 기간 동안 "먹기를 탐하고 포도주를 즐기는 자"(마 11:19; 눅 7:34)라는 비난을 받을 정도로 금식과는 상관없는 모습을 보이셨다. 또한 예수님은 요한의 제자들에게 '금식하지 않는다'는 이유로 도전을 받으신 적도 있다(누가는 그 질문을 한 이들이 바리새인과 서기관이라 말한다, 눅 5:33). 그때의 답변은 다음과 같다.

> 예수께서 그들에게 이르시되 혼인집 손님들이 신랑과 함께 있을 동안에 슬퍼할 수 있느냐 그러나 신랑을 빼앗길 날이 이르리니 그 때에는 금식할 것이니라(마 9:15).

바로 이것이 바로 금식의 특수적 상황을 말해준다. 우리는 금식의 영성을 강조하여 툭하면 금식을 대안처럼 요구하는 영성들을 경계할 필요가 있다. 사람들은 "예수님이 40일을 금식하셨다"는 사실만을 강조하여 금식하고 또 사람들을 격려하여 금식하게 한다. 마치 금식이 하나님으로부터 만사형통을 부르는 최고의 방법인 것 마냥, 각자의 문제들에 제시되는 처방전마다 들어가는 그 옛 약방의 감초처럼 제시된다는 것은 남용이요, 오용일 뿐이다. 많은 경우, 어려운 문제에 봉착해 있는 사람들이 참으로 필요한 것은 적절한 양식을 통해 힘을 내는 것이다. 힘내서 기도하고, 힘내서 문제 해결을 위해 뛸 수 있도록 격려해야 한다. 금식은 모든 문제에 대한 합당한 해결책이 아니다.

게다가 본문에서 예수님은 금식이 종교적으로 사용되어서는 안 됨을 말씀하신다. 그렇게 사용될 때 금식은 위선으로 전락하고 만다. 금식이 하나님에게 드려져야 할 절체절명의 간구의 방편이라면, 하나님 편에 합당하도록 돼야 함은 물론이다. 이미 예수님께서는 이 말씀을 하시기 700여 년 전에, 선지자 이사야를 통해 하나님이 기대하시는 참된 금식이 어떠한 것인지에 관하여 다음의 구절을 기록하게 하셨다.

> 내가 기뻐하는 단식은 바로 이런 것이다. 주 야훼께서 말씀하셨다. 억울하게 묶인 이를 끌러 주고 멍에를 풀어 주는 것, 압제받는 이들을 석방하고 모든 멍에를 부수어 버리는 것이다. 네가 먹을 것을 굶주린 이에게 나눠 주는 것, 떠돌며 고생하는 사람을 집에 맞아들이고 헐벗은 사람을 입혀 주며 제 골육을 모르는 체하지 않는 것이다. 그렇게만 하면 너희 빛이 새벽 동이 트듯 터져 나오리라. 너희 상처는 금시 아물어 떳떳한 발걸음으로 전진하는데 야훼의 영광이 너희 뒤를 받쳐 주리라. 그제야, 네가 부르짖으면 야훼가 대답해 주리라. 살려 달라고 외치면 '내가 살려 주마 하리라. 너희 가운데서 멍에를 치운다면

삿대질을 그만두고 못된 말을 거둔다면 네가 먹을 것을 굶주
린 자에게 나누어 주고 쪼들린 자의 배를 채워 준다면, 너의 빛
이 어둠에 떠올라 너의 어둠이 대낮같이 밝아 오리라. 야훼가
너를 줄곧 인도하고 메마른 곳에서도 배불리며 뼈 마디마디에
힘을 주리라. 너는 물이 항상 흐르는 동산이요 물이 끊어지지
않는 샘줄기, 너의 아들들은 허물어진 옛 터전을 재건하고 오
래오래 버려두었던 옛 터를 다시 세우리라. 너는 '갈라진 성벽
을 수축하는 자', '허물어진 집들을 수리하는 자'라고 불리리라
(사 58:6-12, 공동).

율법에 따라 금식하던 이스라엘의 금식행위와 진정한 금식을 말씀하는 하나님의 의도 사이에는 이처럼 엄청난 차이가 있음을 유념해 보아야 한다. 떡으로 사는 인간들이 금식의 외형, 즉 음식을 끊는 것에 초점을 두었다면, 온 백성의 삶에 진정한 당신의 나라가 임하기를 돌아보시는 하나님의 중심에서는 금식과 같은 영성적 행위의 초점이 하나님의 마음과 상통할 것을 기대하신다는 뜻이다.

우리는 일용할 양식을 기도하는 백성으로서 하나님이 기대하시는 금식에 역점을 두고 살아야 한다. 즉 하나님이 은혜로 주시는 일용할 양식에 힘입어 하나님이 돌아보기를 기대하시는 이 땅의 매이고 고통받는 사람들을 위해 자신을 드릴 일이다. 다시 말해, 폐단과 해악으로 가득 찬 이 세상에서 고통받는 사람들을 자유롭게 하고, 화목케 하고, 필요를 공급하고, 참된 자유와 정의와 평화와 번영의 삶이 세상에 편만하기를 위해 여러 방면에서 수고할 일이다.

오늘 우리에게 무엇이 필요한가? 금식행위인가 아니면 하나님 자신인가? 하나님으로부터 그 무엇을 얻기 위해 금식을 하다가 정작 하나님 자신을 놓쳐서는 안 될 일이다.

주의 기도- 하나님 나라를 구하는 기도 (마 6:9-15)

주님은 우리의 기도가 건강하지 않음을 아셨다.

그러므로 너희는 이렇게 기도하라(마 6:9).

하지만 단지 '그렇게 기도해서는 안 된다'는 조언으로 그치지 않으시고, 진정한 기도의 향방을 자상하게 가르쳐 주신다. 예수님의 기도 표준이 제시된다. 그분이 가르치시는 기도는 아우성이 아니다. 매우 침착하고 명료한 기도다. 방언도 아니다. 구할 바에 대한 명백한 이해와 언명이 있다. 그것은 한 마디로 '하나님과 그의 나라'에 대한 추구다!(6:33)

◆ "하늘에 계신 우리 아버지…"

예수님은 먼저 우리에게 하나님 나라의 주인이 누구신지를 분명히 하신다. 그분이 왕이요 의탁하여 부를 하늘의 하나님이시다. 그분은 하늘에 계신다. 그러므로 지금 여기에 계시지 않는다! 그 하나님이 이 땅에 오셔야 한다. 그래서 왕이 되셔서 통치하셔야 한다. 우리가 그분을 아버지로 부를 때, 그분은 자녀들의 기도를 들으시고 우리에게 오실 것이다. 오셔서 이 땅의 질서를 바로잡고 회복시키실 것이다. 하늘에서와 같이 땅에서도 당신의 통치를 바로 세우실 것이다. 그러면 모두가 일용할 양식으로 배부른 현실을 맞을 것이며, 서로가 뒤엉켜 싸우던 현실을 버리고 서로 용납하며 빚을 탕감하며, 온전한 샬롬의 실재를 경험하게 될 것이다. 하나님 나라의 도래를 방해하는 세상 나라 악과 유혹들이 극복되고, 결국 그분의 이름이 온 열방 가운데서 거룩히 여김을 받게 될 것이다.

특히 하나님을 '우리의 아버지'로 고백하는 것은 하나님 나라를 이해하고 구하는 데 중요한 의미를 부여한다. 근본적으로 예수님은 '공동체의 기도'를 가르치신다. 이 세상에서 인간으로 살아가는 삶은 개체적인 문제가 아니라 실상 그것은 매우 유기적이며 공동체적인 문제다. 오늘날 경제, 환경, 식량, 에너지, 무기, 질병 등의 문제는 더 이상 개인의 문제가 아니요, 한 국가의 문제가 아니라, 모든 인류의 문제다.

따라서 우리가 인간답게 산다는 것은 한두 사람, 한두 나라가 번성을 누리고 산다는 것에 국한되는 문제가 아니다. 하나님의 형상을 입고 지음 받은 모든 인간이 인종과 성별, 국적과 종교 등을 초월하여 자유와 평화, 번영을 함께 누리고 사는 삶이 요구되는 것이다. 사실 공의라는 개념도 바로 거기에서 나온다. 그 '함께함'을 해치는 것들이 불의요 그것을 세우는 것이 공의다. 하나님 나라를 구하는 기도는 이처럼 공적 현실을 전망한다.

"아버지, 우리는 아버지를 하늘 아버지로 모신 한 가족입니다. 아버지 안에서 우리는 서로가 서로에게 형제요 자매임을 확인합니다. 아버지 앞에서 당당함을 힘입고, 다음의 기도를 드립니다."

◆ "하나님의 이름이 거룩히 여김을 받으소서."

이것은 이 기도의 첫 간구로서 이 기도의 성격을 규명한다. 우리에게 익숙한 기도의 현실과 예수님이 가르치시는 기도의 현실이 사뭇 다르다. 예수님이 가르치시는 기도의 본질은 우리의 '말' 곧 '언어적 기도로' 응답될만한 기도가 아니다.

우선 우리 하나님은 무언가에 결핍이 있는 분이 아니다. 우리가 기도하면 좀 부족한 그분의 이름이 온전히 거룩하게 되는 것이 아니다. 그 자체로 완전하신 하나님의 거룩한 속성과 실체가 우리 기도의 도움을 요청한다는 것은 어불성설이지 않는가? 우리는 우리 스스로도 어찌하지 못하는 존재 아닌가? 하물며 하나님의 문제를 우리가 어떻게 한다는 것인가? 그렇다면 예수님은 왜 이 기도를 가르치시는가?

오늘날 우리가 살아가는 세상의 현실을 살펴보면, 이 첫 번째 기도야말로 이 현실 속에서 가장 필요한 기도가 된 것만 같다. 이 땅에서 모욕과 멸시를 받는 하나님의 이름을 보라. 한국 기독교 100여 년 역사 중 오늘만큼 하나님의 이름이 모욕을 당하는 때가 없던 것 같다. 교회의 세습, 초호화 예배당 건축, 교회공금 횡령 및 성적 타락, 독재정권 및 기득권자 비호, 보수적 정치세력화 등과 같은 대형교회들을 중심으로 쏟아져 나오는 소식들은 비판을 넘어 거의 전 국민적 공분 수준에 이르렀다. 아프간 사태를 계기로 집중되었던 공격적 선교, 타종교에 대한 땅밟기 기도, 비상식적 신비주의 등의 소식들은 그 거룩한 '기독(基督. 그리스도)'이란 이름을 '개'의 수준으로 전락시키고 말았다. 만일 이것이 현실이라면 예수님이 가르치신 이 첫 번째 기도는 의미심장한 기도를 요청하시는 것이다.

결국 이 기도는, 거꾸로 그 거룩한 이름으로 일컬음 받는 하나님의 자녀들에게 '거룩한 삶'을 살아내라는 요청이다. 그러므로 우리가 '거룩한 삶'을 살아내기 전까지 이 기도는 응답되지 않는다. 아무리 주기도문을 외우고 기도를 많이 한다고 해서 하나님의 이름은 '거룩히 여김'을 받지 못한다. 아무리 예배당을 크고 화려하게 짓고, 교인수가 많아지고, 예배가 그럴 듯 하고, 대형집회를 하고, 기독교의 이름으로 세상에 목소리를 높여서 성취될 기도가 아니다. 결국 이 기도는 우리의 정체를 규명하는 '하나님의 이름'에 대한 '책임적 삶'을 요청하는 기도다! 이것은 우리의 '선언만큼', '기도만큼', '합당한 책임적 삶'을 요구한다. 하나님의 이름으로 일컬음 받는 우리가 거룩한 공동체로 살아갈 책임을 재확인한다.

"하나님, 하나님께서 이 땅에 왕으로 오셔서 우리를 다스려 주소서. 모든 굽어진 것들이 바로잡히는 현실을 맞으므로 온 열방 가운데서 하나님의 이름이 거룩히 여김을 받으소서. 이 기도를 드림으로 우리의 삶의 방향을 조정하게 하소서. 역으로 하나님의 자녀인 우리가 우리의 정체감을 잃고 세상 나라에 속해감으로 하나님의 이름이 모욕받지 않게 하소서. 우리가 윤리적으로 세상에 비판을 받거나, 교회의 참모습을 상실해 감으로 우리가 사용하는 하나님의 이름이 세상에서 모독을 당하지 않기를…, 하나님 간절한 마음으로 비옵니다."

◆ "하나님 나라가 임하게 하소서."

이 기도가 바로 예수님이 가르치시는 기도의 중점이다. 그것은 이 땅에 '하나님 나라'가 실현되는 것이다. 그러므로 하나님을 아버지로 모시고 사는 우리가 세상 나라의 한복판에 설 때, 우리에게 가장 간절하고도 우선되는 관심사와 기도는 바로 이것이다. 가난과 슬픔과 탄식과 고통과 분노와 사기와 거짓과 비난과 살기와 억압과 착취가 난무하는 이 세상 한가운데에, 하나님이 이제라도 당신의 통치를 허락하시기를 비는 것이다.

세상이 어두우면 어두울수록, 세상이 부패하면 부패할수록 그래서 이 기도는 더욱 절실히 필요하다. 먼저 예수님이 각 개인의 삶에 왕으로 등극해 오셔야 한다. 각자의 삶이 그리스도의 구속하시는 은혜를 힘입어 중생을 경험해야 한다. 그러한 개인들이 '하나님 나라의 모형'을 이루고, 그것이 누룩처럼 확산해 갈 때, 하나님의 통치는 각 개인의 삶으로부터 공동체의 삶의 기저에까지 두루 영향력을 발한다. 그리하여 불의한 법을 고치고, 제도를 정비하고, 분배정의를 실현하는 데까지 나아가게 한다.

"하나님, 주님의 나라를 이곳에 주옵소서! 이 폐단 많은 세상의 한복판에 당신의 나라가 임하게하옵소서. '내'가 스스로 왕 되어 통치하며 망가진 이 삶을 총체적으로 거듭나게 하옵소서. 하나님 우리가 주께 보좌를 내어 드리고, 하나님은 그 보좌에 임하셔서 통치하여 주시기를 간절히 비옵니다."

◆ "하늘 뜻이 이 땅에서 이루어지게 하소서."

하나님이 그것을 바라신다. 그러한 원형은 이미 하늘에 속한 것이다.

완전한 평화와 정의와 평등과 자유가 보장된 천국적인 삶은 이제 이곳 세상 나라의 한복판에서 이루어져야 한다. 예수님의 관심은 우리가 '천당으로' 가는데 있는 것이 아니라, '천당의 현실'이 '이 땅 위에' 임하는 현실에 있다. 예수님은 이 기도를 통해 하나님의 창조의도가 고스란히 이 땅위에 실현되는 현실을 추구하도록 촉구하신다. 그것을 하나님은 처음부터 의도하셨다. 하지만 이기적인 인간은 책임을 전가하고, 죽이고, 배척하면서 하나님의 뜻을 저버렸다. 그리고 하나님 창조의 본래 의도를 망각한 채, 이웃 인간을 향해서든, 자연환경을 향해서든 그 이기적 발로에서 말미암은 착취 행위를 계속해 왔다.

하나님의 창조질서 회복에 관한 희구는 이 땅에 하나님의 뜻이 임해 왔음을 방증하는 것이다. 또한 사람이 인간답게 살 권리를 확보하고, 모든 억압과 착취를 금하며 개인의 자유와 평등과 평화를 보장하는 노력은 바로 이 세상 나라에 하나님의 뜻이 임하고 있음을 증거한다. 그것을 꿈꾸고, 그것의 회복을 위해 노력하는 사람들이 많아진다는 것은 이 땅에 하나님이 통치하는 하나님 나라가 확산하고 있음을 증명한다.

하나님은 그것을 의도하셨다. 그 뜻을 이해하고 받드는 사람들은 자기의 영역을 넘어서서 그 뜻이 이루어지기를 위해 헌신해 왔다. 이 같은 하나님의 뜻은 바로 그러한 소명적 삶을 사는 소수의 사람을 통해서 성취된다. 그들의 수고와 노력을 통해 다수의 사람은 실현된 하나님 나라의 평화적 번성을 누리게 되는 것이다.

"하나님, 우리에게 하나님의 창조 의도에 합당한 인간적인 삶을 사는 삶을 주시기를. 모두가 일용할 양식과 같은 육체적인 필요에 만족하고, 악에도 초연함으로 시험에도 들지 않고, 진정한 자유와 행복을 누리는 천국을 살게 되기를. 하나님, 그러한 삶을 위해 헌신하는 당신의 자녀가 많이 일어나기를 참 맘으로 비옵니다."

◆ "오늘 우리에게 일용할 양식을 주옵소서."

이 땅에 임하는 그 하나님 나라는 당장 우리의 풍요로운 생명을 기대한다. 생명 있는 음식을 취식함으로 생명을 얻는 우리에게는 오늘도 일용할 양식이 필요하다. 어제 먹었다고 해서 오늘 양식이 불필요한 것이 아니다. 음식의 단절은 곧 생명의 단절이다. 하나님은 우리에게 생명을 주신 분이자, 양식을 통하여 끊임없이 생명을 공급해 주시는 분으로 계신다.

하나님은 우리에게 그 음식을 주시기 위해 온 우주를 동원하여 일하신다. 생명 있는 씨앗을 준비시키시고, 그것이 생명력 있게 자라가도록 햇빛과 바람과 물과 기름진 토양 그리고 한밤의 달빛을 공급하신다. 거기에 수많은 곤충의 수고를 교묘하게 개입시키신다. 그리고 자라고 열매 맺게 하신다.

동시에 그렇게 가꾸어 주시는 곡식들이 우리의 식탁에 이르기까지 수고한 손길들은 이루 헤아릴 수도 없다. 무엇보다 자신의 양식이 아닌 잉여양식을 위해 수고한 수많은 이름 모를 농부들의 인고의 땀방울이 배어 있다. 곡식을 빻고, 판매하고, 배달하고, 분배하고, 요리하여 제공하는 수고들까지 하나님의 은혜의 손길은 쉴 틈이 없다(그런데도 우리는 이 과정을 간과한 채, 쉽게 음식에 불평할 뿐 아니라, 나아가 이런 의존관계를 망각하고 그 음식 생산을 위해 수고하는 이들을 평가절하 하는 데 익숙하다. 자신은 그 생명을 취식하는 데 필요한 아무런 생산 활동도 하지 않으면서도 말이다).

그러므로 결국 우리의 양식은 하나님의 은혜의 소산이다. 그것은 단순히 또 하나의 재산이나 소유물이 아니다. 그것은 모두에게 공평히 나뉘어져야 할 생명의 소산이다. 그러므로 누군가 굶주리는 현실에 처해 있을 때, 또 다른 누군가에 의해 양식이 독점되어서는 안 된다.

그런데 우리가 살아가는 이 동일한 하늘 아래에는 너무나 많은 이들이 일용할 양식을 해결하지 못함으로 영양실조나 아사 상태에 빠져있다. 양식이 부족해서도 아니다. 한쪽에서는 굶주린 배를 움켜쥐고 잠자리에 들어야 하는 반면, 한쪽에서는 너무 많이 먹어 부른 배를 두드리며, 그 포만감을 해소하기 위해 소화제를 먹어 가면서까지 음식을 소비하고 있다. 나누어지지 않는 것이다. 어떤 이들은 영양 과잉으로 인해 성인병으로 불필요한 재원을 낭비하고 죽어가지만, 어떤 이들은 영양결핍 때문에 많은 질병으로 고통당하다 죽어간다.

수많은 그리스도인이 모일 때마다 하나같이 이 기도를 되뇌고 있다. 그런데도 이 기도는 이 땅의 많은 사람이 실제 삶 속에서 여전히 잘 응답되지 않는 채로 남아있다. 하나님이 들어주시지 않는 것인가? 아니면 그 기도가 응답되기 위해 행동해야 할 그리스도인들이 움직이지 않는 것인가? 우리의 일용할 양식을 기도하는 그리스도인들이 '우리'라는 하나님 나라의 포괄적 공간만큼 마음을 확대해 가지 않으면, 여전히 이 기도는 응답되지 않은 채 공허한 울림만 이어갈 것이다.

"하나님, 우리 모두가 하나님이 은혜로 주신 소산물을 즐거움으로 나눌 수 있도록 역사하여 주옵소서! 이를 위해 정치적으로나 경제적으로 그리고 국제적인 노력을 기울이는 많은 당신의 사람들을 세워주시고, 우리 또한 그런 나눔을 위한 삶을 통하여 우리네 지경에서부터 일용할 양식을 공유하는 당신의 자녀가 되기를 진심으로 비옵니다."

◆ "우리 죄를 용서하여 주소서."

죄로 점철된 세상에 하나님 나라가 임하면 서로가 서로를 용서하는 일이 가능해 진다. 아니, 서로에게 죄지은 자를 용서하게 되면 거기에 하나님 나라가 임하게 된다. 우리는 용서가 필요한 존재다. 거룩하신 하나님의 존전에서 죄를 가지고 살아갈 수 없다. 감사하게도 하나님은 우리를 용서하시는 하나님이시다. 그런데 예수님의 말씀을 따르면 하나님의 용서는 인간 편에서의 용서를 전제한다. 이것은 오늘날 값싼 용서와 값싼 은혜의 교리에 익숙한 그리스도인들이 주목해 보아야 할 부분이다.

일반론을 말하면 물론 하나님은 우리가 죄를 자백할 때 용서하신다.

> 그러나 우리가 우리의 죄를 하느님께 고백하면 진실하시고 의
> 로우신 하느님께서는 우리의 죄를 용서하시고 우리의 모든 불
> 의를 깨끗이 씻어 주실 것입니다(요일 1:9, 공동).

하지만 그러한 용서를 말씀하는 성경은 동시에 "우리가 우리에게 죄지은 자를 사하여 준 것 같이 우리 죄를 사하여 주옵소서"라는 기도를 통해, 하나님의 용서에는 문제가 발생한 양자 간의 용서가 전제되어야 함을 말씀하신다.

이것은 신학적으로 매우 중요하다. 이미 앞서도 예수님이 하나님에게 드릴 예배에 앞서, 관계 안에서 비롯된 깨어진 문제를 해결할 것을 말씀하신 적이 있다. 그것도 호리라도 남김 없이 말이다(마 5:23-26). 그것은 유대적 배경에 있는 청중으로 하여금 곧바로 레위기의 제사법, 특히 속건제(배상제사) 규례를 상기하게 했을 것이다(레 6:1-7). 즉 누군가가 남의 소유에 손해를 끼침으로 죄를 범하였다면 그는 하나님에게 속건제로 제물을 드리기 전에 먼저 그 사람에게 소유물의 본물과 더불어 20%에 해당하는 비용을 더하여 지급함으로 양자 사이의 관계를 회복해야만 했다. 그리고 나서야 제물을 가져와 여호와 앞에 속건제를 드려야 했다. 그때 제사장이 여호와 앞에서 그를 위하여 속죄하면 그제야 "그는 무슨 허물이든지 사함"을 얻었다.

우리의 죄 된 본성과 육체성의 한계는 언제나 죄에서 자유롭지 못한 일상을 살 수밖에 없게 한다. 하지만 용서는 죄와 원수됨과 보복의 고리를 끊는다. 우리는 서로를 용서함으로 피의 보복이 그치지 않는 세상의 한복판에서 하나님 나라를 구현할 수 있다.

여기에서 특별히 주목할 부분이 있다. '죄'라는 단어로 번역된 단어는 원어성경에 문자적으로 '빚'(debt)이라는 단어다. 달리 번역하면 이 기도

는 "우리가 우리에게 빚진 사람의 빚을 탕감해 준 것 같이 우리의 빚을 탕감해 주십시오"라는 간구다. 사실 하나님 나라의 임함을 구하는 기도의 맥락에서, 이 본문은 이처럼 실제하는 빚의 탕감을 구하는 기도로 읽어야 할 필요가 있다. 우리를 경제적으로 구속하고 노예되게 하는 것은 실제로 부채문제다. 열악한 경제 환경 속에서 파산하고 허덕이며 지옥같은 삶을 살아가는 사람들에게 빚의 탕감만큼이나 하나님 나라의 현실을 주는 것은 없다. 예수님은 진정한 용서의 문제를 다루시면서, 실제로 일만 달란트 빚진 자와 일백 데나리온 빚진 자의 비유를 들어 서로의 빚을 탕감함으로 하나님 나라를 구현할 것을 도전하신다(마 18:23-35).

"주여, 용서받은 자로서 서로를 용서하면서, 빚을 탕감 받은 자로서 서로의 빚을 탕감해 주면서 하나님 나라를 살게 해 주소서!"

◆ "우리를 시험에 들게 하지 마시고 악에서 구하소서."

우리의 인간적 한계는 우리가 유혹에서 자유롭지 않은 존재임을 의미한다. 그렇다. 우리가 사는 세상 나라의 일상은 유혹거리로 가득하다.

> 이는 세상에 있는 모든 것이 육신의 정욕과 안목의 정욕과 이 생의 자랑이니 다 아버지께로부터 온 것이 아니요 세상으로부터 온 것이라(요일 2:16).

우리는 우리가 본질상 가지고 있는 모든 것, 즉 현상세계와 심지어 추상적 세계를 인식할 수 있는 모든 감각기관을 통해 유혹을 받는다. 오감을 통해 육체적인 유혹으로, 이성과 감성을 통해 정서적인 유혹으로, 영을 통해 영적인 유혹을 끊임없이 받고 있다. 그리고 유혹의 결과는 악의 구렁텅이다.

그런데 예수님은 우리가 유혹에 취약한 존재라는 사실을 아신다. 따라서 우리에게 그 유혹을 이길 대안을 주신다. 아버지께 기도로 도움을 요청하며 나아가야 한다. 기도하는 자세로 세상을 대한다는 것은 모든 면에서 유익하다. 우리 자신이 유혹에 능한 존재가 아니라는 사실을 스스로 자각하고, 아버지의 도우심에 의탁하는 것은 일상 속에 들어오는 모든 유혹거리에 대한 가장 지혜로운 태도라 하겠다.

무엇보다 하나님 나라의 관점에서 볼 때, 우리가 경계해야 할 가장 중요한 유혹은 '탐욕'이다. 그것은 우리로 '우리'라는 현실을 배제하고 '나'에게 치중하게 한다. 그것은 '하나님' 대신 '나'를 선택하게 하며, 하나님 나라 대신 자신의 사적 왕국을 추구하게 한다. 모두의 공적 유익보다 일신상의 이익을 더하려 하며, 빚의 탕감과 용서 대신 그것을 빌미로 억압하고 조종하려는 유혹에 빠지게 한다. 결국 그것은 이와 같은 욕구를 충족하도록 우리를 유혹하여, 이웃의 불행을 돌보기보다 그들의 처지를 이용해서라도 더 많은 소유와 더 나은 지위, 더 영향력 있는 권력 등을 추구하도록 추동한다. 결국 탐욕은 용서와 빚의 탕감과 같은 하나님 나라의 삶의 방식을 거부하게 만든다.

거기에 우리는 악에 물들어 악으로부터 자유롭지 못한 현실을 살고 있다. 타락한 인간은 본성상 스캇 펙이 지적한 대로 '거짓의 사람들'이요 악의 사람들이다. 그것은 나 자신과 이웃을 파괴하고 사망에 이르게 하는 가장 근원적인 원인이다(롬 6:23). 게다가 구조적이고 제도화 되어 있는 사회적 악의 시스템은 세상 나라의 정황을 더욱 곤혹스럽게 만든다. 하나님은 이 악한 세상정황을 보시고 '눈살을 찌푸리시며, 기막혀하신다.'

> 성실함이 종적을 감추고 악에서 발을 뺀 자가 도리어 약탈당하는 세상, 이다지도 공평하지 못하여 야훼께서 눈을 찌푸리시지 않을 수 없는 세상, 그의 눈엔 사람다운 사람 하나 보이지 아니하고, 중재하는 사람 하나 보이지 않으니 기막힐 수밖에, 그리하여 야훼께서는 당신의 팔만 믿고, 당신의 정의만을 짚고 일

어서신다(사 59:15-16, 공동).

이 하나님의 심정을 헤아린다면, 우리는 이 땅의 악의 현실들을 가벼이 여기거나, 침묵함으로 동조하거나, 신앙적 도피를 선택할 수 없다. 우리의 도피는 이러한 악의 현실들을 더욱 강화하고 그 구조 악들을 더욱 견고히 하는 데 일조할 수 있기 때문이다. 스스로는 평범한 시민이요 종교적으로 착한 그리스도인들이라 자부할지라도, 그 악의 구조 안에서 고통받는 현실들에 무감각하게 반응하다가는 꼼짝없이 악인의 반열에 서고 말 것이다. 하나님 나라는 이 유혹과 악을 몰아낸다. 우리는 기도드린다.

"주님, 우리는 무척이나 연약한 존재들입니다. 현존하는 유혹들에 붙잡혀 악의 구렁텅이에서 헤맬 수밖에 없습니다. 우리를 도우사 악에 무력하지 않게 하시고, 우리로 악의 현실을 척결하는 하나님 나라의 역군들이 되게 하사, 이 땅을 악에서 구하시길 원합니다! 그러하실 우리 하늘 아버지에게 나라와 권세와 영광이 영원히 있사옵니다. 아멘!"

하나님 나라에 쌓는 보물 (마 6:19-21)

이 땅에서 행하는 작은 행위는 곧장 하늘에서 보화와 같은 중요한 역할로 인정된다. 이로써 다시금 이 땅의 일과 하늘의 일이 분리된 실재가 아님이 판명난다. 물질 영역에 국한된 일이 아니다. 사람이 무언가를 이 땅에서 매면 하늘에서 매이고, 땅에서 풀면 하늘에서도 풀린다(마 18:18). 성도의 기도는 향연이 되어 천사들에 의해 하늘에 상달 된다(계 8:3-4).

이 땅에서 우리가 행하는 모든 행위는 분리된 개별 사안이 아니다. 그것은 온 우주와 연결된 그물망(network) 안에서 일어나는 일이 된다. '나비효과'와 같이 나의 작은 말 한마디, 손짓 하나, 발걸음 하나가 누군가의 삶을 통하고, 심지어 하늘에까지 미치는 것이다. 내가 전하는 선물 하나가 누군가의 삶에 채움이 되고, 희열이 되어, 결국 그것은 하늘의 기쁨으로까지 이어진다.

게다가 놀라운 것은 예수님은 우리가 이 땅에 잉여재산과 물질을 쌓아 두는 것을 어리석은 행위로 보신다. 그것은 마치 이스라엘이 역사 속에서 경험했던 것과 같이 좀과 녹과 도적의 목표물이 되고 말 뿐이다. 그것은 부패해 버리거나, 훔침을 당하거나 심지어 어떤 다른 일들로 말미암아 결국 지출되어버리고 만다. 질병과 사고와 재앙은 예고 없이, 예외 없이 우리 삶에 임한다. 이 땅에 적극적으로 축적하고 지켜내고자 가상한 노력을 기울일지 모르지만, 결국 인생은 이 땅에서 아무것도 지켜내지 못하고 빈손이 되어 돌아가야 하기 때문이다.

오히려 그 잉여물질들이 가야 할 향방은 하나님 나라. 결핍으로 가득한 이 세상 나라의 한복판에서 궁극적으로 이루어지고 있는 하나님 나라는 결국 잉여재산을 가진 누군가의 나눔 곧 분여(分與)를 통해 실현된다. 나아가 그것은 하나님이 기억해 주시는 천국에 쌓는 보화로 인정을 받는다. 선지자의 이름으로 선지자에게 냉수 한 그릇 대접했을 뿐인데, 하나님은 내게 선지자의 상급을 허락하신다(마 10:41-42). 지극히 작은 형제에게 작은 나눔을 했을 뿐인데, 예수님은 "예수님 자신에게 한 일"로 치하하신다(마 25:40, 45). 땅에 쌓는 것이 어리석다는 예수님의 말씀에 따라, 어차피 나의 필요를 넘어서는 재원들을 이웃에게 나누었더니, 하나님은 그것을 썩어 없어질 것으로 소모하지 않으시고, 당신의 나라의 적금통장에 기재해 두신다. 이 땅에 하나님 나라를 이루는 것과 저 천국을 확보하는 것은 이로써 통합된다.

하지만 그 중심에는 "우리의 마음이 어디에 있는가?"를 질문하신다. 사람은 자신이 관심하는 곳, 마음 쓰는 곳에 시간도 재물도 쏟기 마련이다. 예수님은 우리에게 하나님 나라의 현실을 마음에 두라 권하신다. 영원하지도 않을 자신의 영토에 무언가를 모으고 쌓아 둔다는 것은 어리석다. 예수님은 사람의 생명이 그 소유의 넉넉한 데 있지 않다고 말씀하신다(

눅 12:15). 인간의 생각이나 기대와는 달리, 오늘 밤 하나님은 나의 생명을 찾으실 지도 모를 일이다(눅 12:16-21). 영원할 것 같던 지상의 삶은, 그래서 그곳에 많은 것으로 채워두고 넉넉히 인생을 살고자 했던 나의 계획은 수포로 돌아가고 만다. 하나님 나라의 가치에 눈을 돌리면, 우리는 오늘도 쌓을 보물의 향방을 분명히 보게 된다. 이 세상 나라에는 그러한 손길을 기다리는 황망한 인생들로 여전히 가득해 있다.

인간이 세상과 재물의 주인인 것 같지만, 수천 년, 수만 년 지속해 오는 세상의 역사에 비해 칠십 년, 팔십 년을 살다 가는 인간 개인의 역사는 결코 주인이 될 수 없음을 분명히 한다. 어리석은 판단은 어리석은 행위를 낳는다. 반복하지만, 이 땅에서 결핍으로 지옥의 현실을 경험하는 사람들이 넘쳐나는 현실 속에서 '나는 축적하고 살겠다'는 마음은 그 자체로 지옥이다.

눈이 어두우면 (마 6:22-24)

산상수훈을 베푸시던 그날, 아니 오늘, 예수님은 우리네 초라한 삶의 한편 동산 위로 오르신다. 하늘은 맑고 햇빛은 얼마나 찬란한지, 오늘도 하늘 문을 열어 축복하실 하늘 아버지께 온통 기대감을 가득 안고 동산을 오르신다. 예수님의 소문을 들은 수많은 사람이 각양 각처에서 모여들고, 그러한 그들을 예수님은 기꺼이 맞아들이신다. 바로 이 일을 위해 이 땅에 오신 분이 아니시던가? 온 세상에 두루 다니며 가르치시고, 천국복음을 전파하시며, 백성 중의 모든 병과 약한 것들을 고쳐 주시며, 그들의 온갖 필요를 돌보아 주고자 하신 그 소명을 예수님은 친히 입을 열어 가르치기 시작하신다. 놀랍게도 그 첫 음성은 "너희가 복이 있다!"라는 강복선언이다(마 5:3-10).

> 심령이 가난한 자가 복이 있다! 하나님 나라가 저희 것이다.
> 애통하는 자는 복이 있다! 저희가 위로를 받을 것이다.
> 온유한 자는 복이 있다! 그가 땅을 기업으로 받을 것이다.
> 의에 주리고 목마른 자는 복이 있다! 저희가 배부를 것이다.
> 긍휼히 여기는 자는 복이 있다! 그가 긍휼히 여김을 받을 것이다.
> 마음이 청결한 자는 복이 있다! 저희가 하나님을 볼 것이다.
> 화평케 하는 자는 복이 있다! 그가 하나님의 아들이라 일컬음을 받을 것이다.
> 의를 위하여 핍박을 받은 자는 복이 있다! 하나님 나라가 저희 것이다.

내 눈이 어두웠던 시절에는 생각해 보지도 못했던 말씀들이다. 그때 나는 무엇이 참으로 복된 지 분간할 수 없었다. 재산도, 권력도 가지면 가질수록, 아니 가져야만 복된 줄 알았다. 그저 즐겁고 유쾌하게 누리고 사는 것이 복된 줄 알았다. 배부르고 떵떵거리고, 다스리고, 휘두르는 것이 복된 줄 알았다. 가진 것 없던 나는 언제나 슬프고, 속상하고, 세상이 다 불공평해 보였다. 가난해서 슬펐고, 당하고 사는 것이 속상했고, 노력해 봐도 부질없음을 경험할 때 나에게 하나님은 참으로 불공평한 분이었다. 그런데 예수님은 그 가난함과 애통함, 그 목마름들이 복이라고 말씀하신다. 그리고 계속하신다.

> 너희는 세상의 소금이니 소금이 만일 그 맛을 잃으면 무엇으로 짜게 하리요 후에는 아무 쓸 데 없어 다만 밖에 버려져 사람에게 밟힐 뿐이니라 너희는 세상의 빛이라 산 위에 있는 동네가 숨겨지지 못할 것이요…이같이 너희 빛이 사람 앞에 비치게 하여 그들로 너희 착한 행실을 보고 하늘에 계신 너희 아버지께 영광을 돌리게 하라(마 5:13-14, 16).

어두웠던 시절에는 상상하지도 못했던 일들이다. '내가 세상의 소금이라니, 세상의 빛이라니, 나로 인해 하나님이 영광을 받으신다니….'

이 말씀을 따르면, 삶이 언제나 절망스러웠던 것은 현실의 어떠함이 아니라, 다름 아닌 내 눈이 어두웠던 것이 근본 이유였음을 알 수 있다. 하나님을 기쁘시게 하고, 하나님에게 영광 돌리기 위해서는 무엇인가 대단한 존재가 되어야 하거나, 대단한 역사를 이뤄야 하는 줄 알았다. 그런데 정작, 내 능력으로는 할 수 있는 일이 없었다. 가진 것 없고, 능력 없는 자신에게 세상은 너무도 버거웠다.

◆ 눈이 밝아지면서…

사람들은 그 가르치심에 온통 놀랄 뿐이다(마 7:28f). 그분의 가르침은 일반 교사나 서기관들과 같지 않다. 예수님의 가르침에는 온 존재를 휘젓고 뒤엎고 도전하는 진정한 권세가 있다.

예수님의 말씀 속에서 사람들의 눈은 밝아져 오기 시작한다. 펼치면 졸리고 옛날이야기만 같던 하나님의 말씀이 얼마나 놀랍고 생생한지, 오늘 듣는 이 말씀이야말로, 나를 만나주시는 말씀이신 예수님의 현현임을 눈이 어두울 때는 몰랐다.

눈이 어두우면, 살인이나 간음이나, 이혼이나, 그 무엇에 관한 이슈이든 관계 안의 그 심각성은 깨닫지 못한다. 다만 기독교의 진리는 단순히 선한 삶을 요구하는 도덕 조항인 줄로 여기고 만다.

눈이 어두우면 쌓아야 할 참 보물이 무엇인지, 누가 참 주인인지 인식하지 못한다. 염려만 가득하고, 무엇이 참으로 구할 것인지도 모르게 된다(마 6장). 눈이 어두우면 내 눈의 들보는 못 보고 형제의 잘못을 지적하고 비판하는 것이 당연하다고 생각한다. 크고 넓고 안전한 길, 많은 사람이 추구하는 길이 참 길인 줄 안다. 하나님의 의중은 헤아려 보지 못하고 열심을 내어 신앙생활 하는 것이 참 신앙인 줄 안다(마 7장).

이제야 그 온유하고 아름답게만 보이던 산상수훈이 얼마나 무게감 있게 선포된 강렬한 말씀인지 보이기 시작한다. 6장의 첫 단어가 '조심하라' (Be careful)는 예수님의 경고 말씀이라는 사실을 발견하게 된다. 또한 산상수훈의 결론이 눈이 어두워 바른 판단이 없던 거짓 선지자들에 대한 심판의 메시지임을 발견한다. 복의 선언으로 매력 있게 시작하던 평온한 산상수훈의 말씀이, 실천 없는 정적인 신앙에 대한 극렬한 경고의 말씀으로 마감하고 있다는 사실이 보이기 시작한다.

구제하고, 기도하고, 금식하면 되는 줄 알았다. 그것은 가장 영적인 행위들을 대표하는 사안들이다. 누가 보아도 경건하고, 거룩한 일들이다. 그런데 내 어두운 마음대로 해서는 안 될 것들이었다. 중심을 보시는 하나님 편에서 헤아렸어야 했다.

우리의 눈이 어두우면 자칫 하나님보다 사람들의 인정을 추구하게 된다. 은밀히 보시는 하나님에게는 눈이 가려지고 나를 쳐다보는 사람들만 의식하게 된다. 정작 영원한 '하늘'은 못 보고 이 땅의 현실만 보게 되는 것이다.

그렇게 살던 선지자인 체 하던 자들은 스스로는 잘하고 있다고 주님 앞에서도 자랑할지 몰라도, 정작 주님의 가혹한 판단을 받고 만다. 그들은 항변한다. 적어도 그들이 보기에 예수님은 부당하고, 자신의 항변은 마땅해 보인다.

"주님, 제가 주의 이름으로 선지자 노릇도 하고, 귀신을 쫓아내며, 많은 권능을 행하지 않았나요? 제가 단기선교도 갔다 오고, 방언도 하고, 기적도 체험했습니다. 제가 주님을 좀 아는 사람입니다. 제가 이래도 주님의 이름을 위해 애 좀 썼습니다. 전할 메시지도 많았고요, 능력도 행해 온 사람입니다. 사람들도 줄곧 저를 인정해 왔습니다. 제 이름도 제법 나 있단 말예요!"

그러한 그들에게 주님이 주시는 이름은 비참하다. "불법을 행하는 자들"이다. 게다가 "내가 너희를 도무지 알지 못한다"고 천명하신다. 그들에 대한 최종 선고는 다음과 같다.

> 내게서 떠나라(마 7:23).

예수님은 경고하신다.

> 만일 소경이 소경을 인도하면 둘이 다 구덩이에 빠지리라 (마 15:14).

인도자 된 그리스도인의 눈이 어두우면 이 땅에 소망이 없다. 우리의 눈이 어두우면 백성에게 소망이 없음을 인식해야 한다. 나의 어둠을 인정하고 주님을 오늘도 겸손히 나의 진리의 등불로 모셔 들여야 한다.

> 주께서 나의 등불을 켜심이여 여호와 내 하나님이 내 흑암을 밝히시리이다(삼하 22:29; 시 18:28).

예수님의 소명장(눅 4:18)에는 눈먼 자에게 다시 보게 함을 전파하려 하신다는 목표가 분명하다. 비결은 오늘도 성령님을 통해 진리로 우리의 눈을 밝히시는 예수님을 더욱 주목하는 일이다. 그것은 곧 예수님의 말씀을 통해 그분의 마음을 얻는 것이다. 다른 말로 하면 말씀을 통해 예수님의 조망을 갖는 것이다. 시편 기자는 고백한다. "주의 말씀은 내 발에 등이요 내 길에 빛이니이다"(시 119:105). 예수님을 알아갈수록, 예수님의 마음을 헤아릴수록, 우리의 눈이 밝아온다. 빛 되신 주님과 함께라면 언제나 밝다. 주님의 말씀과 동행함이면 평범한 일상 속에서 놀라우신 하나님의 기적을 보는 눈은 밝을 것이다. 오늘 내가 속한 환경 속에서도 주님의 은혜를 보는 눈은 밝을 것이다. 아무것도 보이지 않는 무너진 형편 속에서도 하늘의 소망을 발견하는 눈은 밝을 것이다. 주님의 말씀으로 매 순간 밝을 일이다. 그리하여 온몸이 밝을 뿐 아니라 이사야 선지자를 통해 말씀하신 바가 성취될 것이다.

> 네가 소경의 눈을 밝히며 갇힌 자를 옥에서 이끌어 내며 흑암에 처한 자를 감방에서 나오게 하리라(사 42:7).

참으로 구할 기도제목 (마 6:25-34)

> 그러므로 염려하여 이르기를 무엇을 먹을까 무엇을 마실까 무엇을 입을까 하지 말라 이는 다 이방인들이 구하는 것이라 너희 하늘 아버지께서 이 모든 것이 너희에게 있어야 할 줄을 아시느니라 너희는 먼저 그의 나라와 그의 의를 구하라 그리하면 이 모든 것을 너희에게 더하시리라(마 6:31-33).

예수님은 우리를 아신다. 우리의 신앙적 전제는 '하늘의 하나님이야말로 우리를 지으신 자요, 따라서 우리 자신보다도 우리를 더 잘 아시는 분'이시다. 그분은 우리가 의식주에 의존적인 존재임을 아실 뿐 아니라, 그 문제의 해결을 위해 날마다 염려에 사로잡혀 살아가는 것도 아신다. 그뿐 아니라 그 모든 것이 우리에게 있어야 할 줄을 모두 헤아리시고 계신다.

우리는 일상의 것들에 염려하는 것이 아무런 도움이 되지 않음을 알면서도, 현세적 필요에 엄몰되어 당장 눈앞의 필요를 걱정하기 일쑤다. 사실 크고 작은 경험에 의하면, 염려는 문제 해결에 대한 대안을 모색하도록 이끌어 주기도 하지만, 실제적인 필요를 채우는 데 있어서는 그 자체가 아무런 도움이 되지 않는다. 염려함으로 우리 스스로 해결할 수 있는 것은 아무것도 없다. 오히려 염려는 왕왕 문제의 상황을 심리적으로 부풀리거나, 거기에 압도되게 하여 해결능력마저 마비시키는 경향이 있다.

이에 대해 예수님은 우리의 사고기능을 활용할 것을 상기시키신다. 자신 또는 자신의 문제 상황에서 눈을 떼어 적어도 먼 하늘이라도 바라보며 공중의 새나 들의 백합화가 어떻게 자라며 생활하는지를 생각해보라고 권면하신다. 그것들은 우리가 미물들이라 칭하는 존재들임에도 음식을 위해 스스로 수고하지도 않으며, 의복을 위해 스스로 애쓰지 않음에도 하나님께서 친히 먹이시고 기르시고 입히시고 계시지 않는가 말이다. 하물며 그분이 사랑하여 독생자까지 허락하신 당신 자녀의 필요를 모른 체 하시겠는가?

하늘을 나는 새를 볼 때마다, 주변에 피고 지는 꽃 한 송이를 볼 때마다 우리는 기억해야 한다. 가꾸는 이 하나 없어도 온 대지에 새순이 돋고, 온 산하에 이름 모를 나무들과 풀과 화초와 곡식들이 자라고, 그 안에서 동물들이 식생을 하고 물고기 떼가 헤엄쳐 다니는 모습을 볼 때, 그것들은 그 자체로 하나님의 돌보시는 보이지 않는 손길이요, 우리에게 더욱 마음 써주심으로 허락해 주신 하나님의 공급임을 말이다. 하늘에 태양이 이글거리고 바람이 불어와 초록이 흔들릴 때, 수많은 과목에 꽃이 피고 벌들이 윙윙거릴 때, 때로는 비가 내려 강물을 이루고, 그 물줄기가 온 대지를 적실 때 우리는 기억해야 한다. 하나님이 이 땅을 안위하시며 돌보시고 계시는 것임을 말이다. 그것은 이미 허락되고 채워진 은혜의 소산들이다.

사실 오늘도 우리는 수고도 아니 하고 길쌈도 아니 하고서도 일용할 양식과 의복과 거처를 허락받아 누리고 있다. 우리는 자신의 양식을 위해 농사하지 않는다. 자신의 의복을 위해 옷감을 짜거나 재단하여 옷을 만들지 않는다. 자신의 주거환경을 위해 집을 짓거나 가구 하나도 만들지 않는다. 하지만 오늘도 우리는 이 모든 것들을 얻어 누리고 있다. 심지어 내일을 위해서도 그 생존에 필수적인 것들을 위해 손 하나 까딱하지도 않고 있다. 그러면서도 내일 주려 죽게 될 것이라는 공포에 시달리지 않는다. 이것이 하나님의 은혜의 넉넉함이다.

그러므로 우리는 이와 같은 필요들 때문에 염려하거나 두려워할 필요가 없다. 누가는 심지어 기도나 추구조차 하지 말라는 말씀을 덧붙인다(눅 12:29). 이 같은 것은 하나님을 알지 못하는 이방인들의 수준에서나 염려하는 일이다. 이와 같은 필요들을 위해 구하는 것은 저등 종교에서나 생각할 수 있는 기도다. 우리는 이 땅에 거하는 만민들의 필요를 위해 오늘도 수고하시는 '농부 하나님'을 섬기는 자녀가 아닌가?

그러나 현실적으로 이것이 가능하기 위해서는 모든 가난한 자들마저도 '이 기도가 필요 없는 현실', 곧 하나님 나라가 구현되어야 하는 전제가 필요하다. 따라서 하나님은 우리에게 이 '하나님 나라와 의'를 구할 것을 말씀하신다. 그것이 이 땅에 거하는 우리의 진정한 몫이요, 소명이다. 그의 나라와 의를 구하라는 말씀은 단순히 골방에 들어가 소리 높여 기도하라는 명령을 넘어선다. 그것은 우리가 이 같은 하나님의 은혜의 역사에 동참하고, 이 하나님의 공급하시는 놀라운 은혜가 온 거민들 가운데 공평하고 정의롭게 확산하여 다 같이 평화롭게 공존하며 자유를 누리는 세상을 추구(seek)하라는 것이다. 생명 있는 모든 것들이 하나님이 주신 생명을 유지하기 위해 의식주가 필요하다. 그 어떤 대상도 억압이나 결핍으로 말미암아 하늘에 호소하는 일이 없어야 한다.

하나님이 "내가 다 알아서 채우고 있다"고 선언하신 영역에 대해, 우리의 욕심과 독점과 착취와 때로는 무관심과 침묵으로 왜곡된 현실을 야기하거나 버려둘 수는 없다. 이 땅에 하나님의 생명을 받아 누리는 모든 인간과 자연 속에 진정한 공생의 길을 모색하고, 조화롭고도 해방된 풍성한 삶을 영위하는 실재를 추구해야 한다.

우리는 이 기도를 드리고 있는가? 우리는 그 기도가 이 땅에 실현되는 날을 위해 오늘을 살아가고 있는가? 우리는 그 크신 하나님의 자녀요, 그분처럼 사고할 줄 아는 백성이 아니던가?

갈릴리로 오라

Come to Galilee

제 7 장
하나님 나라의 실현

비판과 분별 (마 7:1-6)

산상수훈의 결론 부분에 해당하는 7장의 말씀은 예수님이 우리를 하나님 나라의 삶으로 초청해 주실 때, 우리의 속사람 안에 있는 부정적인 인간 성향들을 탐색해 주신다. 우리가 형제를 대하는 비판적 성향, 하나님을 향한 요구적 경향, 이웃을 향해 갖는 이기적 성향 그리고 우리가 갖는 현실적이고 영적인 허세적 경향들이 그것이다.

우리는 타인을 비판하는 일에 익숙하다. 우리의 혀는 타인을 정죄하기에 빠르다. 예수님은 우리가 가진 이 '비판적 성향'을 간파하신다. 예수님은 우리의 이 성향을 주목하신다. 나라는 존재는 열등감에서 비롯되든 경쟁심에서 비롯되든, 아니면 순전한 악의로 말미암든 타인을 비판함으로 자신을 정당화 하는 존재인 것을 헤아리고 계신다. 비판(judge)은 정죄의 맥락을 제시함으로써, 그 행위가 곧 하나님의 심판행위를 연상시킨다.

예수님은 경계하듯 말씀하신다.

"비판하지 말라!"

우리가 비판하는 순간 그 비판을 위해 사용한 척도(판단자)는 곧장 나를 향해 측량을 시작한다. 결과는 너무도 끔찍하다. 내가 비판하려 했던 사람이 가진 흠은 고작 티(speck)에 불과하고, 비판했던 나는 흉측한 들보(plank) 수준이다. 그렇다. 타인을 향해 비판의 자리에 설 때, 나는 나 자신의 진면목을 망각한 채, 비판을 통해 그것을 가리려드는 우스꽝스런 태도를 내보이는 것이다.

물론 예수님은 이 본문을 통해 우리가 매사에 판단해서는 안 된다는 것을 말씀하는 것은 아니다. 오히려 우리는 바른 판단을 해야 한다. "어찌하여 옳은 것을 스스로 판단치 아니하느냐"(눅 12:57). '거룩한 것'과 '진주'가 무엇인지도 판단해야 하고, 우리 안에서 '개와 돼지'가 어떤 존재들인지도 판단해야 한다.

예수님이 말씀하고자 하신 의도는 자신을 드높이느라, 또는 이웃을 배제하느라 높아진 마음을 추스르란 것이다. 자기를 부인하고 사랑해야 할 이웃을 비판하는 성향을 중지하고 이웃을 바로 보라는 것이다. "원수마저도 사랑하라" 말씀하신 분, "이웃을 네 몸같이 사랑하라"(마 22:39) 명하신 분이 오늘도 내 이웃을 향해 "악한 마음과 흘기는 눈"(막 7:22)을 거두라 말씀하신다.

그것은 먼저 자기 성찰을 게을리 하지 말라는 말씀이다. 자신의 눈 속에 있는 들보를 인식하고, 나아가 그 들보를 진지하게 빼어내는 노력을 함으로 밝히 보는 눈(판단)을 가져야 한다. 그래야 우리가 가진 소중한 것들에 대한 가치를 이해하지 못하고 반대를 위한 반대를 일삼는 반대자와 이단자들을 분별할 수 있을 것이다. 그리하여 그들에게 거룩한 진리를 짓밟고 망치는 기회를 허락하지 않을 수 있다. 내 안에 소중한 예수님, 그분의 십자가와 복음이 나의 무분별함과 지혜가 없음을 인하여 변론하기 좋아하고 훼방하기 좋아하는 이들에 의해 폄하되거나, 모욕을 당하게 두어서는 안 된다.

하지만 지나친 자기검열에 치우쳐 마땅한 비판 기능을 포기하는 것은 빛 된 그리스도인의 책무를 망각하는 것임도 기억해야 한다.

하나님 나라를 구하는 기도 - 구하라, 찾으라, 두드리라 (마 7:7-12)

> 구하라 그리하면 너희에게 주실 것이요 찾으라 그리하면 찾아낼 것이요 문을 두드리라 그리하면 너희에게 열릴 것이니 구하는 이마다 받을 것이요 찾는 이는 찾아낼 것이요 두드리는 이에게는 열릴 것이니라(마 7:7-8).

기도를 강조하는 한국 교회에 이 말씀만큼 많이 인용되는 본문도 드물 것이다. 예수님은 구하라, 찾으라, 두드리라 하시면서, 그러면 얻을 것이요, 찾을 것이요, 열릴 것이라 하신다. 따라서 우리는 이것을 예수님이 주신 기도의 보장으로 이해한다. 그렇다. 그것은 예수님이 친히 주신 기도의 보장이다. 그래서 감사하다. 그래서 어떤 이들은 종종 이 구절을 "하나님은 우리가 원하고 구하는 모든 것을 들어 주신다"고 주장하는 근거 구절로 삼기도 한다.

◆ 하나님이 주시는 것

우리는 하늘 아버지를 안다. 그분은 우리를 사랑하시며, 우리에게 온전한 현실을 제공하고자 하시는 분임을 말이다. 하지만 그럼에도 우리는 현실에서 늘 무언가에 결핍을 느낀다. 한참을 스스로 애를 쓰다 그 필요를 채움 받기 위해 기도한다. 하지만 기도는 왕왕 응답되지 않는다. 그러면 우리는 곧장 의문을 제기한다. "왜 기도했는데도 주지 않으시는가?" 그리고 항의한다. "네 쓸 것을 아신다(마 6)는 하늘 아버지라면…구하라, 찾으라, 두드리라(마 7) 약속하셨다면…내 이름으로 무엇이든 내게 구하면 내가 이를 시행하리라(요 14:14)고 약속하셨다면…주셔야 하지 않는가?"

그러나 이것은 알게 모르게 우리의 그 '요구하는(demanding) 성향'에서 나오는 하나님을 향한 부정적인 투사(projection)임을 기억해야 한다. 예수님은 우리로 먼저 인식해야 할 것을 지적하신다. 우리가 구하는 대상인 하나님은 우리의 아버지시다. 나아가 이 세상의 아버지와 비교도 할 수 없는 좋으신 아버지시다. 그분은 우리가 '원하는 모든 것'이 아니라, 그분이 보시기에 우리에게 '좋은 것'에 관심을 두신다.

물론 세상의 아버지도 아들에게 좋은 것을 주는 존재다. 떡을 달라는 아이에게 돌을 주지 않는다. 생선을 달라는 아이에게 뱀을 주지 않으며, 누가복음의 병행구절처럼 맛있는 것을 달라는 아이에게 전갈을 주지 않는다. 즉 사람의 아버지도 아이에게 좋은 것을 줄줄 안다는 것은 상식적인 일이다.

하지만 우리가 경험적으로 아는 바와 같이 이 땅의 아버지는 실수가 많은 존재다. 아이에게 좋은 것으로 판단하고 주지만, 그것이 왕왕 아이에게 결국에는 해가 되기도 한다. 나도 이 땅의 아버지로서 아이들에게 좋은 것을 주고자 마음을 쓴다. 좋은 것으로 생각하고 공급해 보지만 그것이 결국은 아이에게 썩 좋은 것이 아니었다는 것을 종종 깨닫게 된다. 나는 나 자신의 시·공간적 한계 안에서 선하다 판단하여 아이에게 허락하지만, 우리 하늘 아버지는 영원 속에서 그리고 나 개인 뿐 아니라 당신의 모든 피조물과의 조화 속에서, 그분의 전능성과 전지성 안에서 우리에게 좋은 것을 선택해서 주시는 분이시다. 그렇다면 우리는 그분이 우리에게 좋은 보장이라는 사실을 믿어도 좋다. 그분이 우리에게 어느 것을 결정하셔도 그분은 믿을 만한 보장이시다.

우리 하나님은 우리에게 좋은 것을 주시고자 하신다. 누가복음 11장의 병행구절에서 하나님이 우리에게 '좋은 것'을 주시는데, 그것은 바로 성령이다. 우리 안에 있는 요구적 성향 때문에 우리는 기도 속에서 하나님에게 요구하는 경향을 드러낸다. 하지만 하나님은 우리의 그러한 요구를 온전한 것으로 환원시켜 주신다. "이거 주세요. 저거 주세요", "주님 구해요, 찾아요, 두드려요" 하는 우리의 요구를, 우리에게 있어서 가장 시급하고, 본질적이고, 궁극적인 가장 좋은 당신의 성령, 곧 하나님 자신으로 허락하신다. 그분이 모든 것이다.

　우리가 종종 기도를 들어주시지 않았다고 낙망하다가도, 하나님이 우리의 기도를 들어주시지 않음이 얼마나 감사한지를 깨달을 때가 있다. 시간이 지나면서 당신도 그런 예들을 경험했을 것이다. "하나님, 그 기도 들어 주지 않으셔서 감사합니다." 내가 필요에 따라 다 구했는데, 하나님이 들어주시지 않으셔서 그때는 얼마나 낙망했는지 모른다. 하지만 잠시 자신의 경우를 생각해 보라. 가령 '하나님이 내가 구하던 그 기도들을 다 들어 주셨다면, 나는 지금 어떤 상황에 처해 있을까? 얼마나 천방지축이었을까?' 난감해지는 경우들이 많을 것이다. 때로 하나님이 우리의 기도를 들어주시지 않아서 얼마나 감사한가?

　그렇다. 하나님이 우리의 모든 요구를 다 들어주신다는 것이 '좋은 것'이 아니다. 영화 "브루스 올마이티"(Bruce Almighty)는 이 점을 잘 분석했다. 임시로 하나님의 직무를 대행해 보던 브루스는 시도 때도 없이 올라오는 숱한 기도제목들에 긍휼히 여기는 마음으로 '모두 선택'을 클릭한 후 '엔터'를 누른다. 그 결과 하나님께 올리던 모든 사람의 모든 기도가 순식간에 응답된다. 하지만 그것이 가져온 결과는 혼돈과 절망들이었다. 사람들이 원하고 기도하는 대로 모두 이루어진다면 세상은 오히려 지옥이 된다는 사실이 선명한 여운으로 남는다.

◆ 구해야 할 나라

　게다가 오늘 본문의 요지는 "그대의 원함과 기도를 다 들어주겠다, 무엇이든 기도하라"는 것이 아니다. 예수님은 지금 하나님 나라의 삶이라는 대 문맥에서 이 말씀을 주신다. 예수님은 팔복에서부터 시작해서 하나님 나라의 삶을 말씀해 주셨다. 그런데 우리에게는 솔직히 이러한 삶을 살아드릴 능력이 없다. 아니 능력 이전에 그러한 성향이 아님을 예수님은 이미 간파하셨다. 그러므로 우리는 예수님이 기대하시는 하나님 나라의 삶을 참으로 살아 드리기 위해서는 기도해야 한다.

예수님의 의도 속에서는 바로 그 하나님 나라를 구하고 찾고 두드리고, 그래서 얻을 때까지, 찾을 때까지, 열릴 때까지 다방면으로 그리고 끈질기게 '추구하라'는 말씀이다. 병행구절인 누가복음 11장의 강청하는 기도를 기억하는가? 예수님이 이 말씀을 하신 것은 내 안에, 내가 속해 있는 공동체 속에서 하나님 나라가 이루어질 때까지 끝까지 포기하지 말 것을 요청하시는 것이다.

"하나님은 나의 모든 쓸 것과 필요를 아신다." 그러므로 하나님 나라와 의만 구하라. "그리하면 이 모든 것을 너희에게 더하시리라" 말씀하신 주께서 우리에게 "원하는 것은 무엇이든 구하라"고 말씀하시겠는가? 이 본문을 두고, 나 자신의 요구하는 본능에서 나오는 내 개인적 필요와 소욕을 위해 기도하라는 것으로 이해한다면, 이는 예수님의 의도를 벗어난 말씀의 이해다. 문맥을 벗어난 아전인수 격의 적용이라 할 수 있겠다.

◆ 하나님 나라를 이루는 길 - 황금률 (마 7:12)

> 그러므로 무엇이든지 남에게 대접을 받고자 하는 대로 너희도
> 남을 대접하라 이것이 율법이요 선지자니라(마 7:12).

본문을 일컬어 통상 황금률(Golden rule)이라 부른다. 성경 전체를 아우르며 요약하는 가장 핵심적인 가르침이라 보기 때문이다. 많은 이들이 이 본문을 분리하여, 황금률을 제거한 기도 약속에만 치중해 왔다. 황금률은 그 앞의 기도를 가르치시는 본문(마 7:7-11)과 분리되어 있지 않다. 오히려 그 본문의 결론이다. 이 기도응답의 원리로 주어진 결론이 바로 황금률이다. "그러므로…" 구하는 이, 찾는 이, 두드리는 이마다 응답하리라는 주님의 약속에 대한 구체적인 실현방안이 바로 이 황금률이다.

그것은 "구하는 대로 다 주리라"는 약속이 아니라, "필요를 놓고 기도하

는 네가 바로 그 기도에 대한 응답이 되라"는 말씀이다. 내가 어떠한 필요에 처했을 때 내가 채움 받고 싶은 방식으로 이웃에게 먼저 채우라는 것이 골자다. 그것이 그 이웃의 기도 응답이 될 것이요, 공동체 안에서 지속적인 파장이 되어 모든 지체의 필요가 채워짐을 경험하게 할 것이다. 구하는 모든 것이 채워질 것이라는 주님의 약속은 놀랍게도 바로 주님의 제자들이 이 황금률을 문자적으로 실천하는가에 달려있다.

이것은 한편으로 우리 개인의 '이기적인 성향'을 탐색해 주시는 말씀이다. 우리는 예수님이 말씀을 가르쳐 주시는 의도에서 빗나갈 정도로, 어떻게든 하나님으로부터 무언가를 얻어내려는 이기적인 경향을 드러낸다. 심지어 내가 사랑한다고 고백하는 사람들에게도 무엇인가를 얻어내려는 경향에 사로잡혀 있다. 하지만 하나님 나라를 소개해 주시는 예수님은 그 삶의 중요한 원리로써, 내가 먼저 내어 줄 것을 기대하신다.

예수님은 바로 이 원리를 두고 그것이 모세오경의 요약이요, 선지서들의 결론이라 말씀하신다. 그 많고 복잡한 이야기와 법 조항과 역사적 서술들과 시와 노래와 잠언들 그리고 선지자들의 함성들이 바로 이 원리에 압축되어 있다. 이것이야말로 자기 백성을 향한 아버지의 뜻이 아닌가? 우리에게 기대되는 가장 근본적인 삶의 충족은 결국 나의 솔선수범을 통해 가능하다는 이야기다. 나아가 인간 세상에 존재하는 숱한 부조리들이 역설적으로는 내가 모른 체하거나 내가 먼저 손 내미는 행위의 결핍에서 파생되는 것 아닌가?

우리는 무언가를 받고 싶다. 그리고 '더' 받고 싶다. 누군가로부터 '늘' 받고 싶다. 하지만 예수님의 말씀이 지당하시다. 우리가 받고 싶은 대로 내가 먼저 제공하는 것이다. 그러면 세상은 천국으로 변할 것이다. 하나님 나라는 통째로, 자동으로 임하지 않는다. 이 땅에 편만한 가난의 문제, 슬픔의 문제가 일순간에 갑자기 해결되지 않는다. 어떻게 인간의 수많은 폐단이 한꺼번에 다 해결될 것인가? 그러나 이와 같은 하나님 나라 삶의 원리를 예수님으로부터 배워서 아는 사람들이 먼저 하나님 나라의 요소들을 실행하기 시작하는 것이다. 내가 누리기를 원하는 자유와 평화와 번성과 행복을 위해 내가 먼저 이 땅에 편만하기 위해 수고의 손길을 내민다면, 세상은 누룩과 같이 두루두루 하나님 나라로 변해 갈 것이다. 그것이 선순환을 일으켜 기도응답을 불러온다.

하나님 나라의 길 - 좁은 문 (마 7:13-14)

예수님은 또한 우리의 '허세적 성향'을 간파하셨다. 예수님은 우리의 성향을 아시고 우리에게 좁은 길, 좁은 문을 부탁하신다. 이것이 하나님 나라를 사는 길이기 때문이다.

우리는 대개 더 넓고, 편하고, 화려하여, 더 많은 이익과 더 많은 인정이 있는 길에 기대가 많다. 많은 사람이 선호하고 찾는 길, 괜찮은 사람들이 모여 있는 길을 애써 구한다. 그 무리에 들고자, 그 유행에 뒤지지 않고자, 우리의 자격조건을 견고히 하고자 동분서주한다. 우리가 여전히 선한 그리스도인이고, 예수님 사랑하고, 하나님의 영광을 위해 살고자 하면서도, 그런 동기와 욕구와 성향을 여전히 붙들고 산다.

그러나 예수님은 그러한 우리에게 좋은 것을 주시고자 마음을 쓰신다. 그분은 우리에게 참되고 선한 길을 제시하신다. 곧 하나님 나라를 이루는 길이다. 이 땅에 하나님의 뜻을 이루고자 애쓰는 길은 좁은 문으로 통한다. 좁다! 사람들이 기꺼이 찾지 않는 문이다. 하지만 예수님은 그 문을 통해 참 길이요, 영원으로 난 길, 하나님 나라로 향한 길, 생명으로 인도하는 길로 인도함을 받는다고 말씀하신다. 문제는 그것이 내 기대와 내 성향과는 반대라는 점이다. 비좁고 협착하다. 거칠고 어렵다. 불편하고 초라하다. 유행과 동떨어져 있다. 그나마 특별한 사명을 받은 사람들이나 관심을 두는 길로 보인다. 고난과 십자가와 같은 간판들이 걸려 있는 길이다.

예수님은 이 말씀을 통해 우리로 하여금 결단할 여지를 남기신다. 예수님은 선택까지 해 주시지 않는다. 선택은 우리의 몫이다. 생명과 사망의 길은 '내 선택'에 달려 있다. 예수님은 친히 생명으로 난 문을 열어주시고 또 스스로 '생명 길'이 되어주시지만, 정작 그 문을 선택하고, 그 문에 들어서고, 그 길을 향해 발걸음을 옮겨야 하는 이는 바로 우리 자신이다.

하나님 나라의 척도 - '하나님의 뜻' (마 7:15-19)

이제 산상수훈은 결론에 다다랐다. 갈릴리 호수를 감아 오르는 시원한 바람이 머리칼을 시원스레 쓸어갈 때, 예수님은 산상에 모여 앉은 당신의 제자들에게 하나님 나라를 소개하시고, 그 백성의 특징과 삶에서 구현해 내야 할 의로운 삶에 관하여도 일러주셨다. 또한 그 백성이 빠질 수 있는 영성적, 신앙적 모순에 관한 경계도 해주셨다.

예수님은 훗날 심판자로서 우리 모두를 분간하실 것을 암시해 주신다. 하나님 나라를 소개하시는 예수님의 정체는 본래 심판주이시다. 하나님 나라가 이 땅에 도래했다는 사실 자체가 실은 하나님의 심판이 이 땅에 임한 현실을 말해준다. 그분은 인생을 아신다. 정확히 분간하실 것이다. 알곡과 쭉정이를, 곡식과 가라지를 그리고 양과 염소를 나눔같이 말이다 (마 25).

판단자이신 예수님은 우리 또한 분별하며 살아갈 것을 기대하신다. 하나님 나라는 분리된 것 같지만, 실상은 이 세상 나라 한복판에 임해 있기 때문이다. 따라서 세상 나라 속에서 하나님 나라를 살아야 하는 그리스도인들은 분별하는 안목이 필요하다.

예수님은 우리로 거짓된 가르침을 설파하는 선지자를 분별하기 원하신다. 그들은 지도자의 신분으로, 우리를 노략질하려는 목적으로 우리 중에 있다. 기실 그들은 양의 옷을 입고 양처럼 다가오는 사람들이지만, 그들의 본 목적과 정체는 늑탈하고 노략질하는 이리다. 그들은 실제로 멋들어진 말과 미소와 친절과 아름다운 모습으로 다가오는 사람들이다.

그러면 겉으로 양처럼 다가오는 이리들의 실상을 어떻게 알 것인가? 예수님은 나무의 실례를 들어 주시면서 분별의 지혜를 전달하신다. 열매를 보면 그 나무를 알 수 있다. 겨울철에 앙상한 가지만 가지고 서 있을 때는 막상 그 나무가 무슨 나무인지 분별하기가 쉽지 않다. 그러나 계절이 바뀌어 그들이 잎을 내고 열매를 내면 상황은 달라진다.

하나님의 사람의 진위는 그들의 삶 속에서 맺는 열매를 통해 분별이 가능하다. 예수님 당시에도 가짜들이 많았다. 그리고 세대가 지속하는 동안, 예수님의 이름을 빙자해서 많은 속이는 사람들이 우리를 미혹할 것을 아셨다. 그러므로 예수님은 "열매로 분별하라"는 가장 확실한 척도를 권면하신다.

하나님 나라의 맥락에서 보면, 이들은 '이 땅에 실현되는 하나님 나라의 실제'에 무지 또는 무관심하다. 신비에 대한 추구와 사역도 열심이지만 진정 하나님이 원하시는 하나님 나라 도래라는 '하나님의 뜻'에 무지하거나 무관심한 것이다. 예수님은 예수님의 이름으로 사역하는, 열심히 행하는 사람들을 보여주시며 경계의 수위를 더 높이신다(마 7:26ff). "모두 다 천국에 들어가는 것이 아니다." 모든 사람이 하나님 나라의 실제에 참여하는 것이 하나님의 원하심임에도 무엇이 관건인가? 많은 이들이 행하지 않는다. 신앙은 단순한 지적 앎의 문제이지 행함의 영역에 이르지 못한다. 이 지점에서 우리의 익숙한 구원론은 도전을 받는다. 우리는 믿음으로 말미암아 구원을 얻는다. 하지만 거기에서의 믿음이라는 것은 우리의 개념보다 포괄적인 용어로써, 지적인 믿음뿐 아니라 행위적 믿음이 동반되어야 한다.

반면에 많은 이들은 열심히 행한다. 탁월하다 할 만큼 많은 활동들을 한다. 사람들은 하나같이 예수님을 주님이라 고백하고, 예수님을 사랑한다고 주장하고, 예수님의 이름을 빙자해서 이것도 하고 저것도 행한다.

본문처럼 사람들은 모두 주의 이름으로 선지자 노릇, 사역자 노릇, 목사 노릇, 선교사 노릇을 한다. 주님의 이름으로 설교하고, 가르치고, 귀신도 쫓아내고, 위대한 능력도 행한다. 얼른 봐도 사역자요, 매우 열심 있는 사람들이라 일컬음을 받고 있다. 오늘의 용어로 표현하자면 탁월한 부흥사요, 대형교회 목회자요, 유능한 선교사요, 열정적인 복음전도자와 같은 이들이다.

그런데 무엇이 문제인가? 결론에서 말하는 것처럼 척도는 '하나님의 뜻'을 행했는지의 여부에 달려있다. 열심히 달렸고 행했지만, 정작 예수님의 판단은 그것이 하나님의 뜻에 부합했는가 하는 것이다. 행함도 있고, 기적도 있고, 놀라운 영적인 신비도 있는데, 예수님은 이런 것들을 하나도 가치 있게 보아주지 않으신다. 오히려 그들을 악행자요 불법을 행하는 자들이라는 대명사로 칭하신다. 하나님 나라의 가치는 팽개쳐 둔 채, 번영신학이나 교회성장 등이나 운운한다면, 그것은 하나님 나라의 복음을 기롱하는 것과 다름없다. 그것은 전 지구적으로 실현되어야 할 '하나님 나라의 복음'을 '교회 내부용 복음'으로 축소해 내는 행위다. 그렇게 함으로써 이 땅에 편만하게 임할 정의와 평화의 복음에 무관심함으로, 도리어 하나님 나라의 도래를 가로막는 일에 앞장서는 역할을 하게 될 것이다. 따라서 예수님은 "내가 너희를 안적도 없다"(I never knew you)면서 과거부터 자신과는 상관도 없었다는 사실을 선언하신다.

그렇다면 전에 그들이 행했던 귀신을 쫓고, 능력을 행하고, 선지자 노릇을 한 것은 무엇인가? 여기에 분별의 원리가 또 나온다. 기적을 행한다 해서 그것이 모두 예수님으로 말미암은 것이 아니다. 귀신이 쫓겨나가고, 대단하고 신비한 기적들이 일어난다고 해서 그것이 모두 예수님으로 말미암는다고 보아서는 안 된다. 겉은 모두 양이다. 겉은 다 기독교적이요, 겉은 매우 성경적이다. 그러나 예수님은 그런 것을 인정하지 않으실 뿐만 아니라, 심지어는 그와 같은 것들을 내어 쫓으신다. 내게서 떠나라고 말씀하신다. 예수님에게 속한 양이 아니라 오히려 그 양들을 노략하는 전혀 다른 부류라는 것이다.

예수님은 이 땅에 견고히 뿌리내리기를 원하시는 하나님 나라를 전하시면서 경계하신다. 그 나라는 우리의 실천을 통해 반석 위에 집을 지은 것과 같이 견고히 임해야 한다. 결국 하나님 나라의 청사진에 목표를 두고 그 뜻대로 실현을 위해 삶을 살 것인가의 여부가 지혜로운 자와 어리석은 자, 반석 위에 그 기초를 둔 자와 모래 위에 기초를 둔 자, 참 선지자와 거짓 선지자를 분간하는 척도가 될 것이다. 이 대조 속에서 하나님 나라를 산다고 하는 것이 무엇인지, 하나님의 뜻을 분별하고 그 뜻대로 행함이 얼마나 중요한지 깨닫게 하신다.

산상수훈은 예수님의 하나님 나라 복음의 핵심이라는 중요성을 가지고 있다. 사실 이 복음의 핵심사항은 이 산상수훈에서 결말이 지어진다. 당장 이어지는 8장부터의 말씀은 산상수훈에서 선포하신 하나님 나라가 이 세상 가운데서 어떻게 구체적으로 구현되는지를 보여주는 일화들이다.

잃어버린 초점 (마 7:28-29)

> 예수께서 이 말씀을 마치시매 무리들이 그 가르치심에 놀라니 이는 그 가르치시는 것이 권위 있는 자와 같고 그들의 서기관들과 같지 아니함일러라(마 7:28-29).

이 마지막 두 절은 우리의 '망각하는 성향'을 노출한다. 주님은 우리가 쉬이 초점을 잃고 하나님 나라의 주인을 잃어버리는 성향을 간파하신다.

많은 사람이 산상수훈을 격찬하고, 설교하고, 대단한 말씀으로 얘기한다. 깨달은 바도 있고, 도전도 많았기에 나누고 싶은 내용도 많기 마련이다. 그런데 그러는 사이 예수님으로부터 초점을 빼앗겨버리기 일쑤다. 교묘히 예수님으로부터 시선이 빗나간다. 설교를 듣고 와서는 어떤 목사님 설교 좋더라, 은혜 받았다, 그 이야기 감동적이더라 하며 탄성을 발한다. 이것이 우리의 성향이다. 그뿐 아니다.

"그 교회 좋더라, 그 단체 대단하더라, 그 목사님 멋있더라, 그 프로그램 굉장하더라."

그러는 사이에 예수님은 당신의 교회에서, 당신의 나라에서, 백성 중에서 조연으로 전락해 버린다.

본문의 말씀은 바로 이러한 우리의 시각을 교정해 준다. 우리의 초점을 예수님과 하나님 나라로 돌이켜 준다. 마태에게 영감을 주시는 성령께서 성령의 본래 사역인 예수 그리스도와 그 가르침을 우리에게 증거하신다.

사람들은 새롭게 예수님을 인식하게 된다. 그리고 깜짝 놀란다. 이전에 그들이 생각했던 사람이 아니다. 그래서 질문한다. "이분이 도대체 누구시란 말인가?" 그리고 가르치고 기대하시는 하나님 나라의 현실이 어떠한 것이란 말인가? 불편한 사실은, 우리는 이 분과 그 가르침에 놀라지도 않는다는 점이다.

갈릴리로 오라

Come to Galilee

3부

하나님 나라의 실제

갈릴리로 오라

Come to Galilee

제 8 장
하나님 나라의 임함

세상 한복판으로

산상수훈의 말씀은 종결되었다. 수많은 사람이 산상에서 예수님에게 나아와 놀라운 하나님 나라의 복음을 들었다. 놀랍고 기이하고도 온 삶을 변혁시키며 영혼을 시원케 하는 말씀들이었다. 하지만 집회는 마감되고 이제 예수님은 산에서 내려오신다. 더 머물고 싶고, 더 듣고 싶은데, 예수님은 미련도 없이 한적하고 고즈넉한 산정을 떠나 메마르고, 때론 질퍽거리는 세상으로 향하신다.

그렇다. 하나님 나라의 임함은 세상 나라의 한복판에서다. 산상수훈의 메시지는 바로 지금부터 들어가는 세상살이를 위해 필요한 말씀이었다. 산상수훈의 삶을 살아야 할 곳이 산 아래 동리다. 예수님이 하나님 나라를 선포하신 후 그 산상에 예배당이나 기도원, 쉼터를 짓고 "이곳이 하나님 나라의 본부다"라고 하셨다면 상황은 달랐을 것이다. 하지만 예수님은 삶의 수많은 문제로 가득한 인간 삶의 한복판으로 내려오신다.

그곳에 내려오자마자 예수님은 나병환자를 만나시고, 뒤이어 중풍병자, 열병에 걸린 시몬의 장모, 귀신들린 자들을 만나서 회복시키신다. 산상에서 선포해 주셨던 하나님 나라의 현실을 그곳에서 구체화 해 가신다. 그것은 하나님의 창조의 원형을 회복하는 것, 곧 정상적인 삶을 복원하는 것이다. 따라서 문둥병이든, 중풍병이든, 아니면 삶을 왜곡시키고 있는 모든 종류의 문제들이 해소된 현실을 얻는 것이다. 우리네 삶의 한복판에 하나님 나라가 실현되는 것이다.

오늘도 우리가 오감으로 느끼고 살아가는 우리의 일상이 바로 예수님이 오셔서 바로잡으실 현실이다. 우리가 살아가고 있는 평범한 순간과 공간이 예수님의 하나님 나라 복음이 선포될 곳이고, 그 복음을 살아내야 하는 현장이다.

고통 가득한 일상 속에도 – 인격적 신앙 (마 8:1-22)

특히 열심 많은 신앙인일수록 예수님을 향해 요구적인 성향을 띠는 모습을 암암리에 경험한다. 사람들은 더 열심히 구하되 하나님 앞에 떼를 써서라도 응답을 받는 것이 바른 신앙의 모습이라고 지도를 받는다. 우리 중 많은 이들이 그런 신앙적 성향들을 격려 받으면서 자라온 것이 사실이다.

하지만 이곳에서는 예수님에게 매우 인격적으로 다가오는 사람들을 만나게 된다. 예수님에게 자신의 절실한 요구사항들을 알려 드리는 데 있어서도 무례하지 않고, 서두르지 않으며, 매우 인격적으로 예수님을 만난다. 이러한 그들에게 예수님도 인격적으로 반응해 주시고, 인정해 주시고, 칭찬해 주시고, 기꺼워해 주신다. 주님 앞에서 더 바람직한 신앙을 생각할 때에, 그 중심은 '인격적인 신앙'이라는 것임을 한 번 더 되짚어 보게 된다.

◆ 한센병에 걸린 형제

그때 처음으로 만나 주신 사람은 극심한 피부병(한센병. 나병)에 걸린 형제였다. 우리가 아는 것처럼 이 병은 당대 사회에서 소외의 대명사였다. 물리적으로도 이 병에 걸린 사람들은 마을을 떠나 격리되어 살아야 했다. 질병에 들린 그들의 현재 정황은 하나님의 심판 표지로 인식되었다. 그러므로 어디에서고 긍휼을 구할 데가 없었다. 하나님의 긍휼이 임하든지, 아니면 우연히 병에서 놓이게 되는 상황이 아니라면 소망이 없는 사람들이었다. 게다가 사람들의 접근이 인식되면 "부정하다, 부정하다" 외치면서 사람들과 불가촉의 거리를 늘 유지해야만 했다.

그런데 한 형제가 오늘 예수님 앞에 나아온다. 누구든지 그와 같은 절망적 상황에 놓여있었다면 그의 인격도 망가져 있을 것만 같다. 그러나 이 형제를 주목해 보라. 예수님에게 나아온 그는 당장 자신의 필요에 대해 호소하지 않는다. 그는 절체절명의 형편임에도 떼를 쓰며 강청하지 않는다. 누구든 자신과 접촉해서는 안 되었기 때문에 그는 당혹스럽지 않을 만큼 매우 조심스레 예수님 앞에 나아온다. 그는 엎드려 절하면서 자신의 요구를 알려 드린다.

"다만 주님이 원하신다면 말입니다."

그것이 그의 전제다. "무조건 해주셔야 합니다. 주님 내 상황 아시잖아요. 고쳐주세요. 해결해 주세요!"가 아니다. 그의 정황에서 "주님, 정말 당신이 원하십니까? 주님, 당신의 뜻입니까?"를 염두에 둔다는 것은 보통 사람의 중심이 아니다. 다급한 자신의 처지는 고려하지도 않는 분위기다. 문둥병 환자였고, 사회로부터 소외되어 있었고, 다른 회복의 가능성도 없는 처지였지만, 그의 인격은 여전히 견고하게 살아있었다는 점을 주목해 보아야 할 것이다.

그에 대해 예수님의 반응해 오시는 모습도 매우 인격적이시다. 그분은 지체하지 않으신다.

'당연하지요. 기꺼이 원합니다.'

"나는 모든 이의 온전함을 늘 원해왔고, 여전히 원합니다."

예수님은 그 인격적 요청을 기뻐하신다.

놀랍게도 예수님은 그렇게 다가오는 형제를 향해 오히려 손을 내밀어 그를 만져 주신다. 당시의 성결규정, 즉 레위기와 신명기가 보여주는 정결법은 너무나 중요했는데, 예수님은 그런 규정도 아랑곳하지 않으신다. 최고로 성결하신 분이 최고로 부정한 한 인간에게 손을 내미신다. 이보다 더 인격적인 표현이 어디 있겠는가?

율법에 따르면 그래서는 안 된다. 문둥병자와 접촉함으로 부정케 한다는 것은 율법을 어기는 행위다. 예수님도 그래서는 안 되는 분이다. 그러나 예수님은 율법의 본질적 의미를 추구하신다. 율법이 형식적으로 요구한다 할지라도, 율법의 본 의미로 다가가 그 형제를 인격적으로 만나 주신다. 마치 5장에서 여섯 반제를 통해 '모세는 이렇게 말했지만, 나는 입법자로서 너희에게 말한다'는 의미로 설명해 주신 것처럼 말이다.

그는 '예수님 정말 당신의 뜻이 아니어도 좋고, 고쳐주지 않으셔도 좋은데, 어떻게 나와 같은 존재에게 그렇게 인격적으로 손 내밀어 주십니까?' 하는 마음이었을 것이다. 그는 곧장 회복된 현실을 맞는다. 그의 삶에 그렇게 하나님 나라가 임한다.

◆ 로마의 백부장

한 로마의 백부장이 자기 하인의 문제를 가지고 예수님께 나아온다. 그는 정복국가 군대의 지휘관이다. 그가 피정복민 중의 한 사람에게 인격적으로 다가와 대한다는 것은 놀라운 일이다. 그가 예수님을 인정해 드리고 간청하기까지 하는 태도는 오히려 '제가 당신의 종입니다' 하는 자세와 다름없다. 게다가 그가 구하는 내용을 들으면 더욱 놀라게 된다. 하인이라니? 우리는 로마 시대의 귀족과 노예 사이의 관계를 알지 않는가? 하인의 치유를 위해 피정복민의 한 사람에게 나아와, 더구나 종의 모습으로 간청하다니, 종교의 어떠함을 떠나서 이 사람은 얼마나 인격적인가?

예수님은 그의 모습을 보시고 기꺼이 "고쳐주겠다"고 하신다. 그런데 그가 뭐라고 하는가? 진정한 탄성은 여기서 나온다.

"아니요, 예수님. 당신이 제 집에 오시는 것을 감당치 못합니다. 말씀만

하십시오. 저도 수하에 사람을 다루는 사람입니다. 제가 당신께 간청하는 처지입니다. 어떻게 제 집에 오신다고 하십니까?"

이런 인격적인 요청이 어디 있는가? 예수님도 화들짝 놀라신다.

"내가 이 같은 믿음을 이스라엘 사람들 가운데서 본 적이 없습니다!"

예수님은 이 사람의 태도를 정말 기이하게 여기신다. 그는 우리 예수님마저 놀랄만한 믿음의 행위를 하고 있다.

우리가 아는 바와 같이 떼쟁이의 요청으로 예수님은 놀라지 않으신다. 놀라움은 상대의 반응이 상식을 넘어설 때 생겨난다. 혈루증을 앓던 여인, 수로보니게 여인, 베다니의 마리아 등이 그러했다. 이런 인격적인 태도를 두고도, 우리 주변에서는 떼쓰는 기도가 여전히 믿음 있는 기도로 인정받는 것 같다. 그들은 여전히 강변한다.

"어떻게 믿음 있다는 사람이 저렇게 밖에 못하는가? 예수님에게 달려가 바짓가랑이라도 붙잡고, 매달리고, 금식하며 떼라도 쓰고 해야 하는 것 아닌가?"

◆ 베드로의 장모

베드로의 장모가 열병으로 신음하고 있다. 베드로가 예수님을 집으로 모시고 간다. 혹시 그는 장모의 병을 고치려는 목적으로 예수님을 초청했을까? 그럴 리 없다. 그는 예수님을 자기 집에 모셔서 식사라도 한 끼 대접해 드리고 싶었을 것이다. 그 분주하게 사역하시던 예수님께 "저희 집에 오셔서 잠시만 쉬고 가세요. 음식 좀 드시고 가세요"하며 초청했을 것이다. 물론 그에 관한 언급은 없다. 그러나 마태가 이곳에 일련의 사건들 속에서 인격적으로 나아왔던 사람들을 나열하고 있는 것으로 봐도, 베드로는 자신의 장모가 열병에서 놓임 받기를 원하는 목적으로 예수님을 초청해 간 것은 아닌 것으로 보인다. 만일 그것을 목적 삼고 예수님을 모시고 갔다면 예수님은 더는 '손님'이 아니다. 주님이라 할지라도 그때 예수님은 하나의 '수단'으로 전락하고 만다. 그분을 이용하고자 하는 것이다. 그의 영성과 능력과 효용성을 말이다.

놀라운 것은 장모도 마찬가지다. 그녀가 병에서 놓임을 받자마자 겸손히 예수님에게 나아와 섬김의 자리에 선다. 베드로나 장모가 병 낫기를 위해 기도했다는 흔적은 없다. 기도도 하지 않았다는 사실은 무엇을 말하는가? 하지만 예수님이 아시고 치료하여 주시지 않는가. 우리에게 이와 같고 저와 같은 필요가 산적해 있음에도 주님에게 떼를 쓰는 게 아니라, 우리의 필요를 아시는 하나님을 신뢰하고 겸손히 그분의 종 된 자세로 서 있다면, 그것은 문제가 되지 않는다. 열병을 고쳐달라고 기도하는 것도, 낫게 해 달라고 예수님을 모셔갈 이유도 불필요한 것이다.

풍랑 이는 일상에도 (마 8:23-27)

다시 여행길이 이어진다. 함께 하는 이들과 한 배를 타고 호수를 건너는 일은 생각만 해도 정겹다. 여느 날과 같이 다음 여정에서 있을 놀라운 사건들을 기대해 보며 그들은 신나는 이야기들을 주고받았는지 모른다. 이 마을, 저 마을을 다니는 평범한 하룻길에 영원할 것 같은 평온과 여유 속에서, 예수님과 제자들을 태운 조각배는 햇빛 찬란한 호수 위를 미끄러지듯 운행하고 있었다.

그런데 예고도 없이 갑작스러운 상황이 발생한다. 하늘은 어두워지고 강풍이 휘몰아치더니 잔잔하던 호수가 괴물 같은 파도를 일렁이며 금방이라도 배를 삼켜버릴 듯한 상황으로 돌변한다. 바다를 잘 아는 그들의 상식만으로도 배는 순식간에 뒤집혀버릴 위험한 순간이다.

그렇다. 바다를 항해하다 보면 바람은 일기 마련이고 풍랑은 위협하기 마련이다. 세상을 살다 보면 소위 우리가 '죽겠다' 싶은 상황이 예기치 않은 형편 속에서 일어난다. 심지어 예수님이 제자들 중에 계시는 와중에서도 그 위기 상황은 덮쳐온다. 이 사실은 통상 우리의 기대와는 달리, 그리스도인의 일상에도 바람과 물결은 몰려오기 마련이고, 그 재난으로부터 면제되지 않는다는 사실을 상기시킨다.

여기에서 중요한 핵심은 그 위험한 사건의 한가운데에도 '하나님의 통치'가 임해 와야 한다는 사실이다. 하나님이 정하신 경계를 벗어나 인간을 위협하는 재난의 와중에도 하나님의 손길이 미쳐 그 뒤틀림을 원위치 하셔야 한다. 예수님은 그날의 바람과 물결의 비정상적 움직임을 꾸짖으신다. 대자연이 그분의 통치권에 순응한다. 그마저도 하나님의 주권 하에 있다. 그분은 자기의 사람들을 위경에서 구원하신다.

우리가 살아가는 현실은 이런 기적이 정말 절실하다. 예고 없이 닥쳐오는 대지진과 원전사고, 태풍과 토네이도, 기근과 전염병 등 헤아릴 수 없는 재난들이 우리의 평화로운 삶을 위협하고 있다. 이러한 때 인간은 참으로 무기력하며, 불어 닥친 재난들을 고스란히 고통으로 감내해야만 한다.

하지만 그러한 기적은 어떤 이들이 강조하는 바와 같이 본질상 우리의 기도로 이루어지는 것이 아니다. 창조주요, 보존자이신 하나님의 주권적 개입을 통해 일어난다. 모세 시대의 홍해 도하 사건(출 14장)이나, 여호수아 시대의 요단강 도하, 여리고성 정복, '아얄론 골짜기의 태양'(수 10장)이나 '아하스의 일영표'(왕하 20장)와 같은 숱한 초자연적 사건들은 우리에게 "너희가 믿음으로 기도하면"이라던가 "너희에게 믿음이 있으면" 모두 가능하다는 것을 가르치지 않는다. 우리는 다만 하나님의 긍휼을 기대하며 기도드릴 뿐이다.

"주여 구원하소서. 우리가 죽겠나이다!"

군대귀신에 사로잡힌 일상 속에도 (마 8:28-34)

예수님께서 백성을 사로잡고 있던 강력한 세력을 몰아내시는 모습을 보이신다. 하나님 나라가 개인의 삶에 그리고 공동체의 삶에 어떻게 구체적이며 현재적으로 임해오는지를 보여준다. 어둠은 물러가고 참 빛이 비친다. 주님은 그 나라의 통치자요, 왕으로 다가가시고, 그럴 때마다 그분의 통치영역은 확장되어 간다. 하나님 나라는 침노해 온다.

정황으로 보아 예수님은 오직 이 귀신에 사로잡힌 형제를 만나려고 일부러 풍랑을 감수하고 그곳에 가신 것으로 보인다. 갈릴리 서편의 가버나움에서 사역하시다가 불현듯 갈릴리를 건너 동편 데가볼리, 즉 요단강 동편에 있던 열 개의 주요 도시들이 있던 곳으로 가셨다. 예수님은 제자들이 죽음의 위협을 겪었을 그 밤에 두려운 풍랑까지도 거슬러서 이 한 형제를 만나기 위해 가셨던 것이다.

재미있는 것은 귀신들의 반응이다. 이를 설명하기 위해 다시 풍랑에 관한 얘기로 돌아가 보면(마 8:27), 제자들은 아직 예수님의 실체를 정확히 잘 모르고 있었다. "이분이 어떠한 분이시기에 바람도 순종하는가?" 당연히 기이할 수밖에 없었다. 하지만 본문에 나오는 귀신들은 예수님의 신분을 정확히 이해하고 있다. "하나님의 아들이여!" 제자들의 무지와는 반대로, 귀신들은 예수님의 정체를 알고 있다. 심지어 그 앞에서 떨고 있다(약 2:19). 예수님의 본래적인 정체와 권능을 부각해 보여주는 대목이다.

광인의 삶에서 보는 것처럼 그를 지배하고 있는 어둠의 세력은 백성의 실존에 실로 엄청난 힘을 발휘하고 있다. 자유는 물론 자아를 잃어버릴 만큼 강력한 힘을 발휘하며 억압하고 있다. 그 어둠에 붙잡힌 사람은 누구도 제어할 수 없다. 그는 무덤 사이를 뛰어다니면서 자기 몸을 상하게 하고 있다. 여기에 구원과 해방의 복음을 가지신 예수님이 오신다. 그 세력은 저항하며 자신들의 영토를 내어주고자 하지 않지만 결국 어둠은 빛을 감당하지 못한다. 그들은 하나님의 아들 앞에서 순순히 물러간다.

가라다 지방(마가와 누가는 '거라사'라 이름 한다) 거민의 무지한 반응도 주목해 보자. 만일 이 사람들이 의식 있는 사람들이었다면 이 사건을 경험한 후에 예수님을 진정으로 원했을 것이다. 사마리아 우물가에서 만났던 여인의 증거를 통해 예수님을 만났던 사마리아인들은 이전까지 가졌던 유대인들에 대한 적대감을 한꺼번에 접어버리고 예수님을 통해 새로운 구원에 이르렀다(요 4장). 이곳 사람들도 예수님을 통해 놀라운 구원의 역사를 보았다면 예수님을 초청했어야 했다. 그리고 마가와 누가가 소개하는 것처럼, 그 귀신들린 사람이 온전하게 되어 심지어 예수님을 따르고 싶어 하는 모습을 보았다면, 그들은 예수님에게 머물러 주시도록 요청했어야 했다. '군대귀신'(역사적 해석으로 '로마의 침략군'에 대한 상징적 표현으로 읽는 주석가들도 있다)이 유린해버린 자신들의 영토에 하나님의 평화의 나라가 임하도록 요청했어야 했다. 하지만 아니었다. 그들에게는 몰사해버린 이천 마리의 돼지들이 중요했다. '세상나라'의 관심은 '하나님 나라'의 임함을 방해한다.

'아니, 우리에게 귀신들려 있으면 어떻고, 예수님이 와 있으면 어떻습니까? 우리는 그런 것 개의치 않습니다. 우리에게는 돼지가 필요하고 돈과 사회적 안정이 있으면 됩니다. 침략자의 군대가 점령해 있으면 어떻고, 하나님 나라가 임해 온다면 또 뭐가 다릅니까?'

세속적 필요 때문에 하나님 나라를 포기해버리는 그들의 모습은 지금 복음서가 강조하고 있는 예수님과 하나님 나라의 대조 속에서, 이를 읽는 우리에게 경종을 울려준다.

오늘도 예수님은 우리의 뒤틀린 일상 속에 찾아오신다. 그분은 하나님의 아들이시요, 여전히 우리의 구원자시다. 오늘도 우리의 사로잡히고 노예가 되고 누군가에게 조종당하고 있는 내 형편 속에, 예수님은 주목하시고 위험을 무릅쓰고 찾아오셔서 온전케 하신다. 하나님 나라는 그렇게 회복되어 온다.

갈릴리로 오라

Come to Galilee

제 9 장
하나님 나라의 확장

중풍 환자의 일상에 임하는 하나님 나라 (마 9:1-8)

중풍처럼 육체적인 자유에 반하는 질병이 있을까? 그것은 신체적 자유를 빼앗아 버리고 마비에 의해 몸이 지배되는 상황이다. 일단의 사람들이 스스로는 어찌할 수 없는 한 중풍 환자를 침상에 메어 예수님에게 데리고 나온다. 예수님은 그들의 믿음을 기쁘게 받으신다.

믿음이란 그런 것이다. 예수님에게 나아와 고침을 받고 받지 않고는 부차적인 문제다. 어차피 그것은 하나님의 주권에 속한 것이기 때문이다. 그러나 우리에게는 믿음이 필요하다. 믿음이란 하나님 나라의 회복된 질서를 꿈꾸면서 마비된 이웃을 붙들어 주는 실상이다(히 11:1). 그의 필요와 원함을 헤아려 그를 예수님의 긍휼에 의탁하는 것이다. 내게 예수님의 치유를 이끌어 낼만한 그 무엇이 있어야 하는 것이 아니라, 다만 예수님의 연민과 능력의 손길에 의탁을 드려 보는 것이다. 그래서 믿음은 이웃을 향하여 움직이는 우리의 마음 씀씀이다.

예수님은 그 친구들의 믿음을 보시고 그 중풍 환자를 격려하신다.

"안심하세요!"

정말 안심이 되는 목소리다. 그리고는 말씀을 계속하신다.

"그대의 죄가 용서되었습니다!"

통쾌하기까지 하다. 그런데 이 말이 청중을 불편하게 한다.

"아니, 무엇이라고? 지금 저 사람이 무어라 하는 것인가? 죄사함이라니! 저건 신성모독적인 발언이 아닌가? 하나님 외에 감히 누가 사람의 죄를 사할 수 있다는 말인가?"

그렇다. 종종 우리에게는 마비된 이웃이 자유함을 입고, 회복되고, 온전케 되는 것은 늘 부차적인 문제다. 우리의 관심사는 그것이 '내가 믿는 믿음체계 안에서 합당한가?' 하는 종교적 서술에 있다. 서슬 퍼런 율법적인 칼날이 먼저 날을 세운다.

'그것이 성경적인가?'

사실이 그러하다. 당시에 죄사함이란 이처럼 무자격자가(제사장이 아닌) 아무데서나(성전이 아닌) 아무에게나(제물도 가져오지 않은) 마구(제사 형식도 없이) 선언하는 것이 아니었다. 지금 예수님의 발언은 이 종교를 모독하는 행위와 다름없다.

예수님은 그 판단을 악하다 보시면서, 청중들을 향하여 되물으신다.

"'죄사함을 받았다' 하는 말과 '일어나 걸어가라' 하는 말이 어느 것이 쉽겠습니까?"(마 9:5)

이런, 뭐라고 답해야 하는가? 얼핏 들으면 무엇이 쉬운 말인지 가늠이 잘 안 된다. 글쎄 우리를 향한 질문이라면 둘 다 가당치 않은 선언임이 틀림없다. 우리는 함부로 나와 상관되지 않은 죄의 문제를 사함 받았다고 선언할 수 없다. 그것은 하나님의 자리에 서는 것임이 틀림없기 때문이요, 일어나 걸어가라고 말하는 것 역시 함부로 발설할 사안이 아니다. 그런 기적 같은 긍정적인 상황을 도저히 예상하기 어렵기 때문이다.

하지만 예수님은 그 질문에 대한 분명한 의도를 갖고 계신다. 우선 그에게 먼저 "죄사함을 받았다"고 말씀하심으로 "일어나 걸어가라"는 말보다 더 어려운 말씀을 하신 것임이 틀림없다. 사람들이 신성모독이라 판단할 상황에서 그와 같이 죄사함을 선언한다는 게 어렵기 때문이다. 하지만 예수님은 그것이 더 어려운 말임에도 우리로 자신이 "세상에서 죄를 사하는 권세가 있는 줄을 알게 하려" 굳이 그 말씀을 하신 것이다(마 9:6). 이를 위해 그냥 쉽게 병만 고쳐줄 수 있었음에도 굳이 '어려운', '죄사함'의 이슈를 건드린 것이었다. 결국 예수님은 그 환자를 향해 "일어나 네 침상을 가지고 집으로 가라"는 말씀을 덧붙이심으로, 예수님에게는 둘 다 문제없는 말씀이었음을 입증해 내신다.

중요한 것은 이것이다. 예수님의 오심은 얽매여 있는 우리를 자유롭게 하시기 위함이다. 그것이 하나님 나라의 임함이다. 정작 우리를 묶는 것은 무엇인가? 육체적인 부자유함도 심각한 것임이 틀림없지만, 영적으로 우리를 얽매고 있는 죄의 문제는 가장 근원적으로 자유를 속박하는 요소다. 예수님은 그것을 먼저 푸심으로 우리를 자유롭게 하신다. 그리고 동시에 우리의 육체적인 속박마저 벗기심으로 우리에게 총체적인 자유를 얻게 하신다.

이러한 예수님의 판단과 말씀과 행위는 곧 서기관들과 당대의 종교규범을 고수하려던 이들을 당혹스럽게 했을 것이다. 그날 정작 그 현장에서 정말 마비되어 있던 사람은 그 중풍병자가 아니었다. 그것은 율법에 정통하고 가장 본이 되는 신앙생활을 한다고 여김 받았던 서기관들이었다. 중풍 환자에게 하나님 나라가 임하는 반면, 스스로 자유하다 여기던 그들은 하나님 나라에서 스스로 배제되고 있다.

'죄인들'과의 어울림 속에 (마 9:9-13)

예수님이 마태를 부르신다. 마태는 당대의 사람들로부터 매국노라는 비난을 받았던 죄인 부류에 속한 세리 곧 세금징수원(tax collector)이었다. 당시 세리는 정복국가의 하수인이 되어 자국민의 고혈을 착취하는 부류의 직책으로 간주되었다. 그는 사람들의 비난과 손가락질에도 불구하고 그 일을 지속해 오고 있었다. 그것이 자신의 선택이었든, 환멸 속에서도 대안이 없었든, 사람들이 죄인 취급을 하든, 경건한 사람들로부터 영적인 살해를 당하고 있었든지 말이다.

◆ 심란한 일상 속에 오시는 예수님

예수님이 우리를 찾으시는 곳은 우리가 무릎 꿇고 기도하는 골방이나, 화려한 음악에 맞춰 찬양하는 예배당만이 아니다. 물론 그러한 곳에도 오신다. 하지만 오히려 평생 잊을 수 없는 예수님의 방문은 내가 밤새도록 그물을 던지고 있는 음침한 바닷가요, 불평과 탄식과 수고와 환멸 등으로 가득한 세관에 앉아 있을 때다. 환희에 들떠 영성적 빛에 휘감겨 있을 때보다도, 예수님은 내가 사람들의 질시와 혐오의 눈빛 가득한 내 일상의 한낮에 또는 절망감 가득하여 내 침상에 눈물 적실 그 한밤에 찾아와 주신다. 예수님은 우리의 '심란한 일상'에 오신다.

종종 예수님에게 더 잘 보이기 위해 그리고 예수님이 우리를 더 크게 쓰지 않으실까 하는 영적 기대 속에서, 우리는 '일상'이라는 영역보다는 '영적' 생활에 좀 더 마음을 빼앗기는 경향이 있다. 무슨 말인고 하니, 우리가 영성 생활을 하는 근본적인 목적은 하나님이 기대하시는 합당한 일상을 더 잘 사는 것임을 망각하는 경향이 있다는 것이다. 경건생활의 진정한 목적은 기도나 금식 그 자체가 아니라, 하나님이 우리에게 허락하신 바로 그 일상이다. 그 반대의 상황, 즉 기도나 금식이나 특정한 모임을 위해 가정과 일과 공부와 일상이 부업처럼 여겨지거나 희생되어서는 안 된다. 우리의 영적 활동이 우리의 일상을 더욱 풍성하게 하고 온전케 하지 못한다면, 그것이 어찌 기쁜 소식이요 능력 있는 복음이 되겠는가? 하나님은 우리가 지음 받은 다음 첫날을 안식일로 주시고, 나머지 여섯 날의 일상을 허락해 주셨다. 그 의미가 무엇이겠는가? 수치상 비율을 말해 본다 해도 1:6일, 약 15:85%의 비중으로 구분된다. 하나님은 우리가 이와 같은 비중과 리듬을 가지고 살기를 기대하신다.

한 날 아침에 눈을 뜬 순간부터 저녁에 잠자리에 누울 때까지, 오늘 이곳에서 공부하고, 누군가를 가르치고, 생산 활동을 하고, 누군가를 사랑하고, 무언가를 하며 일상을 살아가는 그 자체가 하나님 나라의 귀한 중심사역이다. 하나님의 크신 안목에서 본다면, 그와 같은 일상을 주님이 주인이 되시는 일상으로, 하늘나라를 살아가는 일상으로 살아내는 것이 하나님 나라의 삶의 태도다. 그 일상을 어떻게 더 아름답게, 더 하나님이 기대하셨던 방향으로 살아 드릴까 하는 마음으로, 온전한 일상을 가능케 하기 위한 영성 생활이어야 한다.

◆ 예수님이 사귐 하시는 대상

그때 예수님은 마태에게 "나를 따르라" 말씀하신다. 세리에게 이러한 초청을 하신다는 것은 너무하다. 사람들이 생각해도 너무하고, 마태 자신이 생각해도 상식을 벗어난 말씀이다. 하지만 본문에는 이에 관한 설명이 없다. 마태 자신의 기록이니 조금 설명을 덧붙여 두었어도 좋으련만, 도대체 예수님은 무엇을 보시고 제자를 선택하신다는 말인가? 출신지 여부도 아니고, 직업의 여부도 아니고, 그가 가진 사회적 평판도 아니라면 과연 무엇이 기준일까? 단순히 나이도, 학력도, 외적 경건의 표지도, 정치적 종교적 성향도 아니겠지만, 적어도 예수님은 '세리'와 '열심당원' 까지를 아우르는 이스라엘을 대표할 자들을 분명 염두에 두셨을 것이다.

예수님의 심중 고려가 어찌 되었든, 마태는 미련 없이 일어나 세관을 박차고 나와 예수님을 따르는 것으로 보인다. 글쎄, 본래 그의 마음에 색다른 열망이 있었을까? 아니면 자신의 일상 속에서 기회만 주어진다면 떠나고 싶었던 마음의 갈등이 있었을까? 그것도 아니라면 예수님이 세리와 같은 사람을 제자로 선택할 수밖에 없었을 만큼, 정말 그렇게도 사람이 없었을까?

잘 모르겠다. 그러나 그가 예수님을 바로 알아보았던 것은 분명하다. 만약 자신에게 다가와 안정적인 직장을 포기하도록, 삶의 일대 전환을 요구하시는 그분이 누구인지도 모르고 따른다는 것은 어리석기 그지없기 때문이다. 당신은 아무나 따라나서겠는가? 어쨌든 마태는 일생일대의 전환점의 기회를 잡은 것 같다. 우리는 그것을 흔히 기회라 하는데, 파울로 코엘료의 말처럼, "그것이 우리 주변에서 맴돌며 서성거릴 때 확 낚아채는 것이 그 기회를 돕는 것"이다. 감이 입에 떨어질 것만을 기대하며 감나무 밑에서 기다리면 안 된다.

부름 받은 사실에 기뻐 마태는 저녁식사를 위해 예수님을 그의 집으로 초청했다. 무엇보다 예수님은 그 초대에 응함으로써 마태를 많은 사람에게 인정받게 해 주시고자 하는 배려를 하시는 것 같다. 당연한 일이겠지만 그곳에 많은 세리와 죄인들이 몰려온다. 대개 누군가를 식사에 초청하고자 할 때 아무나 초청하지 않는다. 특히 귀하다 생각하는 분을 모실 때는 그분과 더불어 식사할 대상은 매우 신중하게 선택한다. 그분과 함께 초청하는 손님의 범주를 의미 있게 정하는 것이다. 그날 밤에 예수님과 많은 세리와 죄인들이 모두 초청되었던 것으로 보아, 예수님의 사귐하는 대상이 누구였는지를 분명히 보여준다.

예수님은 자신을 의사로 소개하시면서, 정작 자신이 교제하고, 자신의 삶을 나누고, 자신의 진정성을 주고 싶은 대상들이 누구인가를 밝혀 주신다. 결국 '내 이웃이 누구인가?' 하는 문제다. '내가 사랑하고, 내가 돌아볼 사람들이 누구인가?' 예수님은 그들을 환자로 보셨고, 그들이 죄인임을 아셨고, 강도만난 자들임을 아셔서 '선한 사마리아인'처럼 다가가신다.

예수님의 그러한 선택, 즉 죄인들 무리로 내려가신 선택은 한편으로 그 부류 사람들의 위치를 파격적으로 격상시키는 결과를 낸다. 그들의 사회적 신분과 소외 현실에도 하나님 나라가 임한다. 예수님이 그들과 더불어 식사하신다는 것은, 그들이야말로 하나님이 친히 거두시는 사람들이라는 것이다. 예수님은 오늘도 우리를 통해 실제로 그들과 더불어 교제하셔야 한다. 그리하여 그들의 삶 속에 변함없는 하나님 나라의 기쁨이 지속되어야 한다.

◆ 율법주의에 매인 사람들

이 사실이 바리새파 사람들에게는 몹시 불편하다. 그들은 율법을 문자 그대로 적용해야 한다고 주장하던 사람들이었다. 그들이 보기에 예수님의 행동은 소위 '성경적'이지 못하다. 복음서는 계속해서 예수님과 함께 이 부분을 숙고하게 한다. 어떻게 하는 것이 율법의 요구에 참으로 부응하는 것일까? 다시 말하면, 어떻게 하는 것이 하나님의 뜻대로 사는 것인가? 어떻게 하는 것이 성경적으로 사는 것인가 하는 질문들이다. 우리가 만일 바리새적 입장에 서 있다면, 우리는 칼을 들고 율법이 '아니라'고 규정하는 것들을 낱낱이 잘라내게 될 것이다. 그래서 정작 무엇이 남게 될까?

그러나 정작 율법의 수여자이신 예수님은 호세아 6:6을 인용해 주시면서 그 원리를 설명해 주신다.

"여러분이 오해하고 있습니다. 여러분은 참으로 경건하게 살고 싶어 하고, 성경적으로 살고 싶어 합니다. 하지만 내가 보시기에 여러분은 스스로 치우쳐 있습니다. 가서 그 율법의 본뜻을 다시 배우십시오. '내가 인애를 원하고 제사를 원치 않는다'는 말씀이 무슨 뜻인지 가서 배우고 오십시오."

그들은 제사, 즉 외형적 종교행위에 몰입해 있었다. 문자적 율법 구절에 몰입하고 있었다. 누군가 죄 된 행위를 보이면 죄인이라는 정죄가 따라가고, 정죄를 넘어 거기에 합당한 심판이 뒤따라가야 했다. 그것이 가장 철저하게 율법을 따르는 방법이었다. 그들로서 가장 성경적인 삶이었다. 그러나 예수님은 그것을 넘어서신다.

인애(仁愛)라고 하는 것은 하나님의 형상을 닮은 인간다운 삶의 본질을 구성하는 요소다. 제사(祭祀)라고 하는 것은 하나님에 대한 종교적 영역이면서도 인간들 사이의 인애에 기초한 삶을 전제한다. 전자 없이 후자만 추구하니 예수님에게 지탄의 말씀을 듣는 것이다.

마태복음 23장에 보면 예수님은 십일조에 대해 말씀을 하시면서, "너희가 박하와 회향과 근채에 대한 세세한 사안에 대해 십일조를 문자적으로 꼼꼼히 지키면서도 율법에 더 중한바 의(義. justice)와 인(仁. mercy)과 신(信. faithfulness)은 버렸도다"라고 책망하신다(23:23). 그 핵심을 빠뜨린 외형은 아무 의미가 없는 것이다. 선물이 없는 선물 상자가 무슨 의미란 말인가?

"지금 여러분이 이와 같은 부류의 사람들을 죄인들이라는 부류에 집어넣어 지옥의 땔감들이라 비난하고, 또 자신을 자칭 의인이라 주장하며 그들을 상종치 못할 사람들처럼 여기지만, 여러분은 하나님의 뜻을 몰라도 정말 모르고 있습니다."

'사마리아인의 비유'(눅 10)나 '잃어버린 탕자의 비유'(눅 15)에서 보는 것처럼, 예수님은 잃어버린 죄인 하나를 찾고자 오신 분임을 그들은 몰랐다. "의인 아흔아홉보다 더"라고 말씀하실 만큼 마음 쓰신다는 사실을 그들은 알지 못했다.

'성경적으로 살자, 기독교적으로 살자, 하나님의 뜻대로 살자' 하면서, 왜 이렇게 우리는 종종 편협할까? 왜 성경적으로 살자고 주장하는 사람들을 가리켜 세상 사람들은 더욱 비난할까? 더 편협하고, 배타적이고, 무자비하고, 융통성 없고, 말이 통하지 않는다고 말이다. 그러나 예수님은 이런 이유로 세상의 비난을 받으신 적이 없다. 오히려 믿는 자들로부터 '성경을 폐하는 자'라는 오해와 비난까지 받으신 분이었다. 매우 성경적으로 산다고 하면서도 편협하게 사는 사람들은 바리새인들이었다. 예수님은 몸소 성경의 실체를 살아주심에도, 오히려 당대 종교인들로부터 비난과 박해와 적대적 반응을 받으셨다. 그들의 편협은 예수님의 관용과 융통성을 포용할 수 없었다.

우리 중에는 예수 믿는다고 하면서 타종교인들과 비기독인들 그리고 그들의 삶의 방식들을 대하기를, 마치 그들은 우리와 상종해서는 안 될 사람들처럼 대하는 경향이 암암리에 있다. 그러는 태도를 내보이는 사이에 비기독인 친구들은 모두 우리 곁을 떠나고, 또 우리는 그들을 영영 잃고 만다. 그러는 사이에 우리는 자칭 '기독교적'이라는 모종의 아성을 쌓고 그 성에 갇혀버린다. 성이 너무 높아 나도 그들과 관계하지 못하고, 그들도 나에게 더는 다가서지 못한다.

금식논쟁 - 새 술은 새 부대에 (마 9:14-17)

바리새인들은 당시에 가장 경건하기로 이름난 사람들이었다. 그들은 율법의 전통에 따라 일주일에 두 번씩 금식을 했다. 원래 율법의 요구에 따른 금식은 일 년에 한 번, 속죄일의 금식뿐이었다(레 19:26). 그러나 바리새인들은 더 나은 경건을 위해 일주일에 두 번씩 금식을 해 온 것으로 보인다.

그런데 그들이 보기에 예수님과 그 제자들은 금식하지 않았다. 이 경건한 사람들이 보기에 '예수당 사람들'은 경건과 거리가 멀거나, 무언가 문제가 있는 사람들로 보였던 것 같다. 그들의 눈으로 보기에 예수님은 이단아 같은 논설과 행동을 취하셨다. 이것은 매우 중요한데, 적어도 그들의 기준에서 예수님과 그 제자들은 경건한 종교생활을 하지 않고 있었다. 오늘날 '왜 새벽기도 가지 않지? 왜 예배 참석도 안 하지? 저 사람 정기적인 기도생활은 하고 있나?' 등과 같은 질문이 나오는 분위기였다. 우리가 경건하다고 생각하고 있는 중요한 외적인 종교 활동이 그들에게는 빠져 있어 보였던 것이다. 그래서 우선 요한의 제자들은 그 이유가 궁금했던 것으로 보인다. 그렇다고 악의적으로 보이지는 않는다. 요한의 제자들과 예수님 사이에 충돌의 기미는 없었기 때문이다. 예수님은 매우 현실적이면서 더 본질적인 이유를 제시하신다.

예수님의 판단에 우리는 '혼인집에 있는 손님'의 상태에 있다. 결혼식에 초대된 사람들은 그곳에 가서 금식할 수는 없다. 잔칫집에 가면 준비된 음식을 먹고, 함께 즐기며 그들의 기쁨에 동참해야 한다. 이것은 이미 우리 안에 임해 있는 하나님 나라에 대한 비유다. 이것을 경건의 취지에서 생각해 볼 때, 우리가 이 땅에서 예수님 모신 삶 속에서 진정한 경건의 모습은 무엇이어야 할지를 새롭게 인식하게 한다. 우리 몸을 쳐서 금식하고, 괴롭게 하고, 심지어 늦은 밤까지 수고하며 살아야 하는 사람들까지 새벽같이 일어나 기도생활을 해야만 하는 것이 예수님의 이해 속에서 보는 경건의 본질은 아니다. 오히려 잔치에 참여한 자들처럼 하나님 나라의 기쁨을 누리는 삶을 사는 것이다.

예수님은 "신랑을 빼앗길 때에야 금식하리라"라고 말씀하신다. 금식은 개인적으로 예수님을 잃어버렸다고 여겨지는 때, 실제적인 삶 속에서의 위기의 때, 환란의 때에 필요하다는 것이다. 아무 때나 전통에 따라 금식을 하는 것이 아니다. 단순히 밥을 굶는 일이 금식이 아니다. 그것을 통해 하나님으로부터 무언가를 얻어내려는 목적이라면 더더욱 아니다. 금식을 해야만 하는 것이 아니라, 더 이상 금식하는 일이 없도록 바로잡힌 현실을 기대하며 하나님 나라를 추구할 일이다.

'새 술은 새 부대에'라는 말씀은 전체 맥락에 적용할 수 있는 매우 중요한 요소다. 결국 예수님이 증거하고 계시는 하나님 나라의 복음은 새 술이라는 의미다. 이 새 술이 헌 부대에 담길 수 없다는 말은, 그들의 전통적인 사고 속에 하나님 나라 복음의 현실이 수용되지 못하리라는 것이다. 복음은 수용하는 사람들의 전적 변화를 요구하고 있기 때문이다. 예수님의 하나님 나라 복음을 담기 위해서는 새로운 사고와 새로운 반응이 필요하다. 나아가 그들 자체가 새로운 사고의 존재로 거듭나야 한다는 총체적 변화를 요구한다.

안식일 논쟁과 같은 이슈들에서 보듯이, 예수님은 금식 문제를 하나의 예로 들었지만 이는 우리를 향한 일종의 책망이다. "너희는 낡은 부대"라는 것이다. 낡은 부대의 일부분만 수정한 채로 그 새 술을 담아낼 수는 없다. 그것은 온전한 변화의 역동을 수용할 수 없기 때문이다. 총체적인 새 부대를 가지고 와야만 한다. 예수님의 하나님 나라의 복음을 받으려면 전혀 다른 사고를 하고 와야 한다. 그렇지 않으면 부대는 견디지 못하고 혼돈과 갈등과 비난만 토해 내고 말 것이다.

예수님은 전통에 붙들려 몸을 치는 부류의 영성적 생활에 매이지 않으셨다. 오히려 하나님이 우리에게 끼치시고자 했던 아름다운 것들, 자유롭고 참 삶을 기대하는 인간 본래의 것들을 풍성히 누리는 삶을 강조해 주신다. 그 삶의 회복이 바로 일상에 임하는 하나님 나라의 목적이다!

혈루증 여인과 한 소녀의 일상에 (마 9:18-26)

사랑하는 어린 딸이 죽음을 맞았다. 눈에 넣어도 아프지 않을 이 어린 딸의 죽음에 아버지는 얼마나 당황했을까? 어린 딸의 죽음 앞에서 자신이 할 수 있는 일이 아무것도 없음을 아는 아버지는 얼마나 비통하고 슬플까? 하늘은 얼마나 원망스러우며 아버지의 심정은 얼마나 무너질까? 인생이 겪어야만 하는 이러한 고통의 무게는 가늠조차 하기 힘들다.

그 아버지가 일어선다. 그리고 예수님에게 달려 나와 그 앞에 무릎을 꿇는다. "제 여식이 방금 죽었습니다. 하지만 오셔서 그 몸에 손만 대어 주신다면 다시 살아날 것입니다"(마 9:18).

정말 믿음이 좋은 사람이다. 죽은 자가 다시 살아난다는 것은 어떤 상식으로도 받아들일 수 없는 노릇이다. 절망의 한복판에서 어떻게 그러한 믿음이 솟아날 수 있었을까?

사실 딸의 죽음을 본 아버지의 마음에 '믿음'을 운운할 수 있겠는가? 다만 하소연할 뿐, 그것이 아버지의 마음이다. 딸의 생명을 되돌리기 위해서라면 무엇인들 못 하겠는가? 하지만 그는 정중하고도 단호하다. 그리고 확신이 있다.

그러나 이 땅에서의 확신은 참으로 기댈 것이 못 된다. 우리도 많은 일에 확신한다. 하지만 몇 조금이 못 가서 그것은 아무런 근거 없고 효용가치 없는 나 자신의 자기최면과 같은 것이었음을 알게 되는 경우가 다반사다. 우리는 그것을 경험을 통해 익숙하게 알고 있다.

따라서 딸의 소생 문제는 '나의 믿음'의 결과가 아니다. 전적으로 동행해 오시고, 딸의 손을 잡아 일으켜 주시는 예수님의 긍휼에 달려있다. 그러므로 믿음은 나 자신의 내적 확신의 용적을 넘어 예수님의 인격에 온통 기대는 것을 의미한다. 내 믿음의 크기 여하는 어떠한 능력을 발휘하는 강도와 직결되지 못한다. 예수님이 말씀하시지 않았던가? '산을 옮길 만한 믿음'의 그 크기를 말이다. 우리 생각에 산 하나를 옮기려면 얼마나 큰 믿음이 필요할까 싶지만, 예수님은 고작 '겨자씨 한 알만한 믿음'만을 말씀하신다(마 17:20).

내 삶의 구원을 위해 내 편에서의 믿음은 영적인 수고나 그 강도나 크기의 문제가 아니다. 삶의 문제를 통제하시고 나의 곤궁을 아시는 예수님께 얼마나 인격적인 신뢰를 보이는가의 문제다. 그것은 심지어 의도적인 목적 중심의 신뢰도 아니다. 그분이 나의 곤경을 아시기만 하면 된다. 정말 그것이면 충분하다.

예수님은 기꺼이 그 아버지의 뒤를 따른다. 그렇게 길 가시던 예수님의 여정을 잠시 붙드는 이가 있다. 십이 년 동안을 혈루증으로 고생하던 한 여인이 예수님을 만나러 왔다. 하지만 그녀가 예수님을 만나는 방식은 독특하다. 자신의 소유를 탕진하리만치 이 문제로 씨름한 여인이라면, 더 이상 자신의 병 나음을 기대하지 않을지도 모른다. 반대로 이 때문에 더는 의지할 데 없는 형편이라면, 당장에라도 예수님 앞에 달려가 무릎이라도 꿇고 하소연이라도 하는 모습을 그릴만 하다.

하지만 그녀는 굳이 앞으로 나서서 예수님의 길을 막아서거나 특별한 호소를 올릴 의도가 없다. 그녀는 예수님의 옷자락을 만지기만 해도 나음을 받을 것으로 확신하고 있다. 어쩌면 아무 일도 일어나지 않을지도 모른다. 그래도 좋다. 열두 해를 고생해 왔고, 수많은 의사를 통해 백방으로 노력해 봤지만 허사였다면 이번 일도 그 중의 하나가 될지 모른다. 누군가를 괴롭혀서라도 나의 필요를 채우고야 말겠다는 것은 비인격적이다.

결국 여인은 은밀히 결행한다. 그런데도 예수님은 그녀의 마음을 알아주신다. 놀라는 그녀 앞에 예수님은 멈춰 서신다. 그리고는 그녀를 주목하며 말씀하신다.

"딸이여, 안심하세요!"(마 9:22).

큰 어른의 음성이요 '아버지'의 음성이다! 눈물이 왈칵 솟구칠 것만 같다. 수치와 두려움은 일시에 물러가고, 마음에는 평화가 밀려든다.

'감사하다. 하늘 아버지께서 나의 형편을 아셨구나. 그러면 되었다. 설사 이 병이 앞으로도 지속해서 나를 괴롭힌다 해도, 내 사정을 헤아리고 계시는 아버지가 계시면, 그건 괜찮다. 정말 괜찮다….'

그런데 얼굴을 들고 예수님께 한마디라도 건넬 겨를도 없이, 예수님은 말씀을 더 이으신다.

"그대의 믿음이 그대를 구원했습니다"(마 9:22).

그분의 말씀은 그녀의 전 존재를 흔들어 놓는다. 당시의 여인이, 그것도 오랫동안 부정한 질병으로 고통받던 여인이 랍비로부터 이 같은 주목과 온화한 격려 그리고 믿음에 관한 칭찬을 받을 것이라 감히 기대나 할 수 있었을까?

그렇게 그녀에게 구원은 즉시 임했다. 아버지는 딸을 사랑하신다. 정말 아빠는 딸을 사랑한다!

이 말을 듣고 있는 그 죽은 소녀의 아버지도 안심이 된다. 하늘 아버지는 예수님을 통해 벌써 그 노상에서 한 딸을 구원해 주시지 않았는가? 자신이 어린 딸을 사랑하는 만큼이나, 하늘 아버지는 당신의 딸들을 사랑하시지 않는가? 그 마음을 이해해 보는 아버지의 마음에는 벌써 평화가 임한다.

집에 당도하니 이미 죽은 소녀의 장례를 위해 준비하는 움직임들이 부산하다. '허허…. 인생이 그렇지 아니한가? 사람은 죽는다. 죽음을 순순히 받아들이고, 남은 자들이 해야 할 일들을 묵묵히 행해야 하겠지.' 그런데

9장 하나님 나라의 확장　177

예수님의 등장이 이 모든 자연스러운 움직임들을 어색하게 만든다.

"그 아이는 죽은 것이 아니라 자고 있을 뿐입니다!"

우습다. 우리도 자는 것과 죽은 것을 분간할 줄은 안다. 그녀는 죽었다! 물론 예수님도 아신다. 하지만 예수님의 현실에서 그녀는 잠들어 있다. 예수님은 그녀를 깨우기 위해 이곳에 오셨다. 예수님은 조용히 그녀를 대면하신다. 그리고 그녀에게 손을 내미신다. 그녀가 곧 일어난다. 어린 딸이 아버지에게 되돌아왔다!

그날 예수님은 두 딸을 회복시키셨다. 그리고 그 딸들의 아버지와 가족들을 살려주셨다. 그렇게 되는 것이 하나님의 원함이었고, 구원은 바로 그렇게 임하는 것이었다. 그들의 일상에 하나님 나라가 임했다.

장애를 가진 사람들에게도 (마 9:27-34)

거기서 나오시는데, 두 명의 시각장애인들이 따라오면서 소리를 지른다.

다윗의 자손이여, 우리를 불쌍히 여기소서(마 9:27).

얼마나 어두웠을까? 평생 얼마나 불편했을까? 그들에게 익숙한 제한된 공간 외에는 모든 것에 부자유한 그들에게, 메시아 예수님에 관한 소문은 실낱같은 희망이 되었을까? 소문의 진위는 상관없이 그들은 예수님이 지나시는 그 기회를 놓치고 싶지 않았다. 할 수 있는 것은 그분을 향해 목소리를 높이는 것뿐이다. 이제 모든 것은 예수님에게 달렸다.

그렇다. 예수님에게 드릴 진심 어린 간청은 바로 긍휼이다. 비천하고 비참한 현실에 대한 어떠한 대안도 없다. 다만 하늘 아버지의 긍휼만이 해답이다. 그런데 주님은 그들의 형편을 불쌍히 여기신다. 그리고 인격적으로 반응해 주신다.

"내가 능히 이 일 할 줄을 믿습니까?"

"주여 그렇습니다!"

기도란 이렇게 간단한 것이다. 주께 단순한 신뢰로 나아가 이처럼 간결하게 사정을 아뢰는 것이다. 그러면 주께서 이처럼 반응해 주신다. 예수님이 지금 내가 가진 문제에 대해 직접 해결자가 되어 주실 것을 믿는가? 내 대답은 단순하다.

"예, 주님, 당연히 그러실 거잖아요!"

예수님은 저희 눈을 만지시며 "너희 믿음대로 되라" 말씀하신다. 그러자 즉시 그들의 눈이 밝아진다. 칠흑같은 어둠이 물러가고 눈부신 광명이 처음으로 그들의 망막에 인식된다. 하나님은 처음부터 우리의 '정상적인' 현실을 기대하고 계신다는 믿음이다.

하지만 이 시점에서도 그들의 믿음 크기가 관건이라 문제를 풀면 곤란하다. 애당초 예수님이 찾으시는 믿음크기는 '겨자씨만한' 믿음이다. 예수님은 그들에게 그러한 믿음이 없었다면 애초에 "네 믿음대로 되라"는 말씀도 하지 않으셨을 것이기 때문이다. 그렇다면 그 '믿음'은 무엇인가?

삶 속에서 주어지는 고통스러운 환경은 우리에게 강렬한 소원을 갖게 한다. 그 소원은 문제를 해결하는 출구가 되고, 문제를 밀어내는 강력이 된다. 예수님은 막연히 그 상황에서 건지시는 게 아니다. 그분은 우리 안에 담긴 열망을 헤아리신다. 그리고는 그 힘을 발휘하도록 격려하시고, 그분의 현존 안에서 내 존재 안에 있는 열망을 폭발시키신다. "믿음은 바라는 것들의 실상"(히 11:1)이 아니던가? 그렇게 믿음이 작동하는 곳이 곧 하나님 나라가 아닌가?

이쯤에서 다음과 같이 질문해 보자. 만일 이분들이 예수님에게 뛰쳐나오지 않고 다만 마음으로만 예수님이 그리하실 줄을 믿었다면 어땠을까? 예수님이 능히 자유를 주실 것을 신뢰하고, 그 길에서도 잠잠히 머물러 있었다면 말이다.

많은 이들이 그것은 치유 받는 방법이 아니라고 말한다. 예수님에게 나아와서 자신들의 믿음을 확증 받아야 한다는 것이다. 또한 예수님께 문제를 해결 받기 위해서는 그렇게 '적극' 소리 지르며 뛰쳐나와야 한다고 말한다.

하지만 그들의 형편을 알아주시는 예수님은 그들의 목소리 크기와 달려나오는 발걸음에 따라 치유를 결정하시지 않는다. 그들이 마음으로만 예수님을 신뢰했더라도, 그들은 예수님 앞에서 동일한 결과를 얻었을 것이다. 그것이 바로 혈루증 여인의 경우에서 발견한 진리다. 구원은 부흥회 맨 앞자리에 앉아 부흥사의 침 튀김을 아멘으로 받거나, 말끝마다 목청을 높여 아멘으로 화답하는 데 달려있지 않다. 그분은 고통 속에서 신음하는 우리의 상황을 긍휼히 보신다. 우리가 요청하기도 전에 그분의 마음이 먼저 우리를 향해 달려오신다. 우리 안에 있는 해결을 위한 강렬한 열망이면, 예수님의 선언은 임한다.

"그대의 믿음대로의 현실을 얻으십시오!"

'네 원함대로 되라'는 말이다. 이것이 예수님의 원함이시다. 이것이 바로 하나님 나라의 기대현실이다. 오늘날 우리가 마음으로 드리는 기도는 바로 그 맥락에 위치해 있다.

이제는 한 청각장애인이 예수님에게 안내되어 온다. 자신이 살아가는 세상을 볼 수도 없는 사람들이 있는가 하면, 세상에서 오가는 말들을 전혀 들을 수 없는 사람들도 있다. 게다가 그들은 자신이 하고자 하는 말을 할 수도 없다. 모든 언어적 소통이 막혀 있다. 서로 다른 차원의 불편이겠지만, 시각장애인이든 청각장애인이든 상황에 매여 자유를 구속당한 채 살기는 마찬가지다.

그 장애인에게 소통을 가로막고 있었던 근본적인 원인은 '귀신'으로 소개된다. 그것은 인간을 인간답지 못하게 하는 원흉으로서 역할을 한다. 인생으로 하여금 지극한 어둠에 사로잡히게 하는 사망의 그림자다.

하지만 예수님 앞에서는 그들의 실체가 드러나고 만다. 그리고는 더 이상 인간을 구속하는 실체로 작용할 수 없다. 그들의 실제와 같았던 '허상'

이 폭로되어 버린다. 귀신은 자유롭게 하시는 예수님의 현존 앞에서 더는 구속력을 발휘할 수 없기 때문이다. 예수님은 굳이 소란스레 축사행위를 하지 않으신다. 아니 그럴 필요조차 없다. 어둠의 실상이 빛 되신 그분의 현존 앞에서 머물 수가 없는 것은 자연스러운 이치다. 양자는 함께 공존할 수 없다.

그때 그 장애인은 곧장 회복된 자신을 발견한다. 가슴 속에 응어리져 있던 표현하지 못했던 말들이 터져 나온다. 지켜보던 모든 사람들에게 그 일은 기이하기 그지없다. 여태껏 이런 일들을 경험해 본 적이 없다. 아니 이스라엘에서 소문으로조차 들어본 적이 없었다. 그들은 예수님으로 말미암아 새롭게 열린 하나님 나라의 현실을 지금 경험하게 된 것이다.

하지만 여전히 바리새인들은 이 일을 은혜롭게 볼 수 없다. 비참한 삶에서 어둠이 물러가고 하나님 나라가 임하는 것을 보면서도 그들은 예수님이 '귀신의 왕을 빙자하여' 귀신을 쫓아내는 것으로 해석한다. 동일한 사안을 두고도, 해석적 관점에 따라 사실에 대한 정반대의 이해를 하게 한다.

소위 권력을 가진 사람들의 일반적인 성향이다. 그들은 대개 사실이 담지하고 있는 진리의 실체를 보고자 하는 마음을 갖고 있지 않다. 그들은 자신의 고정된 관점이 진리를 판단하는 척도라고 생각한다. 따라서 자신들의 통제 하에 있는 것들은 선한 것이요, 그들에게 고분거리지 않는 것은 악한 것으로 간주한다. 그들은 자신들이 듣고자 하는 것만 선하게 듣고, 그들이 보고자 하는 것만 합당하게 여긴다. 아니 그들은 자신들이 듣고자 하는 방향으로 바꾸어 듣고, 그들이 보고자 하는 방식으로 구부려 본다. 그들이 거슬리다 여기는 것들은 그것이 심지어 하나님의 음성이어도 이단적인 것이 된다. 하나님의 말씀보다도 자신들의 향방과 그들이 구축해 놓은 시스템이 훨씬 더 의미 있는 것이다. 내 안에 이런 성향이 있다면, 참 슬픈 일이다.

하나님 나라의 확장 - 추수할 일꾼의 필요 (마 9:35-38)

예수님은 모든 성과 촌에 두루 다니신다. 어디를 가나 문제투성이들이다. 따라서 어디를 예외로 둘 수도 없다. 가는 곳마다 회당에 들어가 가르치시며 하나님 나라를 소개하신다. 그것은 단순한 순회설교가 아니다. 하나님 나라가 그분의 목적이기에, 문제로 가득한 백성의 일상을 하나님의 긍휼로 회복하시고, 율법주의에 매인 경건주의로부터 자유롭게 하시며, 하나님이 주시는 은혜 속에서 서로 얼싸 안고 필요를 채우며 더불어 하나님 나라를 살아갈 것을 기대하신다. 그리고 만나는 사람들의 모든 질병과 약한 것들을 고치신다. 그것들은 우리로 가장 비인간적으로 살게 하는 장애들이다. 그 고통의 현실이야말로 우리가 이 땅에서 하나님 나라를 살아내야 하는 실제 환경이 된다.

이것은 예수님의 사역에 대한 요약적인 진술이요, 본격적으로 임하고 있는 하나님 나라에 관한 설명이다. 이 동네 저 동네를 걷고 또 걸으며, 만나시고 또 머무시며 더디고 더딘 행로의 연속이지만, 예수님은 그렇게 느리고 어리석어 보이는 방식으로 하나님 나라를 이 땅 위에, 각 사람의 삶의 터전에 건축하고 계신다. 필요에 처한 사람들은 가는 곳마다 넘쳐난다. 병든 이들은 왜 그리도 많은지, 가난과 착취와 억압으로 신음하는 백성은 또 얼마나 많은지, 내일을 기약하지 못한 채 방향감도 없이 현실 속에서 힘겹게 씨름하는 사람들은 또 얼마나 많은지….

그분은 그렇게 자신을 향해 다가오는 발가벗겨진 군중을 보시고 몹시도 민망해 하신다. 그들은 마치 인도할 목자가 없는 양떼와 같이 삶의 모퉁이에서 고생하며 유리하며 방황하고 있다. 민망함을 느낀다는 것은 단순히 그 대상이 불쌍하다, 안됐다는 마음을 넘어 그들을 향한 '책임감'을 의미한다. 예수님은 이 민망함과 책임감으로 공생애를 통해 쉼 없이 이 양떼들을 만나신다.

예수님은 자신과 그 제자들이 이 현실에 대한 민망함을 단순한 감정 곧 공감의 차원에서 머물러 있도록 버려두지 않으신다. 그분은 제자들에게 그러한 현실에의 참여를 부탁하신다. 예수님은 제자들에게 말씀하신다.

> 추수할 것은 많되 일꾼이 적으니 그러므로 추수하는 주인에게
> 청하여 추수할 일꾼들을 보내어 주소서 하라(마 9:37-38).

힘에 부치셨을까? 아마도 우리 같으면 분명 "선을 행하다 낙심"했을 것이다(갈 6:9). 한 마을, 한 도시에서 문제들을 해결한다고 해도, 온 열방 중에 거하는 수많은 잃은 양들의 삶은 어찌할 것인가? 또한 어차피 '유리하며 고생하는' 것이 바로 이 땅에 거하는 인생들의 실존 아닌가?

예수님은 온유한 모습으로 제자들에게 부탁하신다. 이것은 단순히 하늘 아버지께 도움을 청하는 기도의 수준을 넘어선다. 제자들은 그 기도를 통해 예수님의 안목으로 이 세상을 바라볼 수 있어야 한다. 그리고 그 현실에 추수할 일꾼으로 동참해 나와야 한다. 그것은 제자들의 중심에 던지는 예수님의 또 다른 부르심이다.

종종 이 본문은 선교의 명령으로 자주 해석되는 경향이 있다. 사실 이 문맥은 그러한 목적으로 활용하기에 참 좋은 구실을 제공하고 있다. 하지만 이 말씀은 우리 모두에게 "추수할 일꾼으로 살라"는 더 포괄적인 요청이다. 우리가 어디에 있든, 무엇을 하든, 거기에서 추수밭의 상황을 읽어내라는 가르침이요, 거기에서 예수님을 따르는 제자로서 하나님의 추수에 참여하라는 부탁이다. 예수님의 불쌍히 여기는 마음으로 책임감을 가지고 살아가도록 요청하는 것이다.

갈릴리로 오라

Come to Galilee

제 10 장
하나님 나라의 제자도

제자의 소명과 파송 (마 10:1-15)

이제 예수님은 제자들을 따로 불러 집중적인 훈련을 시키신다. 여기서 바로 '제자도'가 제시되는데, 이 부분을 읽으면 마음이 결연해진다. 부담되고 심지어 불편해진다. 끝까지 읽어가다 보면 '예수님이 진심으로 문자적으로 이것들을 원하셨을까?' 하여 말씀을 희석하고 싶어지기도 한다. 그만큼 예수님의 제자들에 대한 기대나 요구는 급진적이며, 강하고 심지어는 과장이라 하고 싶을 만큼 과격하다. 그럼에도 이 말씀은 예수님을 따르는 이들에게 여전히 제자로 부르시는 소명장이다.

예수님은 제자들을 부르신다. 개인적인 심복을 삼겠다는 것이 아니라 매우 특별한 목적을 위하여 부르신다. 그것은 하나님 나라의 실현이다. 제자들이 열두 명이라는 사실은 예수께서 펼치시는 하나님 나라 운동에서 매우 특별한 역사적이고 정치적 의미를 내포하게 된다. 그것은 BC 722년 북이스라엘의 멸망 후부터 흩어진 열두 지파의 회복을 상징적으로 암시하기 때문이다. 실제로 예수님은 '세상이 새롭게 되어' 자신이 왕의 보좌에 앉게 될 때 이들이 열두 지파를 다스릴 것이라 약속하신다(마 19:28, 눅 22:30). 제자들은 이 기대를 간직하고 예수님의 부활 이후에까지 이스라엘의 회복에 관심하고 있었다(행 1:6). 적어도 당시의 청중들은 이런 역사적 맥락에서 예수님의 행보를 이해했음이 틀림없다. 이점이 결국 예수님을 '유대인의 왕'이란 정치적 죄목으로 십자가에 처형하게 된 사실과 잇닿아 있다.

하지만 이러한 외형에도 불구하고 예수님의 하나님 나라 운동은 당대의 기대치와 다른 방향으로 전개된다. 사실 열두 제자의 최종 명단이 이제야 확정되었다고 볼 수 있다. 이미 불러 함께 살아가던 제자들을 포함하여 최종적으로 부름받은 제자들을 한 명씩 한 명씩 거명하신다. 그리고는 각자에게 하나님 나라 건설에 필요한 권능을 부여하신다. 더러운 귀신을 쫓아내는 권능과 모든 병과 약한 것을 고치는 권능이다. 회복케 하고 온전케 하는 능력들이다.

그들의 이름은 베드로와 그의 형제 안드레, 세베대의 아들 야고보와 그의 형제 요한, 빌립과 바돌로매, 도마와 세리 마태, 알패오의 아들 야고보와 다대오, 가나안인 시몬과 및 가롯 유다.

예수님은 제자들을 "내어 보내셔서"(마 10:5) 하나님 나라의 복음을 전파하고자 하신다. 하나님 나라는 '제자들'을 통해 확장된다. 그분은 이 목적을 위해 제자들이 그 역할을 감당할 수 있는 충분한 역량을 미리 제공하신다. 표면상 드러나지 않는다 할지라도 각인에게 내적 역량들을 갖춰 주신다. '귀신제어 자격증', '질병 치료과정 수료증' 같은 졸업장이나 학위 증서를 전달하시지는 않지만, 예수님은 하나님 나라 실현을 위해 제자들을 구비시켜 주신다는 사실은 분명하다.

우선 가야 할 곳은 '이방인의 길'도 아니고 '사마리아인의 고을'도 아니다(마 10:5). '이스라엘의 잃어버린 양'에게로 가야 한다(마 10:6). 사실 이 구절은 공관복음서 중에서 마태가 유일하게 강조하는 부분이다. 만일 28장의 지상명령의 메시지가 없었다면, 마태나 예수님은 이 구절을 통하여 자민족중심주의자와 같이 오해를 받았을는지도 모른다. 아무튼 예수님은 그의 사역 초기, 제자들을 파송하시면서 이스라엘에 초점을 두신다. 이스라엘은 언제나 하나님의 초유의 관심사다.

동시에 하나님 나라는 '가까운 데서부터' 시작되어야 한다. 하나님 나라는 지역적 경계를 넘어 세계 전역에서 동시다발적으로 일어나는 것이 마땅하겠지만, 언제나 그 시작은 내 관계 영역에서부터임을 기억해야 한다. 예루살렘에서 시작하여 온 유대와 사마리아와 땅 끝까지 확장되어야 한다(행 1:8).

보냄 받은 제자들이 지닌 메시지는 역시 예수님이 주창하신 바로 그 일성이다. "하나님 나라가 가까이 왔다!" 이것이 바로 보냄 받은 제자들이 선포하고 또 본으로 제시하고 살아내야 할 중심주제다.

오늘도 세상은 그 메시지를 기대한다. 하지만 그 메시지를 맡은 전도자들은 그 중심주제에 그리 전념하지 않는 듯하다. 대신 처세를 이야기하고, 성공을 말하고, 헌금을 강조하고, 예배당 건축과 그것을 위해 헌신할 것을 말하고, 교회성장과 그것을 위한 전도를 훈련한다. 구제와 봉사와 사회복지와 선교는 다분히 교회성장을 위한 수단으로 주창되는 경우도 다반사다. 하나님 나라의 핵심가치가 선포되지 않으며, 그 나라가 이 세상 나라에 가져오는 변혁적 현실에 관한 관심도 희박하다. 그러니 그 메시지 속에서 세상은 '타락하고 죄 많고 심판이 임할 그래서 성도가 피해야 하는 대상'이 되고 만다.

이 일을 감행하기 위해 떠나는 전도자들에게는 기본적인 필요가 있다. 여행을 위해서는 최소한 돈도 필요하고, 옷도, 신발도, 지팡이와 음식도 필요하다. 그런데 분명히 해야 할 것은 모든 것이 필요함에도 그것들 자체가 목적이 아니다. 보냄 받은 제자들은 자신들이 치중해야 할 '심부름'의 본질을 기억해야 한다. 그 심부름을 하기 위한 수단 마련에 전념하거나, 그 와중에 더욱 좋은 수단들을 갖추는 데 마음을 빼앗겨서는 안 된다.

심부름을 떠나는 제자들에게 마지막으로 주어지는 경계는 "거저 받았으니 거저 주라"는 말씀이다. 예수님은 전할 것을 거저 주었다고 여기시며, 따라서 제자들도 거저 받은 것을 값없이 거저 주라 하신다. 그것은 하나님 나라 실현의 당위성을 강조하고 있다. 하나님 나라는 마땅히 임해 와야 한다. 그것을 위해 예수님은 말씀과 권위와 자원들을 위임해 주신다. 전도자들은 그것을 활용하여 치부의 수단을 삼거나, 그런 행위를 통해 오히려 자신이 전하는 하나님 나라의 가치를 훼손시켜서는 안 된다. 하나님 나라의 메시지와 그 능력의 본질은 돈이나 물질로 환산되거나, 거래될 수 없는 것들이다.

이것은 하나님 나라를 위해 보냄을 받아야 하는 그리스도인들의 소명에 관한 말씀이다. 예수님은 우리 안에서 하나님 나라가 실현되어야 하는 기대를 가지고 우리를 부르시고 보내신다.

하나님 나라 일꾼들이 받을 핍박 (마 10:16-23)

그런데 제자들을 보내시는 예수님의 마음은 착잡하다. 그것은 마치 "양을 이리 가운데 보냄과 같다." 사람들은 그들을 미워하고(마 10:22) 핍박하고 심지어 권력자들에게 넘겨줄 것이다. 거기서 그들은 갇히고 고문까지도 당하게 될 것이다 (마 10:17-19).

"예수 믿어 복 받고 잘 살자"는데 왜 박해하는가? 아니다. 예수님이 전하시는 메시지는 그것이 아니었다. 사실 사람들이 일꾼들을 박해하는 것은 순전히 예수님 때문이다(마 10:18, 22). 즉 사람들이 그리스도인 제자들을 핍박하는 것은 그들이 예수님을 미워하기 때문이다. 이러한 세상의 태도는 예수님이 이 땅을 거니시던 날 이래로 바뀐 적이 없다. 예수님을 미워하고, 공회에 넘겨주고, 채찍질하고, 사형을 선고하고, 십자가에 처형했던 세상은 지금도 그분을 복권할 의도가 전혀 없다. 세상은 그를 영접하지 않을 뿐만 아니라, 한사코 그분을 벼랑 아래로 밀쳐내려 한다(눅 4:29). 그분을 감당하지 못하기 때문이다. 예수님을 대면해서는 그들의 숨겨진 어둠의 일들이 백일하에 드러나기 때문이다. 예수님과 하나님 나라의 복음은 어둠의 영역에 속한 자들에게 그 존재를 위협하는 치명적인 실재였기 때문이다.

오늘도 여전히 세상은 진실한 그리스도의 제자들에 대해 적대감을 가진다. 실제로 제자들은 본질상 세상에 위험한 존재들이다. 일반적으로 세상은 그리스도인들에 대해 유익을 주는 좋은 사람들이라는 역할을 기대하지만, 그것은 제자들이 세상에서 그리스도의 변혁적인 삶을 살아낼 의도를 잃었을 때에 한한다. 정상적인 그리스도의 사람들은 그 존재 자체가 빛이요, 어둠의 일을 정죄하며, 하나님 나라의 가치를 살아내려 하기에 세상은 그들을 감당하지 못하여 미워하기 마련이다.

예수님은 그러한 인간들의 의도를 간파하신다. 그리고 자신을 향한 박해를 감내해야 할 제자들을 격려하신다. 우선 보냄 받는 제자들은 사역자로서 '비둘기같이 순결'할 뿐 아니라 '뱀같이 지혜로워야' 한다. 양 같이 여린 존재요, 비둘기같이 순결한 존재가 동시에 뱀 같은 존재와 비유되는 것은 좀 어색하다. 하지만 그것은 예수님의 분명한 의도요, 원함이요, 대조를 통한 교육적 효과를 기대하시는 수사적 장치다.

박해가 올 때 예수님은 그것이 어쩔 수 없는 박해가 아니라면 지혜롭게 피신하라고 말씀하신다. 막무가내로 순교를 각오하고 버티고 있어야 하는 것이 아니다. 예수님의 사람이 불필요한 희생과 공연한 박해를 굳이 받아야 할 이유가 없다. 핍박이 있거든 피해야 한다(마 10:23). 알고서도 버티는 것은 지혜로운 행보가 아니다. 예수님은 우리가 막연히 고난을 겪는 것을 원하시는 분이 아니다. 예수님은 당신의 일꾼들이 적대감 있는 세상에서도 소기의 목적을 이루게 되기를 기대한다. 박해 속에서도 피할 길을 얻고, 보호받기를 원하신다. 하지만 결국 권력자들 앞에 소환되어 간다면, 염려 대신에 마땅히 변호할 말씀을 주시는 성령을 기대함으로 담대해야 한다(마 10:19-20). 그 박해의 현장에 친히 동행하실 것이라는 임마누엘의 격려다.

제자들은 예수님 때문에 사람들로부터 미움과 박해를 받겠지만 '끝까지 견딤으로 구원'을 받을 것이다. 한 가지 분명한 것은 그것은 예수님의 이름 때문이지, 제자들 스스로 어리석어 박해를 받는 상황이 아니다. 제자들의 무지나 도덕적 불감증, 심지어 어리석은 행동이나 세상을 향한 지혜 없는 배타적 태도로 말미암은 핍박이 결단코 아니다.

박해상황 속에서도 (마 10:24-33)

예수님은 "제자가 선생 같고 종이 상전 같으면 족하다"라고 말씀하신다. 이 말씀을 통해 예수님은 당신의 제자된 자들로 하여금 예수님 자신과 같기를 기대하시는 마음을 드러내신다. 이것이 제자들의 푯대 아니겠는가? 내가 존경하고 따르는 선생님 수준에 이른다는 것…. 그뿐인가? "하늘에 계신 너희 아버지의 온전하심과 같이 너희도 온전하라"(마 5:48).

예수님은 다시 제자들이 감당할 박해상황으로 초점을 옮기신다. 예수님은 극단적인 상황을 예견하셨을까? 물론 나중에 마태가 이러한 위협상황에 직면했을 때 예수님의 그 말씀을 기억했을지도 모른다. 분위기는 점차 고조된다. 예수님은 가상의 박해자들을 상정한 후에 그들을 두려워하지 말 것을 이르신다.

박해상황이 예견됨에도 제자들은 예수님께 분부받은 일들을 공개적으로 담대하게 선포할 것이 기대된다. 하나님 나라는 그 와중에서도 선포되어야만 한다. 전파하는 내용은 물론이고, 그들이 그리스도의 일을 선포하고 있다는 그 상황 자체를 숨길 수 없다. 그 사실은 박해를 부를 것이다. 어차피 세상은 그리스도를 미워하지 않았던가?

그때 선포자는 생명의 위협을 느낄 것이다. 죽음까지 예견된다면 인간적인 두려움은 필연적으로 뒤따른다. 예수님은 그 위협마저도 아신다. 그러나 예수님은 그러한 처지를 당한 제자들을 안위하신다. 그분은 생명의 주인이시다. 하찮아 보이는 참새 한 마리가 땅에 떨어지는 것도 그냥 되는 법이 없다. 모든 것이 하나님의 보호 속에 있고, 작은 것으로 보여도 하나님의 허락 속에 의존하고 있다. 그럴진대 "너희에게는 머리털까지 다

세신 바 되었다" 할 만큼 하나님의 관심은 제자들을 향해 있다. 당연히 참새보다 더 귀한 존재이기 때문이다.

나아가 예수님은 우리가 진정 두려워 할 자를 보여주심으로 일상에서 직면하는 우리의 근시안적 두려움의 대상에서 우리를 자유롭게 하신다. 우리가 진정으로 두려워해야 할 대상은 바로 하나님이시다. 그분은 우리의 몸뿐 아니라 영혼까지도 멸하실 수 있는 분이시다. 따라서 우리의 목숨 하나 담보하고 권력을 휘두르는 사람들은 두려움의 대상이 아니다. 오히려 그들을 두려워하는 것은, 우리가 참으로 두려워해야 할 하나님에게 드릴 경외를 강탈하는 셈이다. "그러므로 우리가 담대히 말하되 주는 나를 돕는 이시니 내가 무서워하지 아니하겠노라 사람이 내게 어찌하리요"(히 13:6)라는 믿음을 가지고 세상을 헤쳐가야 한다.

예수님은 결연히 덧붙이신다.

> 누구든지 사람 앞에서 나를 시인하면 나도 하늘에 계신 내 아버지 앞에서 그를 시인할 것이요 누구든지 사람 앞에서 나를 부인하면 나도 하늘에 계신 내 아버지 앞에서 그를 부인하리라 (마 10:32-33).

사람 앞에서 예수님을 시인한다는 것은 나를 박해하는 사람들의 폭력 앞에서도 예수님과 하나님 나라의 가치를 힘 있게 주장한다는 것이다. 반면 그 앞에서 예수님을 부인한다는 것은 결코 두려워할 필요가 없는 권력자들 앞에서 예수님과 그의 나라의 가치를 철회하고, 그들의 폭력에 굴복해 버리는 것이다.

급진적 제자도 (마 10:34-39)

> 아버지나 어머니를 나보다 더 사랑하는 사람은 내 사람이 될 자격이 없고 아들이나 딸을 나보다 더 사랑하는 사람도 내 사람이 될 자격이 없다. 또 자기 십자가를 지고 나를 따라 오지 않는 사람도 내 사람이 될 자격이 없다. 자기 목숨을 얻으려는 사람은 잃을 것이며 나를 위하여 자기 목숨을 잃는 사람은 얻을 것이다(마 10:37-39, 공동).

예수님의 제자들에 관한 기대는 무척이나 급진적이다. 그분은 우회적으로 돌아가는 법이 없다. 말씀하셔도 단도직입적으로 본론으로 직접 짚고 들어오신다. 예수님의 기대가 담긴 말씀을 읽으면 간담이 서늘해진다. 심지어 두려움이 인다. '내가 과연 예수님의 의도에 순종할 수 있을까?', '나는 예수님의 의도를 올바로 간파하기나 한 것일까?'

예수님은 심지어 과장이라도 하시듯 말씀하신다. 평강의 왕이신 분이 자신이 이 땅에 오신 목적도 평화가 아니라 검을 주러 오셨다는 것이다. 그래서 아들과 아비가, 딸이 어미와, 며느리가 시어머니와 불화하게 하여 집안 식구끼리 원수가 되게 하리라는 것이다. 무엇을 말씀하고 싶으셨던 것일까? 이분은 원래 불화를 원하시는 분이 아니지 않은가? 이분은 화평을 위해 자신을 화목제물로까지 드리신 분 아닌가? 따라서 이 구절만 대하면 오해하기 쉽다. 하지만 더글러스 헤어(Douglas A. Hare)의 말처럼, 이는 하나님 나라 복음에 의해 공동체가 분열되는 방식에 대한 강한 비유이며, 궁극적인 평화와 하나님 나라의 실현을 이루기 위해 감내해야 하는 관문을 의미한다.

그 다음 구절들을 계속 읽어보면 예수님의 의도를 간파할 수 있다. 그분은 제자들이 스승이신 예수님 자신께 집중하라고 요구하신다. 문자 그대로 '선택과 집중'이다. 그분이 제시하는 하나님 나라는 사람들에게 너

무 급진적이다. 예수님은 관계의 우선순위를 예수님께 둘 것을 기대하신
다. "하나님을 사랑"하는 것이 첫째요, 둘째는 "네 이웃을 네 몸과 같이 사
랑하라"는 것과 다름없다. 하지만 예수님을 따르는 길은 종종 가장 가까
운 관계에서부터 이격(離隔)을 만들어 내기도 한다. 하나님 나라를 살아
간다는 것은 때로 관계에 어려움이 생길 만큼의 과격한 결과를 가져오기
때문이다. 가족의 지지 하에 서로 동의하며 중간지대에서 살아갈 수는 없
을까?

그분이 제시하시고 기대하시는 하나님 나라의 소명은 어리석어 보이
고 냉혹스러워 보일만큼 배타적이다. 예수님의 제자로 합당하지 않다는
조건들이 제시된다. 부모를 예수님보다 더 사랑하는 것, 자녀를 더 사랑
하는 것, 자기 십자가를 지고 예수님을 따르지 않는 것이 그것이다. 오직
예수다! 심지어 자기 목숨까지도 내어 놓고 예수님을 선택하라는 것이다.
다른 길이 없다. 나를 얻으려 할 때, 나도 잃고 이웃도 잃고 하나님도 잃
는다. 하나님을 얻을 때, 나도 얻고 이웃도 얻는다.

여기에서 예수님을 '대충' 따르려 했던 사람들의 자질이 폭로된다. 더
는 제자인 체하며 어슬렁거릴 수 없게 만드신다. 예수님은 '예' 또는 '아니
오'를 요구하신다. 결국 자기에게 치중하는 자는 자신을 얻는 것 같으나
실상은 잃어버리는 결과를 얻게 된다. 나라고 하는 존재는 근본적으로 자
기중심적이다. 나를 얻으려 할수록 균형을 잃고 진정한 나를 놓치게 된
다. 게다가 예수님에게 오면 자기는 부인되어야 할 대상이다. 예수님의
관점과 중심으로 하나님 나라를 살아가야 하기 때문이다. 자기를 추구하
는 것은 처음부터 예수님의 제자에게 기대되는 삶의 태도가 아니다.

이쯤에서 예수님의 말씀을 희석하고 싶은 마음이 스멀거린다. 아무리
생각해도 예수님의 요구는 너무 파격적이다. 예수님의 이 말씀은 예수님
의 제자가 되고자 하는 이들의 마음을 어렵게 한다. 제자들도 가정이 있
는 이들이다. 그들도 서로 사랑하고 화목하고 행복한 가정을 가져야 하
고, 또 그러할 권리도 있는 이들이다.

하지만 안심하라. 예수님은 그 가정을 창설하신 분이다. 그분은 가장 기초적이고 근본적이면서도, 다른 모든 관계의 내용과 질을 결정할 우리의 가족관계에 대해 잘 알고 계신다. 따라서 이 말씀은 단순히 가족에 대한 책임을 회피하라는 말씀일 수 없다. 하지만 예수님은 제자로 따르는 것의 중요성과 그 우선순위를 강조하여 말씀하신다. 하나님 나라의 우선순위는 그만큼 중요하고 시급하기 때문이다.

예수님이 가르쳐 주신 율법의 요약은 '하나님 사랑'과 '이웃 사랑'이다. "하나님을 온 맘과 뜻과 정성 다해 사랑하라"는 말씀은 이웃을 사랑하지 말라는 뜻이 아니다. 하나님 사랑은 곧 이웃 사랑을 부른다. 이웃을 사랑한다면서 하나님을 사랑하지 않는 경우가 많다. 하나님을 사랑한다면서 이웃을 사랑하지 않는 핑계를 대는 경우도 많다. 예수님이 지적하셨던 '고르반'의 문제가 바로 그것이다. 그들은 "하나님에게 드린바 되었다" 하면서 마땅히 사람에게 했어야 하는 선한 의무를 하지 않았던 것이다(막 7:11). 하지만 예수님이 말씀하시듯 가족을 미워할 만큼 예수님을 선택하여 사랑하는 길이야말로, 진정한 가족 사랑과 이웃사랑을 가능하게 하는 첩경이 된다. 그분은 우리가 그들을 사랑하며 살아야 할 존재인지를 잘 아신다.

소자에게 예수님처럼 (마 10:40-11:1)

그러한 결단으로 예수님에게 나아온 자들은 '예수님과 같은' 제자들로 인정된다. 그들은 사람들에게 마치 예수님처럼 수용되어야 한다. 그들을 환영하는 것은 곧 예수님을 환영하는 것과 같다. 하지만 그것은 제자들 또는 종교적 권위자에 국한되지 않는다. 선지자를 영접하는 것, 의인을 영접하는 것 심지어 요샛말로 지극히 존재감 없는 사람 하나에 지극히 작은 것 하나라도 대접하는 것에 예수님은 "결단코 상을 잃지 않을 것"을 약속하신다(마 25장 참조). "네 이웃을 네 몸과 같이 사랑하라"고 말씀하셨던 예수님은 결국 "네 이웃을 그들의 지위와 형편과 처지에 상관없이 예수님처럼 대하라"고 말씀하고 계신다. 예수님은 사람 중에서도 '지극히 작은 소자'에게 자신을 동일시하는 분이다. 그 소자가 어린아이든, 여인이든, 병자든, 과부든, 가난한 자든, 경제적으로 사회적으로 무력하고, 의지할 데 없고, 영향력 없고, 존재감 없는 부류의 사람들과 자신을 동일시하신다.

예수님은 여기에서 분명 약자들을 편애하시는 듯 보이나, 그것은 강자 편에 마음을 두는 우리의 몹쓸 성향에 반하는 것으로, 예수님의 본의는 사람을 구분하지 않으며, 다만 평균케 하고자 하신다. 부자든 가난한 자든, 종이든 자유자든, 각자는 하나같이 존귀한 하나님의 형상들이요, 따라서 그들의 사회적 지위 고하나 소유의 많고 적음에 따라 또는 여타의 차별 가능한 사안들에 의해 구분되는 것을 기대하지 않으신다.

그리고 예수님은 '할 말은 다 했다'는 듯, 다른 마을을 향해 길을 떠나신다. 아! 오늘날 우리의 신앙현실도 이처럼 가뿐한 삶을 이어가면 좋으련만…. 한 말을 또 하고 또 해야 하는 오늘날 우리의 '변함없음'은 얼마나 삶의 행보를 더디게 하는지 모른다.

갈릴리로 오라

Come to Galilee

제 11 장
하나님 나라에 대한 오해

진정한 메시아 왕국의 도래와 그 오해 (마 11:2-6)

전술한 바와 같이, 오늘날 한국 교회에서 다수의 성도가 이해하고 있는 하나님 나라는 이 땅을 떠나 경험하게 될 미래의 천국 개념이 대부분이다. 그렇다면 이는 예수님이 선포하시고 확장시키시고, 심지어 제자들에게 위임시켜 주시는 하나님 나라를 제대로 이해한 것일까? 놀랍게도 메시아의 길을 예비하러 왔던 세례 요한마저 그분이 오셔서 세우실 '메시아 왕국'에 대한 오해를 하고 있었다. 적어도 그의 메시아에 관한 이해는 당대의 일반적인 이해와 그리 다르지 않았다. 그는 심판자요, 정화자요, 해결사 메시아를 기대하고 있었다.

> 이미 도끼가 나무 뿌리에 놓였으니 좋은 열매 맺지 아니하는 나무마다 찍혀 불에 던져지리라 나는 너희로 회개하게 하기 위하여 물로 세례를 베풀거니와 내 뒤에 오시는 이는 나보다 능력이 많으시니 나는 그의 신을 들기도 감당하지 못하겠노라 그는 성령과 불로 너희에게 세례를 베푸실 것이요 손에 키를 들고 자기의 타작 마당을 정하게 하사 알곡은 모아 곳간에 들이고 쭉정이는 꺼지지 않는 불에 태우시리라 (마 3:10-12).

헤롯을 비판하다 감옥에 갇혔던 세례 요한은 조만간 그 메시아를 통해 현세의 판이 완전히 뒤바뀔 것을 기대하고 있었다. 하지만 그가 기대하던 전복은 일어나지 않았고, 제자들의 보고를 통해 예수님의 행적에 대해 들어볼수록 그에 대해 의심이 일기 시작했다. 그가 기적을 행하고 자신과 동일한 폭언을 써 가면서까지 기득권층을 비난하는 것까지는 좋았다. 하지만 갈릴리 출신 어부들을 제자로 거느리고 다니면서 세리와 창기와 죄인들과 어울리며, 가난한 무지렁이들을 친구삼고, 자신이 기대했던 혁명적 전복의 기색도 없이 '말로만' 하나님 나라를 선언하고 있는 예수님의 모습은 이해하기 어려웠다. 그것은 분명 그가 기대했던 메시아와 사뭇 다른 모습이었다.

'이분이 아니란 말인가? 혹시 내가 잘못 판단한 것인가? 우리가 다른 메시아를 기다려야 한단 말인가?'

게다가 그때만 해도 자칭 메시아를 비롯하여 얼마나 많은 '위(僞) 메시아'들이 등장했었는가 말이다.

결국 그는 제자들을 보내 예수님에게 직접 그 문제를 확인하고자 했다. 하지만 예수님은 직접적인 대답 대신 그들이 보고 듣는 바를 요한에게 전하도록 요청하신다.

> 맹인이 보며 못 걷는 사람이 걸으며 나병환자가 깨끗함을 받으며 못 듣는 자가 들으며 죽은 자가 살아나며 가난한 자에게 복음이 전파된다 하라(마 11:5).

예수님에 따르면, 하나님 나라는 다른 이들이 어떻게 기대하는가와 상관없이 하나님의 방식으로 도래하고 있다. 선지자들에 의해 예언되었던 메시아는, 바로 그 예언의 말씀처럼 "가난한 자들에게 복음을 증거하고 눈먼 자의 눈을 뜨게 하고, 눌린 자들에게 자유를 선포"하고 있다. 예수님의 메시아 사명선언(눅 4:18-19)에서처럼 예고되었던 진정한 메시아 왕국이 실현되고 있다. 예수님은 포로 귀환 시의 희망을 예고하던 선지자 이사야의 선언을 인용하시면서 자신에 의해 실현되고 있는 여러 사실을 들어 보고자들에게 들려주신다.

> 그 때에 맹인의 눈이 밝을 것이며 못듣는 사람의 귀가 열릴 것이며 그 때에 저는 자는 사슴 같이 뛸 것이며 말 못하는 자의 혀는 노래하리니 이는 광야에서 물이 솟겠고 사막에서 시내가 흐를 것임이라(사 35:5-6).

이것이 바로 진정한 메시아 왕국, 곧 하나님 나라의 모습이다. 가장 비인간적인 삶을 살던 이들이 해방을 맞고 자유를 얻으며, 심지어 메마른 광야와 사막도 소생하는 현실을 맞은 것이다. 창조세계가 회복되는 진정한 '기쁜 소식'이 전파되고 있다. 하나님 나라는 마치 침노를 당하듯 바로 그러한 사람들에게 길을 내어주고 있다. 사람들이 생각하기에 당연히 하나님 나라의 안주인일 것 같던 귀인들은 쫓겨나고(마 21:43), '지옥의 땔감'처럼 간주되던 병자들, 가난한 자들, 죄인들이 오히려 천국의 주빈이 되고 있다.

사람들은 자신이 이해하는 방식이나 기대하는 방식이 아닐 때, 타인이나 어떤 일의 진정성을 의심하게 된다. 자신이 믿어 온 신념이나 이념, 또는 전통들이 강력한 척도가 되어 있을 때는 심지어 진리 그 자체마저도 의심의 대상이 되고 만다. 성경에 나오는 전통주의자들은 자신들이 믿는 율법과 전통으로 말미암아 놀랍게도 진리 자체이신 예수님을 버렸다. 이것은 오늘날 근본주의를 표방하는 경직주의자들에게도 마찬가지다. 그들은 예수님을 빙자하여 진리를 수호한다는 명분을 갖지만, 진리 이해를 위한 추호의 관용이나 융통성을 허용치 않으려 한다. 오히려 그 명분을 이용하여 자신들과 다른 사고를 하는 이들을 압박하거나 배척하기 일쑤다. 이러한 태도가 권력을 가진 자들에게 확대되었을 때, 그것은 제어할 수 없는 폭력으로 나타나기까지 한다. 그것이 당시에 권력자들로 메시아를 의심하게 했고, 또한 죽이기까지 했다.

우리도 기억해야 한다. 우리의 도모와 예수님의 방식은 다를 수 있음을 말이다.

엘리야의 도래와 세상의 무관심 (마 11:7-19)

하지만 예수님은 세례 요한을 변호하고 증거하시기로 작정을 하셨는지, 청중에게 도전하듯 질문 세례를 퍼부으신다. 먼저 요한이 머물던 광야라는 삶의 자리를 상기시킨다.

"여러분이 광야에 나간 이유가 무엇입니까? 바람에 흔들리는 갈대입니까, 아니면 부드러운 옷을 입은 사람입니까? 그런 자들은 이미 왕궁에 있지 않습니까?"

예수님은 왕궁에 있는 헤롯 안디바를 광야사람 세례 요한과 은근히 비교하고 계신다(톰 라이트는 안디바가 동전에 새길 자신의 상징물로 갈대를 선택했다고 한다. 『톰 라이트가 묻고 예수가 답하다』, 144). 백성의 선택지는 이 땅의 '흔들리는 왕'이 주는 부스러기가 아니라, 광야에서 '하나님의 선지자'가 선포하는 하나님 나라의 온전한 실재이어야 하지 않는가? 권력이나 유명세, 소유나 지위에 대한 기회에 기웃거리는 것이 아니라, 옛 선지자들이 약속한 하나님의 통치현실이 우리 역사에 임해왔다는 사실에 반응해야 하지 않는가?

예수님은 말씀을 이으신다.

"요한은 하나님이 보내신 선지자입니다. 아니 선지자보다 뛰어난 사람입니다. 그는 하나님이 보내시리라 예고하시던 바로 그 엘리야란 말입니다(말 4:5). 수많은 인물이 오고 갔지만, 역사상 그보다 더 위대한 사람은 없을 것입니다. 게다가 아십니까? 여러분이 중시하는 성경의 모든 예언도 바로 이 사람까지 이르러 성취된다는 사실을 말입니다."

하지만 사람들은 이런 예수님의 평가에는 아랑곳하지 않았다.

> 내가 너희에게 말하노니 엘리야가 이미 왔으되 사람들이 알지 못하고 임의로 대우하였도다(마 17:12).

사실 제자들마저 나중에야 예수님이 말씀하신바, 세례 요한이 그 엘리야였음을 깨닫게 된다(마 17:13). 사람들에게 있어서 사실 알게 무언가? 세례자 요한에게서 특별히 눈에 띄는 것은 없었고, 호감을 주는 영역도 없었다. 그는 화려한 언변으로 대중을 불러 모으는 사람이 아니었다. 도리어 사람들에게 정죄감을 심거나 가슴에 비수를 꽂는 듯한 심판을 선언하기 일쑤였다. 그는 부드럽거나 화려한 외양을 갖추지도 않았다. 파티를 즐기는 무리와 어울려 호의호식을 누리지도 않았다. 그는 메마른 광야에 살면서, 그에 어울리는 어두운 낙타 털옷을 걸치고 메뚜기를 음식 삼던 광야의 사람이었다. 그러니 사람들은 그를 눈여겨 볼 리 없었다. 성서 전통에 주목했다면 그가 선지자의 외양을 띠고 있음을 알아챘겠지만, 선지자가 끊긴지 무려 400년인데 이를 주목하는 이는 드물었다. 다만 그에게 '귀신 들렸다'는 비아냥만 남길 뿐이었다.

사실 그것은 요한에게만 국한된 태도가 아니었다. 예수님에게도 매한가지였다.

"저것 좀 보게. 저게 하나님의 선지자의 모습인가? 자기 목구멍이나 채우는 식충이요, 주정뱅이요, 양아치들하고나 노는 친구 아닌가?(19) 이전에 요한이 있을 때는 마치 귀신들린 푸닥거리나 하더니, 저게 무언가? 어디 상종이나 해 보겠는가?"

예수님은 하나님이 보내신 사람들과 그분의 역사에 무관심한 세대를 안타까운 마음으로 비판하신다. 이 세대가 이 땅의 현실을 꿰뚫는 하나님의 말씀(하나님 나라의 복음)에 무관심하며, 반응하지 않는다. 마치 악사들이 곡을 연주하며, 관객의 흥을 돋우며, 춤을 기대하는 데도 아무런 반응을 보이지(춤추지) 않는 것과 같다. 마치 슬픈 일을 당하거나 애통한 일을 당하여 애곡하는 이웃이 있는 데도, 그들과 더불어 공감하며 가슴을 치지 않는 것과 같다. 도리어 그 음악이나 헐뜯고 우는 자들을 귀찮아한다.

이 세대의 특징이 이와 같지 않다고 누가 말할 수 있는가? 우리는 저마다 자신의 취향에 따라 메시지를 편식하며, 복음 설교자들을 비판하는 데 익숙하다. 그들이 나를 기쁘게 하지 않는 한, 내 귀를 즐겁게 해 주지 않는 한, 그들이 무엇을 전하고, 복음이 무엇을 요구하는지는 별로 상관하지 않는다. 어쩌면 우리는 강단에 선 인물로 '선지자'가 아니라 '연예인'을 기대하고 있는지도 모른다. 어쩌면 우리는 현실을 비판하고 본연의 자세를 추구하기보다, 우리의 욕구를 자극하고 채워주고자 애쓰는 이들을 고용하여 사례하면서, 우리를 만족하게 해줄 사설 제사장을 삼고 만족스러운 종교생활에 안주하고 싶은지도 모른다. 그리고는 스스로 거룩하다 자긍하면서, 우리가 하나님 편에 서 있다고 자만하면서, 정작 하나님의 메시지에는 반응하지 않으면서 말이다. 그래서 결국에는 하나님의 사람을 분별하는 안목은 잃고, 마음의 욕구와 외연에만 충실한 영성에 사로잡혀 살지도 모른다. 서글프지만 아니 인정하기 싫지만, 어쩌면 우리는 각자의 소원성취를 위한 신앙에 몰입하고 사는지도 모를 일이다.

심판 예고 - 화로다 너희여··· (마 11:20-24)

예수님이 절망하신다. 예루살렘을 보고 우시던 모습과(눅 19:41) 탄식하시던 모습이(마 23:37) 겹쳐진다. 예수님은 고라신과 벳새다와 가버나움을 부르시면서 금방이라도 목이 메실 것만 같다.

'너희가 어찌 그럴 수 있단 말인가?'

누군가에게 기울였던 관심과 수고에도 불구하고 상식을 넘어선 반응을 만나게 되면 절망하게 된다. 기대가 컸던 만큼, 관심이 극진했던 만큼, 그 절망과 낙심의 정도는 비례해 질 수밖에 없다. 소외된 땅 갈릴리를 중심으로 하나님 나라를 펼쳐 가셨던 예수님은 그 어떤 곳보다도 가버나움과 고라신과 벳새다에 많은 관심과 시간을 할애하신 듯하다.

하지만 그렇게 마음을 썼던 사람들은 냉랭하기만 하다. 회개하고 돌아오기는커녕 오히려 마음을 '하늘까지' 높였다. 이에 예수님은 저주를 선언하신다. 교만한 자들에게 기대되는 것은 심판뿐이다. 그들에게 예비된 곳은 '지하의 음부' 뿐이다. 심판 날에 두로와 시돈과 같은 이방인의 도시가 더 견디기 쉬울 것이다. 사실 두로와 시돈에서는 이스라엘에서도 찾아보기 어려운 한 여인의 믿음도 보지 않았던가?(마 15:21 이하 참조) 심지어 파멸의 대명사인 소돔마저도 그들보다는 더 수월할 것이다. 소돔의 죄악상이 불과 유황의 심판을 초래했다면, 이 도성의 백성은 그보다 비할 바 없을 정도다. 이러한 판단이었으니 예수님의 절망은 얼마나 심하시겠는가?

예수님의 이 절망은 회개를 기대한다. 예수님이 이 속마음을 절규하듯 드러내시는 것은 그들에게 기회를 주시기 위함이다. 그들에게 쏟으셨던 예수님의 마음을 헤아려 보도록 여지를 주신다. 그들에게 베푸셨던 권능의 사건들을 기억해 보도록 배려해 주신다. 이제 그들은 멈추어 생각해야 한다. 그리고는 돌이켜 마음을 찢고 베옷을 입고 재에 앉아야 한다. 여전히 강퍅한 마음을 유지한다면, 예고된 심판을 돌이킬 길은 없다.

수고하고 무거운 짐 진 자들아… (11:25-30)

간결한 문장들이지만 하나님과 자신과 우리의 관계에 관한 많은 신비를 간직하고 있다.

예수님은 독특한 방식으로 아버지와 아들과 제자들의 관계를 밝히신다. 그것은 혈육에 의한 것도, 이권에 관련된 것도 아니다. 그것은 하나님 나라에 대한 계시적 관계다. 근본적으로 아버지 외에는 예수님을 알지 못한다. 예수님이 이 땅에 오셨을 때, 사람들은 실제로 예수님을 알아보지 못했다. 공생애 삼 년을 보낼 때에도 수많은 사람은 예수님의 참 모습을 알아보지 못했다.

그것은 지금도 마찬가지다. 그러한 인식은 관계 안에서 가능하다. 관계는 상대 안에 뛰어들 때 비로소 시작된다. 먼발치에서 바라만 보거나, 비판적인 태도로는 아무것도 기대할 수 없다. 사람들은 조금 아는 것을 가지고 '모든 것'을 알기라도 하듯, 심지어는 다 알았다는 듯 방관하고 비판하고 돌아서 떠난다. 예수님을 아는 길은 그분의 삶 속에 뛰어들 때 비로소 가능해진다. 아버지를 아는 길, 역시 마찬가지다. 아들이신 예수님에게 돌아와 그 관계 안에서 은밀히 허락된 자만이 아버지를 알 수 있다. 계시는 이처럼 관계적이다.

하지만 예수님은 두 팔을 넓게 여신다. 인간은 근본적으로 목자 없는 양떼와 같이 유리하며 방황하는 존재들이다. 이곳의 표현대로 "수고하고 무거운 짐을 진 사람들"이다.

예수님의 판단은 그들에게 쉼이 필요하다는 점이다. 그들은 지쳐있다. 관계에도, 삶에도, 예배에도 지쳐있다. 무한경쟁을 부추기는 세상에 만연한 불의와 거대한 악에 기가 죽어 있다. 선행을 독려하는 말씀에 힘입어 씨름을 해 보지만 역부족이다. 지고 가는 짐은 너무도 크고 무겁다. 이대로 두었다간 머지않아 지쳐 쓰러지고 말 것이다. 그들은 바로 우리 자신들이다. 하루의 일상에서부터 올해 그리고 내년과 다가올 미래에 대한 우리의 일정표는 고스란히 짐이 되어 있다. 기댈 곳, 누일 곳은 물론이요, 나를 포옹해 주고, 등을 토닥여 줄 대상이 필요하다. 예수님은 자신을 바로 그러한 분이라 소개하신다. 그리고는 우리를 당신께로 초청하신다. 그렇게 많고도 다양한 사람들을 초청할 만큼이나 그분의 어깨는 넓다.

놀랍게도 예수님은 우리의 주인이시면서도, 우리를 착취하는 분이 아니다. 우리를 일 시킬 대상으로 보지 않으신다. 그분은 '관계'를 기대하신다.

우리가 주님과 함께 멍에를 맨 관계 안에서 쉼을 얻기를 기대하신다. 그만큼 그분은 온유하시며 겸손하시다. 다그치거나, 몰아세우거나, 야단치거나, 비판하거나, 우리의 일에 대한 가혹한 평가를 하시는 분이 아니다. 애초에 예수님의 초청에는 '일'에 대한 기대가 없다. 오히려 우리의 실존 속에 담긴 '무거운 어깨'를 헤아려 주시고, 더 수월한 동역을 기대하신다.

예수님이 우리에게 쉼을 주시는 방식은 독특하다. 안락한 '침대'(couch)가 아닌 '멍에'(yoke)다. 이것은 피해갈 수 없는 인생의 특징이다. 세상은 '안식'의 터전이 아니다. 적어도 아직은 아니다. 순례의 여정이요, 수고의 땅이다. 그런데 예수님은 그 멍에를 같이 메어 주겠다고 하신다. 겨릿소 두 마리가 어깨를 마주하고 쟁기를 끌어가듯, 내 인생길에 예수님은 그처럼 친근한 동역자로 내 인생의 무게를 덜어주시겠다는 것이다.

그 동행의 길 속에 배움이 기대된다. 그것은 멍에를 맨 배움이다. 제일 먼저 그 멍에는 쉽다는 사실을 깨닫게 된다. 그리고 예수님이 지워주시는 짐은 가볍다는 것을 배우게 된다. 그렇다. 내가 무언가를 하기 위해, 또는 해야 하는 것으로 여길 때, 스스로 개척해 내지도 못하면서 얼마나 힘들었던가? 예수님은 그 사실을 이미 아신다. 오히려 그분의 멍에 아래로 들어와 쉼을 배우라 말씀하신다. 예수님이 메고 가시는 멍에에 동참하라는 것이다.

갈릴리로 오라

Come to Galilee

제 12 장
하나님 나라의 해석

12장에서 우리는 논쟁을 통해 가르치시는 예수님을 만난다. 질문은 배움을 여는 문이요, 그 과정들을 매우 구체화하는 열쇠가 된다. 질문은 지금까지 마련되지 않았던 관계의 장을 열기도 한다. 강의 또는 설교 상황의 일대다(一對多)의 관계에서 질문은 일대일의 관계를 가능케도 한다. 여기에서 질문은 인격적인 관계 안으로 뛰어 드는 도약행동이 된다. 예수님은 시험하듯 제기되는 질문을 계속 받으신다. 그러나 예수님은 일일이 그 의문들에 답변해 주시면서 그 기회를 선용하신다. 그 기회를 통해 질문자는 물론이요 함께 있던 청중에게 당신과 하나님 나라를 드러내시는 데 좋은 기회를 삼으신다.

예수님에게 질문하는 것은 매우 유익하다. 정말 엉뚱하고, 때로는 "예수님 어떻게 그러실 수 있습니까?" 하는 맥락이라 할지라도 예수님에게 드리는 질문은 새로운 배움의 지평을 열어준다. 동시에 그 질문은 우리로 하여금 예수님의 인격과 사건 속에 뛰어들게 하고, 예수님 안에서 진정한 해답도 얻게 한다. 예수님은 우리에게 진지하게 그리고 구체적으로 답해 주시는 분이다.

안식과 하나님 나라 (마 12:1-8)

안식일, 예수님과 제자들은 길을 걷고 있다. 여정은 그 목적이 무엇이든 간에 곤함이 따르는 일이다. 도중에 식사가 적절하지 않았는지 그들은 시장함을 느낀다. 마침 밀이 추수를 기다리는 시기였다. 우리의 계절로 본다면 늦봄이 되겠다. 허기진 제자들은 자연스레 밀 이삭을 잘라 시장기를 면하고자 한다. 여기서 시빗거리가 생겨난다.

필자가 어린 시절에 밀밭이나 보리밭 사이를 지나면서 그 이삭을 손바닥에 비벼 먹던 기억이 있다. 깔깔한 이삭을 손으로 비비면 파릇한 알갱이와 껍질이 쉽게 분리된다. 그때 손바닥을 입으로 가져와 훅훅 불어대면 껍질은 날아가고 통통한 알맹이만 남는다. 그 알맹이들을 입안으로 털어 넣고 오물거리면, 톡톡 터지며 달콤함을 주던 설익은 밀알 맛이 입안에 맴돌았던 기억이 있다. 그 정도를 두고 누구도 도둑질이라 시비하는 이 없었다. 그때도 그들이 밀 이삭 몇 개를 잘라먹는 것은 암묵적인 허용사항이었지만, 그날이 바로 안식일이라는 점이 문제가 되었다.

경건한 유대인들에게는 치밀하게 규정된 안식일 법이 있었다. 심지어 사람들이 안식일에 움직일 수 있는 걸음 수가 정해져 있을 정도였다. 게다가 밀 이삭을 잘라 먹는 것은 추수행위로 간주하여 안식일에 배치되는 것으로 보았다. 공교롭게도 그날 바리새인들이 현장에 있었던 모양이다. 그들은 곧장 예수님에게 이의를 제기했다.

"보시오. 당신의 제자들이 안식일에 하지 못할 일을 하고 있소"(마 12:2).

그들은 속으로 쾌재를 불렀을 것이다. 드디어 분명한 건수 하나 올렸다. 그들의 전통에 따르면 이들은 명백히 안식일 법을 위반하고 있기에 율법을 들어 당당하게 고소할 수 있게 된 것이다.

사실 안식하는 날에도 예수 공동체가 여정 중에 있다는 것 자체가 주목된다. 하나님 나라를 그토록 시급한 사안으로 다루고 계셨을까? 유리하며 고생하는 사람들의 현실 앞에, 예수님의 시계는 쉴 틈 없이 재깍거리고 있었던 것 같다. 하지만 모두가 안식하며 쉬는 날인데도 식사도 제대로 챙겨 먹지 못했다는 것은, 바로 이들이야말로 진정한 안식이 필요한 사람들임을 증명한다.

예수님은 지체 없이 답변하신다. 생각 없이 안식일 전통을 범한 것이 아니었다는 그것은 답변이라기보다 질문에 가깝다.

> 다윗이 자기와 그 함께한 자들이 시장할 때에 한 일을 읽지 못하였느냐?…또 안식일에 제사장들이 성전 안에서 안식을 범하여도 죄가 없음을 너희가 율법에서 읽지 못하였느냐?(마 12:3, 5).

책망처럼도 들린다. 질문자의 측면에서 보면 적반하장 격으로도 들렸겠지만, 예수님은 어쩌면 마땅히 알고 있기를 기대했던 율법 전문가들이 그 사실마저 오해하고 있음에 언짢으셨을 수도 있다. 하지만 예수님은 이 사안을 그들이 배우고 성장할 기회로 활용하신다. 율법을 가지고 그 위반을 항의하는 이들에게 예수님은 율법으로 돌아가 그 해답을 찾도록 그들의 안목을 넓혀 주신다.

다윗은 그를 따르는 용사들과 더불어 사울 왕을 피해 쫓기던 중 어느 날 제사장 아히멜렉에게 찾아가 먹을 것을 구했다(삼상 21:1-6). 딱히 먹을거리가 없던 제사장은 매 안식일마다 새 진설병을 올려 드리고 내어 온 묵은 떡을 내어 줌으로 허기진 무리의 배를 채워준다. 물론 이것은 율법의 문자적인 적용상 있을 수 없는 일이었다. 그 떡은 거룩한 것으로 오직 거룩한 제사장들만이, 그것도 거룩한 곳에서만 먹을 수 있었던 것이기 때문이다(레 24:9). 그런 떡을, 그 율법을 아는 제사장이, 자기에게 주린 배를 안고 찾아와 "왕의 일로 왔노라"는 거짓말을 하며 먹을 것을 구하는 다윗에게 내어 준 것이다.

예수님은 이 일을 두고, 율법의 의미적 적용을 하느라 문자적 적용을 그르친 그 제사장의 손을 들어주신다.

또한 율법에 따르면 제사장들은 안식일마다 일 년 된 흠 없는 수양과 고운 가루와 기름을 가지고 안식일 번제를 드려야 했다(민 28:9-10). 안식일임에도 제사장들은 율법의 요구에 따라 제사를 준비하고 올려 드리는 수고로운 노동을 해야만 했다. 예수님의 판단을 따르면 그것은 외견상 안식을 범하는 것이었지만(마 12:5) 죄가 되지 않는 행동이었다. 왜냐하면 그것은 노동을 통해 율법을 위반하는 행위가 아니라, 오히려 율법에 순종함으로 율법을 성취하는 행위가 되므로 하나님을 기쁘시게 하는 섬김이었기 때문이다. 율법은 이렇게 적용되어야 하는 것이다.

이로써 예수님은 천오백여 년 전의 모세오경에 기록한 일과, 천 년 전의 다윗 사건을 들어 바리새인들의 질문에 답해 주신다. 그 오랜 세월부터 참된 율법의 의도는 살아있었다는 것을 입증해 주신다. 그 율법의 본래 의도가 무엇이었는가? 바로 생명 살리기였다. 율법은 그 조항을 통해 백성을 통제하고, 억제하고, 부자유하게 하는 의도로 만들어진 것이 아니다. 그것은 하나님이 주신 생명을 가장 온전하게 보전하고, 더욱 풍성하게 하려고 주어진 것이다.

안식일도 바로 그 생명을 위해 존재하는 날이다. 종교생활에서 아무리 중요한 성전이나 전통도 율법의 본래 의도인 생명과 자비를 앞설 수 없다. 누군가가 생명과 자유와 반하는 일에 처해 있다면, 심지어 그것이 짐승이라 할지라도 구해 내야만 한다(마 12:11). "안식일이기에 안 된다"는 말은 생각하기를 그만둔 사람의 판단과 다름없다. 안식일이기 때문에 더욱 그 일에 힘써야 한다. 안식일의 기본 정신은 제사가 아닌 자비이기 때문이다(마 12:8). 그분은 "성전보다 더 큰 분"이시다(마 12:6). 그분은 예배를 제정하신 분이요, 예배를 받으시는 대상으로서 이 선언을 하고 계신다. 만일 우리가 이 원리를 깨닫고 있다면 율법주의에 빠져 엉뚱한 사람들을 정죄하지 않게 될 것이다. 율법은 살리는 것이지 정죄하고 죽이는 것이 아니다. 율법의 본래 의도는 생명이요, 자비다.

예수님이 십일조 논쟁에서 말씀하셨던 것처럼, 그들은 더 중요한 의와 인과 신은 저버리고, 박하와 회향과 근채에 대한 십일조를 떼는 것에만 열심을 내었다(마 23:23). 예수님은 이러한 율법주의를 탄핵하고 교정하고 계신다. 예수님은 이에 관한 핵심적인 메시지를 구약 선지자의 글에서 이끌어 내신다.

나는 자비를 원하고 제사를 원치 아니하노라(마 12:7).

이는 예수님으로부터 6-700년 앞서 전해준 호세아 선지자를 통해 하신 말씀이다(호 6:6). 백성은 이 말씀이 무엇인지 배웠더라면 좋았을 뻔했다. 하나님의 백성에게 하나님을 뵈옵는 예배는 그 무엇과 바꿀 수 없는 최우선적인 것이다. 그러나 그 예배를 제정하신 분이 "나는 예배에 앞서 인애, 자비, 사랑, 생명을 원한다"고 하신다. 그 본질을 놓아버린 채 예배에 열심을 내었던 이스라엘 백성에게 던지는 하나님의 강력한 권고였다. 수백 년 후에 예수님이 다시 상기시키셨다. 호세아가 미리 던져 주었던 이 말씀의 진의를 알았으면 좋았을 뻔했다. 오늘 우리가 안식일을 얘기하고 예배를 논하고 있지만, 하나님은 율법을 제정하실 때부터 지금까지 변함없이 인생을 위한 안식일을 의도하셨다. 그리고 우리의 생명과 회복과 쉼을 위해 그것을 우리에게 주셨다.

예수님이 그 '안식일의 주인'이다. 이 말은 우리의 입을 간단히 막아버리는 예수님의 자기 선언이다. 하나님이 안식일의 제정자(author)요, 안식을 주시는 분이시요, 안식일에 관한 표준이 되신다. 이 사실은 그가 모든 율법 해석의 표준이 되신다는 의미이기도 하다.

예수님은 안식일의 주인으로서, 오늘 안식일의 기본 정신을 우리에게 확인해 주신다. 안식일은 단순히 '쉬는 날' 또는 '예배드리는 날'을 넘어선다. 더욱이 그날은 예배드리기 위하여 모든 일을 포기해야 하는 수준을 극복해 낸다. 오히려 예배드리기 위한 목적으로 우리의 참된 생명의 재충전과 자유의 호흡을 위한 시간을 반납해야 한다면, 그것은 본말의 전도다. 그것은 '교회적'일지는 몰라도 '기독교적'인 것은 아니다. 안식일은 생명의 주이신 예수님의 마음을 따라 그 총체적 생명의 재창조를 준비하고 실행하는 날이어야 한다.

안식일의 적용 (마 12:9-21)

사람들은 그침 없이 예수님을 의심한다. 기독교인들이 생각할 때 예수님은 '덮어놓고' 믿어야 할 분일지 몰라도, 예나 지금이나 예수님은 끝없이 의심을 받는 분이시다. 게다가 오늘날 예수님을 따르는 사람들의 일부 밉상스러운 행태는 예수님을 오해하도록 이끄는 빌미들이 되어, 예수님에 대한 그 의심이 상쇄될 기미가 보이지 않는다.

그날도 사람들은 예수님을 의심하며, 그를 궁지에 몰아넣기 위해 질문을 위한 질문을 던진다.

"안식일에 병 고치는 것이 옳겠는가?", "모세가 준 율법에 따라 신성화된 그 거룩한 날에 치료행위를 하는 것이 과연 타당하겠는가?", "아니, 우리에게는 시간이 있지 않은가? 당연히 치료받아야 한다. 하지만 왜 하필 금령까지 무시해 가면서 안식일에까지 치료행위를 지속해야 하는가? 하루만 기다리면 법을 어길 필요도 없고, 치병도 가능하고, 모두가 승자가 되는 것이 아닌가?"

이에 예수님은 반문하신다.

"여러분 소유의 양 한 마리가 구덩이에 빠졌는데, 안식일이라고 건져내지 않겠습니까?"

'신적 권위인 율법'을 전제하고 질문을 해 온 사람들에게 예수님은 '인간적 상식'에 호소하신다. 예수님처럼, 사실 우리는 좀 더 인간적일 필요가 있다. 신앙과 관련하여 우리는 너무 신적이고 영적인 용어들을 빌어 현실을 더욱 피상적으로 만드는 경향이 있다. 오랫동안 병에 사로잡혀 온 사람을 낫게 하는 일인데, 왜 안식일이라고 안 되겠는가. 하찮은 짐승 한 마리도 생명의 위협이 느껴질 때도 규정에 개의치 않고 살려내는데, 존귀한 하나님의 아들과 딸이, 아브라함의 자녀(눅 13:16)가 하루라도 빨리 구원을 받는 일인데 율법이 방해할 수 있겠는가. 율법은 살리는 법이지 않던가?

하지만 사람들에게는 율법과 교리가 더 중요한 모양이다. 이 점에서 인간은 몹시 무자비하다. 종교적이기 위해 타인의 고통과 곤경은 간단히 무시해 버리기 일쑤다. 그것은 곧 수많은 사람이 자신이 속한 환경 속에서 불구가 된 채 살아가는 현실마저 부정해 버리는 것과 같다. 한쪽 손이 마른 사람처럼 삶의 어느 부분엔가는 마비되고 메마른 채로 고통 속에서 살아가고 있다. 세상은 질병과 재난과 고통으로 가득하고, 신성한 노동도 착취적 환경 속에서 곤경으로 전락한 지 오래다. 거기서 인간은 전인적인 왜곡과 불구를 경험한다.

그러한 메마름은 회복의 시간을 기대한다. 그것도 일분일초가 시급하다. 안식일이야말로 하나님이 인간의 온전을 위해 마련해 두신 시간이다. 그날은 하나님이 창조의 완성을 위해 마침표를 찍으신 날로써, 거룩하게 구별하신 날이다. 그러므로 그날은 '사람을 위한 날'이다(막 2:27). 모든 무질서를 재조정(reset) 하는 매우 특별한 날이다. 따라서 안식일은 이러한 인간의 불구됨을 원상복귀시키는 회복의 날이요 재창조의 날이다. 이 안식일이야말로 한 주간의 왜곡이 물러가고 모든 원상이 복구되는 시간이다. 우리의 육체도, 정신도, 영혼도 본래의 위치에서 멀어진 삶을 다시 원점에 이끌어 오는 시간이다.

그런데 사람들은 이 자유의 기회를 수용하지 못한다. 율법에 매인 사람들에 의해, 그 자유롭게 하고자 제정된 법은 오히려 규정하고, 제어하고, 매는 법이 되고 만다. 입법자 예수님의 본디 의도는 백성을 율법으로 옭아매는 것이 아니라, 율법으로 보호하고, 회복시키고 자유롭게 하자는 것이었다. 그분은 인간의 굴레를 너무도 잘 아시는 분이기 때문이다. 창조 시의 원형이 손상되어 이제는 '상한 갈대'요 '꺼져가는 심지'와 같은 인생임을 잘 아신다(마 12:20). 그러하기에 더욱 그 연약함들을 붙들려 하시며, 더욱 시급히 온전한 원상회복을 기대하신다.

게다가 그날은 선을 행하는 날이다. 일부러 선을 행하기 위해 무언가를 해야 하지 않는다면, 적어도 그날에 어떤 선행을 한다고 해서 제재되어서는 안 되는 날이다. 오늘날도 주일을 안식일의 맥락에서 이해한다면 주일은 단순히 교회생활에 집중된 시간보다는 선을 행하는 일에 집중할 필요가 있다. 보언 리즈의 『중국의 예수가정』이라는 책에 보면 공산화 과정에 있던 과거의 중국 사회 속에서 '예수가정'이라는 공동체 교회가 어떻게 사회를 향한 선행에 지혜로웠고, 또 구체적으로 선행하는 안식일을 지켜갈 수 있었는지를 구체적으로 소개해 준다. '주일성수'라는 이름으로 예수님의 이 본래 의도에서 멀어진 적용들을 경계해 보아야 한다.

하나님 나라를 장애하는 말에 대한 심판 (마 12:22-37)

예수님은 오늘 사건을 통하여 말(언어)에 대하여 심각하게 말씀을 하신다. 결국 결산의 날, 곧 회계의 날이 있을 것인데, 사람이 어떤 말을 하든지, 그가 한 '무익한 말' 때문에 심판을 받게 될 것임을 경계하신다.

바리새인들이 예수님에게 행한 무익한 말 때문에 예수님의 심기가 불편하셨던 것으로 보인다. 예수님은 귀신들린 일로 말미암아 시각과 청각, 언어능력까지 장애를 갖고 있던 한 사람을 낫게 하셨다. 사람들은 놀라운 반응을 보였다.

"이분이야말로 다윗의 자손 아닌가? 이분이야말로 우리가 기대하던 메시아가 아닌가?"

그 상황을 지켜보던 바리새인들은 "그럴 수 없다!"고 반응한다. "그는 귀신의 왕 바알세불을(문자적으로 '파리대왕') 힘입어 귀신을 쫓아낸다"는 것이다. 그렇다면 예수님이야말로 이단의 괴수가 아닐 수 없다. 그들은 예수께서 행하시는 일들이 하나님의 능력으로 말미암은 것임을 인정하고 싶지 않았다. 간단한 대안은 그에게 '마녀'의 혐의를 덧씌워 그를 사냥해버리는 일이다. 예수님은 그들의 생각을 아시고 답변하신다.

> 사탄이 만일 사탄을 쫓아내면 스스로 분쟁하는 것이니 그리하고야 어떻게 그의 나라가 서겠느냐 또 내가 바알세불을 힘입어 귀신을 쫓아내면 너희의 아들들은 누구를 힘입어 쫓아내느냐(마 12:26-27).

사단이 아무리 어리석은들 어떻게 스스로 자기의 일을 망치겠는가? 온갖 질병과 장애로 사람들을 멸망시키고자 하던 사단이, 무엇 때문에 사람들을 그 병과 사로잡힘에서 놓이게 하겠는가 말이다. 그리고 가끔 유대 종교들이 행하던 축귀사역은 하나님으로 말미암은 것이고, 예수님이 하시는 것은 '귀신의 왕을 힘입어 하는 것'이라 판단하는 것은 무슨 근거에서인가? 예수님은 이것이 성령의 역사로 말미암는 하나님 나라가 임한 표징임을 단호히 확증하신다. 하나님의 통치가 강력히 침투에 들어오면서 사탄의 일이 축출당하고 있다.

이처럼 하나님 나라가 확장되고 있는데, 사람들은 무익한 말로써 그 현실을 훼방하고 있다. 그것은 하나님 나라의 도래를 방해하는 것이요, 역사하시는 성령을 거역하는 행위임을 강력하게 경고하신다.

사람들은 보통 그 '무익한 말들'에 쉽게 편승하는 경향이 있다. 이 대중적 기질을 이용하며 하나님 나라의 현실을 원치 않는 사람들은 언론의 힘을 통해 사실을 왜곡하며 대중을 선동한다. 거짓에 쉽게 부화뇌동(附和雷同)하는 대중은 부지중에 악에 편승하며 그릇된 판단에 이르고, 결국 그 선택이 가져오는 해악의 열매를 따게 된다.

예수님은 우리에게 들을 귀가 있다면 들으라 하신다(막 4:9). 지각을 기대하신다. "그렇게도 지각이 없는가? 열매를 보면 알지 못하겠는가?" 열매를 보면 이것이 하나님의 역사인지 사탄의 일인지 분별할 수 있다는 것이다. 예수님은 그러한 어리석은 이들을 향하여 '독사의 자식들'이라는 말씀을 던지신다. 청중으로 하여금 그들의 행위와 독사의 두 혀의 그림을 겹쳐서 볼 수 있도록 의도하신다. 그들 안에 형성된 독과 같은 악이 성령을 훼방하고 인자를 모독하고, 하나님 나라를 훼방하는 것임을 경고하신다. 혀를 가지고 하나님 나라에 독사의 역할을 하는 자들에게 임할 심판을 분명히 하신다.

기적을 바라는가? - 악하고 음란한 세대 (마 12:38-45)

사람들은 표적(miraculous sign)을 구한다. 무언가 특별하고 신비한 현상들이 자기 눈앞에서 펼쳐지기를 기대한다. 종교란 의당 그런 것이라는 생각이 사람들 안에 팽배해 있다. 기독교인들 사이에서도 참된 하나님의 능력은 표적을 통해 드러난다는 생각이 만연해 있다. 현대 개신교 선교의 주요 성장요인은 바로 성령의 능력을 표방하는 오순절 운동과 그에 따르는 표적에 기반을 두고 있음은 주지하는 사실이다.

그런데 놀랍게도 예수님은 표적을 구하는 행위를 악하다 판단하신다. 동시에 그것은 '음란하다'고까지 판결하신다(마 16:4에서도 반복하신다). 자신도 기적 행하기를 자연스러워하시던 분이 그러한 기적을 추구하는 이들을 가리켜 가혹한 판결을 내리시는 것은 당혹스럽다.

예수님 당시에 많은 사람이 예수님이 행하시는 표적에 관심을 두고 원거리에서 몰려들었다. 하지만 예수님은 몰려든 청중의 주된 관심사가 무엇인지를 아셨다. 표적과 같은 신비한 현상을 좇는 것 자체가 벌써 순수한 신앙적 동기를 위반하는 그들의 내면적 동기에서 비롯됨을 간파하셨다. 또한 그와 같은 신비한 현상에 관한 관심은 예수님이 역점을 두고 선포하시는 이 땅에서 이루어질 하나님 나라에 정면으로 대치되는 것들이다. 일상에서 실현될 하나님 나라를 등지고 저 너머 신비의 영역만 추구하게 만드는 것들이기 때문이다.

무엇보다 근본적인 문제는 표적을 구하는 사람들이 대개 진리의 핵심에는 무관심하거나, 그러다 보니 분별력을 상실한다는 사실이다. 그들은 다만 신비한 능력에 관심하며, 그러는 사이 진리는 다만 참고사항이 되고 만다. 그들은 자신이 관심하는 이적이 일어나고 표적이 행해지는 곳을 좇아가고, 그러한 이적을 행하는 권위자들을 추종한다. 그러다 심지어 청중을 속이고 조종하는 이단자들을 만나도 분별할 겨를이 없다. 오히려 이러한 능력을 행하는 한 참 하나님의 사람이라 굳게 믿는다. 당장 그들에게는 건강과 번성과 초능력과 같은 이익과 힘에 관한 약속도 있기 때문이다.

그래서 예수님은 그 동기를 분석하시고 신비한 능력을 추구하는 행위들을 악하고 음란하다 평가하신다. 그것은 진리이신 하나님 자신을 내팽개쳐 버리는 결론을 도출해 내기 때문이다. 결국 그것은 하나님에 대하여 혼합 종교적이요 우상 숭배적이다. 표적은 우리의 추구에 의해서가 아니라 하나님의 작정에 의해, 하나님 자신과 하나님 나라의 실재를 드러내시기 위해 오직 하나님의 주권에 따라 발현되는 것이다. 따라서 표적을 보여 달라는 사람들의 요구는 예수님으로 하여금 그들 앞에서 광대와 같은 행위를 해 보이라는 요청과 다름없다. 예수님께는 그들의 세속적인 욕구를 충족시켜서라도 그들을 모으고자 하는 의도가 없으시다. 오늘도 이기적인 동기를 가지고 예수님에게 이적을 구하는 행위는 예수님을 욕보이는 것과 같다. 그분은 선지자보다 더 크시고, 지혜자보다 더 크시다. 그들이 보여줄 수 있는 어떤 눈에 보이는 기적과는 상관없이 예수님 자신이 중심되신다는 사실을 인식해야 한다.

그분은 자신이 보일 표적은 분명하다고 선언하신다. 바로 요나의 표적이다. 요나가 물고기 뱃속에서 밤낮 사흘을 보냈던 것처럼, 예수님도 무덤 속 사흘을 예고하신다. '그것이면 충분치 않느냐'는 반론처럼 들린다. 생명이신 분의 죽으심과 부활의 표적…그 영원한 사죄의 선물과 영생의 은혜보다 더 큰 표적이 무엇이란 말인가? 하지만 사람들은 이와 같은 예수님의 표적은 대충 흘려 듣고 만다. 그리고는 자신의 현실적 욕구가 필요로 하는 표적을 구한다.

예수님은 과거 요나가 회개를 선포했을 때 회개했던 니느웨 사람들과 솔로몬을 찾아와 지혜의 말씀을 경청하던 남방의 시바 여왕을 들어 심판의 경고를 발하신다. 그들은 이방인들임에도 하나님의 선지자와 지혜자의 말씀에 귀를 기울였다. 그들은 '표적'이 아니라 '하나님의 말씀'을 겸손히 듣고 회개하였다. 들을 귀가 있었던 것이다. 따라서 그들은 심판 날에 표적이나 구하며 자신들의 욕구를 찾아다니며 회개하지 않았던 교만한 이들을 향해 손가락질 할 것이다.

지금 우리 세대는 혹시나 교만하고 완고한 마음으로 예수님의 말씀에 들을 귀를 막아버리고 있는 것은 아닌지 성찰해 볼 일이다. 예수님에게 귀를 기울이지 않음으로 심판이 예고되는 '악하고 음란한 세대'의 범주에 들어서는 곤란하다. 오늘도 그 신비한 음성, 환상, 꿈, 예언과 같은 이적들을 추구함으로 예수님이 말씀을 통해 이 땅에서 이루시기를 원하시는 하나님 나라를 등지는 일이 없어야 한다.

예수님은 이 악한 세대를 다시 한 번 언급하시면서 말씀을 마감하신다. 예수님은 귀신의 왕 바알세불을 힘입어 귀신을 쫓는다고 비난했던 바리새인들을 향하여(마 12:24), 오히려 그들의 마음이 귀신의 소굴이 되어 있다는 사실을 인식하라고 경계하신다. 사악한 인간의 마음은 마치 더러운 귀신의 처소와 같다. 시간이 갈수록 형편은 더욱 악화될 뿐이다. 회개를 통한 근본적인 청소가 진행되지 않는다면, 사악한 마음 밭은 더욱 악의 소굴이 되어갈 것이다.

하나님 나라의 확대가족 (마 12:46-50)

예수님이 말씀을 전하고 있는 사이 그 어머니 마리아와 동생들이 그를 찾아온다. 마태는 그들이 예수님을 만나기 위해 밖에 서 있었다고 전하는데, 누가는 그 이유가 사람들이 많아 예수님이 말씀하고 계시던 회당 안으로까지 들어올 수가 없었다는 점을 알려준다(눅 8:19-21). 그러자 누군가가 이 사실을 예수님에게 고한다.

"당신의 어머니와 동생들이 당신께 말하고자 지금 밖에 와 있습니다."

자, 이러한 상황에서 우리라면 어떻게 반응했을까? 사랑하는 가족이 찾아와 나를 보고자 할 때, 마음은 얼마나 반갑고 기쁠까? 말씀하던 중이었으니, 전언한 사람에게 고개를 끄덕여 보이며 고맙다는 신호와 함께 '말씀 끝나면 나가서 보리라'는 뜻을 넌지시 보여줄 것이다. 그리고는 말씀을 서둘러 마치고 가족들을 만나 그간의 문안을 나누고 싶을 것이다.

하지만 예수님의 반응은 의외다. 그는 전언한 사람과 청중을 향하여 즉각 대답하신다.

"누가 내 어머니이며 내 동생들입니까?"(마 12:48).

얼른 들으면 몹시 냉정하게 들린다. 마치 혈연적 관계를 부정하는 듯한 표현을 하신다. 냉정하다 못해 심지어 '너는 진실을 알지 못하는구나' 하는 책망조의 어투로도 들린다. 예수님은 육신의 가족에 대하여 무관심하기라도 하신 것일까? 설마 우리에게도 그것을 기대하시는 것일까? 마가는 동일 사건을 기록하는 본문(막 3:31-35) 바로 앞에서 "예수의 친속들이 듣고 그를 붙들러 나오니 이는 그가 미쳤다 함일러라"(막 3:21)는 언급을 하고 있다. 이는 본문과 시차가 있는 별도의 사건으로 보이나, 어쨌든 예수님을 부정적으로 보고 있었던 가족의 시각을 보여주기에는 충분하다(요 7:5 참조). 곧이어 예수님은 손을 내밀어 제자들을 가리키시며 말씀하신다.

> 누구든지 하늘에 계신 내 아버지의 뜻대로 하는 자가 내 형제
> 요 자매요 어머니이니라(마 12:50).

이 말씀에 우리는 놀란다. 아니, 이천 년 전에 분명히 하신 예수님의 가족에 관한 정의가 아직도 낯선 나 자신의 내면을 살피면서 난감해진다. 우리는 여전히 생물학적 개념의 가족에 치중하면서, 그 외의 관계들은 여전히 남이요 타인이라는 익숙한 영역에 머물러 두고 있기 때문이다.

하지만 예수님이 자신의 혈연적 유대를 버리셨다는 극단적인 오해는 금물이다. 십자가 상에서 보여주신 어머니를 향한 마음과 그 모친을 제자에게 부탁하신 사실만으로도 그분은 사랑하는 어머니를 둔 진정한 아들이었다.

> 보소서 아들이니이다(요 19:26).

예수님은 이 사건을 통하여 예수님을 따르는 무리가 지녀야 할 관계를 새롭게 정의해 주신다. 예수님은 우리에게 혈연관계를 외면하라 말씀하지 않으신다. 세상 나라의 가족관계를 하늘나라의 그것으로 확장하라 이르신다. 이 땅의 혈연 중심적 가족관계를 뛰어넘어 예수님이 소개하시는 하나님 나라에 속한 확대가족을 수용해야 한다. 그것은 지금까지 스스로 명확하게 그어 두었던 자신의 가족범주의 굵은 실선을 파선으로 수정하는 것을 의미한다.

거기에서 중요한 가족의 범주는 단순히 '누구인가'(who)의 문제를 넘어선다. 그것은 예수님이 이미 '누구든지'(whoever) 들어올 수 있는 문으로 열어두셨기 때문이다(마 12:50). 더 중요한 범주는 그 내용에 달려 있다. 누가 되었든지 '하늘 아버지의 뜻대로 사는 사람'이 관건이다. 하나님은 하나님 나라가 이 땅에 임하는 것을 뜻하고 계신다. 그들은 곧 아버지의 뜻을 좇아 사는 사람들, 아버지의 뜻에 따라 그 나라를 확장하며 사는 사

람들을 의미한다.

    그날 예수님은 적어도 제자들을 자신의 형제로 언급하신다. 그 제자들은 예수님이 제시하신 하나님 나라를 위하여 자신의 '부친과 모친과 형제와 자매들'에 관한 우선순위를 내려놓고 예수님을 따라나선 자들이다(마 4:22). 혈연적 가족의 유대를 하나님 나라 건설이라는 우선순위에 내어놓을 때, 하나님 나라의 가족이 제공된다. 가족은 확장되는 것이다.

갈릴리로 오라

Come to Galilee

제 13 장
하나님 나라의 실제

네 가지 땅에 관한 비유 (마 13:1-23)

그때 많은 사람이 예수님이 서 계시는 바닷가로 몰려왔다. 예수님은 해변에 있는 무리를 향해 배 위에 오르시고 그들을 향해 비유로 말씀을 시작하신다. 그 비유는 '네 가지 땅에 관한 비유'였다. 성경에 제목 붙이기를 좋아하는 사람들은 이를 가리켜 '씨 뿌리는 자의 비유'로 제목을 삼았지만, 내용을 보면 주제는 분명 씨 뿌리는 자에 관한 관점보다는 '땅'의 문제를 제기하고 있다. 예수님 비유의 핵심은 씨앗도, 씨 뿌리는 자도 아니다. 땅에 비유되는 하나님 나라의 실제다. 씨앗은 말씀이요, 씨 뿌리는 자는 그 말씀을 전하는 선포자다. 말씀이 여러 땅에 떨어지는데, 예수님은 이 비유를 통해 땅을 구분하고 계신다.

어릴 때 기억을 더듬어 보면, 씨앗을 뿌리는 농부는 소쿠리를 왼쪽 옆구리에 끼고 거기에 담긴 밀 씨앗을 오른손으로 한 움큼 집어내어 오른쪽으로 반원을 그리면서 씨앗을 흩뿌렸다. 그러다 보면 밭에 뿌려지는 씨앗은 물론, 밭둑이나 길 가장자리의 돌무더기, 잡초가 무성한 가시덤불 등으로 떨어지는 씨앗들이 있었다. 예수님은 다양한 마음밭을 가진 청중을 향해 말씀하시는 상황을 언급하고 계신다.

그런데 그 씨앗을 받아들이는 사람 중에는 길가와 같은 마음밭을 가진 사람들이 있고, 돌밭과 같은 마음을 가진 사람들이 있고, 가시밭 같거나,

좋은 땅과 같은 마음밭을 가진 사람들이 있다. 사람들의 반응은 늘 전혀 다르다. 길가와 같은 마음을 가진 사람들은 한마디로 정말 무관심한 사람들이다. 하나님 나라의 복된 소식과 그 나라의 통치가 임하고 있는데 "나 몰라라"(I don't care!) 하는 이들이다. 말씀은 그들의 삶에 아무런 영향력을 발휘하지 못하고 있다. 돌밭 같은 마음을 가진 사람들은 그 현실을 살짝 수용은 하고 있지만 매우 피상적이다. 말씀이 자신의 존재를 흔들어 볼 수 있는 여지를 허락하지 않는다. 솔깃한 관심 정도에 머물고 만다. 따라서 삶을 헌신하지 못한다. 한편 가시밭 같은 마음을 가진 사람들은 하나님 나라의 복음을 진지하게 수용은 하지만 세속적인 경향에 밀리는 태도를 보이고 있다. 하나님 나라의 복음은 자신이 직면한 현실적 관심사와의 세력다툼에서 밀려나고 만다. 결국 열매를 맺지 못한다. 마지막으로 좋은 땅과 같은 마음을 가진 사람들은 영적인 사람들이다. 그들은 하나님 나라의 복음을 잘 이해하고, 마음으로 받아 삶으로 살아내어 많은 열매를 맺어 내는 사람이다.

예수님은 바로 이와 같은 좋은 땅을 기대하신다. 많은 다양한 사람이 있지만, 예수님은 각자가 좋은 땅이 되어 좋은 열매를 맺어 내기를 기대하신다. 우리는 '사람마다 그런 성향이 있다'고 단순히 말해서는 안 된다. 물론 사람마다 각기 성향이 다르다. 어떤 이는 매우 피상적인 사람이 있는가 하면 매우 진지한 반응을 보이는 사람들도 분명히 있다. 그러나 이것은 궁극적으로 예수님에 대한 태도 문제로 귀결된다. 예수님을 어떻게 받아들이고 있는가에 따라 그분의 선포에 다르게 반응하기 때문이다.

각 밭의 유형에 변화 가능성은 있는가? 예수님은 그러한 변화 또는 성장의 가능성을 기대하시는가? 그렇다. 모두에게 좋은 밭이 될 가능성이 있다. 길가는 어떻게 하면 좋은 땅이 될 수 있는가? 깊이 갈아엎어야 한다. 돌을 골라내야 한다. 그리고 농사를 지을 수 있도록 많은 것들을 변화시켜야 한다. 물론 어렵고 시간이 오래 걸린다. 돌밭은 돌을 주워내고 또 주워내도 계속 돌이 나온다. 신기하리만치 돌밭은 해마다 돌을 들어내도 그 안에 또 다른 돌들이 자리하고 있다. 가시밭도 마찬가지다. 농부들이 가장 두려워하는 것이 바로 가시 종류의 잡초다. 그것은 아무리 잘라내고 뽑아내도, 뿌리 한 줄기만 살아 있으면 또다시 순식간에 자라나고 번식한다.

영적 성장의 측면에서도 이처럼 좋은 땅을 유지하기 위해서는 계속되는 수고가 필요하다. 좋은 밭을 갖기 위해서는 계속 흙을 갈아엎어야 하고, 돌을 걸러내고, 잡초를 뽑아내야 한다. 좋은 밭이라고 해서 가만히 내버려 두면 금방 밭을 버리게 된다. 계속해서 좋은 열매를 맺기 위해서는 땅을 계속해서 기름지게 만들어 주어야 하고, 잡초로부터 지켜야 하고, 빗물에 흙이 유실되지 않도록 관리해 주는 일이 필요하다. 그래서 우리가 계속 묵상하고 우리의 세속적인 생각들을 하나님의 말씀으로 걸러내면서 마음과 영혼을 관리하는 것이다. 나는 어떤 땅의 사람인가? 개선의 여지는 무엇이며 어떻게 관리하고 있는가?

여섯 개의 비유로 소개되는 하나님 나라 (13:24-52)

이쯤에서 예수님은 선포의 핵심 주제인 하나님 나라를 작정하신 듯 소개하신다. 다시 언급하지만 마태가 사용하는 '천국'(kingdom of heaven)은 우리가 종종 그 단어에서 얻는 인상과 달리, '하나님 나라'(kingdom of God)라는 용어에 대한 완곡한 표현이다. 유대적 배경을 의식하여 '하나님' 대신 '하늘'을 사용한 것으로, 독자는 이 용어를 대할 때 천상천국을 상상해서는 곤란하다. 예수님은 과하다 싶을 정도로 결코 하나님 나라를 명시적으로 정의하지 않으신다. 산상수훈에서도 하나님 나라의 특징들과 그 나라의 시민이 살아야 할 중심들, 삶 그리고 그들로부터 기대되는 영적인 형편과 영성적 위기상황을 점검해 주시면서도, 하나님 나라의 실제 모습을 설명하지는 않으신다. 이후로도 예수님은 이 땅을 살아가는 많은 사람의 일상의 형편 속에서 하나님 나라를 살게 하시고자 역점을 두시면서도, 한 번도 그것을 직접 정의하시고 설명해 주신 적이 없다. "비유가 아니고는 아무 것도 말씀하지 아니하셨다"(마 13:34).

깨달음(귀 있는 자)을 강조하시던 예수님이 보시기에, 우리는 인간의 언어와 제한된 경험으로 하나님 나라를 이해할 수 없음을 아셨을까? 아니 애초에 하나님 나라는 그렇게 서툴게 표현할 수 있는 성질의 것이 아닐까? 아무튼 당시의 청중들도 오늘의 우리만큼이나 그 나라를 혼동하고 있었음에 틀림없다.

비유를 통해 그 나라의 실재를 그려보아야 하는 청중의 이해를 돕기 위해서는 한가지의 비유만으로 부족함을 아셨을까? 예수님은 이 장에서 무려 여섯 가지의 비유를 제시하신다. 아마 청중이 다양해서일 것이다. 대부분의 농사를 지으며 살았던 당시의 군중을 위해서는 좋은 씨, 겨자씨, 밭에 감추인 보화의 비유가 적합하다. 가정에서 살림을 도맡아 하는 주부들을 위해서는 누룩의 비유를, 상업에 종사하는 이들을 위해서는 좋은 진주의 비유를, 어부들을 위해서는 그물의 비유를 주신다. 예수님은 말씀을 듣는 서로 다른 청중이 각기 자신이 서 있는 다른 입장과 관점에서 쉽게 하나님 나라를 가늠하고 참여해 올 수 있도록 다양한 비유로 말씀해 주신다. 결론부터 얘기하면 예수님이 소개하시는 하나님 나라는 우리의 이해 속에 있는 내세의 천국, 죽어서 가는 영원한 천국의 그림이 아니다. 그것은 바로 이 땅에 임하는 진정한 하나님 나라의 청사진들이다. 비유들 속에서 그 나라의 특징과 속성들, 그리고 그 백성의 자세들이 드러난다.

"하나님 나라는 마치 이와 같다."

◆ **비유 1-좋은 씨를 밭에 뿌린 사람** (마 13:24-30, 36-43)

첫 번째, 하나님 나라는 마치 '좋은 씨를 자기 밭에 뿌린 사람'과 같다. 일명 '알곡과 가라지의 비유'로 자주 일컬어지는 내용이다. '하나님 나라'를 대체하여 사용한 '천국'이라는 말에는 '황금과 보석으로 빛나는 곳'과 같은 이미지가 제공될 것 같은데, 예수님은 첫 말씀부터 우리의 예상을 벗어나신다. 천상천국을 간증하는 사람들이 전하는 그림과는 전혀 다르다. 그것은 '좋은 씨를 밭에 뿌린 사람'과 같다. 전혀 예상치 못한 그림이다. 잠시 후 예수님은 제자들과 모여 있는 곳에서 이 비유를 풀어 해석해 주신다. 제자들 역시 감이 잘 잡히지 않는 분위기다. 그 비유하는 바가 궁금하다(마 13:36).

우선 비유를 간추리면 다음과 같다. 이 땅에 하나님이 좋은 씨앗을 뿌려 놓았는데, 밤사이에 사탄이 가라지를 뿌려 놓는다. 그래서 좋은 씨앗과 가라지가 더불어 뿌리를 내리고 자라면서, 세상 한복판에서 선한 사람들과 악한 사람들이 공존하고 있다.

그것이 하나님 나라라는 것이다. 이해하기 어렵다. 첫 비유에서부터 하나님 나라에 관한 대중적 개념이 송두리째 흔들린다. 악인이 공존하는 현실이라니…. 하나님 나라는 선한 사람들, 열심히 교회 가고, 헌신한 사람들만 모여 사는 곳이 아니었나? 그곳에 오히려 가라지들이 더불어 자라고 있단다. 우리가 그렸던 그림이 깨어진다.

우리도 질문한다. "하나님은 세상을 선하게 창조하지 않으셨습니까? 하나님의 형상을 따라 창조의 면류관으로 인간을 지으셨지 않습니까? 그런데 왜 이 땅에는 악인이 있고, 악이 존재하는 것입니까?" 주인이 대답하신다.

> 좋은 씨를 뿌리는 사람(예수님)이 밭(온 세상)에 좋은 씨(천국의 아들들)를 뿌려두었는데, 사람들이 알지 못하는 사이에 원수(마귀)가 가라지(악한 자의 아들들)를 덧뿌리고 갔구나 (마 13:25, 28).

본래 하나님은 온 세상에 선한 일로 가득하기를 기대하셨다는 말씀이다. 우리는 다시 질문한다. "우리가 뭔가를 해야 하지 않겠습니까"(마

13:28)? 주인이 대답하신다.

> 가만 두라 가라지를 뽑다가 곡식까지 뽑을까 염려 하노라 둘 다 추수 때까지 함께 자라게 두라 추수 때에 내가 추수꾼들에게 말하기를 가라지는 먼저 거두어 불사르게 단으로 묶고 곡식은 모아 내 곳간에 넣으라 하리라(마 13:29-30).

이것이 이 땅에 선행과 악행을 하는 무리가 섞여 있는 하나님 나라의 현실에 관한 하나님의 답변이다. 선과 악이 공존하는 현실에 하나님은 여전히 그 나라의 주인으로 통치하고 계신다. 그 하나님이 악의 문제를 심판의 때까지 참으신다. 하지만 세상의 끝(심판) 날에 천사들(추수꾼)을 통해 '모든 넘어지게 하는 것(악의 총체들)과 또 불법을 행하는 자들'(가라지)을 거두어 내어 풀무불에 던져 넣을 것이다(마 13:41). 그들은 거기서 슬피 울며 이를 갈게 될 것이다. 하지만 의인들(곡식)은 자기 아버지 나라(곳간)에서 해와 같이 빛날 것이다. 하지만 이 심판의 이슈는 어디까지나 본문의 '부록'처럼 부연된 설명이다.

이 땅에 임한 하나님 나라에는 아직 악인들이 존재하며, 불가불 악행이 만연한다. 그러나 하나님 나라 백성은 선을 행하되 낙심해서는 안 된다(갈 6:9; 살후 3:13). 의인은 믿음으로 말미암아 산다(합 2:4; 롬 1:17; 갈 3:11; 히 10:38). 하나님은 여전히 통치하시며, 추수 때까지 이 땅을 오래참고 계신다(계 4:2).

> 귀 있는 자는 들으라(마 13:43).

이것이 예수님이 비유를 베푼 후에 마침표로 찍는 말씀이다. 모두 생각하고 깨달으라는 뜻이다.

마태는 제자들의 반응에 대해서는 침묵한다. 하루의 일과를 마치고 돌아와 제자들과 함께 식사하며 나누었던 자리에서, 그들은 하나님 나라에 관한 새로운 통찰을 얻게 된다. 예수님의 해석은 그들로 많은 생각을 하게 했을 것이다. 하나님이 통치하시는 데도 악으로 가득한 세상의 현상을 단박에 깨닫기도 하였거니와, 세상의 악의 요소들을 보며 늘 불편했던 마음을 정돈할 수도 있었을 것이다. 하나님 나라에는 오늘도 그 씨앗을 뿌리시고 자라게 하시는 주인이 계신다.

◆ 비유 2, 3 - 겨자씨와 누룩 비유 (마 13:31-35)

두 번째, 하나님 나라는 마치 "겨자씨 한 알과 같다." 예수님이 "하나님 나라는" 하고 말씀하실 때 우리는 또 한 번 그림을 그린다. '천상천국의 그 웅장한 규모와 화려함, 그 장엄함은 어떠할까?' 하지만 예수님의 비유 속의 하나님 나라는 씨앗들 가운데서도 가장 작은 겨자씨 한 알과 같다.

아마 겨자씨를 쉽게 볼 기회가 없었을 것이다. 그렇다면 채송화 씨는 본 적이 있는가? 그것 역시 볼 기회가 적었을 것이고, 아, 딸기 씨가 있다. 겨자씨는 딸기 열매에 올망졸망 붙어 있는 작은 씨앗 크기 정도나 될 것이다. 딸기나무는 기껏해야 손바닥을 좀 넘는 크기로 자라고 말 뿐이지만, 겨자씨는 동일한 크기의 씨앗으로 2미터에 달하는 초목으로 자란다.

세 번째, 하나님 나라는 "마치 한 여인이 세 말(약 22리터)이나 되는 밀가루에 풀어 넣어 모든 덩이를 부풀어 오르게 하는 적은 양의 누룩과 같다." 여기서도 예수님은 우리의 그림을 바꾸어 놓으신다. '적은 양'의 누룩이다.

오늘날 누룩 역시 쉽게 볼 수 있는 것은 아니지만, 이것은 빵을 만들 때 사용하는 이스트의 역할을 했던 천연재료가 되겠다. 덩이를 부풀게 하려고 아주 적은 양의 누룩만을 사용한다.

이 비유들은 하나님 나라의 '성장 특성'을 제시해 준다. 겨자씨는 다른 씨앗들보다 훨씬 '작은' 것이지만, 그것이 심어진 후에는 나무와 같이 크게 자라 심지어 새들이 와서 깃들일 만큼 자란다. 또한 '적은' 양의 누룩이지만 가루 서 말 속에 섞어 두면 그것이 온 덩이에 미쳐 부풀게 하는 것과 같다.

겨자씨 비유에서나 누룩의 비유를 통해 예수님은 우리가 생각하기 쉬운 '천국'의 그림을 수정하신다. 그것은 내세에 얻게 되는 신천지의 그림이 아니다. 이 땅에(!) 심어 자라며 놀라운 성장을 하는 겨자씨 나무와도 같다. 흔히 상상하는 것처럼 그것은 엄청난 규모와 화려함과 능력 있음 등의 천국에 관한 개념들과 거리가 있다. 크기로 보자면 너무도 작아 잘 보이지도 않는 것, 양으로 보자면 지극히 적은 양을 들어 하나님 나라를 비교해 주신다. 하나님 나라에 관한 우리의 밑그림을 수정해야 할 일이다.

그럼에도 그 속성이 갖는 하나님 나라의 특징은 마치 겨자씨와도 같은 엄청난 성장 그리고 누룩처럼 마치 미치지 않는 곳이 없을 만큼 온 덩이에 역할을 하는 확산성을 말씀해 주신다. 하나님 나라는 눈에 보이지 않을 만큼 작고도, 얼핏 아무런 효용을 발휘하지 못할 만큼 적은 양으로 시작함에도 강력한 성장요소를 지니며, 전염성 또한 무척이나 강한 특성이 있다. 따라서 하나님 나라는 지극히 작은 시작일지라도 왕성한 성장을 보이며, 적은 무리의 백성으로 인하여도 세상 나라의 구석구석까지 미칠 수 있는 특질을 가진다.

그것은 마치 예수님이 일찍이 말씀해 주신 소금과 빛의 특성과도 같다. 적은 양의 소금이로되 온 음식에 고른 맛을 내게 하고, 작은 빛 하나가 온 집을 밝히는 것과 같다. 또한 앞서 말씀해 주신 씨앗의 특징과도 일맥상통한다. 씨앗 하나가 자라서 결실하면 30배, 60배, 100배의 열매를 낸다. 하나님 나라는 소금이요, 빛이며, 겨자씨와 누룩으로 존재하는 백성의 역할을 통해 확산한다. 우리는 그 성장과 확산을 기대하고 하나님 나라에 참여할 것이 요청된다.

◆ 비유 4, 5-밭에 감추인 보화, 좋은 진주를 구하는 장사 (마 13:44-46)

네 번째, 다섯 번째 비유에 가면 우리로 '그럼 그렇지'라는 확신을 하게 만든다. 하나님 나라는 '마치 밭에 감춰진 보화'와 같다. 또한 그것은 마치 '좋은 진주를 구하는 상인'과 같다. 이 두 이야기의 공통점은, 우연히 밭에 감춰진 보화를 발견한 농부는 그 보화를 얻기 위해 자신이 가진 모든 것을 팔아 그 밭을 사고, 또한 좋은 진주를 찾은 상인은 자신이 가진 모든 것을 팔아서라도 그것을 확보한다. 이 비유의 핵심은 하나님 나라가 보화와 같고 진주와 같이 너무 귀하고 가치가 있어서, 가진 모든 소유를 팔아서라도 사야 하는 현실임을 가리킨다. 얼마만큼의 가치인가? 자신이 가진 모든 것을 팔아서라도 구해야 하는 만큼이다. 동시에 그것이 그토록 귀하기 때문에 타인을 위해서도 그 값진 현실을 사 주어야 한다는 것이다.

두 이야기에는 엄연한 차이가 있다. 즉 '밭에 감춰진 보화를 발견한 농부'는 '자신이 소유할' 하나님 나라의 현실을 사는 사람이다. 반면에 '좋은 진주를 사는 상인'은 자신이 발견한 그 값진 진주를 전달해줄 '타인을 위해' 하나님 나라의 현실을 사는 사람이다. 이 두 현실이 모두 중요하다. 우리는 먼저 내 삶 속에 하나님 나라의 현실을 확보해야 한다. 어떤 값을 지급해서라도 꼭 구비해야 하는 현실이다. 동시에 그 나라를 경험한 사람은 오늘 '지옥의 현실'을 살아가는 이웃과 그 값진 현실을 공유하기 위해, 나의 모든 것을 팔아 그들을 위한 하나님 나라의 현실을 사야 한다. 고통받는 이웃을 위해 보화를 사는 행위는 결코 손해 보는 장사가 아니다. 기쁨은 나눌수록 배가되는 특성이 있다. 그것은 더 큰 하나님 나라의 기쁨으로 보상받을 것이다.

예수님이 하나님 나라를 얘기하실 때는 바로 인간이 처해있는 고통의 현실들이 하나님의 뜻 안에서 해결되는 현실을 상정하신다. 거기에서 예수님은 우리에게 질문하신다. "그것을 얻기 위해 너희가 소유한 것을 팔 수 있겠는가?" 자신이 가진 모든 것을 팔아서라도 하나님이 기대하시는 그 현실을 사겠는가를 말이다.

100여 년 전 우리나라 선교역사 초기에 오신 한 선교사의 이야기를 들은 적이 있다. 이름은 잊었지만, 그분의 일화는 필자가 선교사로 헌신하게 된 동기를 제공하기도 하였다. 그는 한국이 처한 현실을 전해 듣고 나서 자신이 대학에서 공부만 한다는 것에 죄책감이 들어 도저히 공부를 지속할 수가 없었다. 그는 과감히 공부를 포기하고 선교를 위해 한국으로 건너왔다. 당시에 우리나라 환경을 생각해 보라. 오늘날 세계 어느 곳이 당시 첫 선교사들이 경험했던 환경과 같겠는가? 그는 이 땅에서 우리가 경험할 하나님 나라의 현실을 사주기(buy) 위해서 자신의 가족과 익숙한 환경, 학업과 학위, 젊음과 미래의 현실을 모두 판 것(sell)이다.

한두 가지 예를 더 들어보자. 가난과 질병으로 너무도 비참한 인도인들의 현실을 보고, 평생을 그들 가운데서 섬기며 하나님 나라를 건설하고자 했던 콜카타의 성녀인 테레사 수녀가 있다. 나병이 창궐해 있는 남수단 톤즈의 현실을 보면서 그들의 친구가 되어 주었던 "울지마 톤즈"의 주인공 이태석 신부도 있다. 간호사로, 의사로 그리고 수녀와 신부로서 얼마든지 자신의 땅에서 여유를 부릴 만도 했겠지만, 그들은 자신의 모든 것을 팔아 고통 받는 이들을 위해 하나님 나라를 사주었다. 이들에게 보화와 같은 현실이 되는 하나님 나라를 사서 선물한 것이다.

굳이 오지와 같은 선교지만을 생각할 필요는 없다. 인간이 살아가고 있는 수많은 삶의 구석구석마다 하나님 나라가 실현되어야 하는 현장들이다. 가령 인권의 사각지대를 경험하고 나서 그 일을 위해 헌신하는 『정의를 위한 용기』의 저자 게리 하우겐 같은 이들도 있다.

어떤 이는 우연한 기회에 그러한 현실을 발견하게 될 것이며, 어떤 이는 귀한 진주를 찾기 위해 다녔던 사람처럼 찾고 찾으면서 그 현실을 사려 할지도 모른다. 그렇게 우선 자신이 보화를 발견하는 것이다. 그리고 난 이후에 '파는' 일과 '사는' 일이 뒤따라야 한다. 자기가 가진 소중한 것들을 다 팔아서 발견한 하나님 나라를 사는 것이다.

황금률은 이 실행에서도 놀라운 도전이 된다. 우리에게 하나님 나라를 향한 갈망이 있다면, '너희가 먼저' 타인에게 그 현실을 사주라는 것이다. 우리가 경험하고 싶은 자유와 정의와 평등, 평화가 가득한 세상은, 먼저 우리가 가진 자유와 평등과 평화의 기회를 팔아 어떤 이들의 하나님 나라의 현실을 사 줌으로써 온다. 그것이 바로 하나님이 주신 율법과 모든 선지자의 글들에 대한 총체적 요약이다. 그 실재가 바로 하나님 나라다. 궁극적으로 예수님은 영원한 천국을 상정하시지만, 오늘 그 하나님 나라의 현실을 내 것으로 경험하는 것, 그리고 내가 가진 것을 팔아 오늘 타인의 하나님 나라를 사 주는 것이 내일의 그 미래적 하나님 나라를 선취(先取)하는 것이다.

◆ 비유 6 - 물고기를 모으는 그물 (마 13:47-52)

마지막 비유는 어부에게 익숙한 비유이다. 농부의 비유, 여인의 비유, 상인의 비유뿐 아니라, 이제는 어부가 상상할 수 있는 비유를 주신다. 하나님 나라는 마치 "바다에 치고 각종 물고기를 모으는 그물과 같다." 비교의 대상은 물고기도 아니고 어부도 아니다. 그것은 어부가 그물로 물고기를 잡아 행하는 행위 전반과 관련된다. 어부는 그물을 내려 좋은 물고기를 잡고자 한다. 물고기는 그물에 모일 것이다. 때가 되면 잡힌 고기의 선별작업이 있을 것이다.

결국 이 비유는 하나님 나라 선택여부에 대한 결과를 예고한다. 이 땅에서 실현되는 하나님 나라의 결국에는 심판이 있을 것이다. 이 땅에 임하는 하나님 나라는 그럼에도 땅 위에서의 영원을 보장하지 않는다. 우리는 모두 죽는다. 우리가 종종 망각하고 살아간다 할지라도 인간의 사망률은 100%다. 그때에는 모두 그물에 걸린 물고기와 같이 어부의 손 안에서 분별을 받게 될 것이다. 첫 번째 비유에서와 같이 천사들이 와서 비유 속의 어부처럼 의인 중에서 악인을 분별해 낼 것이다.

하나님 나라는 대상을 불문하고 모든 사람에게 전달된다. 그들 중에는 순전한 마음으로 하나님의 통치를 수용하고 그 나라의 삶을 살아가는 이들이 있겠지만, 거절하고 자신의 왕국에서 하나님의 통치를 부정하며 사는 이들도 있을 것이다. 이 땅에서 하나님 나라를 살지 않았던 이들은 '악인'이라는 범주 안에서 하나님 나라가 아닌 그 삶의 연속선상에 있는 현실에 이른다.

이것은 '심판'의 주제와 관련된 비유다. 하나님 나라는 마냥 '낙원'의 모습만 그려주지 않는다. 그것이 낙원이라면 그 반대편의 삶이 실재하고 있음도 보여준다. 하나님 나라의 반대편에는 '풀무불'과 같은 악인들이 처할 형편이 있다.

여기에 문제가 하나 있다. 풀무불에 '던져 넣을 것'이라는 표현으로 인해, 많은 이들은 "어떻게 하나님이 자신의 피조물을 지옥으로 던져 넣을 수 있는가?"라고 질문한다. 많은 무신론자가 하나님을 수용하지 못하는 현실적인 이론적 기초가 바로 여기에 있다. 하지만 이 현실은 결국 각자의 선택 결과임을 분명히 해야 한다. 하나님은 '악'과 '지옥'에는 상관도 없으시다. 그분이 관심하고 제시하며 초청하시는 것은 '하나님 나라'요, 그 잔치다. 그분은 심지어 강권하기까지 하신다(눅 14:23). 다시 말하지만, '지옥'은 하나님의 관심사가 아니다. 하지만 사람들은 그 초청에 개의치 않으며, 응하지도 않는다.

결국 사람들 자신이 지옥의 현실을 의지적으로 선택하여 얻는다. 그것은 마치 "지나친 흡연은 폐암을 유발한다"는 수많은 의학적이고 사회적인 경고에도 흡연을 고집하다 폐암으로 죽어가는 것과 같다. 그러면서도 의사와 가족들을 향해 "왜 나를 죽음으로 내모는가?"하고 비난할 수 없는 것 아닌가?

이제 하나님 나라를 그려볼 수 있는가?

이 여섯 가지 비유를 베푸신 예수님은 제자들에게 물으신다.
"이 모든 것을 깨달았는가?"
그분은 우리가 이것을 이해했는지에 관심하신다. 하나님 나라를 비유로 설명하신 예수님은 그에 대한 백성의 반응으로 '들을 귀'를 요청하신다. 그날의 제자들은 "그렇습니다!"라고 대답한다.

만일 우리가 하나님 나라를 이 세상 이후에 얻게 될 거할 처소와 같은 것으로만 기대해 왔다면, 오늘 예수님의 비유는 우리로 하여금 다른 그림을 그리게 하고, 다른 속성을 설명해 주고, 우리가 어떻게 살아야 할 것인가에 대해 더 진지한 질문을 하게 만든다. 이것은 삶의 문제이지, 그 삶 이후에 그 무엇이 보장된다는 이야기에 초점을 두지 않는다. "너희가 이것을 깨달았는가" 하고 물으시는 예수님은 이 여섯 가지 비유 가운데서 한 번도 장소적 개념과 보상을 말씀하지 않으신다. 오히려 이미 임해 온 하나님 나라에 대해서 우리가 어떤 정체를 가지고 있고, 어떻게 수용해야 하며, 우리가 어떻게 살아내야 할 것인지를 강조하신다. 그래서 그 삶의 결과로 마지막에 어떤 심판을 초래하게 되는가를 밝혀주는 데 그 비유를 다 할애하고 계신다.

예수님은 다짐하시듯, 확인하시듯 물으신다.
"이제 알겠는가?"
첫 번째 비유를 주시고 맘에 차지 않으신 듯 두 번째 비유를 하시고, 그래도 차지 않으신 듯 세 번째, 네 번째, 다섯 번째, 여섯 번째까지 말씀하셨다. 이제야 비로소 마음에 차신 듯 이제 "깨닫게 되었는가?"를 물으신다. 당신은 깨달았는가? 하나님 나라가 무엇인지, 예수님이 구상하고 계시고, 우리 안에서 이루어지기를 바라는 예수님이 의도하시는 그 나라가 무엇인지 알게 되었는가? 그것은 우리가 익숙하게 그리고 있는 '죽어서 가는 곳'이 아니다. 모든 비유는 내세로서의 천국을 그려주지 않는다. 그것은 '지금 여기'에 임하는 하나님 나라를 그려 보이고 있다.

끝으로 예수님은 "하나님 나라에 대하여 배워 알게 된 모든 서기관은 마치 새 보물과 옛 보물을 창고에서 내어오는 집주인과 같다"(마 13:52)고 말씀하신다. 하나님 나라의 비밀을 배운 우리에게 그 나라의 창고를 맡아 관리하는 주인의 자리가 허락된다. 창고 가득 보관된 하나님 나라에 관한 내용물이 우리에게 맡겨져 있다. 우리는 예수님이 가르치신 하나님 나라에 대해서 아무런 해답이 없는 것처럼, 천국을 간증하는 이들의 주장에 휘둘려서는 안 된다. 우리가 바로 예수님의 하나님 나라 창고에서 옛 보물들과 새 보물들을 꺼내어 혼동하는 이들에게 전달해 주어야 하는 자들이다.

고향에서의 배척 (마 13:53-58)

참 여러 방식으로 예수님은 사람들에게 배척을 받으신다. 어떤 이들에게는 그가 갈릴리 출신이요, 목수의 아들이요, 사람들이 인정할 만한 소위 '스펙'(자격조건) 없는 그 출신성분 때문에 배척을 받으신다. 또 어떤 이들은 그의 일반 선포자들과는 다른 스타일과 다른 메시지 때문에, 그의 강렬한 하나님에 관한 열정 때문에, 또 그에게 수많은 추종자가 있다는 이유에서 오는 두려움과 질투심에서 그를 배격한다. 그리고 마침내 고향 사람들에게는 전부터 그를 너무 잘 알았던 사람이기에 존경을 받지 못한다.

"어떻게 된 거야? 저 친구에게 어디서 저런 지혜와 능력이 생긴 거지? 목수 요셉의 아들 아니야? 우리가 알지만 저 친구는 목수로 잔뼈가 굵은 사람이 아닌가? 그 어머니 마리아와 그 형제들을 우리가 다 아는데, 저 사람이 어떻게 저렇게 유명해 진 거지? 그 누이들도 다 우리와 함께 살고 있지 않은가? 참 살다 보니 별 신기한 일도 다 있군…."

그리고는 애써 그를 배척한다. 그런 과거에 대한 정보에도, 아니 오히려 그러한 과거에도 불구하고 현재의 그 탁월성만으로도 예수님을 인정할 수는 없었을까? 특이하게도 사람들은 가까운 사람들에 관한 인정을 오히려 못하는 것 같다. 가까운 사람, 잘 아는 사람에게는 그 사람이 마땅히 받아야 하는 존경과 대우를 가볍게 하는 경향이 있다. 외부인에게는 친절하고, 환영하고, 작은 것에도 놀라워하면서도 가장 가까이에 있는 사람들(가족이든, 친척이든, 교회나 학교이든)의 가치에 대해서는 허투루 인정하며 심지어 무례하게 대하는 경향이 있다.

사람들은 가까울수록, 더 잘 알수록 바로 그 이유 때문에 서로를 향한 인정과 존경과 예의가 필요하다. 만일 내가 절친한 사람들을(동료, 후배들, 학생들 특히 부모님, 아내와 남편, 자녀) 귀히 여기지 않는 문화에 익숙하다면, 모종의 착각 속에 살고 있음을 기억해야 한다. 우리와 삶을 공유하는 이들은 바로 이 '가까운 사람들' 아닌가? 결국 우리에게 가장 의미 있는 사람에 대해서는 그만큼 가깝기에 허물과 장단점에 모두 익숙할 뿐이며, 반면 먼발치에서 바라보는 사람들의 삶은 우리와 그만큼 멀기에 그것들이 가려져 있을 뿐이다.

그러나 배척의 결과는 고스란히 자신들의 몫이다. 예수님은 자신을 배척하는 사람들 가운데서 많은 역사를 보이지 않으신다. 준비된 선물이 있다 한들, 받으려 하지도 않고 배척하는 사람들에게 굳이 선물을 줄 이유는 없다. 양자를 마음으로 이어주지 못하는 한, 선물은 선물이 아닌 하나의 의미 없는 물질(또는 섬김)이고 만다. 관계는 매우 상호적인 것이다. "그러므로 무엇이든지 남에게 대접을 받고자 하는 대로 너희도 남을 대접하라"(마 7:12)는 말씀처럼, 예수님을 귀히 여기는 자가 예수님에게도 귀히 여김을 받는다.

신앙은 진지한 분별을 기대한다. 우리 안에 있는 '지극히 작은 자'에게 어떤 태도를 유지하는가 하는 것이 우리의 영원한 심판의 척도가 됨은 물론(마 25:40), 오늘 사람들을 대하는 나의 태도가 그 사람들과 공유하는 내 삶의 질을 결정한다는 사실을 기억해야만 한다.

갈릴리로 오라

Come to Galilee

제 14 장
하나님 나라의 경험

세례 요한의 죽음 (마 14:1-12)

세례 요한의 죽음 소식이 액자처럼 배치되어 있다.

예수님의 행하시던 소문은 분봉왕 헤롯에게까지 당도했다. 이 소문을 들은 헤롯은 요한이 되살아난 것으로 보고 몹시 근심한 것으로 보인다. "이는 세례 요한이 틀림없다. 이런 권능이 그 속에서 운동하는 것을 보니 그가 죽은 자 가운데서 살아났음이 틀림없어"(마 14:2).

◆ 광야의 요한

'광야'란 빈 들판을 일컫는 말로, 오늘 우리에게는 사뭇 낯선 용어이지만 성경에서는 매우 친근한 용어다. 모세도 미디안 광야에서, 엘리야도 브엘세바 광야에서, 다윗도 엔게디 광야에서 하나님의 사람으로 연단되었고, 예수님도 유대 광야에서, 세례 요한도 사해 광야에서, 바울도 아라비아 광야에서, 사도 요한도 밧모섬 감옥에서 각자의 광야를 살아갔다. 광야는 하나님을 대면하여 빚어지던 곳이요, 백성이 행진하던 길이요, 전투하며 함성소리 높이던 곳이요, 하나님의 도우심을 체험하던 곳이요, 하나님을 향해 신음하며 탄식하던 곳이요, 시험받던 곳이요, 하나님 나라를 선포하던 곳이요, 연단 받으며 기다림을 알던 곳이다. 오직 하나님과 대면하여 나를 추스르는 곳이 광야다.

누구보다도 세례 요한은 주님 다시 오실 길을 예비할 우리에게 특별한 본을 제시하는 인물이다. 그가 메시아이길 기대하는 대중들에게, 그는 자신이 메시아도, 엘리야도, 선지자도 아니라면서 참 빛 되신 예수님만 증거 했다. 소위 '큰 목회'나 위대한 사역을 꿈꾸어도 보았겠지만, 그는 예루살렘 종교인들의 대열에 합류하지 않고 철저히 광야 사람으로 남아 있었다. 그에게는 은퇴일을 넘기면서까지 오래도록 사역해야겠다는 욕심도 야망도 없었다. 주의 길을 예비하고 난 그는 '예수님은 흥하고 자신은 망해야 함'을 역설하면서, 자신에게보다 예수님께 세례받는 이들이 많아지고 제자들이 자신을 떠나 예수님을 따르는 모습을 기뻐하면서 묵묵히 역사의 뒤안길로 물러났다(요 3:22-30). 물러가서도 그는 통치자의 불의를 폭로하며 정의를 외치다 투옥되고 말았다.

◆ 요한의 최후

이즈음 요한은 마케루스(Machaerus) 별궁에 갇혀 있었다. 헤롯은 예루살렘에 있는 궁전뿐 아니라 여리고와 마사다, 베들레헴 남쪽 헤로디움과 마케루스에 계절별로 별궁을 가지고 있었다. 그 전에 요한은 헤롯이 그 동생 빌립의 아내 헤로디아를 아내로 취한 일을 두고 그 일의 부당성을 비판하다 투옥되고 말았다(마 14:3-4). 헤롯은 당장에라도 요한을 처형해 버리고 싶었지만, 민중들이 그를 선지자로 여기는 까닭에 민란을 두려워하여 감옥에 방치해 두고 있던 터였다.

마침 헤롯의 생일을 맞아 예루살렘의 대신들과 로마의 천부장, 빌립의 대신들을 포함한 갈릴리 귀인들을 초청하여 잔치를 벌였다. 한참 흥이 고조되던 때에 헤로디아의 딸이 연석 가운데로 나와 춤을 추어 헤롯을 기쁘게 했다. 오늘날의 중동지방 여인들이 벨리댄스를 추는 모습을 연상해도 무난할 것 같다. 흥이 난 헤롯은 딸에게 무엇이든지 달라는 대로 주겠다고 맹세를 했고, 그녀는 모친 헤로디아의 요청에 따라 세례 요한의 머리를 요구했다.

민란을 두려워하던 헤롯은 근심되었지만, 자기의 맹세한 것도 있고, 또 함께 한 사람들로 인하여 그렇게 하도록 허락해 버리고 말았다. 이에 세례 요한은 유언 한마디 남기지 못하고 망나니가 휘두르는 칼에 초개처럼 스러지고 말았다. 하지만 그는 이미 할 말을 다한 사람이었다. 메시아의 길을 예비하며 광야의 '소리'로서의 사명을 다 감당했다. 끝까지 불의를 참아보지 못하고 의를 행한 까닭으로 그는 이처럼 참혹한 처형을 맞게 되었다. 이로써 요한은 '의를 위해 핍박을 받은 자'의 전형이 되었다.

그가 광야 사람이 아니었더라면 이런 비참한 결말을 맞지 않았을 것이다. 예루살렘 종교가 원하는 방식으로 '고상한' 경건이나 설파하고, 대중의 축복이나 빌며 성공적 신앙생활이나 강의하고 다녔더라면 오히려 대접받고, 소위 '성공목회'로 출세의 가도를 달렸을 것이다. 하지만 결국 요한은 적법한 재판 절차도 없이, 심지어 사형장도 아닌 감옥에서 곧장 목 베임을 당하고 말았다. 하나님의 선지자 세례 요한이 한갓 왕과 귀인들의 잔치놀음에서 희생되어 버리고 만 것이다. 소식을 들은 요한의 제자들이 와서 그의 시체를 가져다가 장사를 지내고 가서 예수님에게도 기별을 보냈다. 소식을 들으신 예수님은 아무 말 없이 배를 타고 떠나 따로 광야로 나가셨다.

오늘날 세례 요한이 목 베임을 당한 마케루스에 오르면, 폐허가 되어 있는 헤롯의 궁전을 만날 수 있다. 왕의 옷을 입고 왕의 잔치를 벌이던 그 날의 헤롯의 영화도 오늘은 폐허의 잔해가 되어 말없이 뒹굴고 있다. 하지만 불의를 비난하며 천국을 호령하던 세례 요한의 의분과 충정은 여전히 순례자들의 가슴 속에 깊이 자리한다.

'오병이어' 사건에서 보는 큰 그림 하나 (마 14:13-21)

　예수님은 세례 요한의 소식을 들으셨다. 그 마음이 오죽했을까? 하지만 마태는 아무 말씀도 없이 배를 타고 떠나 쓸쓸히 빈들로 나가시는 예수님의 뒷모습만 전한다. 마치 요한이 그렇게 될 것을 예견이라도 하신 것처럼 예수님의 착잡한 모습을 눈에 뵙는 것만 같다. 당신의 길을 예비하기 위하여 삶을 드린 사람의 최후…. 이것이야말로 '어쩔 줄 몰라 하시는 하나님'의 모습이 아니신가? 어쩌면 그분은 요한의 일을 들으시고 당신의 민망한 마음의 시선을 둘 곳이 없었는지도 모른다. 비참으로 가득한 세상 한복판에서 그 악한 세력들에 의해 목숨을 내어 놓아야 하는 이 실상에 대해 울먹일 수밖에 없는 당신의 민망한 눈물을 숨길 수 있는 그곳, 그것이 빈들의 유익이 아니었던가?
　하지만 머무를 겨를도 없이 수많은 사람이 다시금 원근각처에서 몰려든다. 나중에 파악된 인원을 보니 여자와 아이들을 제외하고 오천 명이나 몰려와 있었다. 예수님은 언제나처럼 그들을 보시고 불쌍히 여기신다. 백성들이 존경하던 세례 요한까지 목 베임을 받은 그 현실 속에서, 그리고 여전히 악이 기세등등한 상황 속에서, 예수님은 '목자 없이 유리하며 고생하는' 그 군중이 처해 있는 비참한 현실을 읽어 내시고 민망히 여기신다. 이것이 청중을 향한 예수님의 변함없는 중심이었다.

◆ 너희가 먹을 것을 주어라

　그들은 저녁이 되도록, 늦게까지 예수님을 떠나지 않는다. 해가 지는 것을 보면서도, 그들은 예수님 발 앞에 머물러 있기를 선택하고 있다. 예수님 앞에서 듣는다는 것이 얼마나 새로운 현실인가? 그분이 환부를 만져주시고, 회복을 선언해 주시는 현실이 얼마나 문자 그대로 천국인가? 밥이 문제겠는가, 무엇이 문제가 되겠는가?

하지만 제자들은 걱정이 된다. 수많은 군중이 해 지는 줄도 모르고, 집에 돌아갈 줄도 모르고, 식사 때가 되었는데도 마냥 예수님 앞에 머물러 있다.

급기야 제자들은 예수님의 의중을 떠본다.

"저들을 내어 보내어 먹을 것을 사 먹게 해야 하지 않겠습니까?"

놀랍게도 예수님은 가당치 않는 대답을 하신다.

"너희가 먹을 것을 주어라."

형편을 모르지 않으신 예수님이 지금 무슨 말씀을 하시는가? 그러면 제자들의 강구책은 무엇인가? 그들은 예수님의 말씀을 따라 청중에게 먹을 것을 마련해 주는가? 그랬다. 무엇을 주는가? 한 아이가 가져왔다는 보리떡 다섯 개와 물고기 두 마리가 전부다. 도대체 이 적은 것이 이 수많은 무리에게 무엇이겠는가는 제자들도 알았다. 제자들이 아무것도 가지고 있지 않음을 속속들이 아신 예수님이 "너희가 먹을 것을 주어라"고 하신 말씀은 아무래도 넌센스다. 그러나 예수님은 정색하시고 말씀하셨다.

"너희가 마련해 주어라!"

◆ 하나님 나라의 벽화 하나

이 오병이어(五餠二漁) 사건은 결과적으로 우리에게 커다란 그림 하나를 그려 보인다. 그것은 마치 커다란 공간 벽에 그려진 거대한 벽화 하나와 같다. 그 그림은 현실적 궁핍에 대한 '실현된 하나님 나라'의 모습이다. 그것은 배고픈 군중이 경험했던 배불리 먹게 된 현실이다. 예수님은 사실상 그들이 가진 지극히 적은 소유를 가지고 그날의 하나님 나라를 이뤄 내는 현장을 제자들로 경험케 하셨다. 그 경험은 앞으로 오는 모든 세대가 계속 기억하고 공유하면서, 그 일상 속에서 구현해 내야 하는 실현된 하나님 나라의 청사진과도 같았다.

그렇다면 거기서 이루어진 하나님 나라는 무엇인가? 그것은 곧 '하늘에서 이루어진 하나님의 뜻이 이 땅에서 이루어진 현실'이다. 하나님은 이 땅에 사는 모든 사람이 정말 그처럼 함께 배불리 먹는 그림을 기대하신다. 그 그림이 오병이어 사건을 통해 부분적이나마, 제한적이나마 성취된 것이다. 원리는 그것이다. 하나님 나라는 이렇게 임한다.

앞서 예수님은 천국을 비유하시면서 "어떤 사람이 밭에서 보화를 발견했거나, 또는 어떤 상인이 값진 진주를 발견했을 때, 자신이 가진 소유를 다 팔아 그것들을 샀다"는 것으로 말씀해 주신 적이 있다(마 13:44-46). 그처럼 가치 있는 천국은 '모든 것'을 지급하고서라고 사야 한다. 그것이 지혜로운 사람의 마땅한 행동이다.

그렇다면 그 천국을 산다(buy)는 것은 무엇인가? 또한 그날에 천국을 사기 위해 제자들이 지급한 대가가 무엇인가? 그것은 오병이어와 제자들의 믿음에 기초한 실행이다. 그저 그들의 믿음이 오병이어를 가능케 한다는 것이 아니다. 그것은 오병이어를 내어 드리고서 하나님이 하시는 일을 본 이후에 얻는 믿음이다. 결국은 '하나님 나라는 이렇게 현실적으로 임한다'고 하는 실재하는 경험과 확신을 산 것이다. 실제로 이 그림은 오순절 성령강림 이후로 초대교회가 실제로 경험했던 그림이다. 그들은 성령의 교통하심을 따라 유무상통하는 역사를 이뤄냈다(행 2:44-45).

우리의 일상 속에, 우리가 살아가는 세상 속에 실제적인 필요가 채워져야 할 영역은 헤아릴 수 없이 많다. 하지만 가장 긴급하고 시급하고 우선된 이슈는, 생존에 필수적인 가장 기초적인 의식주의 결핍으로 신음하는 사람들에 관한 것이다. 이것이 충족되지 않고도 건강한 사회가 유지될 수 있는 길은 없다, 공동체 구성원은 그 공동체적 목표를 이러한 문제가 기본적으로 해결되는 '하나님 나라'를 꿈꾸어야 한다. 이것 없이는 사람들 사이의 긴장과 수많은 위법 행위들은 불을 보듯이 빤하게 발생할 것이기 때문이다.

이쯤에서 왜 가난의 문제와 먹거리 문제만을 가지고 하나님 나라를 강조하는가 생각할지도 모른다. 예수님이 어느 현실에 오셨고, 어떤 현실에 처한 군중에게 어떤 메시지를 전하셨는가를 본래의 눈높이에서 보게 되면, 예수님이 실제로 전하고 계시는 희석되지 않은 메시지를 들을 수 있게 된다.

◆ 갈릴리의 삶의 자리

앞서도 약술한 바 있지만 다시금 갈릴리의 삶의 자리를 더듬어보자. 당시 예수님이 30년 세월을 보내셨던 갈릴리는 가난으로 찌들어 있던 곳이었다. 이스라엘 내 수도 예루살렘으로부터 가장 멀리 떨어져 있던 변방 땅이 갈릴리였다. 그곳은 솔로몬 시대 이래로 이방 나라에 내어준 땅이었다. 여호와의 선민이라는 자부심을 품고 있던 백성에게, 상의 한마디 없이 그 조상적부터 살아온 땅을 이방 왕에게 내어 주었다는 사실을 생각해보라. 하루 아침에 이방 백성이 되어버린 갈릴리 주민들은 역사적으로 강한 쓴 뿌리를 가지고 살아가고 있었다. 로마 통치하에서 갈릴리는 어느덧 혁명의 땅으로 자리매김 해 오고 있었다. 예수님 당시에도 갈릴리는 열심당원의 본거지, 나아가 독립군의 본거지였다. 역사가들에 따르면 예수님이 태어난 B.C. 4년경만 하더라도 그 갈릴리에서 무려 2천 명이나 되는 사람들이 로마에 대한 반란에 가담했다는 이유로 십자가형을 받고 죽어갔다고 한다.

역사현실이 이러했다면 성장기 동안 예수님은 무엇을 보고 느끼며 살아오셨을까? 오늘날 팔레스타인과 이스라엘 사이의 갈등에서 보듯, 툭하면 가족과 이웃집 아들들과 친구들이 잡혀가고, 행방불명이 되고, 또 어느 날 갑자기 죽임을 당하는 현실을 대면하고 사셨음에 틀림없다. 슬픔과 분노로 점철된 삶을 힘겹게 살아내는 그들의 현실을 접하고 사셨던 것이다. 그 어머니와 누이들과 이웃들의 슬픔에 찬 얼굴들을 우리는 오늘도 국제뉴스를 통해 보고 있다. 양상만 조금 다를 뿐 당시 갈릴리에 사시던 예수님이 살았던 일상은 늘 그런 현실이었을 것이다.

오죽하면 사람들이 반항하고, 봉기하고, 오죽하면 사람들이 '못 살겠다' 하면서 반란에 가담하고, 부처 먹던 땅을 포기하고, 가족을 포기하고 무기를 들고 나서겠는가? 그것이 갈릴리의 현실이었다. 예수님이 산상수훈을 말씀하고 하나님 나라를 선포하시면서 그려내고 있는 갈릴리의 현실이 바로 이와 같았음을 인식하고 본다면 복음서는 달리 보이게 될 것이다. 예수님은 그곳에 오시고 그곳에서 사시면서, 그러한 형편에서 살아가던 청중들에게 임해야 하는 '하나님 나라'를 선포하셨다.

오늘날 국민소득 2만 불을 이야기하고, 세계 12위 경제대국을 주장하는 우리의 부유한 현실에 그 옛적 예수님이 의도하고 들려주셨던 메시지가 순전하게 들릴 리가 없다. 예수님이 우리 시대에 그대로 오셔서 그 전과 똑같이 행동하신다면 오늘날 교회는 그분을 수용하지 못할 것이다. 한번 예수님의 메시지를 오늘의 현실과 대입시켜 보라.

하지만 오병이어의 사건은 오늘도 여전히 실제적인 사건이 되어야 한다. 이 풍요로운 현실 속에서도 절대적·상대적 빈곤으로 지쳐있는 사람들이 그 날의 군중들처럼 많기 때문이다. 이를 위해 우리는 내가 가진 오병이어가 무엇인지를 알고, 그것을 예수님에게 내어 드림으로 이루어질 하나님 나라를 그려 보아야 한다. 그 나라는 하나님이 은혜로 이미 주셔서 내가 잠시 누리거나 가지고 있는 것들이 나누어짐을 통해 구체적으로 임해오기 때문이다. 그것은 필요에 처한 사람들의 실상에 비해 누룩과도 같이 적은 것이지만 놀랍게도 온 덩이에 퍼져 부풀게 하는 역사를 마침내 이루어 내고 말 것이다. 그것이 하나님 나라의 실상이요, 비밀이다. 그 작은 오병이어가 오천 명의 장정과 수많은 군중을 먹일 수 있었던 것처럼 말이다.

◆ 진정한 기적

예수님은 이곳에서 '이럴 때는 기적을 행하는 거야'라고 말씀하지 않으신다. 굶주린 청중의 필요를 채우는 데 있어서 신비한 방식을 가르치거나 격려하지도 않으신다. 모두가 주려있는 상황을 타개하기 위해 "하늘로부터 떡을 내려달라"는 통성기도를 인도하거나, 적은 먹을 것을 수천 배로 부풀릴 수 있는 능력의 기도를 요구하지 않으신다. 오히려 그들이 '지금 가지고 있는 실물'에 관심하신다. 들었는가? '실물'이다. 그것은 많고 적음이 문제가 아니다. 하나님 나라의 현실을 이뤄 내기 위해 그것을 내어 놓느냐의 문제다. 하나님 나라는 이처럼 무척이나 실제적이다.

어떤 이들은 종종 하나님이 자신의 결핍 때에 '정확한 금액'을 공급해 주셨다는 어조의 간증하기를 좋아한다. 특정 액수의 돈이 정말 필요했는데, 어느 날 '우연'한 어떤 기회, 또는 사람을 통하여 딱 그만큼의 액수를 하나님이 채워주셨다는 간증들이다. 하지만 이러한 간증을 가진 이들은, 하나님의 감동에 따라 그들이 가진 재화를 당신에게 나누어준 '헌신'이 있었음을 분명히 기억해야 한다. 하나님은 그들의 내어줌을 통해 당신의 필요와 기도에 응답하신 것이다.

이것이 바로 하나님께서 우리의 필요를 채우시는 기적같은 방법이다. 우리가 돈이나 음식, 의복이나 거처, 기타 다양한 필요에 처할 때, 하나님은 '신령한 기적'이 아닌, '하나님 나라'의 실현을 목표로 살아내는 당신의 백성들의 손길을 통해 그것을 공급하신다.

심지어 하나님은 우리의 주린 배를 채우시기 위해 지금도 온 우주와 이름 모를 농부들을 동원하여 곡식과 채소를 기르고 계신다. 우리의 헐벗음을 면하게 하려고 수많은 이들을 통해 옷감이 될 원자재들을 가꾸시고, 수많은 공장의 일꾼들과 디자이너들과 판매자들을 동원하고 계신다. 우리의 거처를 마련해 주시기 위해 수많은 건축가와 건설 노동자들 그리고 그러한 세상을 살아내야 하는 수많은 백성을 권면하고 계신다.

그렇다. 우리의 필요를 채우시는 하나님의 기적은 이 땅에 존재하는 모든 사람의 공동노력을 통해 이처럼 준비되고 실행되고 있다. 그것들이 제공되고 분배되는 과정에서 개입되는 수많은 경제 사회요소들에 의해 결핍이 생길 때, 하나님은 또한 누군가의 베풂과 내어줌을 통해 채워내고자 하신다. 그들의 부모나 형제자매나 친구나 이웃들을 통해서 말이다. 믿음의 공동체는 이 그림이 주는 원리를 기꺼이 수용해야 한다. 하나님은 우리 안에 있는 결핍된 현실을 채우기 위해, 우리로 '신령한 방식'을 추구하기보다, 우리 '수중에 있는 오병이어'를 하나님에게 내어 드림으로 모두가 함께 충족되는 진정한 기적을 기대하신다.

◆ 남은 열두 광주리

그날 거기에 있던 모든 사람들이 공통적으로 경험한 사실은 바로 '모두가 배불리 먹었다'는 것이다. 하나를 먹었든 둘을 먹었든, 남자든 여자든, 어른이든 아이든, 부자든 가난한 이든 모든 사람들이 부족함 없이 먹고 만족했다. 심지어 그리하고도 남은 조각이 있어, 버려지거나 낭비되지 않고 열두 광주리나 가득히 모았다. 중요한 것은 '적은 것으로도 서로 나눔으로 함께 배부른 현실을 만드는 데 '부족하지 않았다'는 점이다. 아무리 지구 한켠에서 굶주림으로 죽어가는 사람들이 있다 할지라도 이 땅의 양식은 부족하지 않다. 다만 적절히 나누어 지지 않을 뿐이다.

이 땅에는 여전히 그 당연한 필요를 채움 받지 못하는 자녀들이 늘 존재한다. 하나님의 돌봄을 대신할 부모를 잃었거나, 자녀의 필요에 부응할 수 없는 상황에 처한 부모들이 늘 있기 때문이다. 또한 타인의 일용할 양식에 소용되지 못하도록 어떤 이들이 과하게 소비해 버리거나, 남은 것들을 나누지 않고 자신의 내일을 위해 축적하기 때문이다.

모두가 일용할 양식으로 배부른 현실을 기대하시는 하나님의 의중을 안다면, 적어도 우리가 그 현실을 위해 적은 것을 나눌 뿐 아니라, 배불리 먹고 남아 거둔 열두 바구니 양식은 꼭 이들의 몫으로 돌려야 한다. 하나님이 공급하시는 하나님 나라의 일용할 양식은 누군가의 사욕을 위해 축적되거나 낭비되어서는 안 된다.

믿음의 문제 (마 14:22-36)

식사를 마치신 예수님은 자신이 군중을 해산하시겠다며 제자들을 먼저 재촉하여 보내신다. 따로 배를 가져오지도 않으신 분이, 제자들을 먼저 배에 태워 떠나보내시는 것은 아무리 보아도 특이한 행동이다.

예수님은 따로 혼자서 기도할 목적이 있으셨다. 날은 저물었는데 혼자서 산에서 기도하시는 예수님의 모습이 비장해 보인다. 오병이어 사건이 부담되셨을까? 요한은 "예수께서 그들이 와서 자기를 억지로 붙들어 임금으로 삼으려는 줄 아시고 다시 혼자 산으로 떠나가시니라"(요 6:15)고 전한다. 예수님은 그 큰 기적 이후에 홀로 남기를 선택하신다. 사람들의 환호에 반응하여 왕이 되는 것은 이 땅에 오신 목적도 아니거니와, 이미 마귀의 시험을 통해 정돈해 둔 문제다(마 4:8-10). 얽매일 일이 아니다. 섬김이나 백성의 유익과 같은 괜찮은 명분이 있다 할지라도, 사람들의 옹립을 앞세울 수는 없다. 아버지의 뜻에 순종하시는 것이 예수님의 유일한 관심사다.

예수님은 그곳에서 오랜 시간을 머물 수 없으시다. 그 시간 제자들이 갈릴리 호수에서 파도와 씨름을 하며 고난을 겪고 있기 때문이다. 예수님은 그 어두운 밤중에 물 위를 걸어 제자들에게 오신다.

'필시 이 밤에 유령이다!'

제자들은 설상가상으로 두려움에 떤다. 아무리 갈릴리 호수에서 뼈가 굵었다고 하지만, 그 한밤중에 세찬 바람 몰아치는 풍랑 이는 바다 위를 태연하게 걸어오는 존재가 과연 유령 외에 무엇이란 말인가? 제자들은 공황상태에 빠져 소리를 질러댄다. 제자들의 고난 상황을 매만지러 오셨던 예수님이 그것을 길게 두실 이유가 없으시다.

> 안심하라 나니 두려워하지 말라(마 14:27).

미리 예수님이 '알아주셨더라면' 더 좋았을 뻔했다. 우리 인간은 그런 상황 속에서 당연히 공황상태에 빠져버리는 존재임을 말이다. 그런 조건을 상식처럼 여기시고 제자들에게 접근해 오신다는 것은 예수님이 심했다. 그런데 순간 이게 무엇인가? 베드로는 상황파악이 안 된 사람처럼, 아니 그 상황을 제대로 파악이라도 할 책임이 자기에게 있는 것처럼 당황스럽게 질문을 던진다.

"만일 주님이시거든 나를 명하여 물 위로 오라 하소서"(마 14:28).

그는 적어도 예수님은 능히 그 일을 가능케 하실 분임을 인식하고 있다. 예수님은 바로 "오라!" 하신다. 엉뚱하기는 둘 다 똑같다. 그 선생에 그 제자다. 베드로 역시 꾸물거리지 않는다. 당장 배에서 내려 맨땅을 걷듯 물 위를 걸어 예수님을 향해 간다. 세상에, 물 위를 걷다니. 평생을 물 위에서 살았지만, 배의 부력에 의존해서 살아왔던 그가 오늘은 그 자연법을 거슬러 물 위를 걷고 있다. 엉뚱한 제안을 했던 자신도 놀랄 수밖에 없는 상황 아닌가? 드디어 정신을 차린 그는 거대한 바람과 물결을 의식한다. 그리고 그 위에 자연법을 무시하고 서 있는 자신의 실체를 깨닫는다. 그러자 거절할 수 없이 그 바다에 빠져드는 자신을 만난다. 그럼 그렇지. 아니다. 놀라기만 할 때가 아니다.

"주님, 구해주세요!"

예수님은 즉시 손을 내밀어 그를 붙잡으시며 '허허'거리듯 말씀하신다.

믿음이 작은 자여, 왜 의심하였느냐(마 14:31).

이것 참! 베드로 체면 다 구겼다. 마가는 "저희가 떡 떼시던 일을 깨닫지 못하고 도리어 그 마음이 둔하여졌음이라"(막 7:52)고 그 이유를 설명한다.

하지만 질문해 보자. 그는 믿음이 적었는가? 아니 적어도 그가 물 위를 걸을 때는 충만한 믿음 때문이었고, 그가 빠진 이유는 그가 의심함으로 믿음의 분량이 소진된 것인가? 또한 그가 계속 믿었더라면, 그는 물 위를 걷는 사람이 되었을 것인가?

우리는 '믿음의 역사'라는 말을 자주 듣는다. 우리가 믿음을 발휘할 때 신비한 역사가 일어난다는 취지다. 하지만 성경에서 예수님께 배우는 핵심은 '믿음이 만들어 내는 역사'라기보다는 예수님께 '뛰어드는' 사람들에 대한 예수님의 인격적인 배려라고 보아야 한다. 우리가 경험적으로 아는 바와 같이, 우리가 어떤 일이 일어나기를 바라고 믿는다 할지라도 실상 그 믿음대로 되지 않는 일들이 일상에서 다반사다. 또한 그러한 믿음의 실체는 '긍정의 힘'과 같이, 굳이 기독교의 신앙체계를 빌리지 않아도 얼마든지 일어날 수 있는 역사이기도 하다.

또한 그것이 사실이라면, 베드로와 같은 사람은 자신의 믿음 있음을 입증해 보이기 위해서라도, 후에 자신의 상표와도 같은 막무가내식 믿음을 발휘하여 물 위를 걷고자 했을 것이다. 하지만 우리가 아는 바와 같이 물 위를 걷는 일은 더 일어나지 않았다. 예수님은 우리가 믿음으로 놀라운 표적을 행할 것이라는 백지수표를 남발하지 않으신다. 우리만 엉뚱하게 그렇게 기대하고 믿고 기도할 뿐이다. 그것은 우리의 믿음이기보다는 우리 마음속에 있는 기대심리나 '긍정의 힘'과 같은 '적극적 사고방식' 형태의 심리요법과 같은 것이다.

하지만 복음서가 제시하는 믿음의 실체는 예수님의 인격적이며, 긍휼 가득함에서 나오는 전적이고 일방적인 은혜라고 할 수 있다. 나의 믿음만으로는 절대로 물리적인 자연법을 거스를 수 없다. 내가 아무리 강한 믿음을 가진다 할지라도 나는 물 위를 걸을 수 없다. '나'를 가지고는 한계가 있다. 그 한계마저 넘어설 수 있는 것이 바로 믿음의 힘이라 강조하는 이가 있다면, 나는 그만 입을 다물어야겠다. 믿음은 기적을 위한 필요조건일 수는 있어도 충분조건은 되지 못한다.

한편, 예수님이 보시기에 우리는 늘 '믿음이 없는 자'들이다. 우리는 일상의 필요들로 인해 염려함으로 예수님에게 이러한 핀잔을 듣는다(6:30).

또한 오늘처럼 예수님이 허락해 주신 일마저 의심함으로 예수님의 지적을 받는다. 하지만 안심하라. 이때 예수님은 이미 우리에게 손을 내밀어 구원하고 계신다. 우리는 다만 자신의 믿음 없었던 실상을 다시금 확인하고 민망해 질뿐이다. 그리고는 그러한 예수님을 다시금 새롭게 인식하면서 탄성을 올려 드린다.

> 당신은 진정 하나님의 아들이십니다(마 14:33).

그나마 우리는 이렇게 주님을 인식하면서 성숙의 발걸음을 옮기고 있다. 게네사렛에 도착하니 그곳 사람들이 예수님을 알아보고 그 근방에까지 두루 알린다. 사람들은 각색 병자들을 데리고 나와 예수님의 낫게 해 주심을 기대한다. 실제로 소문만으로 예수님을 알았던 그들이었지만 그들은 곁에서 예수님의 행적을 지켜보던 제자들과 달랐다. 놀랍게도 그들은 "예수님의 옷 가에라도 손을 대게 해 달라"는 간청을 드릴만큼 믿음이 강했다. 그 믿음은 역사를 이루어 냈고, 마태는 손을 대는 이마다 다 나음을 얻었다고 증거한다. 그러나 다시 반복하지만 예수님이 그들을 긍휼히 여겨주신 것이다.

제 15 장
하나님 나라의 현실

전통과 종교적 대체 (마 15:1-20)

갈릴리 예수님의 소문이 널리 이스라엘 전역에 퍼진다. 그러자 이스라엘 종교지도자들이 갈릴리까지 찾아와 예수님을 시험한다. '이 사람이 메시아인가?' 하지만 그들에게 예수님은 율법을 범하는 위험한 인물로 보인다.

하지만 그들이 조사한 예수님의 행적에는 마땅히 시비할 거리가 없다. 고작 찾아낸 것이 바로 식사 전에 손을 씻지 않는다는 점이다. 이는 유대 음식법과 정결법의 전통상 부적절한 행위다. 하지만 그들은 그 전통에 집착하느라 하나님이 정작 의도하신 바는 놓치고 있다. 예수님이 궁극적으로 지적하시는 것이 바로 이것이다. 결국 그들은 뭐가 중요한지, 무엇을 붙들어야 할지, 무엇을 삶에 세워야 할 것인지를 놓아버린 채, 정작 윗세대로부터 물려받은 그리고 습관적으로 따르고 있던 방식들을 길로 삼아 살고 있다. 그리하여 오히려 따라야 할 정도를 벗어날 뿐 아니라, 그 길을 사람들에게 가르치며 정죄하고 있다.

예수님은 그런 그들을 가리켜 눈이 멀었다고 판단하신다. 앞뒤 분간을 못 하고 있다는 것이다. 너무도 명확하여 오해할 수도 없는 하나님의 말씀을 옆에 두고서, 마치 하나님은 그 일에 대하여 아무런 말씀도 하지 않으신 것처럼 행하고 있다. 그들은 자신들이 익숙하게 배워왔고 옳을 것이라 여겨 온 것, 막연히 동의해 왔던 것들에 의해 신앙생활을 하고 있다. 스스로 옳다 여기고 있지만, 실상은 스스로 속고 있다. 그것은 '소경이 소경을 인도하는 것'과 같아서, 그렇게 가르치는 선생 뿐 아니라 더불어 인도함을 받는 이도 같이 구덩이에 빠지고 말 것이다.

예수님은 바로 그 과정에 출애굽기와 민수기에 소개된 부모와 관련된 실례 하나를 끄집어내신다.

"여러분은 십계명에서 네 부모를 공경하라는 말씀을 들었습니다. 그 단순한 명령이 이해가 어렵고, 해석이 어려운가요?"

이 말씀을 어떻게 살아야 할 것인지를 알기 위해 선생이 필요치 않다는 말씀이다. 하나님 말씀에는 부모를 치는 자, 거역하는 자, 부모를 모욕하거나 저주하는 자는 '죽이라'고 말씀한다(출 20:12, 21:17). 엄중하다. 채찍 몇 대가 아니라 죽여서 악을 제하라는 것이다. 우리가 율법을 주의 깊게 살펴보았다면 왜 이렇게 형벌이 무서운지를 알 수 있다. 부모는 지상에서 하나님의 대리자다. 이스라엘 사람들은 태어나자마자 부모를 통해 하나님의 현존을 경험하고, 그 부모에게서 하나님을 섬기는 도(道)와 마땅히 사람으로서 살아가는 예(禮)들을 배웠다. 그런 부모에게 해서는 안 될 인간적인 도를 어기는 것을 율법 자체가 용납하지 않았다. 그것은 물론 하나님의 뜻으로 인정되었다.

'부모를 공경하라'는 그 율법에 기록된 하나님의 분명한 뜻이 다른 해석적 여지를 남기는가? 부모를 공경하라는 말씀은 곧 문자 그대로 부모를 공경하라는 뜻이다. 그런데 그들에게는 '고르반'(*corban*. 막 7:11. '하나님에게 드림이 되었다'는 뜻) 전통이 있었다. 부모님에게 드려야 할 것을 하나님에게 드린바 되었다고 말만 하면 실제적 부모 섬김을 하지 않아도 되었다. 하나님을 섬긴다는 명목을 삼기 위해, 하나님이 부모를 공경하라는 실제 영역을 개념상의 전통으로 대체해 놓았던 것이다. 예수님은 종교 또는 경건을 구실로 부모공경의 실제를 빼버렸던 것을 비판하신다.

종교적 대체 - 하나님 나라 구현의 훼방거리

어떻게 정의하고 적용하느냐에 따라 차이가 있겠지만, 가령 예배만 해도 그렇다. 만일 우리가 주일날 오전에 예배당에 나와 정해진 순서에 따라 예배를 드리는 방식, 즉 좁은 의미에서 예배를 정의한다면, 아마 주일 오전 예배를 마치고 나오면 예배에 대한 하나님의 요구에 부응했다고 생각할지도 모른다. 그러나 우리가 성경을 잘 배워서, 삶의 구석구석으로 확산해 있는 예배의 지평을 알고 적용하고자 한다면, 예배는 거기서 비로소 시작되었다는 것을 알 것이다. 그리고 아직 미완의 상태인 예배는 삶의 각 영역에서 완성되어야 함을 알 것이다. 그러면 우리 안에서 배우고 살아내야 할 삶 속의 예배현실에 보다 역점을 두게 될 것이다.

하지만 우리는 주일 오전과 밤, 수요일에 모여서 드리는 예배활동을 가지고 신앙생활과 예배, 좋은 그리스도인 여부를 판단하는 경향이 있다. 이 예배의 중요성에도 불구하고 이는 정작 삶에서 완성해야 할 예배를 종교활동 만으로 대체해 버리는 것이다. 이전 세대로부터 주일 성수와 예배 모임에 관한 오리엔테이션을 그렇게 받았기 때문이다. 그러나 하나님은 그러한 예배만을 기대하지 않으신다(요 4:24; 사 58:6-7; 암 5:21-24). 우리는 예배를 생각하면서 이것이 '하나님이 본래 의도했던 예배'인가를 질문해야 한다.

또한 우리는 많은 경우, 실제 속에서 '살아내야 할 삶'을 기도를 빌미로 그 안에서 대체해 버리곤 한다. 소위 영적이라 규정하는 신앙행위를 가지고, 마치 하나님이 우리에게 의도하시고 명하시고, 심지어 권하시고 살아내기를 기대하시는 삶을 대체해 버리는 경향들이 많다. 옛사람들처럼 "고르반!" 하고는 마는 셈이다. 심지어는 하나님이 기대하시는 삶을 오히려 율법주의로 해석해 버리고, 내게 익숙한 방식의 그것을 보다 신령하게 포장해서 "이렇게 신앙생활 하는 거다"라고 돌려막는 경우가 많다.

한번 생각해 보자. 우리 삶 속에 정작 살아내야 할 삶은 한켠에 미뤄둔 채 얼마나 많은 것들이 단순히 기도로 대체되고 있는가를 말이다. 가령 우리는 종종 가난한 형제의 사정을 보고도 형제의 필요를 채우기 위해 나눔을 하기보다, 다만 "하나님, 저 형제의 필요를 채워주세요" 하는 기도로 대체해 버리고 만다. 하지만 하나님은 말씀하신다.

> 어떤 형제나 자매가 헐벗고 그 날 먹을 것조차 없는데, 여러분 가운데서 누가 그들에게 평안히 가서 몸을 따뜻하게 하고, 배부르게 먹으라고 말만 하고 몸에 필요한 것들을 주지 않으면 무슨 소용이 있겠습니까?(약 2:15-16, 표준).

예수님은 이 말씀을 하시면서 이사야의 말을 인용하신다.
"그래, 너희는 말뿐이구나! 어떻게 너희는 입술로만 나를 존경한다, 사랑한다 하느냐? 하나님 사랑해요, 섬기고 싶어요, 평생 헌신하겠어요! 입술로는 존경하나 정작 마음은, 진심은, 삶은 거기서 멀구나."

예수님은 우리의 허위적, 외면적, 말치레(lip service)적인 영성을 간파하고 계신다. 그것은 우리가 소경이라는 것이며, 악하다는 사실을 증거한다. 그리고는 참으로 하나님이 의도하신 본래의 삶이 무엇인지 고민케 하고, 질문하게 한다.

"예수님, 그럼 제가 생각해 왔던 것, 생활해 왔던 것이 틀렸습니까?"

잘 살아왔다면 참 귀하고 감사하다. 하지만 말씀을 읽어 보면서, 내가 늘 익숙하게 여겨왔던 것들이 예수님의 의도에서 벗어나 있는 부분이 발견된다면 빨리 돌이켜야 한다. 그것이 바로 회개다. 우리에게는 그런 영역이 너무 많다. 늘 익숙한 것, 내가 당연하다 여겨왔던 것, 어른들로부터 그렇게 배워왔기도 했고 내 주변의 많은 그리스도인이 당연시하는 것들, 정작 예수님의 의도는 무엇인가 하고 한 번도 묻지 않았던 것들 말이다. 말씀 속에 당신의 의중을 설명해 주시는 예수님에게로 돌아가, 정작 예수님의 마음에 담겨있는 우리 일상 속에서 마땅히 살아내야 할 마땅한 삶이 무엇인지를 확인해야 한다.

하나님 나라를 구하는 가나안 여인 (마 15:21-28)

예수님은 이방인들의 도시 두로와 시돈(지금의 레바논) 지방으로 가신다. 제자들을 파송하시면서 "이방인의 길로도 가지 말라"(마 10:5) 하시던 예수님의 특별한 행보다. 앞서 예수님은 갈릴리 호수 인근의 고라신과 벳새다와 가버나움을 책망하시면서 심판 때에 두로와 시돈이 그들보다 더 견디기 쉬울 것이라 말씀하신 적이 있다. 예수님은 전부터 가까이에 있는 이방인의 마을들을 마음에 두고 계셨음이 틀림없다. 이로 보아 가나안 여인의 요청에 "나는 이스라엘 집의 잃어버린 양 외에는 다른 데로 보내심을 받지 아니하였노라"(마 15:24)는 예수님의 말씀은 곧 여인을 향한 시험이었음이 벌써 드러난다.

이곳에서 한 가나안 여인이 예수님의 행로를 막아선다. 그녀는 숫제 소리를 지르며 딸의 구원을 간청한다. 놀랍게도 예수님은 여인의 이같은 강렬한 부름에 "한 말씀도 대답지 않으신다." 보통은 이와 같은 절체절명의 어려움에 처한 군중을 보시고 불쌍히 여기셨던 예수님은(마 9:36), 정작 "불쌍히 여겨 달라"는 이 불쌍한 여인의 간청에는 모른 척을 하신다.

급기야 민망해진 제자들이 나서서 예수님을 채근한다.

"그 여자가 우리 뒤에서 소리를 지르니 보내시지요."

귀찮아서라도 뭐라도 좀 조치를 해주시길 기대하는 말투다. 예수님이 대답하신다.

"나는 이스라엘 집의 잃어버린 양 외에는 다른 데로 보내심을 받지 아니하였다."

정말 '까칠' 하시다. 당신과는 상관없는 일이니 개의치 않겠다는 강력한 의지를 표명하신다. 그것도 하나님의 보내심을 빙자해서 말이다. 이쯤 되면 제자들도 예수님의 진심이 헷갈릴 것이다. 만약 "이방인의 길로도 가지 말고 사마리아인의 고을에도 들어가지 말고 오히려 이스라엘 집의 잃어버린 양에게로 가라"(마 10:5-6)던 예수님의 말씀을 기억했다면, 이 상황은 예수님의 진심임이 틀림이 없다고 생각할 것이다.

하지만 여인은 거기서 주저하지 않고 예수님에게 나아와 예를 갖추고 절을 올린다. 그리고 간절한 음성으로 여쭙는다.

"주님, 저를 좀 도와주세요!"

그렇다. 진정한 믿음은 이러한 절박함에서 나온다. 우리는 대개 하나님에게 절박하게 필요를 구하지 않는다. 대부분 많은 것들로 이미 채움 받아 있기 때문에, 새삼스레 구할 어떤 필요를 느끼지 않는다. 절박하지 않다 보니 기도에도 간절함이 없고, 섬김에도 열정이 없다. 그러다 보니 믿음이 없다는 자괴감만 달고 사는 것이다. 교회의 사역자들은 이러한 역동성 없는 성도들을 채근하여 믿음을 강요해 보지만, 실제로 믿음이라는 것은 강요로 될 성질의 것이 아니다.

자신들과는 배타적인 관계에 있던 유대인들을 가리켜 "이스라엘 집의 잃어버린 양"이라 언급하면서, 자신은 "다른 데로 보내심을 받지 않았다"고 하는 선지자의 위세만으로도 여인은 절망하고 돌아서 버릴 것 같다. 그런데 거기에다 예수님은 심하다 할 만큼, 아니 평소 그답지 않은 결정적인 논평을 날리신다.

"자녀의 떡을 취하여 개들에게 던지는 것은 마땅한 일이 아니오."

듣는 이의 얼굴이 화끈거렸겠다. 굳이 이렇게까지 말씀하실 필요가 있을까? 설마 했던 일이 사실이 된 것만 같다.

유대인들에게 개처럼 여김을 받던 이방 여인의 입장으로는 몹시도 실망스러운 말일 것이다.

'아, 이분이 유대인들이 옛적부터 기다려 온 메시아라는 소문을 듣고 왔는데, 이 사람 역시 그저 그런 유대인의 한 사람일 뿐인가? 그는 다만 유대인의 메시아일 뿐인가?'

상황을 이해해 보려고 그 여인 편에서 공감해 본다면, 당장 욕이라도 한 사발 퍼부으며 홱 돌아서 떠나버리고 싶은 심정일 것이다. 하지만 여인은 자신의 종족을 멸시하는 이 유대선지자에게 자신을 한없이 낮추며 강력한 은유를 사용하여 자신의 절박한 상황을 다시금 제시한다.

"주님, 당신이 옳습니다. 저는 개나 다름없는 존재입니다. 귀신에게 사로잡힌 딸에게 아무것도 못 해주는 이 삶이 개보다 나을 게 무엇이 있겠습니까? 하지만 개들도 제 주인의 상 밑에서 떨어지는 부스러기 하나라도 오매불망 간절히 기다립니다. 주인이 던져주지 않을지라도, 그저 떨어지는 부스러기라도 황급히 받아먹지 않습니까? 유대인들에게 주시는 떡 부스러기라도 좋으니, 부디 개 같은 저희를 불쌍히 여겨주세요."

딸의 안녕을 위한 엄마의 마음은 기꺼이 개 취급이라도 감내하고 있다. 부스러기라도 개처럼 주워 먹겠다는 각오로 하나님의 부스러기 은혜를 구한다. 이는 거의 카운터펀치 수준이다. 이런 것이 예수님을 이기는 믿음이다. 전혀 예기치 못했던 반응에 예수님도 놀라신다. 가버나움의 백부장의 경우에서와 같이 "이스라엘 중 아무에게서도 이만한 믿음을 만나보지 못하였다"(마 8:10)고 하셨던 것과 다르지 않다. 응답은 신속하다.

"여인이여, 그대의 믿음에 탄복했소. 그대의 소원대로 이루어질 것이오."

"소원대로 되리라"는 응답은 얼마나 해방을 주는 메시지인가? 그렇다. 우리의 간청에는 이와 같은 감동이 없다. 내가 구하는 사안에 관한 이런 반전 가능한 집중이 없다. 하나님 나라를 향한 추구는 이토록 강렬할 필요가 있다.

한편 본문의 중심 이슈는 상황을 역전시키는 '믿음'에 있지만, 실은 이런 절박한 상황 속에서도 여유와 위트가 소중하다는 깨달음을 준다. 예수님은 여인의 믿음을 칭찬하시지만, 얼핏 보기에도 이 여인은 예수님과 한껏 여유 있는 대화를 하고 있다. 이 여인에게서 예수님으로 더는 말을 이을 수 없게 하는 배짱마저 느껴지지 않는가?

그 때로부터 그의 딸이 나으니라(마 15:28).

칠병이어 (마 15:29-39)

두로와 시돈에서 돌아오신 예수님은 다시 갈릴리 호숫가 근처의 산에 올라 앉으신다. 산상수훈을 주셨던 동일한 산이리라. 큰 무리가 여러 병인을 데리고 와서 도움을 청하자, 예수님은 그들을 고쳐주신다. "청각장애인이 말을 하고 지체장애들이 온전해지고 시각장애인이 보게 된다"(마 15:30). 이를 본 사람들은 하나님에게 영광을 돌린다.

예수님은 많은 군중의 필요를 보시고 그들을 불쌍히 여기신다(마 9:36). 이번에도 예수님은 그 산에 머물며 예수님의 말씀을 경청하던 청중을 향해 그 연민의 마음을 표현하신다. 그들은 이미 사흘이나 거기에 머물러 있다. 끼니도 제대로 해결하지 못한 채 말이다. 마치 2박 3일 열리는 산상수련회와 같았을까? 예수님 앞에서 하나님 나라의 복음을 듣는 그들을 허기도 막아서지 못했다.

집회를 파하시면서, 예수님은 혹여 그들이 돌아가는 길에 기진하여 쓰러지기라도 할까 봐 그들을 '빈 속으로' 떠나보낼 수가 없으시다. 제자들도 그 사실을 알고 있지만 뾰족한 수가 없다. 여인과 아이들을 제외하고도 4천 명이란 사람들을 한꺼번에 배불리기에는 너무 무리다.

예수님은 또다시 제자들의 가진 것을 헤아리신다. 오병이어 사건을 경험한 이후임에도 제자 중에 누구도 그날의 기적을 상기하는 이는 없는 모양새다. (그래서 학자들 중에는 이 두 기사를 하나의 사건에 대한 별개의 전승으로 보는 경우도 있다.) 하지만 예수님은 그 일을 제자들의 뇌리에 각인이라도 시켜두실 요량으로, 전과 동일한 요청을 하신다.

너희에게 떡이 몇 개나 있느냐(마 15:34).

가진 것이라야 보리떡 일곱 개와 물고기 두어 마리가 전부다. 참 가난한 제자들이고 군중이다. 하지만 그것이면 됐다! 예수님은 그들을 앉게 하고 축사하신 후 떼어 제자들에게 주어 무리에게 나누게 하신다.

도대체 어떤 일이 일어났는지 우리는 구체적으로 알 수가 없다. 축사를 드린 순간 떡이 순식간에 불어나 바닥에 내리깔렸는지, 아니면 제자들이 떼어 나누어 주는 순간 동시에 그 떡들이 원형을 갖추는지 알 길은 없다. 다만 분명한 사실은 그날에 모든 무리가 "다 배불리 먹고" 심지어 남은 조각을 일곱 광주리나 차게 거두었다는 사실이다.

예수님은 결핍 속에 처한 사람들을 불쌍히 여기신다. 우리 또한 그 연민의 마음에 동참할 것이 요구된다. 그 상황을 극복하시는 예수님은, 그 결핍을 제하고 하나님 나라의 현실로 채우신다. 그 나라는 이제 산 자들이 살아있는 동안 살아 내야 할 천국으로 제시되고 또 경험된다. 각색 질병에 사로잡혀 고통받던 백성에게서 질병은 떠나가고, 굶주림에 사로잡혔던 백성에게 배부를 양식이 공급된다. 육체적이고 정서적이며 영적인 모든 억압과 결핍들이 해소된다. 애통과 슬픔과 탄식과 외로움, 주림과 경제적 파탄 그리고 정치적 억압, 지적 결핍과 모든 육체적 장애들이 일소된다. 말 그대로 진짜 천국이다.

그것은 이 사건과 같은 하나님 나라의 도래를 경험한 사람들이 이웃들의 결핍상황에 대해 자신이 가진 '보리 떡'과 '물고기'를 내어 놓으므로 비로소 가능해진다. 그러한 천국적인 현실은 기적을 통해 실현되는 것이 아니다. 자기의 것을 나눌 줄 모르던 이들이 그 가진 것을 기적과 같이 나눔을 통해 가능해진다. 이 나눔 자체야말로 서로 자기 것 움켜쥐고 사는 세상 나라에서 진정한 하나님 나라의 현실이 아닌가?

이제 예수님은 가뿐한 마음으로 무리를 해산하시고, 배를 타고 마가단 지경(막달라, 막 8:10)으로 건너가신다.

갈릴리로 오라

Come to Galilee

제 16 장
하나님 나라에 대한 저항

시대의 분별 (마 16:1-4).

> 너희가 날씨는 분별할 줄 알면서 시대의 표적은 분별할 수 없느냐?(마 16:3).

예수님은 자신에게 시비를 걸며 시험하고 심지어 하나님 나라의 도래를 보는 안목도 없이 자신을 대적하는 바리새인들과 사두개인들에 대해 우려를 표하신다. 그들은 예수님에게 표적을 요구한다. 유대의 전통에서 보면 이는 외견상 불합리한 요청은 아니다. 제사장 전통과 달리 선지자는 표적을 통해 그 진정성을 확증했기 때문이다(신 18:22). 하지만 그들은 표적을 요구하기 전에 이미 드러난 표징을 분별했어야 했다.

예수님은 일상적인 기후의 분별과 시대의 분별을 대비시키신다. 이 땅에서 이루어지고 있는 하나님 나라의 도래에 대한 현상들에 눈을 뜨라는 것이다. 이 역사현실 속에서 예수님이 선포하고 계시는 하나님 나라가 어떻게 임하고 있는지를 분변하지 못한다면, 그들이 원하는 신령한 기적이 무슨 의미가 있는가? 게다가 그들의 분별 기준은 여전히 '이적'에 있다. 하나님 나라는 초자연적 이적을 넘어 굽어진 삶이 온전케 되는 데 있다. 그것을 분별해 내지 못한다는 것은 그 자체로 악하고 음란한 행위와 다름없다고 보신다. 무관심하고 무지함으로 분별하지 못하는 것은 결국 예수님과 하나님 나라를 인정치 못하게 만든다.

예수님은 앞서 말씀하신 바와 같이 요나의 표적을 모든 이들 특히 '가난한 자'에게 차별 없이 선포되고 있는 하나님 나라의 도래의 표적으로 제시하신다. 그것은 앞서 세례 요한에게 제시한 메시아 시대의 표징과 동일하다(마 11:5). 그리고는 그로 인한 자신의 죽음과 부활 사건을 넌지시 암시하신다.

그리고 예수님은 미련 없이 그들을 떠나신다. 추구함이 없는 영성에서는 아무런 배움이 일어나지 않는다. 또한 변화가 생겨나지 않는다. 그들은 오히려 내면에 잠재된 반항의지에 따라 진리에 대적하는 세력으로 남고 만다. 예수님은 그러한 태도를 불쌍히 여기지 않으신다. 그들을 설득하기 위해 애태우지 않으신다. 하나님 나라 복음을 그들 앞에 풀어 싸구려로 만들지 않으신다. 영적으로 '개와 돼지'와 같은 이들에게 '진주'를 던지는 것은 어리석은 행위다(마 7:6). 하나님 나라는 임해오고 있다. 그 표징을 분별해야 한다.

삼가야 할 종교인들의 교훈 (마 16:5-12)

> 삼가 바리새인과 사두개인들의 누룩을 주의하라(마 16:6).

예수님은 '위선적 종교인들의 교훈'을 주의하고 경계하며 심지어 삼가야 할 것으로 말씀하신다. 그것은 경청하고 따르며 본 삼을 것이 아님에도, 누룩과 같은 속성을 지니고 있어서 전염성이 강한 특성이 있다. 하나님 나라의 비유에서와 같이 그것은 적은 양으로도 온 덩이에 퍼져 부풀게 하는 영향력을 가졌다. 하나님 나라 복음이 하나님의 통치를 부르는 확산이라 한다면, 이 교훈들은 하나님의 심판을 부르는 촉매와 같다. 하지만 제자들은 분별력이 없다. 듣기는 들어도 쉽게 알아듣지 못하며, 보기는 보아도 쉬이 깨닫지 못한다. "바리새인과 사두개인의 누룩을 주의하라"는 단순한 말씀에도 그들이 '떡을 가져오지 않은 것을 지적하신다'는 해석을 내리고 있다.

그렇다면 오늘날 우리가 경계해야 할 이 바리새인과 사두개인의 누룩은 무엇인가? 교회들 안에서 '기독교', '하나님'(예수님, 성령님), '영성' 등의 이름으로 많은 일들이 행해지지만 정작 '하나님 나라'에는 관심이 없는 수많은 종교행위들일 수 있다. 그것들은 종종 사랑과 긍휼이란 이름으로 순진한 이들을 미혹하고, 기도와 헌신의 이름으로 사람들을 조종하고, 성령과 은사의 이름으로 맹목과 신비적 열광주의를 부추기고, 축복과 번영의 이름으로 성공주의를 주입하고, 경건과 영성의 이름으로 이기적인 신앙생활을 유도하며, 천국과 종말론의 이름으로 성도들을 세상으로부터 이탈시킨다. 그것은 또한 편협한 교리주의와 반지성주의의 모양으로도 나타나며, 비인격적이고, 비상식적인 목소리로 성도들의 건강한 판단을 무디게 하며 신앙적 안목을 멀게 만들기도 한다.

게다가 이러한 성향들은 '열심'이라는 이름과 '기사와 표적'과 같은 이름으로 판단력이 흐린 성도들 사이에서 유행처럼 급속하게 번식하는 누룩의 특성이 강하다. 많은 사람은 "귀가 가려워서 자기의 사욕을 따를 스승을 많이 두고 또 그 귀를 진리에서 돌이켜 허탄한 이야기를 따르리라"(딤후 4:3-4)는 사도 바울의 예언처럼 휘둘려 산다. 하지만 그것은 '지식' 없는 '열심'만을 따른 결과다. "저희가 하나님께 열심이 있으나 지식을 좇은 것이 아니라"(롬 10:2). 삼가며 미혹되지 말아야 한다. 요한은 권면한다.

자녀들아 아무도 너희를 미혹하지 못하게 하라(요일 3:7).

너희는 나를 누구라 하느냐? (마 16:13-20)

어느덧 예수님과 제자들은 갈릴리 북쪽에 있는 가이사랴 빌립보에 이르러 있다. 그곳은 헐몬산 남서쪽에 있는 도시로 현재는 바니아스(Banyas)라고 부른다. 거기서 예수님은 제자들에게 의미심장한 질문을 던지신다.

"사람들이 나를 누구라 하던가?"

제자들은 상황을 보고한다.

"어떤 이들은 죽었던 세례 요한이 되살아왔다 하고, 어떤 이들은 선지자가 오리라 하던 엘리야라 하고, 어떤 이들은 예레미야와 같은 선지자 중의 하나일 것이라 합니다."

사실 지금도 사람들은 저마다 예수님을 가리켜 더러는 4대 성인 중의 한 분이요, 무슬림들처럼 더러는 선지자 중의 하나요 심지어 어떤 이들은 사기꾼이라 일컫기도 한다. 그런데 예수님은 왜 갑자기 이 질문을 하셨을까? 자신에 관한 타인들의 인식과 평가가 궁금하셨을까?

하지만 처음부터 예수님은 사람들의 인정에 관심이 있는 것이 아니었던 것으로 보인다. 예수님은 스스로 자신의 신분을 드러내지 않으려 애쓰고 계시기 때문이다(마 16:20). 하지만 제자들에게는 비로소 자신이 누구인지를 구체적으로 밝히려 의도하셨던 것 같다. 예수님은 제자들의 답변에 주석을 덧붙이지 않고 곧장 질문하신다. "너희는 나를 누구라 하느냐"(마 16:15). 베드로가 지체하지 않고 답변한다.

> 주는 그리스도시요 살아 계신 하나님의 아들이십니다
> (마 16:16).

이에 예수님은 정색하고 말씀하신다.

"시몬, 네가 바로 맞혔구나."

주님은 그가 그 사실을 알게 된 것은 단순한 지적 탐색을 통한 결론이 아니라, 하늘 아버지로부터의 계시로 말미암았음을 천명하신다. 이어지는 예수님의 선언은 그 고백의 중요성을 일깨우신다.

> 내가 이 반석 위에 내 교회를 세우리니 음부의 권세가 이기지 못하리라 내가 천국 열쇠를 네게 주리니 네가 땅에서 무엇이든지 매면 하늘에서도 매일 것이요 네가 땅에서 무엇이든지 풀면 하늘에서도 풀리리라 (마 16:18-19).

그랬다. 예수님은 실제로 사람들이 자신을 가리켜 어떻게 생각하고 있는지, 자신에 관한 그들의 인식과 평가가 내심 궁금했던 것이 아니다. 그분은 제자들 개인의 이해와 고백의 문제를 다루고 계신다. 그것은 현재뿐 아니라 미래로 영원토록 이어지는 교회와 직결된 문제이고, 그 견고한 고백 위에 그리스도의 교회는 세워져서 이 땅에서의 하나님 나라를 실현해 가야 한다. 교회가 그 열쇠를 쥐고 있다. 이 땅에서 매고 푸는 역사로 하나님 나라의 역사를 좌우할 자가 바로 교회임을 명시해 주신 것이다. 교회는 스스로 그리스도의 주권과 머리되심을 이 고백 속에서 천명하고 있다.

그런데 베드로는 어떻게 예수님이 '그리스도시요 하나님의 아들'이심을 알게 되었을까? 예수님의 말씀을 따르면, 이것은 인위적으로 학습된 것이 아니라 하나님 자신이 스스로 드러내어주신 계시에 의한 것이다. 사실 예수께서 세례를 받으실 때 하늘로부터 음성이 있었다.

> 이는 내 사랑하는 아들이요 내 기뻐하는 자라 (마 3:17).

또한 후에 예수께서 산상에서 변형되었을 때 베드로는 이 말씀이 재확인 받는다.

이는 내 사랑하는 아들이요 내 기뻐하는 자니 너희는 그의 말을 들으라(마 17:5).

그렇다. 인간 편에서 예수님이 하나님의 아들임을 알 수 있는 길은 근본적으로 없다. 그분이 어떻게 하나님과 '한 하나님'이면서 동시에 '아들'이신지, 소위 삼위일체의 신비를 우리 편에서는 헤아릴 수 없다. 아무리 예수님이 선포하시는 메시지가 탁월하고, 행하시는 기적들이 놀랍고, 보여주시는 삶의 영역이 신비하다 할지라도, 유일신론적 유대교 배경을 공유하고 있던 당시 기독 공동체 내에서 예수님을 가리켜 '메시아요 하나님의 아들'이라 고백하는 것이 쉬운 일이 아니었다는 말이다.

이제 그 질문은 오늘 우리에게도 주어졌다.

'너희는 나를 누구라 하느냐?'

교회됨의 가장 근원적 척도는 바로 이 질문에 대한 답변의 내실성에 달렸다. 그분이 교회의 머리이고 주인이시든지, 아니면 다만 상징에 그치는 종교적 우상이든지 말이다. 음부의 권세에 대한 대항의 문제는 이 고백에 기초한 실천에 달려있다. 우리가 참 교회로서 하나님 나라를 열고 닫을지, 매고 풀지 말이다. 과연 그리스도는 오늘 우리에게 어떤 분인가?

수난 예고와 과격한 제자도 (마 16:21-28)

분위기가 갑자기 반전된다. 멋진 신앙고백으로 음부의 권세마저 이길 것이라 칭찬을 받은 베드로는, 동시에 그가 가진 신앙의 한계 때문에 졸지에 사탄으로 비난을 받는다. 문제의 발단은 다름 아닌 예수님 자신이 고난을 받고 죽을 것에 관한 가르침이었다. 물론 부활을 말씀해 주셨지만, 죽임을 당할 것이라는 말씀 앞에 성질 급한 베드로에게 부활이란 낯선 개념이 들어올 리 없다. 베드로는 이런 말도 안 되는 상황에 순순히 뛰어드는 스승을 그냥 두고 볼 수 없다. 그 억센 손으로 예수님을 붙들고 간청하듯 말린다.

"주님, 그렇게 해서는 안 됩니다. 절대로 그렇게 되지 않도록 하겠습니다!"

사실 말이나 되는가? 간악한 지도자들 손에 메시아가 죽임을 당하다니…. 지금까지 모든 삶을 내려놓고 따라온 자신의 삶은 무엇이 되는가? 아니, 그보다 의로우신 하나님의 메시아가 사악한 사람들에게 잡혀 죽임을 당한다면, 지금껏 믿어 온 하나님의 약속과 그분의 공의는 무엇이란 말인가?

야속하게도 주님은 그를 강하게 타박하신다.

> 사단아 내 뒤로 물러가라 너는 나를 넘어지게 하는 자로다 네가 하나님의 일을 생각지 아니하고 도리어 사람의 일을 생각하는도다(마 16:23).

물론 사탄이라 함은 뿔 달린 도깨비 같은 악마보다는 '고소자, 대적하는 자'의 뜻으로 '방해꾼' 역할자를 의미한다. 메시아를 통하여 어떻게 일하실지 하나님의 방식을 이해 못 하는 베드로의 충심은 이럴 수밖에 없다. 하지만 전무후무한 구원역사의 정점에 이른 지금, 하나님 나라 대장정의 정점을 앞두고 역사는 중단될 수 없다.

베드로는 '하나님의 일'이 때로는 이처럼 이해되지 않는 방식으로 이루어져야 함을 뼈저리게 배운다. 그러므로 무작정 상식이거나 자신이 옳다고 믿는 일을 밀어붙여서는 안 될 일이다. 평소에 소신대로 움직이더라도 하나님이 그 사안을 어떻게 다루시는지 좀 여유를 내어 드릴 일이다.

하지만 한편으로, 곰곰 생각해 보아 아닌 것은 아니라 해야 한다. 만일 베드로가 이쯤에서 이의를 제기하지 않았더라면, 우리는 하나님의 뜻을 분별하는 데 중요한 단서를 놓쳤을 가능성이 많다. '아닌 것 같다' 싶을 때는 과감하게 아니라고 말한 것은 잘한 일이다. 그래서 야단을 맞기도 하겠지만, 그러면서 바른 판단에 이르는 성숙의 기회를 얻지 않는가? 무조건적 순응이 신앙생활의 대안은 아니다. 왜 그러한 방식이어야 하는지 도무지 생각할 겨를조차 내지 않고 누군가가 하자는 대로 움직이는 것은 공동체에 관한 기여도 아니요, 믿음도 아니다.

'의심 많은 제자'라는 별명을 안게 된 도마가 정말 잘못한 것인가? "어떻게 그럴 수 있단 말인가? 우리는 그분이 십자가에 달려 운명하시고 무덤에 누이시는 모습을 보았지 않는가?"(요 20:25 참조. 내가 그 손의 못 자국을 보며 내 손가락을 그 못 자국에 넣으며 내 손을 그 옆구리에 넣어 보지 않고는 믿지 아니하겠노라.)

사실 도마가 제기한 이 질문 때문에 우리는 예수님 부활의 실제를 더욱 소상히 배우게 되지 않았는가? 제자 중에 '회의적' 성향의 그가 있었기 때문에 우리는 "보지 않고도 믿는 믿음"(요 20:29)이라는 소중한 배움을 얻었다. 사실 당시 제자들이 모두 하나같이 반응했던 것처럼, 어떻게 예수님의 부활이 그리 쉬이 믿어졌겠는가? 게다가 당시 여인들의 증거 한마디를 가지고 돌아가신 분이 살아나셨다고 믿고 행동한다는 것이 진정한 믿음이기라도 하겠는가?

한편 본문은 어떤 이들이 말하는 것처럼, "권위자들에게 반대해서는 안 된다"거나 공동체의 권위자가 무언가를 제안하면 무작정 옳소! 하면서 거수기 노릇을 하라는 본문이 아니다. 지도자가 생각해 내는 것은 '하나님의 일'이고, 그 지도자의 제안에 반대하면 '사람의 일'이라 간주해야 한다는 말씀이 아니다.

이어서 예수님은 그 유명한 '제자도'의 핵심을 말씀하신다.

> 누구든지 나를 따라오려거든 자기를 부인하고 자기 십자가를 지고 나를 따를 것이니라(마 16:24).

예수님은 자기가 곧 예루살렘에 올라가 권세자들에게 고난을 받고 죽을 것임을 예고했다(21). 따라서 이 말씀은 다음과 같은 의미를 지닌다.

'너희가 나를 따라오고자 하는가? 좋다, 그렇다면 자기 생각과 계획을 내려놓고, 나와 함께 예루살렘에 올라가자. 내가 예고한 바와 같이 거기에서는 나의 십자가가 기다리고 있다. 함께 가자. 가서 나와 함께 십자가를 지자(죽자).'

우리에게는 늘 자기 생각들이 많다. 늘상 고민하고 기도하는 것이 바로 '자기'다. 자기 안정, 자기 보전, 자기 번영을 꿈꾸기에도 삶이 벅차다. 하지만 하나님 나라는 그런 자기중심성 안에서는 임해올 수 없다. 자신의 일정, 자신의 유익, 자신의 소유, 자신의 목숨만을 고려하는 것은 탐욕으로 가득한 지옥의 현실을 불러오기 때문이다.

하나님 나라는 정 반대편에 임해 온다. 그 나라는 '나' 아닌 '우리'요, '함께'요, '더불어' 누리는 공동체 현실이다. 그러므로 그 나라는 바로 그 '자기'를 부인하는 데서 시작한다. 자기중심적인 생각을 내려놓고 '함께 하는 세상'을 꿈꾸는 사람들을 통해 임한다. '우리'를 위해 자기를 포기하고 서로 연대하며, 심지어 죽음이라도 각오하고 예수님을 따라 골고다의 길을 오르는 자들을 통해 임하는 나라다. 그래서 '나 밖에 모르는' 우리들에게 참으로 '과격한 제자도'가 아닐 수 없다.

두 번째 말씀이 덧붙여진다.

> 누구든지 제 목숨을 구원하고자 하면 잃을 것이요 누구든지 나를 위하여 제 목숨을 잃으면 찾으리라 사람이 만일 온 천하를 얻고도 제 목숨을 잃으면 무엇이 유익하리요 사람이 무엇을 주고 제 목숨과 바꾸겠느냐(마 16:25-26).

'제 목숨'을 위해서만 분주한 우리에게 심기 불편한 말씀이 아닐 수 없다. 목숨(삶)은 온 천하와도 바꿀 수 없을 만큼 소중한 것이다. 하지만 그 삶이 소중하다고 그 삶에만 매진하는 사람이 있다면 오히려 그 삶을 잃게 된다는 말씀이다. 그러므로 동시에 이 말씀은 우리에게 비장한 각오를 요청한다. 어떻게 살 것인가? 자신의 목숨 부지만을 위해 이 땅에서 주신 기회를 다 써버릴 것인가, 아니면 하나님 나라의 실현을 위하여 선용할 것인가?

예수님은 그러한 따름에 관한 보상을 약속하신다.

> 인자가 아버지의 영광으로 그 천사들과 함께 오리니 그 때에 각 사람이 행한 대로 갚으리라(마 16:27).

다시금 판결의 날 곧 결산과 회계의 날이 예고된다. 그의 판단 기준은 여상하다. "각 사람이 행한 대로" 보상이 이루어질 것이다. 하나님 나라를 위하여 '자기를' 포기한 만큼, 수고하고 애쓴 만큼, 고난을 겪은 만큼 결산될 것이다. 그날 왕권을 가지신 예수님 앞에서 그 판결이 이루어질 것이다(마 16:28).

제 17 장
하나님 나라에 드리우는 그늘

산정의 경험 (마 17:1-13)

예수님은 세 제자, 곧 베드로와 야고보, 요한을 데리고 따로 높은 산으로 올라가신다. 그곳이 어디인지, 예수님의 변형은 대관절 어떻게 된 것인지, 어떻게 그곳에 모세와 엘리야와 예수님이 함께 모이게 되었는지, 하늘로부터의 빛난 구름과 그 소리는 또 어떻게 설명해야 할지 마태는 묘사해 주지 않는다. 이를 경험했던 세 제자는 몹시 두려웠고, 마가에 따르면 그 때문에 베드로는 자신이 무슨 말을 하는지조차 경황이 없었다고 보고한다(막 9:6).

사실 엄청난 사건이 아닐 수 없다. '율법과 선지자'의 대표들인 모세와 엘리야와 그들의 법과 예언의 '종결자'인 예수님이 함께 모였다. 역사상 하나님 나라 최고의 스타들이 어느 날 어떤 긴한 일로 한 자리에 회동을 한 것이다. 무슨 일인지에 대해서는 기자들이 보고하지 않지만, '율법과 선지자'의 글들이 비로소 완성되는 '때'가 이르렀음을 암시해 준다. 십자가를 앞둔 예수님의 형편을 고려한다면, 그 사건과 관련하여 예수님을 격려하고 하나님의 뜻을 확증하고자 함은 분명했을 것 같다.

그곳에서 제자들은 좀체 잘 일어나지 않던 하나님의 직접적인 음성을 경험한다.

> 이는 내 사랑하는 아들이요 내 기뻐하는 자니 너희는 그의 말을 들으라(마 17:5).

하나님은 예수님이 어떠한 분이신지를 점차 구체화하신다. 그들은 갑작스러운 하나님의 신비한 임재에 두려워 떨며 엎드린다. 이것이 하나님의 임재를 경험하는 피조물 본연의 반응이다. 경배행위는 의지적이라기보다는 하나님의 거룩한 현현에 대한 거의 무조건적 반사다. 두려워 경배하던 이들에게 예수님의 온화한 음성이 뒤이어 나온다.

> 일어나라 두려워 말라(마 17:7).

두려워 눈도 들지 못하고, 거의 죽은 자와 같이 되어 있을 바로 그때, 하나님의 손길과 음성이 우리에게 임해 오신다. 예수님은 손을 내미시며 "두려워 말라"고 말씀해 주신다. 그때 두려움은 물러가고 예수님의 임재 안으로 수용된다. 그때에야 비로소 우리는 눈을 들고 인식작용을 시작하게 된다. 하나님에 대한 근원적 경외감도 없이 하나님 앞에서 천방지축 구는 것은 아직 하나님의 임재를 경험하지 못한 증거다.

눈을 들어 보니 오직 예수님 외에는 아무도 보이지 않는다. 아무리 엄청난 신비적 사건이 눈앞에서 일어나더라도, 즉 예수님의 변형된 모습이 눈앞에 보이고, 영적 인물들이 등장하고, 하나님의 음성이 들려온다 할지라도, 제자들에게 유일한 실재는 지금 여기의 예수님뿐이다.

때로는 우리가 경험한 환상적인 일들에 현혹되어 우리는 바로 그 경험, 그 사건, 그 장소에서 머물고 싶어 한다. 최상의 스타들이 머물렀던 자리, 그 놀라움은 영원할 것만 같다. 산 아래의 현실은 망각해 버린 채 변화산 위에 머물고 싶어진다. 일상을 접어둔 채 기도 모임에만 열심 내거나, 특별집회에만 쫓아다니거나, 어떤 체험 중심적인 인물이나 공동체를 찾아 다니는 것은 아직도 유일한 실재이신 예수님의 현존으로 돌아오지 못한 사람이다. 아직도 베드로처럼 초막을 짓고 산정에 머물자고 요청하는 사람이다. 하지만 그곳은 머물 곳이 아니며, 실재의 땅으로 돌아와야 한다. 하나님 나라가 임해야 하는 현실로 돌아오라. 우리가 사는 곳은 바로 이 땅, 문제 많은 세상의 한복판임을 기억하자. 소위 수련회 영성, 곧 특별한 프로그램을 통해 성숙한 신앙에 이를 것으로 기대하지 마라. 종종 그것들은 우리에게 어떤 계기를 마련해 주는 것은 분명하지만, 동시에 일상 속에서 주님과 동행의 삶을 저해하는 기재가 되곤 한다는 사실을 기억하자.

산 아래 동네의 현실 - 겨자씨만큼의 믿음 (마 17:14-21)

이튿날(눅 9:37), 예수님과 세 제자가 산에서 내려오는 동안 나머지 제자들은 귀신들려 간질로 고생하는 한 아이 문제로 씨름하고 있다. 그의 아버지는 예수님을 보자마자 곧장 달려와 무릎을 꿇고 하소연한다. 간질로 고생하는 아들을 불쌍히 여겨 달라는 것이다. 그러면서 그는 의미심장한 한마디를 덧붙인다.

> 주의 제자들에게 데리고 왔으나 능히 고치지 못하더이다
> (마 17:16).

산정에서 경험했던 예수님의 능력과 신비의 현실은, 당장 이 세상 나라 한복판에 있는 무기력과 실패의 경험과 맞닥뜨린다. 이 문제투성이의 세상이 바로 하나님의 사람들이 살아가는 현실이다. 그래서 사람들은 종종 그와 같은 아픈 현실을 망각케 할 신비와 황홀경 속에서 인생을 보내고 싶어 한다. 하지만 주님은 그 세상으로 제자들을 이끄신다. 그곳은 귀신들이 배회하고, 인간들이 고통을 받으며, 선한 뜻을 품은 사람들을 무기력감에 빠지게 하는 거대한 괴물과도 같은 실체를 드러내는 곳이다. 신음

과 아우성과 하소연들이 곳곳에 널려 있다. 절망과 탄식과 슬픔의 눈물과 억울한 호소들이 골목 구석구석에서 뒤섞여 나온다. 그것이 산 아래 동네의 생생한 현장이다.

> 믿음이 없고 패역한 세대여 내가 얼마나 너희와 함께 있으며 얼마나 너희에게 참으리요(마 17:17).

예수님은 안타까우시다. 언제까지 이러한 문제를 만나야 하며, 어느 정도까지 이 현실의 문제로 아파해야 할 것인가? 이것은 단순히 제자들을 나무라는 말씀이 아니다. 고통으로 신음하면서도 무기력하게 머물 수밖에 없는 이 세대를 종말론적으로 이르시고 계신다. 그 문제를 낱낱이 만나실 수 없는 당신의 형편과 그런 현실 속에서 고통스러워하는 이 땅 백성의 참상에 대한 하나님의 탄식이다.

예수님은 그를 데려와 귀신을 꾸짖어 고쳐주신다. 제자들은 예수님께 은밀히 묻는다.
"우리는 어찌하여 쫓아내지 못했을까요?"
예수님은 대답하신다.
"너희 믿음이 적은 까닭이다."
또 믿음 결핍이 문제인가?

> 진실로 너희에게 이르노니 만일 너희에게 믿음이 겨자씨 한 알 만큼만 있어도 이 산을 명하여 여기서 저기로 옮겨지라 하면 옮겨 질 것이요 또 너희가 못할 것이 없으리라(마 17:20).

제자들은 그것을 '능력'의 문제로 접근했다. '예수님은 능력의 역사를 펼치시는데 우리가 하지 못한 이유는 무엇이었을까?' 하지만 예수님의 의도가 무엇일까? 우리더러 신앙치료사라도 되어 고통받는 모든 사람을 고치라는 말씀인가?

오늘날 우리는 심지어 겨자씨 한 알만한 믿음조차 없이도 병원에서 수많은 질병으로부터 놓임을 받고 있다. 그런 믿음과 하등의 상관도 없이 중장비를 이용하여 이 산을 옮겨 바다와 골짜기들을 메워내고 있다. 이런 현상을 보면 오늘 세상에서 필요한 것은 믿음이 아니라 돈과 힘처럼 보인다. 그런 형편 속에서 겨자씨 한 알만큼의 믿음만이라도 요구하시는 예수님의 말씀이 유독 크게 들려온다. 우리는 본성상 믿음으로 하나님과 관련을 맺고 있지 않았던가? 처음 구원은 물론이요, 그리스도인의 삶은 믿음의 토대 위에 세워진 집이 아니었던가? 하지만 우리는 그 믿음 대신 돈과 힘의 위력을 익숙하게 체험한 결과, 우리에게 실제로 필요한 것은 돈과 힘이라 믿고 산다. 정작 믿음은 바로 그 사실을 인정하는 데나 사용될 뿐이다. 따라서 믿음이 없는 세대는 곧 패역한 세대일 수밖에 없다.

'믿음이 없고 패역한 세대'에게 필요한 믿음의 분량은 우리가 기대하는 간질병도 낫게 하는 만큼의 엄청난 양이 아니다. 다만 겨자씨만큼이면 충분하다. 병을 낫게 하고 하지 않고의 문제는 별도의 것이다. 그것은 흔히 생각하는 것처럼 우리 믿음의 능력이 아니다. 그것은 위로부터 주어지는 은혜의 선물이다. 주님께 나아가 그 은혜를 힘입는데 필요한 믿음은 정말 겨자씨만큼이면 된다.

"이 산을 명하여 여기서 저기로 옮기라 하여도 옮길 것이요, 또 너희가 못할 것이 없으리라."

이 말씀은 물론 과장법의 활용 예이다. 거대한 믿음을 가지고도 오늘날까지 문자적으로 산을 옮긴 사람은 없기 때문이다. 그리고 우리의 삶 속에는 못할 일들이 너무도 많고, 그 사실을 우리는 일상에서 늘 경험하고 있다. 하지만 예수님은 그 제자들에게 믿음을 가지고 도전할 것을 격려하신다. 믿음은 바라는 것들의 실상이다(히 11:1).

하나님을 의지하고 그 도우심과 은혜를 기대하며 문제의 해결을 모색하면 적절한 수단이 만들어지는 것이다. 그것이 믿음으로 말미암는 하나님의 지혜와 힘이 아니겠는가? 보이지 않는 하나님의 가능성을 보이는 세계 속에서 구현해 내는 원천이 곧 믿음이다. 하나님은 그러한 믿음의 시도에 예상치 않은 응원군과 조력자들로 이에 응답하시는 사례들에 관한 보고들이 부지기수로 많다.

흥미롭게도 마태의 사본에는 21절이 없다. 어떤 사본에는 "기도와 금식 외에 이러한 유가 나가지 않는다"는 구절이 포함되어 있다. 마가는 병어리 귀신 들린 아들 사건을 묘사하면서 예수님이 이 말씀을 하셨다고 적고 있다(막 9:29). 마태가 그 구절을 굳이 언급하지 않았을까? 아니면 후대의 필사자가 그 구절을 빠뜨렸을까? 그것도 아니면 마가가 그러한 언급을 선호했을까? 어쨌든 마태는 본문에서 강조하는 이슈가 기도와 금식의 문제가 아니라 믿음의 문제, 그것도 겨자씨만큼의 적은 믿음에 관하여 언급하고 있다. 믿음 없는 당신, 어째 좀 위안이 되지 않는가? 적어도 그 '분량'에 있어서는 말이다.

두 번째 수난예고 (마 17:22-23)

예수님은 다시금 당신이 받을 수난에 대해 상기시키신다.
"인자가 장차 사람들의 손에 넘겨져 죽임을 당하고 제 삼일에 살아날 것이다."

제자들은 심히 근심한다. 그런데 제자들의 태도가 처음과 달라져 있다. 처음 수난 예고 시에 그들은 상황을 이해 못 하고 "이런 일이 결코 주님께 미치지 않을 것"이라 말하며 예수님을 막아섰다(마 16:21-22). 하지만 지금은 다르다. 예수님의 의중과 계획을 이해하고 있다. 그리고 그러한 죽음을 맞게 될 주님의 일로 가슴이 아프다. 게다가 자신들은 아무런 역할도 할 수 있는 상황이 아님을 알고 있다.

죽음의 얘기는 언제나 좌중을 침울하게 한다. 게다가 자신의 죽음에 관하여 예고하기란 본인도, 청중도 정말 불편하기 그지없는 주제다. 죽음을 당해야 하는 당사자의 입장은 말할 것도 없지만, 그 사실을 무기력하게 지켜보아야 하는 이들에게 그것은 말할 수 없는 고통이다.

우리는 많은 이들을 이 죽음에 보내고 있다. 그것도 우리가 손쓰지 못할 상황 속에서 그 죽음에 좌절하고, 슬퍼하며, 자신의 한계를 처절하게 경험한다. 관계의 거리가 가까울수록 그 죽음의 문제는 우리에게 상실감을 더한다. 그(녀)와 공유된 내 삶의 일정 부분이 그 죽음과 함께 더불어 죽어버린다. 메멘토 모리!(라. *Memento Mori*. 죽음을 기억하라) 아, 이 죽음의 주제가 더는 우리 인생에서 경험되는 현실이 아니었으면….

세상으로 오해하지 않게 하려 (마 17:24-27)

집이 있던 가버나움에 도착했다. 세금(성전세)을 징수하는 사람들이 베드로에게 다가와 예수님의 납세 여부를 질문한다. 바리새인들이 예수님 대신 제자들에게 항의성 질문을 던졌던 상황과 유사하다. 제자들은 "당연히 내신다"는 말로 답해 두고 집에 들어온다.

예수님은 그 일을 사전에 인지하고 먼저 베드로에게 질문하신다. 위정자들이 아들과 타인 중에서 누구에게 세금을 받느냐는 것이다. 베드로는 '타인에게' 받는다고 대답하자, 예수님은 그렇다면 아들들은 성전세를 면하는 것이 옳다고 하신다.

> 그러나 우리가 그들이 실족하지 않게 하기 위하여… 나와 너를 위하여 주라(마 17:27).

이 성전세에 관한 근거는 매우 오래된 것으로 출애굽기 30장에 나온다. 그것은 인구조사를 통해 20세 이상 된 자가 하나님께 드리는 인두세(人頭

稅)의 성격을 가진 세금으로, 생명을 대속하는 속전의 의미가 있었다. 그것은 빈부를 막론하고 세겔(shekel, 약 11g 중량의 은화)의 절반을 냈으며, 회막의 봉사에 사용되었다(출 30:11-16).

예수님은 성전, 즉 아버지의 집을 위한 세금이라면 당연히 아들들은 면세 혜택을 받으리라 선언하심으로써, 다시금 율법을 재해석 하신다. 원리상 성전의 주인인 하나님이 세금을 받으신다면, 아들들에게는 세를 면하고 타인들에게 받으셔야 하지 않겠는가 말이다. 이 말씀 속에는 성전세에 대한 은근한 부정이 들어있다. 하나님의 이름으로 종교세를 부과하는 것에 관한 정당성에 의문을 제기하며 자녀들은 납세의무를 면한다는 원리를 분명히 하신다. 하지만 그러함에도 예수님은 성전세를 정하고 수령하고 있는 이들과 공연한 오해를 피하고자, 불필요하고 불편한 것이지만 내어주라 하신다. 오해와 실족을 막자는 것이다.

하지만 어떤 학자들은 이 성전세가 이스라엘 성전을 위한 일반적인 성전세가 아니라, 로마 정부에서 이교신전을 건립하기 위해 징수하던 것이었다고도 주장한다(『마태복음 어떻게 설교할 것인가』, 304-305). 만약 이것이 사실이라면 이 내용이 전달하는 의미는 더욱 파격적이다. 원리원칙을 고수하실 것 같은 예수님은 오히려 융통성을 발휘하신다. 비록 이 땅에 이교신전이 선다 할지라도, 그것이 하나님 예배를 훼손하는 본질적인 문제가 되지 않는다. 오히려 공개적으로 세금납부를 요청받은 상황에서 종교적인 이유로 그에 반하는 행동을 하는 것이 하나님 나라 건설이라는 더 큰 목적을 그르칠 수가 있다.

예수님은 독특한 방식으로 돈을 마련하신다. 베드로에게 바다에 가서 낚시를 던져 올라오는 첫 물고기 입 속에 한 세겔의 동전이 있을 것이니, 그것을 가져다 예수님 몫까지 납부를 부탁하신다. 예수님의 지갑은 이렇게 얇았을까? 아니면 임시적 납부를 암시하셨을까? 동전을 물고 있는 물고기라니….

역시 본문의 역점은 기적에 있지 않다. 즉 어떤 문제가 생기든지 하나님의 기적을 통해 해결해 내라는 식이 아니다. 핵심은 '세상으로 하나님의 백성이 오해를 사지 않도록' 시민의 의무를 다하라는 것이다. 심지어 그것이 이교신전 건립을 위한 것이라 할지라도 그것은 작은 일이며, 우리의 할 바를 하라는 것이다.

세상이 교회를 오해하면 무엇이 문제가 될까? 복음의 문이 닫히게 된다. 작은 오해와 불신은 기독교 복음의 진수에 대한 문을 잠가버리고 만다.

최근 일부 목회자들의 금전사용과 관련한 부끄러운 일들이 언론의 도마 위에 오르면서, 목회자의 소득세 면제에 관한 조항에 이의를 제기하는 목소리들이 높아지고 있다. 정교분리 원칙을 위해 교회에 대한 면세를 시행하는 것은 이해하지만, 일부 유력한 목회자들이 정치 참여적인 행보를 보이는 차제에 그들에게 면세혜택을 유지하는 것은 불합리하다는 지적이다.

어쩌면 교회는 성전세에 관한 예수님의 교훈을 문자적으로 수용해야 할 시점에 와 있는지도 모른다. 복음이 오해되지 않기 위해 그리스도인들은 융통성과 지혜를 터득해야 한다. 교회는 종종 세상으로부터의 공연한 박해, 심지어는 의도적인 박해를 부르기까지 한다. 하지만 예수님은 굳이 그러할 필요가 없다고 말씀하신다. 교회는 '순결'할 뿐 아니라 지혜로워야 한다(마 10:16). 오해가 없을 수 없지만 말이다.

오늘날도 많은 사람에게 교회는 배타적이고 외골수적인 모습으로 오해되고 있다. 그것은 교회를 향한 그들의 순수한 오해이기도 하지만, 많은 부분은 그리스도인들의 오해를 사는 신앙생활과 그 증거 때문이기도 하다. 헌금하는 문제, 예배당 건립의 문제, 전도나 구제의 문제 등 가장 중요한 교회의 실행들이 세상으로 하여금 돌을 던지는 여지를 남기고 있다. 왜 본질 아닌 작은 문제들로 말미암아 가장 본질적인 복음 메시지가 방해를 받아야 하는가? 예수님의 융통성과 지혜를 배울 일이다.

갈릴리로 오라

Come to Galilee

4부

하나님 나라 강화

갈릴리로 오라

Come to Galilee

제 18 장
하나님 나라의 관계

하나님 나라에서는 누가 큰가? (마 18:1-4)

익숙하지만 '몹쓸' 질문이다. 예수님이 그토록 강조하시는 하나님 나라를 제자들은 여전히 잘못 이해하고 있다. 생각해 보면, 제자들의 이 질문은 일면 우리가 종종 떠올리는 질문과 다르지 않다. 그때나 지금이나 예수님을 따르는 이들의 속내는 여전하기만 하다. 신앙도 영성도 저 세상에서의 보상 차원에서 이해하며, 더 많은 보상과 인정을 기대하는 수준으로 정리된다. 이 땅에서 서로 옥신각신, 도토리 키 재기를 하며 서로 우월해 보이고자 애를 쓰며 살다 보니, 생각은 그 한계를 넘어서지 못한다.

"하나님 나라라고 다르겠는가? 그렇다면 하나님 나라에서는 누구를 더 귀하게 보고, 위대하다고 할까? 어떤 이들의 천국 간증을 보면, 거기에 모세가 어떻고 바울이 어떻고, 누구의 집이 자기 것보다 더 크고 화려하다는 등의 이야기를 하지 않던가?"

예수님은 곧장 대답을 주시는 대신, 어린아이를 불러 그들 앞에 세우시고 말씀하신다.

> 나는 분명히 말한다. 너희가 생각을 바꾸어 어린이와 같이 되지 않으면 결코 하늘나라에 들어가지 못할 것이다. 그리고 하늘나라에서 가장 위대한 사람은 자신을 낮추어 이 어린이와 같

이 되는 사람이다(마 18:3-4, 공동).

표면상은 "낮추는 그가 크다"고 말씀하시지만, 변화되지 않으면 하나님 나라 백성의 자격이 없다는 맥락을 통해 볼 때, 크기에 집착하는 세상적 습성은 하나님 나라에 적합하지 않음을 말씀하신다. 앞서도 예수님은 세상 나라의 개념과 전혀 다른 특징들을 설명해 주셨지만, 이 주제에 관하여도 하나님 나라의 속성은 이 땅의 그것에 전혀 동의하지 않는다는 점은 어김없는 사실이다. 높아질 것도, 낮아질 것도 없다. 우리는 여전히 우리 속에 있는 악한 속성을 투사하여 '하나님 나라에서도 키재기를 할 것'이라는 전제가 담긴 질문을 던져보지만, 예수님의 답변에서는 오히려 그 질문 속에 담긴 우리의 '키재는 속성'이 간파된다.

> 또 누구든지 내 이름으로 이런 어린 아이 하나를 영접하면 곧 나를 영접함이니(마 18:5).

예수님이 벌써 그 키재기를 폐기하신다. 나아가 예수님은 형제에 대한 경쟁심과 높아지려 하는 중심을 분별하시고, 그에 대한 합당한 대안을 제시하신다. 그것은 변화다. 우리 속사람부터의 변화가 필요하다. 이 땅이 하나님 나라가 되기 위해서는 우리 안에 있는 그러한 이기적이고 파괴적인 경쟁과 지배 속성부터 제거해야 한다. 그런 것을 그대로 간직하고서는 도무지 하나님 나라를 이 땅에 실현해 낼 수 없다.

자신을 낮추는 사람! 선거철마다 보는 것처럼, '큰 자'가 되기 위해서 잠시 마음에도 없이 몸을 구부리는 사람이 아니라, 아예 자신의 위치를 타인의 발밑에 두는 사람이 하나님 나라에 합당한 사람이다.

우리는 무엇을 꿈꾸며, 무엇을 위해 오늘 수고의 땀을 흘리는가? 혹시 큰 자가 되기 위해 남들보다 더 나은 자격조건을 쌓기 위한 것이라면, 글쎄다…. 이 땅에서 떵떵거리며 잘 먹고 잘 살기 위한 것이라면 몰라도, 하나님 나라를 위해서라면 헛수고를 하는 셈이다. 예수님이 마음속에 그리시는 하나님 나라에 그와 같은 중심을 가진 사람이 설 자리는 없다.

약한 지체들이 곧 큰 자 (마 18:5-14)

어린아이를 품에 안은 예수님은, 그 기회를 내어 공동체 내에서 실족케 하는 문제를 추가로 다루신다. 오늘날 많은 이들이 공동체 내의 인간관계 안에서 상처를 받고 실족하여 떠나고 있다. 이를 경험하고 있는 교회가 주목하여 들을 예수님의 말씀이다.

예수님은 근본적으로 실족시키는 일을 금하신다. 대개 이 실족하는 당사자들은 '여린', '약한', '어린', '가난한', '힘없는' 사람들이다. 그들은 어리고, 약하고, 힘이 없어 스스로를 지킬 수 없기에 작은 상처와 충격에도 쉽게 넘어진다. 예수님은 바로 그러한 약자들에게 자신을 '동일시' 하시면서 이 문제의 심각성을 다루신다(마 18:5).

그 일이 세상에서는 생겨날 수밖에 없다는 사실도 예수님은 인정하신다(마 18:7). 슬픈 현실이지만 사람들이 살아가다 보면 부지중에라도 타인을 실족시키는 경우가 많다. 무심결에 던진 말 한마디가, 또한 습관적인 나의 행동 하나가 누군가를 어렵게 하지 않던가? 그럼에도 예수님은 그것이 인간 세상에서 화를 자초하는 일이라 말씀하신다. 우리는 종종 습관적으로 그리고 괘념치 않고 약자들에 대해 무시하는 경향을 보인다. 하지만 그러한 이들을 실족케 하는 행위는 결국 연자 맷돌을 목에 맨 채 바다 속에 빠뜨림을 당하는 현실을 불러온다. 그것은 심판을 경고하는 메시지다. 그와 같은 행위는 자신의 파멸을 자초한다. 하나님 나라의 삶은 그렇게 유기적 관계의 특성을 기대한다.

이러한 원리는 이미 레위기에서부터 이해되어 왔다(레 24:17-22). 눈에는 눈, 이에는 이, 생명에는 생명이 아니던가? 누군가의 신체에 상해를 끼

쳤다거나, 생명을 빼앗았다면 무엇으로 그것을 보상할 수 있겠는가? 강하고 약하고를 떠나서, 결국 '너'는 또 다른 '나'다. 너에게 상처를 준다는 것은 곧 나를 자해하는 행위다. 누군가를 실족시킨다는 것은 곧 나에게 화를 자초하는 일이다. 따라서 형제를 잃는 것은 곧 나를 잃는 것이다. 그래서 예수님은 강경하시다.

> 만일 네 손이나 네 발이 너를 범죄하게 하거든 찍어 내버리라 (마 18:8).

예수님은 다시금 간추려 당신의 본뜻을 말씀하신다.

> 삼가 이 작은 자 중의 하나도 업신여기지 말라(마 18:10).

약자들을 무시하지 않도록 조심하라는 말씀이다. 여기서 강조는 '업신여김'이다. 그들에 대한 우리의 업신여김이 날마다 하나님에게 보고되고 있다(마 18:10). 아흔아홉 마리의 양이 곁에 있다고 해서 길 잃은 '겨우 한 마리' 정도의 양이 소중하지 않은 게 아니다. 하나님은 오히려 그 한 마리를 찾기 위해 심지어 아흔아홉 마리를 산에 두고 길을 떠나는 목동이다(마 18:12-13). 아무리 미약한 존재로 여김 받는 자라 할지라도, 그를 잃어버리거나 실족시키는 것은 하나님의 뜻이 아니다(마 18:14). 아니 오히려, 그 목자는 그 한 마리를 찾는 일에 더 마음을 쓰신다.

앞에서(마 18:1-4) 예수님은 "하나님 나라에서는 누가 크냐?"라는 질문을 하셨다. 여기까지 예수님의 말씀을 듣고 보니, 하나님 나라에서 '큰 자'는 역시 '작은 자'들이다. 이것은 이 땅 저 너머 천국에서의 신분에 관한 메시지가 아니라, 하나님 나라를 선취하여 사는 이 땅의 주님의 몸 안에서의 관계를 의미한다. 예수님의 관점으로 볼 때 우리가 소자라 업신여기는 이들이 결코 소자가 아니라는 말씀이다. 그들이야말로 오히려 하나님의 관심사 속에서 큰 자들이다. 그래야 '평균케 함'이 이루어지지 않는가?(고후 8:13) 그렇다. 예수님의 관심은 확실히 연약하고 약한 자들에게 쏠려있다. 평균케 하기 위한 편애다. 예수님이 더욱 귀히 여기는 대상을 차별하거나 멸시하는 행위가 어찌 간과될 수 있겠는가?

하나님 나라의 관계 - 죄를 범한 지체 (마 18:15-20)

심지어 죄를 범한 형제라도 그를 잃어버리는 것은 하나님의 뜻이 아니다. 작은 지체 하나라도 배제하지 않고 오히려 얻는 것(마 18:15)이 하나님의 관심사다. 그러므로 죄를 범한 지체를 다룰 때는 여러 가지를 고려하고, 또 세심히 다루어야만 한다.

첫째, 지체의 잘못이 발견되면 그것이 참으로 그러한가를 자세히 확인할 일이다. 지체를 교정하고자 했던 목적으로 하는 조언이 공연한 오해를 불러 도리어 형제를 잃는 역효과를 발휘하지 않도록 말이다.

둘째, 잘못이 확인되면 먼저 당사자에게 직접 그 일을 권고해야 한다. 그것을 놓고 누군가와 상의를 한다는 생각으로 '뒷담화' 과정을 거쳐서는 안 된다.

셋째, 만일 개인적인 권고가 효력을 얻지 못하면 비로소 두세 사람이 함께 가서 그를 권하도록 한다. 어디까지나 그 지체를 얻고자 하는 동기와 목적으로 함께 권면하는 것이다.

넷째, 그래도 그가 듣고자 하지 않는다면, 최종적으로 교회의 판단을 그에게 들리도록 한다. 그럼에도 그가 순응하지 않는다면 그때는 가망이 없다. 이제 교회는 최선을 다 했다. 그때는 지체를 잃은 아픔을 감수하고라도 그를 더는 공동체의 일원으로 여길 수 없게 된다. 그는 외인이나 다름없다. 지체들의 사랑의 권고와 온 교회의 견책을 무시하는 정도라면 그는 한 몸에 속한 자일 수 없기 때문이다.

하지만 사전에 지체의 잘못을 판단하는 처지에 있는 사람들은 갑절의 주의를 기울여야 한다. 이는 지체에 대한 한 사람의 판단이 그릇될 수 있는 여지가 많기 때문이다. 예수님이 죄를 범한 지체라도 두세 사람의 판단, 나아가 온 교회가 판단하는 과정을 요구하시는 것 자체가 바로 판단하는 이의 판단 자체가 애초에 그릇될 소지가 있음을 긍정하고 계신다. 자신이 옳고 지체가 그르다는 일방적이고 독단적인 판단으로 자기와 뜻을 같이하는 몇 사람을 증인으로 삼아 자기와 뜻을 달리하는 한 지체를 실족시킬 수 있는 여지는 언제나 어디에나 있기 때문이다. 지극히 작은 소자 하나라도 잃는 것을 원치 않으시는 예수님의 중심을 헤아려 범사에 조심해야 한다.

◆ 지체를 권고하는 것

한 몸 안에 있는 지체를 권고하는 것은 어려운 일이다. 때로는 그의 잘못을 알면서도 그에게 직접 대면하여 말하기는 쉽지 않다. 그것이 공동체의 유익을 목표하고 있으면서도, 그러한 노력은 왕왕 개인적인 문제로 오해를 받는 경우도 종종 있다.

게다가 그와 같은 권면을 받는 이들 중에 어떤 이들은 그 권면을 받을 준비가 되어 있지 않다. 그것은 관계의 단절을 부르고, 결국 교회가 그를 권면할 기회도 얻기 전에 종종 스스로 자신을 몸 된 공동체로부터 분리해 버리고 만다. 그는 상처를 받았다고 분노하며 떠나가지만, 정작 자신이 속해 있던 몸 안에 그 상처와 동일한 크기의 베어진 상처를 남기고 떠나는 것임을 알지 못한다. 아이러니하게도 이웃 교회에서 그는 매우 환영받는 존재가 되기도 한다. 그렇게라도 해서 한 교회를 떠나간 사람이 거기서는 심기일전하여 새로운 마음으로 온전한 삶을 살아주면 다행이다. 중요한 것은 예수님의 중심이다. 주님은 심지어 범죄한 형제라 할지라도 하나라도 잃어버리는 것은 원치 않으신다. 끝까지 인내하며, 겸손과 긍휼과 관용과 사랑으로 범죄한 지체 문제를 다루어야 한다.

길 가던 나그네의 겉옷을 벗기는 시합을 벌인 해와 바람에 관한 우화가 있다. 얼른 생각하면 차갑고 강한 바람이 쉽게 겉옷을 벗겨버릴 것 같지만, 정작 나그네의 옷을 벗기는 이는 따뜻한 햇살이다. 그렇다. 차갑고 냉정한 태도는 도리어 죄를 범한 지체를 더욱 방어적이 되게 하고, 공격적인 투사가 되게 만든다. 하지만 따뜻하고 관용하는 태도는 그로 하여금 마음을 열고 대화하며 회개하게 한다. 우리를 예수님에게 돌아오게 하는 것은 예수님의 긍휼과 사랑이지, 우리를 두렵게 하고 떨게 하는 위협과 박해가 아니다.

'죄를 범한 형제'라는 표현 속에서 이미 죄가 확정된 형제라는 것을 전제하신 것으로 보이지만, 교회 내부에서의 일반적인 관계 문제를 다루는 법은 관용의 법과 긍휼의 법이어야 한다. 예수님이 그 몸의 주인으로 계시기 때문이다. 몸 안에 속한 형제들 간의 반목과 싸움, 정죄와 출교 대신 오히려 예수님은 지체들 간의 연합을 기대하신다. 그것은 자녀를 향한 아버지의 마음이다. 따라서 설령 죄가 확실한 경우에도 소위 '정죄적 심판'보다는 '구속적'(redemptive)이고 '회복적(restorative) 심판'의 방향으로 치리가 시행되어야 한다. 사도 바울은 동일한 중심으로 권면한다.

> 형제들아 사람이 만일 무슨 범죄한 일이 드러나거든 신령한 너희는 온유한 심령으로 그러한 자를 바로잡고 너 자신을 살펴보아 너도 시험을 받을까 두려워하라(갈 6:1).

◆ 땅에서의 행위가 하늘 영역을 좌우한다

진실로 너희에게 이르노니 무엇이든지 너희가 땅에서 매면 하늘에서도 매일 것이요 무엇이든지 땅에서 풀면 하늘에서도 풀리리라. 진실로 다시 너희에게 이르노니 너희 중의 두 사람이

> 땅에서 합심하여 무엇이든지 구하면 하늘에 계신 내 아버지께
> 서 그들을 위하여 이루게 하시리라(마 18:18-19).

이 땅에서 우리가 하는 행동이 '하늘의 영역'을 좌우한다! 우리가 무엇이든지 땅에서 매는 것이 있다면 하늘에서도 매인다는 놀라운 원리다. 우리가 이 땅에서 자유를 구속하게 된다면, 그것은 단순히 땅의 일, 육체의 일이 아니요, 하늘의 일이요 영적인 일이다. 확장한다면, 우리가 구속하는 그 구속으로 말미암아 온 세계가 고통을 경험하게 된다. 또 반대로 영적인 일 곧 하늘에 속한 일은 우리의 손에서 벗어나 있는 '피안'(彼岸)의 영역이 아니라, 바로 우리가 부대끼며 살아가는 이 땅에 있는 치열한 관계와 사안들에 관련된 영역이다.

따라서 '뜻이 하늘에서 이룬 것과 같이' 이 땅에 임하는 하나님 나라를 꿈꾸는 우리는 이 땅에서 풀고, 자유롭게 하고, 해방하는 일에 매진해야 한다. 우리는 서로 관용하고, 용납하고, 긍휼히 여기고, 사랑을 실천해야 한다. 그때에 세상은 놓임을 받고 자유로움을 누릴 것이다.

그 비밀은 두세 사람이다. 서로 용납함으로 연합된 두세 사람은 주님의 임재를 상징할 만큼, 그 임재의 현실을 세상에 펼칠 수 있을 만큼 중요하고 의미 있는 숫자다. 우리의 판단과 결심, 행위는 이처럼 세상에 큰 영향력을 행사하게 되어 있다.

빚의 탕감에서 보는 진정한 용서 (마 18:21-35)

하지만 그렇다고 해서 지체가 범죄하면 무작정 용서하는 것이 아니다. 진심으로 권고하고, 필요하다면 교회적인 조처도 취해야 한다. 하지만 그 기준은 무엇일까? 만일 지체 중의 하나가 내게 범죄한다면 어느 정도까지 용서하고, 어느 지점에서는 그에게 권고해야 할까?

베드로가 우리를 대신하여 예수님께 질문을 던진다.

"주님, 형제가 내게 죄를 범하면 몇 번이나 용서하여 줄까요? 일곱 번까지면 될까요?"

예수님은 말씀하신다.

"일곱 번뿐이겠는가? 일흔 번씩 일곱 번이라도 용서하렴!"

"490번씩이나요? 아니, 그럼 앞서 말씀해 주신 형제를 다루는 방법은 무용지물 아닐까요?"

성질 급한 베드로에게 이건 혼동 수준이다. 이해하지 못하는 우리 형편을 보시고 예수님은 비유를 제시하신다.

> 하나님 나라는 그 종들과 결산하려 하던 어떤 임금과 같다
> (마 18:21).

또 하나님 나라다. 잊지 마라. 어떤 주제를 말씀하든 예수님은 '하나님 나라'라는 주제 하에서 말씀하고 계심을 놓쳐서는 안 된다. 서로 용서하지 못하고 사는 이 세상은 하나님 나라를 잃은 현실이 아니던가? 예수님은 우리에게 하나님 나라를 구하라 가르치면서 "서로에게 빚을 탕감하는 희년실현"(레 25)을 말씀하셨다(마 6:12). 본문의 비유는 하나님 나라의 용서가 얼마나 구체적이고 실제적이어야 하는지 섬뜩할 정도로 생생하게 보여준다.

갚을 길 없는 1만 달란트 빚진 채무자의 현실을 긍휼히 여기는 채권자는 그 거금을 일거에 탕감해 준다. 이제 자유다! 평생을 노예로 살 수밖에 없던 현실로부터의 해방이다. 그것이 바로 은혜가 다스리는 하나님 나라다. 그 은혜가 자유와 해방과 샬롬을 불러온다. 그러나 그 은혜는 선순환이 기대된다. 큰 빚을 탕감 받은 이는 또한 자신에게 빚진 이를 자유하게 했어야 한다. 하지만 그는 하나님 나라 가치의 순환을 실행하지 않는다. 선순환의 흐름이 차단되어 버린다. 하나님은 우리의 모든 부채를 탕감하

셨다. 이제 우리가 서로 빚을 탕감하며, 당신의 나라를 복으로 경험하며 살기를 기대하신다.

긴 이야기의 결론은 이렇다.

> 너희가 각각 마음으로부터 형제를 용서하지 아니하면 나의 하늘 아버지께서도 너희에게 이와 같이 하시리라(마 18:35).

이것은 안내요 경고다. 우리는 크게 탕감받은 자이지만, 내게 속했던 작은 것을 찾겠다고 이웃을 압제하는 성향을 종종 드러낸다. 나 중심의 관점은 언제나 이 경고성 말씀에 불편하다. 예수님의 초점은 죄지은 자에게 있는 것이 아니라, 죄지은 자를 다루어야 할 사람들에게 있다. 죄지은 자를 두고 우리가 어떻게 반응할 것인지에 대한 응답으로 용서를 분명히 하신다. 마치 심판은 없다 할 정도로 말이다. 그 용서마저도 진심으로 하지 않으면 하늘 아버지께서도 용서하지 않으시겠다고 말씀하신다. 그렇다. 하나님의 용서는 우리가 타인에게 죄를 사하여 준 것과 비례하여 역사 한다(마 6:12-15). 게다가 우리가 땅에서 묶고 있는데 하늘에서 풀리겠는가(마 18:18)?

예수님의 말씀 속의 현실 안에서는 내게 빚진 자(죄지은 자)도 한 지체다. 서로는 애초에 그런 관계다. 그것이 나를 향한 죄를 범하는 것이든, 경제적인 손해를 끼치는 것이든 형제가 형제에게 가하는 상해요 손해다. 그것이 일어나지 않으면 좋겠지만, 이 세상 나라에서는 언제나 그런 일은 일어나기 마련이다(마 18:7). 문제는 그러한 일이 발생하고 난 후에 어떻게 대응할 것인가이다.

하지만 잊지 말아야 할 것이 있다. 그럼에도 이 용서에는 죄를 지은 자가 진심으로 용서 구함이 전제되어 있음을 말이다. 동일 말씀을 기록하고 있는 누가는 이를 분명히 한다.

> 너희는 스스로 조심하라 만일 네 형제가 죄를 범하거든 경고하고 회개하거든 용서하라 만일 하루에 일곱 번이라도 네게 죄를 짓고 일곱 번 네게 돌아와 내가 회개하노라 하거든 너는 용서하라 하시더라(눅 17:3-4).

하지만 예수님의 그림 속에는 그마저도 용서뿐이다. 심지어 십자가 상에서조차 자신을 처형하는 이들까지도 용서하신다. 그분의 판단에서 볼 때 사람들은 무지했다. 의도적인 위선에 대해서는 추상같이 비난하시던 예수님이, 무지 속에서 행하고 있는 그 악행에 대해서는 자신에 대해 참혹한 일을 벌이고 있어도 용서를 택하고 계신다.

> 아버지 저들을 사하여 주옵소서 자기들이 하는 것을 알지 못함이니이다(눅 23:34).

갈릴리로 오라

Come to Galilee

제 19 장
하나님 나라의 주빈(主賓)

하나님 나라와 가정 (마 19:1-12)

> 이러므로 남자가 부모를 떠나 그의 아내와 합하여 둘이 한 몸을 이룰지로다(창 2:24).

아담과 하와가 타락한 이래 남편과 아내의 관계는 이 고유의 하나 됨을 불편하게 하는 분리를 경험하고 말았다. 남편은 아내의 존재목적과 귀중성을 망각하고 책임 전가에 급급했고, 아내 역시 자신의 존재목적과 역할을 망각하고 남편의 배필로 역할하기 보다는 남편의 삶이 왜곡되는 데 지대한 영향을 미치고 말았다. 이것이 성경이 소개하는 남편과 아내의 역사에 대한 기원이야기다.

예수님은 모처럼 갈릴리를 떠나 요단강 건너편 쪽 유대 지경에 가 계신다. 많은 사람이 소문을 듣고 몰려오자 예수님은 거기서 그들의 병을 돌보아 주신다. 거기에 바리새인들도 찾아온다. 그들은 예수님의 선포와 사역, 그리고 백성들의 긍정적 반응이 불편했다.

'갈릴리에서 구르던 촌 나부랭이가 유대에?'

그들은 여전히 예수님 곁을 맴돈다. 어떻게 해서든 예수님의 실체를 규명해 볼 심산이다. 그날 제기한 질문은 다음과 같다.

> 사람이 아무 이유가 되었든지 그 아내를 내어버리는 것이 옳습니까?(마 19:3).

얼핏 이런 질문은 고약한 신학 난제를 다루는 것처럼 보인다. 어느 방향으로 답하든 상대를 곤경에 빠뜨리겠다는 심산이다. 율법의 요구에 문자적으로 따르도록 답변하는 것은 인간적인 양심의 소리를 저버리는 무자비한 사람이 될 터이요, 그렇다고 율법의 요구를 거부하는 것은 모세의 권위에 대항하는 '율법을 폐하는 자'라는 비난을 면치 못할 것이기 때문이다. 어쨌든 이 질문에는, 인간 양심은 '아내를 내어버리는 것은 옳지 않다'고 소리지르고 있음이 암시되고 있다. 그 양심의 소리를 거슬러, 바리새인은 그것을 종교적이고 법적인 문제와 결부하여 다루고 있다.

예수님은 또다시 정곡을 찌르신다.

"성경을 읽어보지 못했습니까?"

"이미 성경에 기록되어 있습니다. 왜 하나님이 말씀해 주신 적도 없는 것처럼 내게 와서 묻습니까? 그대들은 선생된 이들로서 이런 문제에 대해 바른 성경적 대안을 가지고 이스라엘을 가르쳐야 할 자들이지 않습니까?"

우리도 여전히 '하나님의 뜻'을 묻는다. 하지만 예수님은 그때마다 "성경에 기록되어 있다"고 말씀하신다. 그럼에도 예수님은 친절히 설명을 덧붙여 주신다.

> 사람을 지으신 이가 본래 그들을 남자와 여자로 지으시고 말씀하시기를 그러므로 사람이 그 부모를 떠나서 아내에게 합하여 그 둘이 한 몸이 될지니라 하신 것을 읽지 못하였느냐 그런즉 이제 둘이 아니요 한 몸이니 그러므로 하나님이 짝지어 주신 것을 사람이 나누지 못할지니라(마 19:4-6).

결혼과 동시에 부부는 이제 '둘'이 아니라 '하나'다. 이것이 창조주께서 근본적으로 부부를 이해하시는 방식이다. 게다가 하나님은 그 둘을 하나 되게 하신 분이시다. 겉보기에 두 사람은 자신이 속한 문화 속에서 결혼식을 올리고 부부가 되었겠지만, 현상의 이면에서 역사하시는 하나님은 바로 그 과정이 자신의 작품임을 말씀하신다. "내가 너희를 짝지어 주었다!"

"그러하면 어찌하여 모세는 이혼 증서를 주어서 내어 버리라 명령했습니까?"

"이거야말로 성경에 기록되어 있지 않습니까? 당신은 모세의 권위, 성경의 신적 권위를 부정한단 말입니까?"

바리새인들은 집요하다.

"모세는 여러분들 마음의 완악함을 인하여 아내 내어 버림을 허락하였지만 본래는 그런 것이 아닙니다"(마 19:8).

이런…. 답변 속에서 질문자의 완악함이 간파되어 버렸다. 예수님은 여기에서도 모세를 넘어서신다. 예수님은 그 율법의 정곡을 짚어내신다. 하나님은 처음부터 이 규정을 의도하셨다. 하지만 모세는 어느 정도의 융통성을 발휘한 것이다. 완악한 백성의 형편들을 고려하여 적절한 수준에서 삶이 보존되기를 기대했다. 이것은 더욱 본질적인 문제를 암시하는데, 율법과 전통은 그런 맥락에서 주어진 것이란 뜻이다.

> 내가 너희에게 말하노니 누구든지 음행한 이유 외에 아내를 버리고 다른 데 장가 드는 자는 간음함이니라(마 19:9).

모세로부터 1,500년이 흐른 지금, 예수님은 율법에 기록한 본디의 하나님 뜻을 전하신다. '아내를 내어 버리는 것'은 처음부터 인간들에게 의도하신 하나님의 창조 섭리에 대한 위반이다. 음행과 같은 치명적인 이유 없이 함부로 이혼을 결행하는 것은 하나님의 뜻이 아니며, 간음하는 죄와 일반이다. 그것은 서로에게, 특히 약자인 아내에게 비인간적인 현실을 가져오기 때문이다.

이를 두고 단순히 예수님이 '이혼 불가'라는 교리를 제정하시는 것으로 오해해서는 안 된다. 예수님은 오늘날 우리가 아는 '이혼'을 다루시기보다는 배우자를 '내어버림'의 문제를 지적하고 계신다. 정당한 이유 없이 아내를 버리며 이혼을 일삼는 당시의 패륜적 사회 습속에 대하여, 그러한 이혼의 불법성을 하나님의 창조질서와 의중을 통해 지적하고 계신다. 당시의 남성본위의 문화 속에서, 남편들이 율법을 악용하여 아내들에게 시행하던 이혼은 다분히 비인간적인 행위였다. 생산 활동의 주체인 남편이 없는 여성은 경제생활을 포함하여 정상적인 사회생활을 지속하기 어려웠다. 이는 성경이 과부들에 관심을 보인 직접적인 이유다.

예수님이 확인해 주시는 것은, 하나님이 처음부터 두 사람을 짝으로 주시고, 한 몸 되게 하심으로 온전한 일치를 의도하셨기에, 서로는 사랑으로 연합한 삶을 유지하는 것이 하나님의 뜻이라는 점이다. 하나님은 사람들이 결혼과 이혼을 통하여 비인간적인 현실을 경험하는 것을 원치 않으신다. 만일 이혼이 그런 암울한 현실을 가져오는 것이라면 그것이 결행되어서는 안 되며, 반대로 결혼생활이 그런 현실을 불러오게 된다면 그 결혼 역시 단순히 지속되어서는 안 된다.

사실 바리새인들이 제기한 이 질문에서 놓치지 말아야할 부분이 하나 있다. 이 질문에는 그들의 괴팍한 정치적 꼼수가 내포된 것으로 보인다. 예수님은 지금 갈릴리가 아닌 '요단강 건너 유대지경'(19:1)에 와 계신다. 그곳은 예수님에 앞서 세례요한이 세례를 베풀며 하나님 나라의 도래를 선포하던 곳이요, 분봉왕 헤롯이 동생 빌립의 아내를 취한 것을 비난하다 체포된 곳이다(마 14:1-11). 예수님을 시험하는 바리새인과 청중들은 이 일로 처형된 세례요한의 일을 잘 기억하고 있었고, 지금 이 괴악한 질문을 통해 예수님께 포악한 통치자의 과오에 대한 평가를 강요하고 있다. 대답 여하에 따라 예수님은 세례요한의 전철을 밟게 될지도 모르는 정치적 시험일 수 있는 것이다. 하지만 예수님은 단호히 말씀하신다.

"아내를 내어버리고 다른 데 장가드는 자는 간음하는 것입니다."

파장과 충격은 하나 둘 누적되고 있다.

이때 제자들이 나선다. 이것은 세상에서 이혼이라는 어두운 현실을 경험하고 고통 속에 있는 사람들을 이해하는 데서 나오는 질문이다.

> 만일 사람이 아내에게 이같이 할진대 장가들지 않는 것이 좋겠습니다(마 19:10).

예수님은 그것도 아니라고 말씀하신다. '시집가고 장가드는 것' 즉 결혼은 처음부터 하나님이 인간에게 의도하신 것이다. 사람이 독처하는 것이 좋지 않음을 하나님이 먼저 아셨다(창 2:18). 그리고 배우자를 주시고 처음부터 결혼식을 거행해 주신 분은 하나님이시다. 이 사실에서 '내가 결혼을 하는 것이 하나님의 뜻인가 아닌가?' 하는 것은 좋은 질문이 아니다. 하나님은 모든 인간은 결혼이 필요한 존재임을 첫 인간에서부터 분명히 하셨다. 하지만 예외는 있기 마련이다.

> 예수께서 이르시되 사람마다 이 말을 받지 못하고 오직 타고난 자라야 할지니라 어머니의 태로부터 된 고자도 있고 사람이 만든 고자도 있고 천국을 위하여 스스로 된 고자도 있도다 이 말을 받을 만한 자는 받을지어다(마 19:11-12).

인간을 짝지어 주시는 하나님은, 그럼에도 각자의 자기결정권을 존중해 주신다. 자신의 선택으로 독신 인생을 살고자 하는 사람이든, 하나님 나라를 위한 특정한 목적을 위해 독신을 선택하는 사람이든, 결혼이 무조건적으로 의무 지워진 사안은 아니다. 또한 어떤 사람들은 태어날 때부터 장애를 가지고 태어나기도 한다. 만일 그것이 하나님의 섭리 속에서 일어나는 일이라면, 그것을 장애라 부르는 것은 부당하다. 그것은 인간들 편에서 궁여지책으로 이름 지은 것에 불과하다. 더욱 특별한 하나님의 뜻이 담긴 삶이기 때문이다.

하나님 나라는 이런 자의 것 - 예수님의 판 바꾸기 (마 19:13-15)

예수님이 선포하시는 하나님 나라의 주빈(主賓)은 누구인가? 앞서 예수님은 그 나라의 주빈들에 관한 일반적인 시각에 도전하신 바 있다. 아니 그분은 늘 그러신다. 하나님의 호의라면 응당 종교지도자들이나, 적어도 외형적 경건의 모양이 탁월한 사람들의 몫이라 여기던 현실을 뒤집어, 세리와 창기와 같은 당대의 '죄인들' 부류와 가난하고 슬퍼하고 고통당하는 무지렁이 백성이 하나님 나라의 주빈으로 초청하지 않으셨던가?

그렇다면 어른과 어린아이에 대해서는 이 문제에 어떠한 답이 나올까? 사람들은 예수님이 어린아이들을 영접하신다는 사실을 알았다(마 18장). 그들은 자녀를 데리고 와서 예수님에게 안수기도를 받기 원했다. 자녀가 축복받기를 기대하는 것은 모든 부모의 공통된 마음이다. 놀라운 표적과 기사를 베풀고 하나님 나라를 선포하시는 위대한 선생님을 통해 하나님의 축복을 받을 수 있다는 것은 얼마나 큰 특권이겠는가?

그런데 제자들이 그들을 막아서며 꾸짖는다. 그러지 않는가? 스타에게 몰려드는 군중을 막아서는 경호팀들의 모양새 말이다. 군중들이 몰려들 때면 제자들 역시 예수님을 경호해야 한다는 마음이 당연했을 것이고, 그것을 또한 특권처럼 뿌듯하게 여겼을 것이다.

하지만 잘못 짚었다. 그것은 오히려 예수님의 책망을 부른다.

> 어린 아이들을 용납하고 내게 오는 것을 금하지 말라
> (마 19:14).

이것은 우리 문화 속에서도 익숙한 장면이다. 사회 대부분의 일들이 어

른들 위주로 돌아간다. 어린아이들은 그냥 '애들'이다. 그들은 미숙하고 그래서 보호대상의 위치에 둘지는 모르지만, 주빈은 아니다. 게다가 어른들이 몰려와 있는 상황에서 미안하지만 아이들을 위한 자리는 없다.

이것은 오늘날 교회에서도 마찬가지다. 예배당도 그리고 교회에서 진행되는 대부분 프로그램도 거의 어른들을 위한 것이다. 거기다 대부분 재정은 어른들을 위해 투자된다. 어린아이들은 하나님의 집에서도 정당하게 수용되지 못한다. 예나 지금이나 변한 게 별로 없다.

제자들은 일찍이 어린아이들에 관한 예수님의 의중을 들어 알고 있었다. 하지만 관습적으로 그리고 그들의 세계관과 행동 속에 굳어진 행동들이 어디 쉽게 변화되는가? 그런데 어린아이들을 용납하시는 이유가 무엇이었는가?

> 하나님 나라가 이런 이들의 것이다(마 19:14).

보았는가? 역시 하나님 나라가 척도다. 예수님은 '지금 이곳에'(here and now) 하나님 나라를 실현하고 계신다. 따라서 '지금 이곳'에 있는 사람은 그가 누구이든 영접 받아야 한다. 예수님은 어른들로부터 배제되던 어린아이들이 심지어 그 나라의 주인공이라 말씀하신다.

예수님은 이로써 세상 나라에서 '무시당하는 이'들을 하나님 나라의 주요 구성원으로 높이신다. 관점이 뒤집힌다. 나이가 어리고, 경험이 없고, 아는 것이 부족하고, 미성숙하고, 소극적이고, 뭔가 잘하지 못하고, 무능력해도 배제되지 않는다. 주린 자는 배부름을 얻고, 애통해 하는 자는 위로를 얻고, 약한 자는 강함을 입고, 소외된 자는 영접을 받는 것이 하나님 나라의 특징이 아니던가?

이 문제를 남자와 여자에게 적용해 본다면 어떻게 될까? 또는 공부 잘하는 이와 못하는 이 또는 힘 센 사람과 약한 사람, 건강한 사람과 병든 사람, 춤 잘 추는 이와 못 추는 이, 뭐든지 잘하는 이와 못하는 이, 적극적인 성격을 가진 이와 소극적인 이 등에 적용해 본다면 말이다.

이분법적인 사고가 필요하다는 것이 아니다. 만일 우리가 전통적인 사고와 행동방식에 익숙해 있다면, 어른, 남성, 부자, 공부 잘하는 이, 힘센 사람, 건강한 자, 종교인, 뭐든지 잘하는 사람 등을 위주로 하나님 나라의 소유자라는 이해를 당연시할 것이다. 하지만 예수님이 시도하시는 '판 바꾸기'를 통해 본다면, 사실 예수님은 누구도 제외하길 원하지 않으시지만, 연약하고 비천하고 소망이 없어 보이는 이들, 사회 속에서 주변인으로 전락해 있는 이들에게 하나님 나라의 현실을 허락하신다. 사실 예수님은 그들의 편을 들고 계신다. 그 편듦으로 비로소 균형이 가능해질테니 말이다. 사실 그분이 아니면 누가 그들을 진심으로 마음에 품겠는가?

이래서 기쁜 소식(복음, good news)이 아니겠는가? 복음은 단순히 예수님에 관한 정보(information)가 아니다. 그것은 예수님 자신이요, 그분이 초청해 주시고 영접해 주신 하나님 나라의 현실이다. 그것이 나로 희망을 품고, 기쁨을 누리며, 힘내어 살게 하는 소식이고 실재이다. 그래서 복음이다.

하나님 나라와 소유문제 (마 19:16-30)

한 청년이 예수님에게 나아와 진지한 질문을 한다.

> 선생님, 제가 무슨 선한 일을 해야 영생을 얻겠습니까 (마 19:16).

예수님은 질문들에 성실하시다. 그분은 정말 해답이 되신다.
"생명에 들어가려면 계명들을 지키세요."
"어느 계명을 말씀하십니까?"

> 살인하지 말라 간음하지 말라 도적질하지 말라 거짓증거하지
> 말라 네 부모를 공경하라 네 이웃을 네 몸과 같이 사랑하라 하
> 신 것입니다(마 19:18-19).

'어라? 십계명 아닌가?' 그렇다. 율법의 요약이라는 십계명 중에서 인간관계 속에서 기대되는 계명들을 나열하시고, 마지막에는 그것을 하나로 묶는 요약을 말씀해 주신다. 우리에게 익숙한 생각과 달리 '영생'의 이슈는 '하나님께 무엇을 하라'가 아니라 '이웃사랑'에 달려있다!

청년은 그거라면 문제가 없다. 아니 적어도 본인이 생각하기에 그 수준의 조항은 문제 되지 않는다. 적어도 영생에 관심이 있는 '신앙 청년'이 아닌가?

"이 모든 것을 내가 부족함 없이 지켜왔습니다만…아직도 무엇이 부족합니까?"

참 당찬 청년이다. 복음서에서 종종 예수님에게 나와서 이런 질문을 하는 사람들이 그러했듯, 어쩌면 자신의 의로움을 드러내고 확인받고자 하는 의도를 가지고 왔었는지도 모른다. 하지만 이 청년의 의도에 괜히 의심의 눈짓을 보내고 싶은 생각은 없다. 오히려 당당히 자신의 삶을 정돈하여 말할 수 있는 그의 신앙생활의 실재를 높이 사고 싶다.

> 네가 온전하고자 할진대 가서 네 소유를 팔아 가난한 자들에
> 게 주라 그리하면 하늘에서 보화가 네게 있으리라 그리고 와
> 서 나를 따르라(마 19:21).

예수님은 그의 성실한 실천을 인정해 주신 듯하다. 하지만 하나님 나라의 눈높이는 거기에서 그치지 않는다. 온전함이다. 적어도 '무엇은 하지 않는 정도'의 율법의 요구는 충족해 왔다. '개인경건' 차원에서 하나님을 사랑하라는 계명은 충실해 왔다. 이제 그것은 '사회적 경건'으로 외연

이 확대되어야 한다. 청년은 부자다. 그것이 상속에 의한 것이든 합법적인 취득을 통해 얻은 것이든, 여전히 가난한 자들이 허덕이는 현실에서 부를 축적하고 사는 것은 다름 아닌 사회적 '악'이다. 단순히 살인하지 않고, 간음이나 도둑질, 거짓증거하지 않고 '선한' 신자로 살아가는 것으로는 하나님 나라에 합당치 않다. 하나님이 의도하시는 이웃을 내 몸과 같이 사랑함의 실제를 살아내야 한다. 그러려면 소유한 재산을 지금 가난한 자들에게 나눠줌으로 예수님이 선포하시는 하나님 나라의 길을 따라야 한다. '영생'에 대한 예수님의 초점은 여전히 이 땅의 삶터에서 구현될 하나님 나라다. 나눔을 통해 이 땅에 확장될 하나님 나라의 현실을 구현하라는 것이다.

하지만 그것은 청년에게 날벼락과 같다.

'차라리 물어보지 말걸 그랬다. 내 재산을 팔아서 가난한 자들에게 나누어 주라니. 사람들은 너나 할 것 없이 재테크니 펀드니 하면서 서로 재산 모으기에 급급해 있는데, 게다가 그것이 삶의 목적이나 되는 것처럼 하나라도 더 많이 모으려 혈안이 되어 있는데, 있는 재산까지도 다 가난한 자들에게 나누어 주고 당신을 따르라니…. 재산도 재산이지만 내 꿈과 계획과 일정은 무엇이 되는가? 나도 할 일이 있고, 하고 싶었던 일들이 있는데, 내 비전을 내려놓고 와서 당신을 따르라니….'

청년은 부자에다 자신의 계획과 그에 관한 확신도 있는 사람이다. 그런 그에게 예수님은 삶의 총체적이고 혁명적인 전환을 요구하고 계신다. 의식구조는 물론이고 삶의 패턴과 방향을 송두리째 바꾸라는 요구다. 그것이 하나님 나라의 요구요, 그것이 영생, 곧 진정한 삶을 사는 출발점이다. 한 사람이 세상 나라의 생활방식에서 돌이켜 하나님 나라의 방식으로 돌아오게 될 때, 비로소 영생에 잇댄 행로에 서게 되는 것이다.

◆ 거듭나지 아니하면

하지만 이와 같은 예수님의 촉구에도 어인 일인지 우리는 옛 모습과 습관, 옛 생각과 방식 등을 고스란히 유지한 채, 유유히 예수님을 따르고 구원을 보장받는다고 생각하는 경향이 있다. 예수 믿으면 구원이라는 '정보성 전도'에 지적인 동의만 넘겨준 채, 예수님이 기대하셨던 삶의 방향전환은 생각지도 않는다. 중생, 곧 '변화성 전복'이 일어나지 않는다. 옛사람이 그대로 살아 교회에 나오며, 그리스도인이라는 새로운 타이틀을 가지고 주일에 교회에도 가지만, 그 안에는 변화된 하나님 나라의 삶의 형태가 없다.

그런 사람이 많은 곳은 교회라 할지라도 여전히 세상의 한복판의 소란과 냄새와 동요들이 대세를 이룬다. '주님과 백성'이라는 언약관계는 단지 말뿐이다. 예배와 봉사와 헌신을 논하지만 진정한 마음이 없다. 사람들 사이에서의 형제와 자매라는 관계 역시 말뿐이다. 그들은 여전히 부자와 가난한 자, 권세 자와 비천한 자와 같은 계층적 구조를 그대로 유지한다. 직분을 맡고 교회의 주도적 역할을 하는 이들은 알고 보면 결국 세상 나라에서 그러한 계층을 누려가는 이들이다. 총체적 '판 갈이'가 아니라 그냥 외형의 간판만 바꾼 것이다.

이렇게 되면 곤란하다. 그렇게 된다면 그런 교회는 '하나님 나라의 모형'일 수 없다. 교회는 그리스도께 돌아와 그분의 죽으심과 부활하심과 연합하여 옛사람은 죽고 새사람으로 변화된 삶, 전혀 새롭고 세상과는 구별된 구조와 방향과 목표를 가지고 사는 그리스도의 몸이어야 한다. 변화된 삶이 없다면 그것은 교회가 아니다. 교회라는 간판을 걸어두었다고 '그리스도의 몸 된 교회'가 될 수 없다. 그것은 위장술을 더한 상술에 불과하다.

예수님은 니고데모를 만난 자리에서도 거듭남을 역설하셨다.

> 사람이 거듭나지 아니하면 하나님 나라를 볼 수 없느니라
> (요 3:3).

우리는 여전히 내 것을 굳게 붙든 채 그리고 성찰을 기꺼워하지 않은 채, 영생을 소유했다는 교리적 확신 안에서 여유를 부리고 있다. 나아가 이 부자 청년이 가졌던 근심조차 하지 않는다. 소위 '번영신학'(prosperity theology)과 같은 성공신학들은 여전히 성도들의 사고 속에 물질축복과 연관된 천국의 확신을 부추긴다. 여기서 예수님의 말씀과 그 육화인 하나님 나라는 사라지고 만다.

얼마 전 법정 스님의 입적과 더불어 사람들은 그의 생전 무소유(無所有)의 삶에 감동하며 그의 죽음을 애도했다. 그는 자신이 말하고 책에 쓴 것처럼 끝까지 무소유의 삶을 살았다. 가까이에 있던 한 지인은 그를 가리켜 '중답게' 살다 갔다고 평을 했다.

사실 이 '단순한 삶의 방식'(simple life)은 이미 예수님이 본을 보이시고, 제자들에게 하나님 나라의 참 삶의 길로 이르신 것이다. 그런데 오늘날 사람들은 예수님의 몸 된 교회에서 그 원형을 발견하지 못하고 있다. 예수님의 제자들 가운데 자신의 소유를 내어 하나님 나라의 현실을 사는 이들이 드물기 때문이다. 오히려 무소유를 실천하는 세상 사람들이 교회를 도전하고 있다. 슬프게도 세상은 교회와 그리스도의 제자들 삶을 통해 감동하지 못한다.

교회 역사는 처음부터 교회공동체 안에서 '유무상통'의 역사를 이루어 냈다. 그것이 성령 충만한 초대교회의 첫째가는 모습이었다. 오순절 성령강림 사건을 증거하는 사도행전 2장과 4장의 결말은 그 당시 초대교회가 어떠한 모습이었는지를 증거하면서 몇 가지 특징들을 나열해 주는데, 바로 유무상통의 역사를 맨 처음에 언급하고 있다.

> 믿는 사람이 다 함께 있어 모든 물건을 서로 통용하고 또 재산

과 소유를 팔아 각 사람의 필요를 따라 나눠 주며(행 2:44-45).

> 믿는 무리가 한마음과 한 뜻이 되어 모든 물건을 서로 통용하고 자기 재물을 조금이라도 자기 것이라 하는 이가 하나도 없더라 사도들이 큰 권능으로 주 예수의 부활을 증언하니 무리가 큰 은혜를 받아 그 중에 가난한 사람이 없으니 이는 밭과 집 있는 자는 팔아 그 판 것의 값을 가져다가 사도들의 발 앞에 두매 그들이 각 사람의 필요를 따라 나누어 줌이라(행 4:32-35).

이것이 처음 교회의 모습이었고, 4세기까지 이어진 전통이었다고 한다. 하지만 오늘날의 교회는 '성령 충만'은 그토록 강조하면서도, 정작 성령 충만이 가져온 '유무상통'의 역사에 대해서는 침묵하고 있다. 아니 교회 안에 성령으로 충만할 때 서로 유무상통의 역사가 자연스레 일어났다는 것이 성경적 실제라면, 오늘날 현대 교회에서 그러한 역사가 일어나지 않는다는 사실은, 곧 우리에게 성령 충만의 역사가 없거나 오해되고 있음을 입증하는 것이나 다름없을 것이다.

예수님은 온전을 기대하시며 우리에게 말씀하신다. 그 온전의 상태(샬롬)가 하나님 나라의 특징이다. 세상은 샬롬(shalom)을 잃음으로 왜곡되고 부자유하고 폐단으로 가득하다. 그 온전을 위해 우리는 전방위적으로 가진 것들을 내어 핍절을 막아야 한다. '높은 산이 낮아지고 그것이 골짜기를 메워 서로 평균케 하는 역사'를 이뤄내야 한다. 그것이 하나님 나라를 이루는 길이다.

사도 바울은 후에 고린도교회에게 연보를 격려하면서 이렇게 적었다.

> 그러므로 이제는 그 일을 완성하십시오. 여러분이 자원하여 시작할 때에 보인 그 열성에 어울리게 여러분이 가지고 있는 것으로 그 일을 마무리지어야 합니다. 기쁜 마음으로 자기의 형

편에 맞게 바치면, 하나님께서는 그것을 기쁘게 받으실 것입니다. 하나님께서는 없는 것까지 바치는 것을 바라지 않으십니다. 나는 다른 사람들을 편안하게 하고, 그 대신에 여러분을 괴롭게 하려는 것이 아니라, 평형을 이루려 합니다. 지금 여러분의 넉넉한 살림이 그들의 궁핍을 채워주면 그들의 살림이 넉넉해질 때에는, 그들이 여러분의 궁핍을 채워줄 수도 있을 것입니다. 그리하여 평형을 이루는 것입니다(고후 8:11-14, 표준).

그것은 예수님의 본을 근거로 하고 있다.
"여러분은 우리 주 예수 그리스도의 은혜를 알고 있습니다. 그리스도께서 부요하나, 여러분을 위해서 가난하게 되셨습니다. 그것은 그분의 가난하심으로 여러분을 부요하게 하시려는 것입니다"(고후 8:9).
부자들의 옷을 벗겨 가난한 자를 입히라는 말이 아니다. 두 벌 옷을 가진 부자가 입을 것 없는 가난한 자에게 한 벌을 나눔으로 모두 함께 한 벌 옷을 입고 인간다운 삶을 더불어 살라는 의미다.
"무리가 물어 이르되 그러하면 우리가 무엇을 하리이까? 대답하여 이르되 옷 두 벌 있는 자는 옷 없는 자에게 나눠 줄 것이요 먹을 것이 있는 자도 그렇게 할 것이니라"(눅 3:10-11).
'평균케 하는 일'이야말로 예수님이 의도하시는 하나님 나라의 그림이다.
"평균케 하는 자는 복이 있나니 저희가 하나님 나라의 주역이 될 것임이요…."

부자가 하나님 나라에 들어가기 (마 19:23-30)

나는 분명히 말한다. 부자는 하늘 나라에 들어가기가 어렵다. 거듭 말하지만 부자가 하느님 나라에 들어가는 것보다는 낙타가

바늘귀로 빠져 나가는 것이 더 쉬울 것이다(마 19:23-24, 공동)

예수님은 한마디로 부자가 천국에 들어가기란 '불가능하다'고 말씀하신다. 마치 오늘날 우리가 그저 흘려듣고서는 충격도 받지 않고 지나치는 것을 마음 쓰신 듯, 예수님은 거듭해서 말씀하신다.

"낙타 한 마리가 바늘귀를 통과하여 가는 것이 가능하다면 모를까, 부자로서 천국에 들어갈 수는 없다!"

놀랍지 않은가? '부자인 우리'는 이 말씀에 놀라고 당황해야 한다. 이 사실에 자신이 별로 개의치 않고 있다는 사실에 당혹스러워야 정상이다. 이것이 정녕 예수님의 본래 메시지다. 하지만 우리는 어릴 적부터 부자가 되는 것을 꿈꾸며 살아오지 않았는가? 게다가 교회는 부자로 사는 것이 축복받은 삶이라 가르쳐 오지 않았는가? 바로 이런 생각 때문에 제자들도 이 말씀에 깜짝 놀랐다. 그런데 정작 예수님은 '부자는 하나님 나라에 들어갈 수 없다'고 말씀하신다.

대관절 우리는 누구의 음성을 듣고 살아왔는가? 지금껏 예수님의 실제 음성과는 '다른 음성'을 듣고 살아온 것은 아닌가? 번영신학에 젖어 있는 우리의 기대와는 달리, 예수님은 제자들에게 이 사실을 명확히 하신다.

"내가 다시금 너희에게 말하는데, 부자는 하나님 나라에 들어가지 못한다!"

왜 부자들이 하나님 나라에 들어올 수 없다고 말씀하시는가? 예수님은 이로써 부자들을 거절하시는 것인가? 예수님은 가난한 자들만의 구원자거나, 아니면 가난한 자들만을 편드시고자 작정하셨는가? 아니다. 예수님은 이 부자 청년의 경우에서와 같이 부자들도 당연히 사랑하시며(막 10:21) 하나님 나라로 초청하신다. 부자들이 초청되는 현실 역시 하나님 나라다. 그 나라는 가난과 궁핍으로 점철된 가난한 이들과 더불어 살아가는 곳으로 '평균케 된 현실'을 기대하는 곳이다.

사실 어떻게 같은 하늘 아래에 함께 호흡하면서, 같은 시공간을 살아가면서, 가난한 자들의 현실을 모른 체하며 하나님 나라를 논할 수 있겠는가? 에베소서 말씀을 따르면 인간은 근본적으로 개인으로 존재할 수 없다 (엡 4:16). 하나님도 삼위일체라는 공동체적 존재방식을 가지신 분이요, 우리는 그리스도의 '몸 안의 지체'들로서 홀로서기를 하는 존재들이 아니다.

현실적으로 보아 우리는 스스로 우리의 삶의 문제를 다 해결하고 사는 존재가 아니다. 우리는 누군가의 희생과 헌신, 수고와 노력을 기울인 대가들을 '헐값에' 누리고 산다. 은혜로 사는 것이다. 누군가가 지어준 집에서, 누군가가 만들어준 옷을 입고, 누군가가 농사지어 제공한 음식들을 먹으면서 생존하며 의미 있는 활동들을 이어가고 있다. 그런데 현실에서 그러한 생산 활동에 직접 참여하는 이들은 대부분 가난한 자들이다. 부자들은 그런 생산 활동과는 거리를 두고 산다. 그것은 3D(Difficult, Dirty, Dangerous) 업종에 관련된 일들이요, 그러한 일은 언제나 가난한 자들의 몫이었다.

안타깝게도 부자들은 이러한 가난한 자들의 수고의 결실을 돈 몇 푼으로 조달하면서 그들의 할 바를 다 한 것으로 생각한다. 심지어 그들이 생산수단을 소유하고 있는 경우라면, 그들은 오히려 가난한 생산자들을 착취하는 자로 군림한다. 그들의 복지와 행복을 돌아보는 자로 서려 하지 않는다. 그리고는 말한다. "저들의 가난은 저들의 게으름과 무지와 어리석음의 열매"라고. 그래서 그들은 그러한 삶을 사는 것이 당연하다고.

하지만 예수님은 그리스도인이면서 여전히 부자로 남아 있는 이들에 대해 '하나님 나라에 합당치 않다'고 하신다. 도대체 어찌된 영문인가? 오늘 교회의 대중적 선포에 따르면 '영생'은 그저 '예수 믿음'이면 된다고 하지 않는가? (하지만 예수님은 심지어 '나를 믿어야 영생을 얻는다'는 주장도 하지 않으신다.) 그가 예수를 믿는 이상, 그가 계명을 지키는지, 심지어 그가 가진 부를 나누어 하나님 나라에 참여해 와야 한다는 권면도 기대도 없지 않는가?

만일 이러한 부자청년이 오늘날 우리 교회에 온다면 교회의 반응이 어떠할지를 상상해 보는 것은 우리의 신앙현실을 가늠하는데 도움이 될 것이다. 그는 교회에 들어오자마자 모두에게 대 환영을 받을 것이다. 그가 가진 개인경건과 부와 사회적 지위는 존경받는 그리스도인의 표상으로 여김을 받을 것이다. 심지어 조만간 교회의 장로 직분까지 받게 될 것이다. 그는 매 주일 회중석에 편히 앉아 '예수 믿으면 영생'을 얻고, 하나님의 축복으로 땅에서는 더 부자가 될 것이라는 설교를 듣게 될 것이다. 이 땅에서 더욱 평안을 누리며, 명예와 권세와 영광이 보장되는 삶을 살게 될 것이라는 강복설교를 듣고, 자신의 경건을 만족해하며 예배당을 드나들 것이다. 그러므로 그는 '근심하며 떠날 일'이 아주 없을 것이다!

베드로가 말을 잇는다.

"보세요. 우리가 모든 것을 버리고 주님을 따랐습니다. 그런 우리는 무엇을 얻겠습니까?"

가난한 갈릴리 어부출신들도 하나님 나라를 위해 모든 것을 버리고 주님을 따랐다면, 부자청년도 그래야 했다. 하나님 나라를 위해 버리는 것은 단순한 버림이 아니다. 그것은 '만물이 새롭게 되는 세상'을 만들어 낸다.

> 내가 진정으로 너희에게 말한다. 새 세상에서 인자가 자기의 영광스러운 보좌에 앉고 만물이 새롭게 될 때에, 나를 따라온 너희도 열두 보좌에 앉아서, 이스라엘의 열두 지파를 심판할 것이다(마 19:28, 공동).

세상이 새롭게 되어 '인자가 영광의 보좌에 앉을 때'가 올 것이다. 지금 세상이 뒤바뀌고 하나님 나라가 완성되는 때가 올 것이다. 이 그림은 그들의 역사·종교적 배경 속에서 익숙했던 정치적 메시아의 등극을 연상케 한다. 하나님 나라가 완성될 것이다. 그 때에 이스라엘의 흩어졌던 열두 지파가 회복될 것이다. 제자들은 이 메시아 왕국에서 이스라엘 열두 지파를 다스릴 것이다(눅 22:30). 듣기에 따라 참으로 불편하고 위험하기 짝이 없는 발언이다. 자신이 진정 '유대인의 왕'이 되어 통치할 것을 예고하는 것처럼 들리기 때문이다. 이처럼 예수께서 그리시는 '구원'과 하나님 나라의 지평은 이스라엘의 장구한 역사의 토대 위에 펼쳐져 있다.

하지만 여전히 오해의 소지가 남아 있다. 예수님은 다시 한 번 선문답과 같은 말씀을 덧붙이신다.

> 그러나 먼저 된 자로서 나중 되고 나중 된 자로서 먼저 될 자가 많으니라(마 19:30).

예수님은 다음의 비유를 이어 가신다.

제 20 장
하나님 나라의 주인

하나님 나라의 원리 - 관대한 포도원 주인 (마 20:1-16)

예수님은 조금 전 "먼저 된 자로서 나중 되고 나중 된 자로서 먼저 될 자가 많다"는 말씀을 하시고 비유 하나를 들어 그에 관한 설명을 주신다. "하나님 나라는 마치 품꾼을 얻어 포도원에 들여보내려고 이른 아침에 나간 집 주인과 같습니다"(마 20:1).

이야기는 이렇다. 그 주인은 이른 아침 '인력시장'에 나가 하루에 한 데나리온(denarius)씩 품꾼들과 약속하고 포도원에 고용한다. 데나리온은 로마 은전의 이름으로 당시 노동자의 하루 품삯에 해당하는 금액이다. 아침 9시에 나가보니 여전히 일자리를 위해 서 있는 사람들이 또 있다. 역시 그들과도 품삯을 약속하고 포도원으로 보낸다. 정오에도 오후 세시에도, 심지어는 일일 노동의 마감시간이 가까운 오후 다섯 시에도 다시 나가 일 없이 서 있는 사람들을 포도원으로 들여보낸다. 구직의 문제는 어제 오늘의 문제가 아니다.

여기서 주인의 관심사는 분명해진다. 그는 포도원 경영을 통해 이윤을 내 보겠다는 의도를 보이지 않는다. 그의 관심사는 온통 일자리 없는 사람들에게 '일자리를 제공'하는 일이다. 모두가 안정감 있게 소속하여 역량대로 노동하여 자신의 수고의 대가를 얻는 현실, 그래서 자신과 온 가족이 평안히 거하는 현실…이것이 포도원 주인의 관심사다.

해가 지자 주인은 청지기를 통해 나중에 들어온 이들부터 일꾼들에게 품삯을 준다. 먼저 오후 5시에 들어온 사람들에게 각각 한 데나리온씩을 준다.

'우와, 겨우 한 시간 일했는데 하루 품삯을 받다니…'

이에 그들보다 먼저 온 사람들은 '당연히' 자신들이 더 오래 일했기 때문에 더 많은 돈을 받을 수 있을 것이라 기대하며 쾌재를 부른다. 하지만 그들에게 전달된 금액은 주인이 약속했던 한 데나리온뿐이다. 사람들은 괜히 원망이 생긴다. 결국 주인에게 항의한다.

"나중에 온 이 사람들은 한 시간만 일하였지만, 우리는 하루 종일 수고와 더위를 견뎠습니다. 그런데도 우리를 저 사람들과 똑같은 대우를 하신 것은 부당합니다."

그런데 주인은 명료하게 대답한다.

"이보시오, 나중에 온 사람들에게도 그대와 같이 대우하는 것이 나의 뜻이오. 내가 그대에게 잘못한 게 없소. 그대가 나와 한 데나리온의 일당을 약속하지 않았소? 그대의 받은 것을 만족히 여기며 가시오. 내가 선히 행하는 것으로 그대가 나를 악하게 볼 일은 아니지 않소?"

예수님은 이처럼 앞 뒤 따질 겨를을 거두시며 결론을 내리신다.

> 이와 같이 나중 된 자로서 먼저 되고 먼저 된 자로서 나중되리라(마 20:16).

◆ **품꾼들과 주인의 논쟁**

이야기 속의 주인은 자신의 관대함으로 인해 일꾼들에게 비난을 받는다. '나중에 온 사람까지 동일한 것을 얻게 되는' 하나님 나라의 가치가 사람들에게는 낯설다. 사실 주인은 자신의 관대함으로 스스로에게 손해를 초래한 당사자다. 그는 얼마든지 '일한 대로' 보상할 수 있었다. 하지만 그의 관대함으로 대다수의 일꾼은 주인의 은혜를 힘입게 되었다. 한 시간을 일했든, 여섯 시간을 일했든, 열두 시간 일한 사람과 동일한 대우를 받았다면, 그들 모두는 생각지도 못했던 은혜를 입은 것이다. 사실 일찍부터 왔던 일꾼들 역시 주인에게 어떤 법적 위반이나 비난할 수 있는 여지가 남아 있는 것이 아님을 잘 안다. 다만 그들은 자신들 안에 숨어 있던 욕심과 부러움 탓에 주인에게 항의해 보았을 뿐이다.

주인은 논리적으로도 타당하다. 그는 계약에 충실하였다. 일꾼들은 즐거이 계약에 응했고, 기쁘게 가족을 생각하며 일을 했고, 거기에 주인은 어떤 착취행위 없이 계약대로 결산을 이행하고 있다. 일꾼들은 그 계약에 따라 품삯을 받았고, 그는 응당 기쁘게 받아 집으로 돌아가면 되었다. 하지만 그들은 감사히 받기보다는, 옆 사람과의 비교를 통해 '부당하다' 주장한다. 계약에 따르면 논리적으로 주인이 먼저 와서 일한 사람들에게 더 주어야 할 이유는 없다. 주인의 선한 행동을 자신의 시기하는 마음을 가지고 정죄할 권리도 없다. 주인은 스스로 바른 판단을 하고 있다. 자신의 돈으로 일꾼들에게 은혜를 베풀겠다는데 다른 일꾼들이 항의할 근거는 애초에 없다.

하지만 이 땅의 문화상식적인 시각으로 보면 오랜 수고와 고생을 아끼지 않은 이들에게도 '동일한' 대우를 한다는 점은 여전히 불합리한 대우로 보인다. 가족과 보내거나, 다른 일을 할 수 있었던 자신의 계획과 일정을 농장에서의 노동과 바꾸어 이른 아침부터 온종일을 포도원에서 고생하지 않았는가? 게다가 그 수고를 통하여 포도원은 한 시간만 수고한 사람이 낼 수 있는 수확보다 그 노동한 시간만큼의 더 많은 수확을 내었을 것 아닌가? 그렇다면 관대한 주인은 그와 같은 불평마저도 헤아릴 수 있어서, 그가 관대함으로 한 시간만 일한 사람들에게 '한 데나리온'을 주었다면, 동일한 비율을 적용하여 일찍부터 수고한 이들에게도 동일한 관대함을 적용해 주거나, 적어도 성과보수를 제공해 줄 수는 없었는가 말이다.

하지만 여전히 이 비유의 핵심은 하나님 나라의 현실을 주시는 주인의 관대한 계산법과 '나중 된 자'에게도 '동일한 은혜'를 주신다는 하나님 나라의 비밀을 드러내는 데 그 초점이 있다.

이 비유 속에는 은혜가 지배하는 하나님 나라의 모습이 숨김없이 그대로 드러나 있다. 이것은 당시 유대인들의 공로에 따른 행위구원적인 세계관을 넘어선다. 그들은 하나님의 보상을 위한 선행의 무게에 중점을 두고 있었다. 하지만 예수님은 하나님 나라의 평균케 하는 역사를 그림처럼 그려 주신다. 공로가 아니라 하나님의 전적인 은혜로 우리는 모두 균등하고 충분한 것들을 공급받는다. 그것은 사이먼 키스트메이커가 『예수님의 비유』에서 한 말처럼 '계약에 의하지 않는 은혜'(uncovenanted mercies)다. 하나님 나라는 단순한 인간적인 제도나 기준을 넘어서 역사하신다.

◆ 포도원 주인의 원리

여기에는 포도원 주인의 품꾼들을 다루시는 독특한 원리가 숨어 있다. 적어도 세상 사람들은 '일한 만큼' 얻고자 하며, 그것이 자신들의 생각과 다를 때에는 계약조건과 상관없이 주인이 원망스럽다. 그래서 열두 시간을 일한 사람들은 한 시간만 일한 사람들에 비해 많이 받아야 한다고 생각하며, 한 시간만 일한 사람과 동등한 대우를 받으면 그것이 계약조건을 위반한 경우가 아니라 할지라도 부당하며 불공평하다 생각한다.

하지만 하나님 나라 주인인 포도원 주인의 기준은 '일한 만큼'이 아니다. 오히려 그러한 기준을 초월하여 '필요한 만큼'에 관심하신다. 그는 품꾼들의 개인적 필요에 원천적으로 관심한다. 하루의 품삯으로 살아가는 품꾼들의 처지에서 볼 때, 품삯의 필요는 아침 일찍부터 수고한 사람들이나 뒤늦게 시작한 사람들에게 동일하다. 하루 벌어 입에 풀칠하고 사는 딱한 삶의 주인공들에게 일용할 양식은 절대적으로 중요하다.

따라서 세상의 경제적 관점에서 보면 불평할 수 있다. 효율을 중시하고 형평성을 강조하다 보면 일한 시간에 따라 보수에 차등을 두는 것은 기본적인 판단이다. 하지만 이 비유 속에서 소개되는 하나님 나라의 관점에서 더욱 중요한 사실은 경제적 계산보다는 하나님 나라의 실현에 있다.

그렇다고 해서 포도원 주인이 이른 아침부터 일하러 왔던 이들을 부당 대우한 것은 아니다. 그들에게는 계약이 정하는 지극히 정당한 대우가 돌아갔다. 하지만 어떤 이들은 여전히 주인의 행동을 쉽게 이해하지 못한다. 뒤늦게 가세한 품꾼들에게 그러한 아량을 베푼 것은 백번 이해하고 또 감탄할 일이다. 하지만 동시에 일찍부터 수고한 이들에게도 그에 상응하는 배려를 해 주었더라면 오죽 좋겠는가 하는 아쉬움이 드는 것을 어쩔 수가 없다.

하지만 하나님 나라에서는 '먼저 된 자'는 나중 되고 '나중 된 자'는 먼저 되는 평균된 현실을 기대한다. 현실적으로 세상의 경쟁은 그 출발에서부터 공평하지 않다. 누구는 부유한 가정, 탁월한 지능과 재능, 건강한 신체, 안정된 사회에서 태어나 자라며, 그렇기에 더 좋은 환경에서 교육받고 더 나은 지위와 재산을 선점하게 된다. 바로 '일찍부터' 포도원에 발탁된 소위 스펙을 가진 이들이다. 반면, 누군가는 빈곤한 가정, 지적-신체적 장애, 불안한 사회 시스템, 보장 없는 교육환경 속에서 태어나 제대로 된 교육의 기회도 없이, 가난을 대물림 받으며 불행한 삶을 이어가게 된다. 바로 '정오에, 심지어 오후 5시'에 포도원에 들어오는 사람들이다.

이래서 이 땅에는 애초에 공평한 게임이란 존재하지 않는다. 선천적으로 지능이 낮은 이가 좋은 성적을 내지 못한 것이 그의 탓인가? 불우한 가정에서 태어나 부모에게 학대당하며 어린 시절을 보내며 비행청소년이 되는 것이 비단 그의 탓인가? 그래서 제대로 된 교육도 받지 못하고 이곳저곳을 떠돌다 겨우 가정을 꾸리고 빈한한 삶을 살아가는 것이 어디 단순히 그의 탓이란 말인가?

하나님 나라의 척도에서 보면 좋은 재능, 교육의 기회, 능력, 강건한 신체…등을 가진 '먼저 된 자'들이 '나중 된 자들'보다 더 많이 수고하고 일찍부터 일해 주는 것이 당연하다. 자신에 걸맞게 '대우'해 주지 않았다고 불평하며, 그 수고에 맞게 인센티브를 더 받아야 한다고 강변하면서, 자신들이 가진 역량을 동원하여 자신들의 사익을 위해 로비하고, 법을 고치고, 모든 이익과 혜택을 독차지해서는 안 된다. 오히려 그러한 먼저 된 자들이 나중 된 자들을 위해 스스로 나중 된 자와 같이 되는 것이 하나님 나라의 청사진이다. 약자들을 위해 강자들이 더 많이 수고하여 더불어 잘사는 세상을 만들어가는 그림 말이다.

그러나 우리가 하나님을 불공평하게 보는 안목 속에는 예수님이 비판하시던 세속적 욕구가 뙤리를 틀고 있다. 요나 선지자가 그랬다. 그는 하나님이 '선하시기에' 불편하여 죽을 지경이었다. 어떻게 하나님이 니느웨 사람들을 용서하실 수가 있는가? 그는 하나님을 탄핵한다. 그의 생각에 하나님이 그들을 용서하시는 것은 불공평하고 정의롭지 않은 행위라는 것이다(욘 4:1-3).

탕자의 비유 속에 나오는 큰 아들은 타락하여 떠났던 아우를 아버지가 무조건 용서하실 뿐 아니라 온갖 좋은 것으로 채워주는 것을 이해할 수 없었다.

"아버지 이러실 수 있습니까? 저는 내내 아버지 곁을 지키며 수고하며 섬겨왔지 않습니까? 그런 저에게 염소 한 마리 잡아 주신 적이 없으시더니, 저 방탕한 녀석이 타락한 삶을 살고 돌아왔는데 송아지를 잡아주다니요?"(눅 15:30)

하지만 포도원의 주인은 관대하신 분이다. 그러면서도 그는 그러한 세속적 논의의 여지를 거절할 만큼 단호하시다. 그분은 자신이 의도하신 나라의 현실에 그토록 관심하신다.

사실 이 비유는 '포도원 품꾼의 비유'로 널리 알려져 있다. 하지만 제목이나 초점이 적절하지 않다. 예수님은 "품꾼을 얻어 포도원에 들여보내려고 이른 아침에 나간 집주인과 같다"면서 초점이 집주인에게 있음을 명확히 하신다. 물론 주인의 관심은 당연히 포도원에 있지만, 동시에 그는 놀고 있는 품꾼들의 현실에 온 마음을 기울이고 있다. 주인이 이른 아침부터 진정 마음 쓰고 있는 일은 포도원에서의 생산이 아니라 품꾼들의 복지이기 때문이다. 그는 파이의 크기에 관심하지 않는다. 즉 그들을 고용한 만큼 포도원에서의 생산성을 높이고, 고수익을 창출하여 사업을 확대하는 등의 관심은 전혀 보이지 않는다. 오히려 그는 파이의 공평한 분배에 관심한다. 직원들을 먹여 살리려, 직원들의 행복하고 인간적인 삶을 보장해 주기 위해 회사를 운영하는 사람이다. 그렇다고 사업을 소홀히 한다면 회사는 망하고 직원들의 입지도 돌아볼 수 없다. 진정 그 주인은 오늘날 우리가 주목하여 본받아야 할 역할모델을 보여준다. 오늘날 어떤 '주인'이 이처럼 행동한다면, 세상이 감동하지 않을 수 있을까?

예수님은 이 비유로써 하나님 나라의 계산법이 세상 나라의 것과는 전혀 동일하지 않음을 분명히 하신다. 먼저 신앙생활을 했다고 해서, 또는 무척 많은 노력을 경주해 왔다고 해서 우대받기를 기대하는 것은 세속적 관점이다. 우리는 또 한 번 시야를 밝게 하고, 또 넓히게 된다.

◆ 그렇다면 우리는 어떻게 반응할 것인가?

나는 새벽 6시에 온 사람인가? 아침 9시에 온 사람인가? 12시에 온 사람인가? 오후 3시에 온 사람인가? 아니면 5시에 건짐 받아 온 사람인가? 우리는 포도원 주인이 아니다. 우리는 다만 어느 시점에 주인의 부르심에 불려 온 품꾼들이다.

그 농장 안에 있는 우리는 서로 다르다. 성별도, 관심사도, 재능도, 역량도, 학력도, 출신성분도 다르다. 하나님은 각자에게 서로 다른 방식으로 관계하시며, 그만의 사랑을 베푸신다. 같은 텃밭에서 서로 다른 채소와 나무가 자란다. 주인은 동일한 관심으로 각각을 보살피지만 그렇다고 같은 돌봄이 주어지는 것은 아니다. 어떤 나무에 약이 되는 것이 어떤 나무에는 해가 되기도 한다. 사랑과 관심과 배려와 아량은 단순한 공식으로 되는 것이 아니다.

내가 일찍부터 부름 받은 역량 있는 일꾼이라면, 기쁜 마음으로, 나중에 올 다른 이들이 할 수 없는 몫까지 열심히 거들어야 한다. 모두가 법관이 되고 의사가 되고 교수가 되겠는가? 모두가 포도원의 열매만 따겠는가? 누군가는 땅을 일구고, 나무도 심고, 물을 주고, 김을 매고, 전지를 하고, 벌레를 잡고, 퇴비를 만들고, 울타리를 치고, 일꾼의 식사를 만들고, 물자를 제공해야 하지 않겠는가?

오랜 수고가 끝나고 회계할 시간이 이르면, 그때 주인이 제공하시는 품삯을 기쁨으로 받게 될 것이다. 거기서 우리는 놀랄 일이 남아 있다. 주인은 역시 세상의 상식을 뒤엎고 모두가 만족하는 이상적인 품삯을 주실 것이다. 겨우 한 시간밖에 일하지 않은 한 품꾼에게도 하루 종일 수고하며 일한 우리와 동등한 품삯을 주시는 그날의 포도원 주인을 보고 놀라고 감탄할 것이다. "맞아, 저분이 좋으신 우리 주님이셨어!"

우리는 동안의 수고는 잊어버리고, 주인의 관대한 마음에 탄복하며, 함께 같은 품삯을 받고 기뻐하는 어떤 형제들과 함께 감격의 기쁨을 나눌 것이다. 아니 이것은 죽음 이후에 맞게 될 현실이 아니다. 이 그림은 '지금 이곳에서' 실현되기를 기대하며 주시는 하나님 나라의 청사진이다. 그 감격을 오늘 여기서부터 얻어 누리기 위해, 삶의 영토를 그 포도원 주인의 원리에 따라 움직이도록 재조정해야 할 것이다.

하나님 나라의 리더십 - 섬김의 지도력 (마 20:17-28)

"너희 중에는 그렇지 않아야 한다!"

이 예수님의 선언은 하나님 나라의 '리더십' 원리에 관한 단언이다. 세상에서의 리더십은 기본적으로 "집권자들이 사람을 임으로 주관하고 그 대인들이 저희에게 권세를 부린다"(마 20:25). 이러한 실상은 오랜 인류 역사 속에서 변함이 없다. 그러나 하나님 나라의 리더십은 "그렇지 아니하다."

> 너희 중에 누구든지 크고자 하는 자는 너희를 섬기는 자가 되고 너희 중에 누구든지 으뜸이 되고자 하는 자는 너희의 종이 되어야 하리라(마 20:26-27).

앞서 언급한 바와 같이 예수님은 크고 으뜸이 되는 길을 논하기 위해 말씀하는 것이 아니다. 섬김의 지도력(servant-hood leadership)을 말씀하고 계신다.

그런데 이 말씀을 이해하고 적용하는 사람들 가운데에는 여전한 오해가 하나 있다. "기독교 리더십은 섬김에 있다"는 말은 모두 동의하는 부분이다. 하지만 사람들은 그 섬김을 지도자가 되기 위한 과정쯤으로 이해하는 경향이 있다. 섬기는 자로 훈련을 거친 다음에는 지도자가 되어 섬김을 받아야 한다고 말이다. 그들의 주요 관심사는 여전히 섬김이 아닌 크고 으뜸이 되는 것에 있으며, 사람들 위에 군림하여 영향력을 발휘하는 데 있다. 훈련의 내용도 대개는 섬기는 훈련이 아니라 '상관'의 역할이 기대되는 지도력 훈련이 대부분이다.

하지만 그것은 예수님의 의도가 아니다. 섬기는 종이 되라는 것은 과정뿐만 아니라 결과이기도 하다. 사람들은 세상 사람들이 그러하는 것처럼 서로 으뜸이 되고자 하고 크고자 하는 원함이 있겠지만, 하나님 나라는 처음부터 끝까지 "종이 되라"는 부르심만 있다. 섬김 받는 자가 되기 위한 훈련과정으로서의 섬김이 아니라, 섬김 자체가 곧 예수님이 말씀하시는 하나님 나라의 삶의 방식이다.

예수님 자신이 곧 그 섬김의 전형이다. 그분은 자신이 이 땅에 오신 목적도 섬김을 받으려 함이 아니라 도리어 섬기러 왔음을 밝히신다(마 20:28). 그것도 자기 목숨을 대속물로 주기까지 말이다. 섬김의 리더십은 지도자가 되기 위한 필수과정으로서 섬김을 요청하는 것이 아니다. 그래서 섬김의 과정을 마감하고 나면 지도자가 되어서 섬김을 받게 되는 자리에 서는 것이 아니다. 죽을 때까지 타인을 섬기는 자다. 섬김으로 시작하여 끝까지 섬김의 길을 가는 자다.

오늘 지도자의 위치에 있는가? 아니 지도자가 되기를 꿈꾸는가? 예수님은 당신에게 무엇을 말씀하시는가?

하나님 나라의 질문 - 원하는 바가 무엇인가? (마 20:29-34)

예수님이 여리고를 떠나가시는데 많은 사람이 그 뒤를 따르고 있다. 그런데 시각장애인 두 사람이 길가에 앉아 있다가 예수님의 행차 소식을 듣게 되었다. 그들은 지체 없이 소리를 지른다.

"주님, 우리를 불쌍히 여겨주세요!"

사람들은 그들을 나무라며 조용히 하라고 요구한다.

"감히 지금 누가 지나가시는데 당신 같은 이들이 귀하신 분의 길을 가로막는 게요?"

그들은 더욱 소리를 높인다.

"주님, 우리를 불쌍히 여겨주세요!"

그 작전이 통했다. 과연 그 소리를 들으신 예수님은 걸음을 멈추시고 저희를 부르신다. 그러는 것이다. 기회는 항상 오는 것이 아니다. 게다가 내가 회복됨으로 누군가가 해를 입는 경우가 아니라면, 내가 구원자 예수님에게 잠잠할 이유가 무엇이란 말인가? 여기서 점잔을 빼는 것이 옳은가, 아니면 평생의 장애가 되었던 내 인생문제를 가지고 예수님에게 긍휼을 구해보는 것이 옳은가?

예수님은 그들에게 물으신다.

"여러분에게 무엇을 하여 주기를 원하십니까?"

아니 예수님이 그걸 모르셔서 물으시겠는가? 평생 눈 한 번 떠보지 못하고 인간다운 삶을 살아보기나 했겠는가? 그 어둡고 불편한 세상을 살면서, 사람들로부터는 얼마나 많은 무시와 편견을 감내하며 살아야 했겠는가? 경건한 예배의 자리에 나가보기를 했겠는가, 아니면 제대로 자녀 노릇, 남편 노릇, 아버지 노릇이라도 해보았겠는가? 모두 눈을 뜨고 무언가 보이는 세상에서 자유롭게 활보하며 사는 세상에서, 시력을 잃고 살아가야 한다는 것이야말로 지옥의 현장이 아니겠는가?

그 질문은 후책임하게, 무덤덤하게 던지는 형식적인 말 한마디가 아니다. 그것은 바로 "그러한 현실을 내가 해결해주겠소" 하는 책임 있는 질문이다. 그것은 "해결자가 그대 앞에 있습니다"라는 무언의 신호다. 우리는 타인들을 향하여 그저 의미 없는 질문, 질문을 위한 질문들을 무책임하게 던지기에 익숙하다. 나의 호기심을 충족시키거나, 상대를 비난하고 압박하는 질문들은 던지면서도, 그들의 삶에 다가서고 참여하기 위한 질문에는 무관심하다. 우리 안에는 정말 이웃의 무너진 현실을 막아 서주기 위한 진심 어린 질문이 잘 자리하지 않는다.

"주님, 우리 눈 뜨기를 원합니다!"

그의 평생이 담긴 진심 어린 고백임이 틀림없다. 그것은 태어날 때부터, 아니 그가 시력을 잃은 순간부터 변함없이 하나님에게 기도해 오던 간구의 제목이었다. 그 기도 문장을 오늘 그의 삶을 지나가시는 예수님에게 전심으로 올려 드린 것이다.

처음부터 공평한 경주였어야 했다. 애초에 출발선에 섰을 때부터 밝히 보면서 달리기를 했어야 했다. 그런데 그는 처음부터 수건으로 두 눈을 가리고 달려야 했다. 하지만 사람들은 그것이 마치 그가 원하여 선택한 것이라도 되는 양, 그에게 무슨 죄가 있어서 마땅히 감내해야 하는 현실이라도 되는 양, 아니면 전생의 업보라도 되는 양으로 그의 어둠과 불편과 부자유한 현실을 아랑곳하지 않는다. 그들의 두 눈이 되어 줌으로 '함께' 더불어 하나님의 은혜 속에 거하는 하나님 나라의 현실을 누린다는 것을 상상하지 않는다. 처음부터 자신들은 자유로웠고, 그들은 처음부터 소경이었을 뿐이다. 그것이 현실이라면 그들은 그렇게 인생을 살아야 하고, 심지어 소수자로서, 장애인으로서 소외의 대상이 되어 살아야만 하는 현실이라 여길 뿐이다.

그러나 예수님은 그 현실을 민망히(compassionate) 여기신다. 그들의 삶은 예수님으로 애끓게 하는 현실이다. 다시 반복해 보자. 예수님은 바로 이와 같은 현실이 지속하여서는 안 된다는 마음으로 민망해 하신다. 예수님은 즉시 치유의 손을 내밀어 저희의 눈을 만지시고, 그들은 곧 보게 된다. 그리고 그들은 밝아진 눈으로 세상을 경험할 수 있게 되었다. 그뿐만 아니라 구주이신 예수님을 따를 수 있게 되었다.

그렇다. 우리 안에 예수님의 심장이 뛰고 있다면, 우리는 예수님의 연민으로 세상의 '평균케 되지 못한 현실'들을 바라보아야 한다. 그리고 질문할 수 있어야 한다.

"당신들은 무엇을 원하시는가요?"

민망한 마음을 따라 우리도 예수님처럼 세상을 향해 치유의 손을 내밀어야 한다. 그리하여 자유롭게 되는 세상을 확인하면서, 우리도 더욱 밝아진 눈으로 밝아진 세상을 바라볼 수 있게 될 것이다.

제 21 장
하나님 나라의 혁신

새끼 나귀를 타고 오는 이 (마 21:1-11)

드디어 예수님의 마지막 한 주간이 열린다. 갈릴리를 중심으로 한 지상 사역의 절정기에 유월절 예배를 위해 예루살렘으로 들어오신다. 우리는 이날을 기념하여 오늘도 '종려 주일'로 지킨다.

예수님은 새끼 나귀를 타고 예루살렘 성에 들어오신다. 나귀는 오늘날 동화 속에서나 만나볼 것 같은 동물이지만, 지금도 세계 곳곳 산간 및 시골지역에서는 짐을 나르는 이들이 즐겨 이용하는 동물이다. 작달막한 키에 순박한 모습이지만 힘도 세고 고집도 세며, 묵묵히 일도 잘하는 녀석이다.

예수님은 매우 특이한 방편으로 이 나귀를 마련하신다. 미리 봐두기라도 하셨을까? 마치 어딘가에 주차해 두신 자신의 차를 찾아오라는 식으로 제자들에게 말씀하신다.

"○○에 가면 차가 한 대 세워져 있을 거야. 키는 꽂혀 있으니 그냥 몰고 오면 된다."

그런데 차종이 예상 밖이다.

수많은 군중이 몰려 있는 광장에서 경차를 타고 카퍼레이드를 하시는 대통령을 상상할 수 있는가? 예수님은 이 땅에서도 가장 천하게 여기는 어린 새끼 나귀를 타고, 가난한 사람들이 깔아주는 옷들을 안장 삼아 앉고, 흙먼지 이는 길을 걸어 예루살렘에 들어오신다.

그날 그분이 새끼 나귀를 타신 일에 관하여 사람들의 해석은 그의 겸손에 초점한다. 하지만 성경은 그가 재정적으로 비싼 말을 타지 못했다는 것에 관해 관심조차 없다. 예수님을 따르던 사람 중에 부자들도 있었던 것을 보면, 오늘날 담임 목사에게 고급 승용차들을 제공하는 부유한 교인들과 같은 제안이 예수님에게도 있었을 법하다. '어찌 예수님처럼 고명하신 분이 체통에 어울리지 않게 나귀를, 그것도 새끼 나귀를 타신다는 말인가?' 하지만 그분은 그런 탈것조차 사치인 '갈릴리 사람'이었다. 애초에 먼 길을 오시면서 나귀조차도 타고 오시지도 않았다.

하지만 '그 날' 예루살렘 입성 시에 '나귀 새끼'를 타신 이유는 따로 있었다.

> 시온의 딸아 크게 기뻐할지어다 예루살렘의 딸아 즐거이 부를 지어다 보라 네 왕이 네게 임하시나니 그는 공의로우시며 구원을 베푸시며 겸손하여서 나귀를 타시나니 나귀의 작은 것 곧 나귀 새끼니라(슥 9:9).

예수님은 그 날의 예루살렘 입성을 용의주도하게 의도하셨던 것으로 보인다. 자신의 등장이 스가랴 9장의 예언 성취임을 분명히 하신 것이다. 이스라엘 '구원사건'의 상징적 사건인 유월절을 맞아 옛 선지자가 예언하고 온 이스라엘이 열망하는 메시아의 도래가 자신을 통해 오늘 실현된 것으로 드러내고자 하신 것이다. 이를 위해 예수님은 예루살렘에 사는 지지자들을 통해 새끼 나귀를 미리 예비해 두셨음이 분명하다.

사람들은 새끼 나귀를 타고 들어오시는 예수님의 행렬을 보고 금방 선지자의 예언을 상기했다. 그들은 그가 곧 메시아임을 인정했고 예수님도 그것을 수긍하면서 사람들의 환호를 받으셨다. 아, 얼마나 대망해 왔던 일이었던가? 이 역사적인 순간에 온 성은 소동했다. 갈릴리에서부터 함께 왔던 사람들은 마치 주단을 깔듯, 각기 겉옷을 길에 펼치고 나뭇가지를 베어 길에 펼치며, 동시에 손에는 종려가지를 흔들면서(요 12:13) 큰 소리로 함께 기쁨의 찬가를 부르며 예수님의 입성을 환영했다.

> 호산나 다윗의 자손이여 찬송하리로다!
> 주의 이름으로 오시는 이여! 가장 높은 곳에서 호산나!
> 오, 우리를 구하소서!(호시아나) 메시아여!

하지만 뒤에 이 소문을 들은 예루살렘 사람들은 의심의 눈초리로 서로를 향해 물었다.
"저분이 과연 누구란 말이요?"
"갈릴리 나사렛 출신 선지자 예수가 아니오?"
갈보리 십자가를 일주일여 앞둔 예수님의 예루살렘의 여정은 그렇게 시작되고 있다.

성전청결과 개혁적 행동 (마 21:12-17)

예루살렘에 오신 예수님은 곧장 성전으로 들어가신다. 오랜만에 찾는 성전 방문길, 예외 없이 그곳은 제물들을 매매하고 돈을 바꾸는 자들과 예배하러 온 이들이 뒤엉켜 시장바닥과 같은 분위기를 연출하고 있다. 장사하는 사람들은 이런 일들에 매우 익숙한 듯이 보이고, 예배하러 온 사람들 역시 그곳에서 돈을 바꾸고 제물을 교환하기 위해 서성이며 흥정하고 있다.
갑자기 예수님은 '돌출행동'을 보이기 시작한다. 노끈으로 채찍을 만들어(요 2:15) 거기서 소와 양, 비둘기를 파는 모든 이들을 내어 쫓고 환전해 주는 이들의 상과 비둘기를 파는 이들의 의자를 둘러 엎으신다.

'아니, 저 사람은 누구며, 도대체 왜 이런 행동을 한다는 말인가?'

예수님은 옛적 선지자들의 사자후를 인용하며 다음과 같이 책망하신다. "성경에 기록되기를 '내 집은 기도하는 집이라 일컬음을 받으리라'(사 56:7) 하였거늘 당신들은 이 성전을 '강도의 굴혈'을 만들었소(마 21:13; 렘 7:11). 내 아버지의 집으로 '장사하는 집'을 만들지 마시오"(요 2:16).

하나님의 순전한 '어린양'이라는 이미지로 예수님을 그리고 있었다면 지금 예수님의 하시는 행동은 낯설고 좀체 이해되지 않을 것이다(마 21:15). 당시에 어떤 이들에게는 겁 없이 행패를 부리거나, 적어도 이해되지 않는 과한 행동으로 보였을지도 모른다. 누구도 그것에 문제 제기조차 하지 않았고, 오히려 성전제사를 위한 편의제도라 여기면서 종교적 실행에 온 힘을 다하고 있었지 않았는가? 따라서 거기서 장사하는 이들도 일말의 가책이 없었다. 심지어 종교 지도자들은 그들에게 성전 내에서 사업할 수 있는 권한까지 부여하여 오히려 그 일을 부추기고 있었으니 말이다.

그러나 알 만한 사람들은 한 눈에 알아보았을 것이다. '성전청결' 또는 '성전정화'는 아무나 하는 일이 아니었기 때문이다. 그것은 통치자나 혁명을 일으켜 새로운 질서를 가져오는 사람들만이 행해왔던 일이었다. 이스라엘 역사 속에서 성전을 세우고 정화하고 중건하고 또 다시 재건했던 이들은 모두 왕들과 혁명 주도자들이었다. 나귀를 타고 예루살렘에 입성하면서 스스로 메시아임을 드러내신 예수님은, 이 성전청결사건을 통해 그가 바로 '그 메시아'라는 사실을 재확인해 주었다. 촉각을 곤두세우고 있던 사람들이 이를 놓칠 리 없었다.

예수님은 가차 없이 행동하셨다. 그것은 당대 로마 식민통치를 위임받아 있던 성전권력에 대한 심판이요 직접적인 도발이었다. 그것은 하나님의 메시아적 행동이었다. 제자들은 그때 "성경 말씀에 주의 전을 사모하는 열심이 나를 삼키리라 한 것을 기억"했다(요 2:17). 하지만 예루살렘 입성 시의 소동과 이 성전청결 사건은 결국 이 유월절 기간을 역사적인 한 주간이 되게 하는 발화사건이 되었다.

하나님의 성전에서 기대되는 참 경건은 사라지고, 사람 냄새나는 갖가지 행사와 조직들이 그 자리를 대신하고 있었다. 학자들에 따르면 당시 성전은 은행업의 중심지요, 부채장부들을 보관하던 곳이었다고 한다. 성전제도를 유지하며 권력을 행사하던 대제사장들은 통상 부유한 저택에 살면서 화려한 의복을 입고 거드름을 피우고 다녔다고 한다. 유대혁명이 일어났을 때 혁명군이 성전을 접수하자마자 맨 먼저 그 장부들을 불태웠다고 하니, 당시의 성전이 대중들에게 어떻게 이해되었는지 상상이 가고도 남는다(톰 라이트, 214).

경건한 부흥으로 시작되었던 교회도 시간이 흐르면서 이내 이러한 무질서의 도(엔트로피)가 증가한 현실을 경험하게 된다. 종교적 시스템이 강화되고, 예배 행위와 관련된 성전의 이권이 개입되어 장사하는 사업장으로 변해 간다. 하지만 그날 시장논리가 지배하는 성전의 종교행위와 침략자들의 하수인이 되어 가난한 백성을 탄압하던 성전권력은 예수님 앞에서 가차 없이 '뒤엎음'을 당하고 있었다.

교회가 권력과 자본을 추구하게 되면 대형화와 함께 화려함을 요구하게 된다. 그렇게 되면 자연스레 교회의 주역이 되어야 할 가난하고 소외된 자들이 주변으로 밀려나 버리게 된다. 그리고는 사회에서 기득권을 누리는 사람들이 그 자리를 독점하고 교회의 그 중추역할을 차지하게 될 때, 그것은 예수님의 안목에서 보아 이미 '강도의 소굴'에 다름 아니다. 세속화되어 버린 교회는 더 이상 교회가 아니다. 그것은 세상중심으로 가득하고 껍질만 교회인 '위장교회'다.

십자가를 앞에 두고 예루살렘에 오셔서 예수님이 행하신 일 중에 제일 먼저 행하신 일이 이 성전청결이었다는 사실은 시사하는 바가 크다. 이천 년 전에 이미 예수님이 그 장사치들의 소굴을 청결케 하셨음에도, 애석하게도 오늘날 우리가 속한 교회의 모습에서 이천 년 전의 그 예루살렘 성전에서 느껴지던 돈 냄새가 풍기기 때문이다.

세상 사람들은 오늘도 교회를 향하여 돈과 관련된 비방을 그치지 않는다. 어떤 이는 교회가 보유하고 있는 75여 개에 달하는 헌금 종류를 리스트로 만들어 제시하는가 하면, 어떤 이는 오늘의 기독교를 평가하는 데 긴말이 필요 없다는 듯 "(주) 예수"라는 한마디를 던지며 조소를 보낸다. 교회를 통해 산상수훈의 메시지를 보기 어렵고, 이벤트성 행사들이 그 자리를 대체한 듯한 모습에, 세상도 코웃음을 치며 '예수 주식회사'라고 비방한다. 이러한 현실을 두고 오늘도 예수님이 우리의 교회를 방문하신다면, 그 모든 세속적인 요소들을 뒤엎으시면서 강도의 소굴을 만들어 버린 우리를 향하여 사자후를 발하지 아니하시겠는가?

사태가 진정되자 예수님은 그곳에서 시각장애인과 다리가 불구인 이들을 고치신다(마 21:14). 이런 유형의 사람들은 본래 (제사장 직무를 수행하는 아론의 자손들일 경우) 성전의 출입이 금지되었던 소위 결격 사유자들이었다(레 21:17f). 하지만 예수님은 그들에게 하나님 나라의 삶을 선사하면서 성전의 진정한 의미를 담은 행위를 보이신다. 장사꾼이 물러가고 하나님 나라를 사모하는 예배자들이 다가와 회복을 경험하고 있다. 바로 선지자 스가랴가 예고했던 바로 그날이 임한 것이다.

> 그 날이 오면, 말방울까지도 야훼의 것으로 성별되고, 야훼의 전 안에서는 남비도 제단에 피 뿌리는 기구처럼 거룩하게 쓰이리라. (중략) 그 날이 오면, 다시는 만군의 야훼의 전에 장사꾼이 있지 못하리라(슥 14:20-21, 공동번역).

그리고 예수님은 '당신의 몸'으로 성전을 다시 세우신다. 그것은 예수님이 참으로 이 땅 위에 세우고자 하셨던 하나님의 전이다.

무화과나무 저주 - 성전권력에 대한 심판 (마 21:18-22)

간밤에 예수님은 사랑하는 친구 나사로와 그 여동생들이 사는 예루살렘 인근의 베다니에서 밤을 지내시고 이른 아침에 예루살렘으로 다시 들어오고 계셨다. 예수님은 도중에 허기를 느끼셨다. 무엇이 그리 급하셨을까? 베다니에는 예수님 섬김에는 최고 수준의 마르다와 마리아가 있지 않은가? 게다가 통상 간단히 빵 한 조각으로 끝내는 아침식사마저도 하지 않고 서둘러 출발해 나오신 이유가 무엇일까?

어쩌면 예수님은 예루살렘에 모인 사람들을 위한 마지막 하나님 나라 복음의 선포가 시급하다 느끼셨을는지도 모른다. 어제의 성전청결 사건에서 보았듯이 성도(聖都) 예루살렘의 종교적 수준은 지도자로부터 일반 신도들에게 이르기까지 바른 중심으로 서 있는 사람들을 찾아보기가 어려울 지경이었을 것이다.

마침 길가에 무화과나무 한 그루가 있다. 당연히 예수님은 열매를 기대하셨던 것으로 보인다. 무화과나무는 열매를 바라고 심는 수종이다. 관상용도 아니요, 재목으로 사용하는 나무도 아니다. 하지만 풍성한 잎사귀들과 달리 열매가 없다. 기대하고 다가가 보았지만, 아무것도 없을 때의 허탈감은 예수님도 예외가 아니었을 것이다.

예수님은 또 한 번 기이한 행동을 하신다. 마치 사람을 대하시듯 나무를 향하여 말씀하신다.

> 이제부터 영원토록 네가 열매를 맺지 못하리라(마 21:19).

이 한마디에 나무는 즉시 말라지고 만다. 예수님은 나무를 향하여 신경질적으로 반응하시는 것은 아닌가?

언젠가 예수님은 열매를 맺지 않는 무화과나무에 관한 비유를 주신 적이 있다(눅 13:6-9). 포도원에 심었던 무화과나무가 3년이 지나도록 열매를 맺지 못했다. 주인은 과원지기에게 땅만 버리게 할 수 없다며 당장 베어버리도록 명한다. 하지만 과원지기는 한 해만 더 기회를 주시라고 요청한다. 그곳에서 기회를 요청하는 과원지기가 바로 예수님이다. 예수님은 열매 맺지 못하는 이스라엘에 대한 경고로 이 비유를 주고 계신다. 이 비유를 통해 이 사건을 보면, 이날 예수님이 저주한 그 무화과나무는 열매 맺음 없이 땅만 버리는 상태에 있었던 것으로 이해할 수 있다.

사실 학자들은 이 사건을 예수님께서 성전권력을 심판하시는 상징적 사건으로 이해한다. 당대의 독자들은 이 기록을 통해 예수님의 행동이 의미하는 바를 금방 이해했을 것이다. 무화과나무는 바로 제사장과 성전권력자들을 상징한다. 하나님의 뜻은 그 나무 아래에서 백성들이 풍성한 열매를 먹고 안온히 거하는 것이었다(왕상 4:25, 미 4:4). 하지만 권력자들은 백성들의 삶에는 무관심한 채, 화려한 성전을 중심으로 외형적 종교행위에 치중하고 있었다. 하나님이 기대하시는, 백성들이 먹고 누릴만한 열매 하나 내지 못하고 무성한 잎만 드리우고 있었다. 예수님은 가차 없이 그들을 향해 심판을 선언하신다. 그들은 성전과 함께 메말라 버리고 말 것이었다. 무서운 심판의 예고다. 이러한 선언들을 서슴지 않는 예수님을 권력자들이 그대로 둘 리 만무하다.

누가 하나님의 뜻대로 행하는 자인가? (마 21:23-32)

자신이 종교적으로 경건하고 하나님에게 인정받을만한 삶을 산다는 영적인 자부심이 있을 때, 교만은 뿌리내릴 틈을 찾아들고 율법주의가 그 열매로 자라게 된다.

이제 예수님은 성전에 들어가 백성을 가르치고 계신다. 과연 성전의 주역들인 대제사장들과 백성의 장로들이 예수님에게 다가와 지난 사건에 대한 시비를 건다.

"당신은 무슨 권세로 이런 일을 하는가? 또 누가 이 권세를 주었는가?"

올 것이 왔다. 이는 제도권 내 권위자들로부터의 도전이다. 실제로 예수님은 성전에서 백성을 가르칠만한 공식적인 인증을 받은 일이 없다. 하지만 이 질문 속에는 그들이 전제하는 사항이 하나 숨어 있다. 그것은 하늘로부터 어떤 권위를 부여받았는가 하는 것이다. 애초에 예수님은 세속적인 학교 교육이나 전문가 과정을 거친 일이 없음을, 단순히 갈릴리 시골 출신 막노동자 신분의 사람임을 그들도 잘 알고 있었기 때문이다. 하지만 위로부터 오는 권위의 문제라면 사정은 달라진다. 전부터 이스라엘에는 세습이나 전통의 인정을 넘어서 하나님으로부터 직접 임명되었던 선지자 전통이 있었기 때문이다. 게다가 종려주일 사건을 통해 온 예루살렘을 소동케 했던 그가 아닌가? 실제로 그날의 성전 권위자들은 예수님이 바로 그 메시아일지도 모른다는 막연한 두려움 속에서 질문을 던지고 있었다. 그들 생각에 그럴 리는 없을 테지만 말이다.

지혜로운 예수님은 그들에게 고분고분 대답하지 않으신다. 이런 태도가 예루살렘의 권위자들마저 오금 저리게 만든다. 오히려 그는 역질문을 통해 그들 질문의 정당성을 도전한다.

"우선 내 질문에 답해 보시오. 그러면 속 시원한 답을 드리리다."

"요한의 세례가 어디에서 온 것이오? 하나님께로부터요 사람에게로부터요?"

역공을 당한 사람들은 당혹스러워한다. 그것이 하나님께로부터라 답한다면 "왜 그를 믿지 않았는가?" 하는 추궁이 뒤따를 것이요, 사람에게서라 답한다면 요한을 선지자로 믿는 군중들에게 탄핵을 받을 것이기 때문이다. 정말 이럴 수도 저럴 수도 없는 질문 아닌가? 이럴 때 사람들이 택하는 제일 편한 방법은 '부인'(否認)이다.

"우린 모르겠소!"

"흠, 그렇습니까? 그렇다면 내게도 당신들의 질문에 대한 답은 없습니다."

하지만 예수님은 비유를 하나 들어 그 상황에 있는 종교지도자들에게 생각거리 하나를 제시하신다.

"어떤 사람에게 두 아들이 있었는데, 큰아들은 포도원에 가서 일하라는 아버지의 말씀을 듣고 그러겠노라 대답은 하고서 가지 않았고, 둘째 아들은 동일한 말씀을 듣고 싫다고 대답은 하고서도 돌이켜 포도원에 들어갔습니다. 누가 아버지의 뜻대로 행하였다고 보십니까?"

뻔한 얘기 아닌가? 그들은 주저 없이 대답한다.

"굳이 질문할 필요나 있소? 둘째 아들이 아니오?"

이에 응대하여 예수님은 세리들과 창기들이(둘째 아들) 대제사장이나 백성의 장로들보다(큰아들) 먼저 하나님 나라에 들어갈 것을 선언하신다. 그들이 분노할 내용이지만 예수님은 이를 회피하지 않으신다. 이것은 언젠가 말씀하신 적이 있는 탕자의 비유 속 두 아들을 연상시킨다(눅 15장). 그 이야기 속에서도 외적인 경건을 유지하던 큰아들은 바리새인을 비유하고, 타락하고 떠난 둘째 아들은 세리와 죄인들을 비유했다. 그곳에서도 진정한 회개를 통한 하나님과의 관계회복의 그림은 둘째 아들 편에 초점이 있다.

예수님의 관심은 누가 하나님의 뜻을 따라 살아가는가에 있다. 요한이 의의 도를 가지고 그들에게 왔지만, 그들은 요한을 믿지 않았다. 또한 예수님이 하나님 나라의 복음을 가지고 그들에게 왔지만 역시 그들은 예수님을 믿지 않는다.

이 답변에 그들은 분노한다.

포도원 농부의 비유 (마 21:33-46)

성이 차지 않으셨을까, 아니면 청중이 아직도 이해하지 못했을까? 예수님은 자신의 권위에 문제를 삼던 성전 지도자들을 향하여 비유 하나를 더 제시하신다. 이쯤 되면 작정하고 적극적인 공세를 펴시는 것이다.

한 사람이 자신의 포도원을 농부들에게 임대하고 타국으로 떠났다. 추수 때가 되자 약속한 임대료를 받으려 하인들을 보냈다. 하지만 주인이 멀리 있다는 사실을 악용하고자 하는 농부들은 그 약속을 이행하고 싶은 마음이 없었다. 어차피 고생은 자신들이 했고, 주인은 타국에 있어 어찌하지도 못하는 상태가 아닌가?

'보이지도 않는 그가 멀리에 있으면서 우리에게 무얼 어떻게 할 것인가?'

그들은 찾아온 하인들을 잡아 심히 때리고, 돌로 치고, 심지어 하나는 죽이기까지 했다. 주인은 다시 하인들을 처음보다 더 많이 보냈지만 결과는 같았다. 주인은 최후의 방편으로 자신의 아들을 보냈다.

'저희가 내 아들은 공경하겠지.'

농부들은 그 아들을 보고 상속자인 그를 죽이면 결국 그 유업은 자신들의 것이 될 수 있다는 계략을 공유하게 된다. 그리고는 그를 포도원 밖에 끌어내어 죽이고 말았다.

예수님은 물으신다.

"자, 그러면 포도원 주인이 올 때 이 농부들을 어떻게 하겠습니까?"

지금까지 하신 이야기는 선지자들을 보내셨던 하나님과 그 선지자들을 모욕하며 돌로 치며 죽였던 유대인들을 빗대어 하신 말씀이었다. 그렇다면 아들까지 보내어 그 아들마저 죽임을 당했다는 사실은 자신의 일을 빗대어 미리 말씀하고 계시는 것인가?

"이 악한 자들을 진멸하고 포도원은 제때에 실과를 바칠만한 다른 농부들에게 세로 줄 것이오."

그들은 사안을 정상적으로 이해했다. 결국, 하나님은 포도원을 맡았던 유대인들에게서 그것을 빼앗아 이방인들에게 주시지 않았던가?

예수님의 권위 있는 말씀은 강력히 선언된다.

하나님 나라를 너희는 빼앗기고 그 나라의 열매 맺는 백성이 받으리라 이 돌 위에 떨어지는 자는 깨지겠고 이 돌이 사람 위에 떨어지면 그를 가루로 만들어 흩으리라(마 21:43-44).

대제사장들과 바리새인들은 분노했다. 이 비유가 노골적으로 자기들을 가리켜 하신 말씀인 줄을 깨달았다. 그래서 어떻게든 예수님을 체포하고 싶었지만, 청중을 두려워하여 그 뜻을 이룰 수는 없었다. 청중은 예수님을 선지자로 알고 믿고 따르고 있었기 때문이다.

이것이 예수님의 진면목이다. 정치와 종교가 분리되어 있지 않던 당대 현실에서, 그분은 권력자들에게 고분고분하거나, 회피하거나 숨지 않으신다. 그들의 불의한 통치에 침묵하거나 고통 받는 민초들의 현실에 무관심하지 않으신다. 그분은 맞서신다. 도전하며 탄핵하신다. 그것이 결국 그들의 분노와 살기를 충동해 낸다.

제 22 장
하나님 나라 강화(講話)

하나님 나라 - 혼인 잔치를 베푸는 임금을 통해 보다 (마 22:1-14)

예수님은 또 다시 비유를 들어 하나님 나라를 소개하신다. 그 나라는 혼인 잔치를 베풀고 종들을 보내 사람들을 초청하는 임금과 같다. 결국 하나님 나라는 그 임금과 같다는 것인데, 아무래도 이야기 속에 언급되는 전체적인 맥락이 함께 고려되어야만 할 것 같다. 임금은 하객이 될 만한 사람들을 이미 초청해 두었다. 그리고 잔치가 임박하여 그야말로 풍성한 잔칫상을 준비하여 두고, 그들을 오찬으로 부른다.

그런데 정작 잔칫날이 이르자 문제가 발생한다. 순순히 기뻐하며 반응하리라 기대했던 청함 받은 사람들이 잔치에 참여하기를 싫어한다. 잔치 준비를 마치고 재차 초청해도 사람들은 관심이 없다. 이는 이야기를 듣는 사람들도 이해가 가지 않는 상황이지만, 이야기 속의 임금에게 있어서는 정말 황당한 상황이다. 하객이 없다고 결혼식이 성립하지 않는 것은 아니지만, 하객 없는 잔치가 무슨 잔치이겠는가? 게다가 결혼식과 더불어 풍성한 음식을 준비하여 잔치하는 것은 참석한 하객들에 대한 주인의 마땅한 배려다. 주인은 당연히 사람들이 이러한 기쁜 일에 함께 기뻐하며 참여해 올 것으로 기대하고, 초청할 이들을 미리 초청하고, 당일에 다가올 그들을 위해 산해진미를 준비하고 있다. 하지만 정작 당일에 준비는 완료되었는데, 하객들이 오지 않는다. 하나님 나라 잔치는 완료되었는데 기꺼이 참여해 오는 사람들이 없는 현실을 반영한다.

이유를 보니 하나같이 '자기 일'로 분주하기 때문이다. 각자 자신의 사업영역으로 바빠 '남의 일'에 신경 쓸 겨를이 없다. "결혼식? 좋지! 잔치? 참 좋지!" 하지만 그건 자신의 일이 아니며, 지금 자기 일로 바쁜 상황에 거기까지 상관할 틈이 없다. 심지어 어떤 이들은 공연히 도를 넘어 그 임금의 심부름꾼들을 능멸하기까지 한다. 초청하는 그들이 귀찮다고 심지어 그 초청에 분노까지 한 것이다.

이쯤에서 예수님은 그 동안에 보내셨던 선지자들을 박해했던 과거를 상기시키신다. 이로써 예수님은 그 초청을 받은 사람들이 무척이나 '자기 중심적'이고 악하다는 사실을 분명히 하신다.

"하나님 나라? 좋지! 참 좋지…하지만 지금 난 내 일로 바빠서…"
막상 그 나라의 문이 열리자, 사람들을 등을 돌리고 만다.

놀랍게도 임금은 심히 노하여 군대를 보내 그 살인자들을 심판하고 만다. '잔치'하려던 분위기가 '심판'의 분위기로 바뀌고 말았다. 이 때문에 이 이야기는 다소 혼란스럽다. 그 잔치에 의무적으로, 선택의 여지 없이 참여해야만 했던 것인가 하는 의문이 들기 때문이다. 아무리 왕의 잔치라지만 자신의 일을 모두 내려놓고, 자신의 의지도 접어두고, 그 잔치에는 참여했어야 한다는 말인가? 왜냐하면 그 임금이 그 여지를 주지 않기 때문이다. 청함을 받았으면 택함의 자리까지 와야 한다.

임금은 그 잔치를 포기하지 않는다. 대신 그는 초청 대상자들을 바꾼다. 어차피 아들의 혼인 잔치는 치러져야 한다. 그런데 처음 초청한 사람들은 참여를 거부했고, 따라서 잔치자리에 합당하지 않다. 하객이 없이 결혼식을 거행하고 싶은 마음은 없다.

여기서 확인하는 놀라운 사실이 하나 있다. 오늘 잔치의 주인공은 본디 임금의 아들이 아니라 그 청함을 받은 사람들 자신이었다. 본문이 아들의 결혼식임을 언급하면서도 정작 그 아들에 관한 관심이 없는 것만으로도 이는 분명한 사실이다. 임금은 거리에 나가서 우리 자신의 기준에 근거하지 말고 사람을 만나는 대로 잔치에 청하여 데려오라 명한다. 그리하여 결국 초청받은 사람들은 악한 자나 선한 자나 차별 없이 데려와 잔치자리에는 사람들로 가득하였다.

예수님은 바로 이 이야기를 곁들여 하고 싶으셨다. 바로 이 잔치의 주인공들이 누구며, 그 임금은 왜 분노하기까지 그들을 잔치에 부르시는지를 말씀하고 싶으신 것이다. 하나님 나라는 '모두가 꼭' 참여해야 할 현실이다!

여전히 문제가 하나 남아있다. 거기에 예복을 입지 않은 한 사람이 있다. 임금은 왜 예복을 입지 않았는지 심문하듯 묻는다. 당시에는 관례에 따라 예복을 미리 제공하고 그 자리에 입고 오도록 요청되었다고 한다. 그 사람은 자신의 잘못을 인정하는지 아무런 말도 하지 못한다. 이에 임금은 엄하게 명령을 내린다.

"그 손발을 묶어 바깥 어두운 데에 내던지라 거기서 슬피 울며 이를 갈게 되리라 하니라 청함을 받은 자는 많되 택함을 입은 자는 적으니라"(마 22:13-14).

이것은 예수님이 비유 가운데 주신, 잔치자리에 참석하지 못하는 이들이 경험하는 실제에 대한 실마리다. 청함을 받은 자는 그 청함에 합당한 반응이 기대된다. 결국 잔치자리의 주빈은 하나님의 청함에 대한 의지적 발걸음으로 택함의 자리에 나와 서야만 한다.

예수님이 이 비유를 통해 제시하는 핵심 인물은 바로 아들의 결혼을 위해 잔치를 배설한 비유 속의 임금이다. 예수님은 이 비유를 통해, 성대한 혼인 잔치를 주도하고 준비하며 초청하고 진행하시는 주관자가 하나님이시며, 그분은 강제하여서라도 그 잔치자리가 사람들로 채워지기를 원하고 계심을 분명히 하신다. 하지만 만만히 행해서는 안 된다. 사실 이 이야기는 그 전반에 걸쳐 심각한 분위기가 흐른다. 하나님 나라로 초청하시는 하나님은 진지하시다. 따라서 청함을 받은 자들은 그 나라의 잔치에 적극 참여해야 함이 강조된다. 본문은 이미 우리가 알고 있는 바를 다시금 확증해 준다(마 18장 이후). 그날에 '당연시'되던 많은 이들이 그 자리에서 배제되고, 전혀 그럴 것 같지 않던 많은 이들이 그 자리에 주빈이 되어 참여하게 될 것을….

가이사 vs. 하나님? - 교회의 사회 참여 (마 22:15-22)

사람들이 이 구절을 해석하고 적용하는 데 있어서 오해가 있어왔다고 생각된다. 결론부터 말하자면 예수님은 이 본문을 통해 성과 속, 곧 세상에 속한 것과 하나님에게 속한 것의 구분을 말씀하지 않으신다. 소위 정치와 종교의 영역을 구분하고자 말씀하신 것이 아니다. 이 말씀은 '정치와 종교의 상관관계'에 관한 강연에서 나온 말씀이 아니라, 사람들이 어찌하든지 예수님의 말을 트집 잡아 그분을 함정에 빠뜨리고자 하는 악의적 언행에 대한 반응으로 주신 특정한 상황 속에서의 답변이었다. 사람들은 아부성 발언으로 시험을 시작한다.

"당신은 참되시고 진리로 하나님의 도를 가르치시며 아무 꺼리는 일이 없으시니 이는 사람을 외모로 보지 아니하심이니이다"(마 22:16).

이는 그 다음 질문을 통해 상대를 '낚기 위한 밑밥' 공세다. 공생애 직전에 광야에서 대면하던 사탄의 혀와 유사하다.

"가이사에게 세를 바치는 것이 가합니까, 불가합니까?"

속내는 뻔하다. 그들은 민감한 정치적인 이슈로 트집을 잡고자 한다. 만일 예수께서 로마정권에 세금을 바치라 하면 식민 탄압의 가장 실질적 문제에 찬동하는 매국노요 앞잡이로 예수님을 매도할 것이다. 세금을 바치지 말라하면 권력에 저항하도록 선동하는 불순분자라고 매도할 것이다. 또한 이것은 동시에 종교적인 이슈이기도 하다. 만일 세금을 바치라 한다면 만유의 주인이신 하나님의 것을 인간권력자에게 양도해 버리는 이단적 행위자로 간주할 것이다. 바치지 말라 하면 현실세계를 무시한 급진적 광신자 정도로 간주할 것이다.

예수님은 그들의 악한 의도를 아시고 그들의 위선을 책망하신다. 이번에는 그런 질문과 태도에 대해 심기가 불편하심을 숨김없이 표현하셨다. 예수님은 매사를 무작정 용납하거나 모른 체하고, 덮어두거나 봐주지 않으신다. 그리고는 말의 함정을 놓고 생트집을 잡는 이들에 대한 지혜로운 답변을 제시하신다.

"여러분이 세금 문제를 가지고 나를 붙들려 합니까? 좋습니다. 세금으로 내는 돈을 한 번 봅시다. 여기에 새겨진 형상과 글이 누구의 것입니까?"

사람들은 '가이사의 것'이라 답한다.

"좋습니다. 여러분이 그것을 가이사의 것이라 인정한다면 그에게 속하게 하면 될 것이요, 하나님의 것이라 인정한다면 하나님에게 속한 것처럼 활용하면 될 것입니다."

멋진 블로킹이다. 사실 동전에 새겨진 형상과 세금 문제는 전혀 상관관계가 없다. 하지만 적어도 예수님은 그들이 원하는 식의 대화에 낚이지 않으신다. 질문했던 사람들은 자신들의 목적을 이루지 못한 채 다만 그분의 지혜로움을 탄복하며, 기이하게 여기며 물러간다. 지저분한 논쟁으로 이어가지 않은 사실만으로도 이들은 차라리 신사적이다. 아니면 알듯 모를듯한 이 답변에 사기를 잃었을지도 모를 일이다.

하지만 이들이 탄복한 진짜 이유는 따로 있는 것 같다. 예수님은 이 답변을 통해 청중들이 잠시 망각하고 있던 실재를 상기시키신다. 그것은 "과연 가이사에게 속한 것이 무엇이며 어디에 있는가?" 하는 역설적 질문이다. 하나님이 세상의 주요 만유의 주인이라는 고백 속에는, 응당 "가이사의 것은 없다!"는 결론을 담고 있다. 따라서 예수님의 답변은 겉으로는 가이사를 인정하는 듯한 표현 같지만 실상은 정 반대의 현실을 상기시킨다. 청중들은 깨닫는다. '하나님의 소유권' 앞에 '가이사의 것은 없다'는 사실을 말이다.

아이러니하게도, 오늘날 우리는 여기서 그들처럼 탄복해 하거나 기이하게 여기지도 않는다. 여전히 해석에서 혼돈을 느끼고, 대개는 교회와 세상 간의 이분적 사고 속에서 방황을 그치지 못한다. 다시 사건으로 들어가 보면, 정작 '정교분리'와 같은 이원론을 요구하는 것은 질문자들이다. 그들은 우리에게 소리친다.

"기독교는 세속정부나 세상의 구조에서 손을 떼라. 함부로 너희가 믿는 신조에 따라 우리를 정죄하지 마라. 너희는 하나님 일, 너희가 영적이라 하는 일, 교회의 일에나 신경을 쓰라."

많이 들어본 목소리다. 이는 하나님 나라의 실현을 원하지 않는 세속 통치자들의 목소리다. 하지만 이 답변을 통하여 우리는 세상에 살아가면서 지혜로운 통합론자가 되라는 예수님의 의도를 읽어낼 수 있다. 예수님은 일찍이 성전세 납부 문제에서도 세상에 덕을 세우기 위해 시민적 의무를 다해야 함을 언급하신 적이 있다(마 17:24-27). 이 땅에 사는 하나님의 백성은 '이중 국적자'와 같아서 하나님을 섬기는 영역에서 충성의 대상을 분명히 하면서도, 현실에서 요구되는 시민적 의무도 다하는 것이다. 하나님 나라의 복음은 우리를 세상으로부터 이원론적으로 분리하지 않는다. 오히려 그 복음은 세상 나라의 변혁적 참여로 우리를 소명한다. 문제 많은 세상의 한복판에 소용되지 않는 하나님 나라의 소식이라면 그것이 어찌 복된 소식이며, 그 세상 속에 참여하여 변화의 주체가 되지 않는 그리스도인이라면 어찌 세상의 소금이요 빛이라 이를 수 있겠는가?

오늘날 이 땅의 복음주의 교회 안에서는 교회의 사회참여 이슈에 대해 여전히 소극적이다. 그 태도의 이면에는 바로 이 본문에 관한 오랫동안의 오해가 큰 몫을 차지하고 있다. 하지만 교회의 오해는 예수님의 본뜻이기보다는, 하나님 나라 가치 실현을 불편해하는 세상 권세가 교회에 주입한 그릇된 해석이라 할 수 있다. 교회는 오히려 진리의 담지자로서, 공정한 사회건설과 정의로운 국가정책의 실현을 위해 건강한 발언과 참여를 지속해야 한다. 현실에 임해 있는 지옥적 현실의 가장 큰 책임이 바로 이 사회의 구조적 문제에 있다면, 그것을 가장 효과적으로 조정하고 관리할 수 있는 기재는 건강한 정치라야 한다. 그리스도인들의 현실 세계에 대한 참여는 '정교분리'와 같은 이원론적 원칙을 넘어, 필요하고 정당한 하나님 나라 가치에 따라 판단하고 행동해야 할 것이다.

성경을 모르니… (마 22:23-33)

이번에는 사두개인들이 예수님을 찾아와 질문한다.

"모세는 사람이 만일 자식이 없이 죽으면 그 동생이 그 아내에게 장가 들어 형을 위하여 자녀를 낳으라 하였습니다. 그런데 우리 중에 일곱 형제가 있었는데 맏이가 장가들었다가 죽어 자녀가 없으므로 그의 아내를 그 동생과 결혼시키고 그 둘째와 셋째, 일곱째까지 그렇게 하다가 최후에 그 여자도 죽었습니다. 그런즉 저희가 다 그를 아내로 취하였으니 부활 때에 일곱 중에 누구의 아내가 되겠습니까?"

재미있는 점은, 사실 바리새인들과 달리 사두개인들은 부활이나 천사를 믿지 않고 조상의 전통(장로의 유전)도 믿지 않는 이들이다. 심지어 그들은 모세 오경 이외의 나머지 구약성경도 수용하지 않았다고 한다. 그런 그들이 '부활'을 기정사실화 하고 한 여자와 결혼 관계를 맺은 일곱 형제의 예를 언급하면서 부활 때에 어떻게 되겠는가를 묻는다. 그들은 이 질문으로 예수님을 시험하는 동시에 부활이 없다는 그들의 신앙을 강변하고자 한 것 같다. 그 예에서처럼 부활이 없다면 그 율법을 적용하는 데 아무런 문제가 없지만 만일 부활이 있다면 난감한 일이 발행하지 않는가? 그렇다고 해서 모세가 전해준 율법을 폐기하거나 무시할 수 있는 것도 아니지 않은가?

예수님의 말씀은 언제나 그렇듯 의외다.

"여러분이 성경도, 하나님의 능력도 알지 못하는 까닭에 오해하였습니다!"

적어도 제사장 그룹으로서, 하나님의 말씀이나 하나님 섬김에 대해서는 누구보다도 자부심 있던 사람들인데, 예수님의 이런 평가는 곤혹스러울 수밖에 없다. 당대의 종교권력자들에게 도전장을 내미시는 것인가? 성경도 모르고 오해했다니, 게다가 하나님의 능력도 모르고 의심하다니….

"부활 때에는 장가도 아니 가고 시집도 아니 가고 하늘에 있는 천사들과 같으니라"(마 22:30).

그들이 부정하는 '부활'은 기정사실이라는 단언이다. 게다가 그들이 부정하는 '천사의 존재'까지 더불어 언급하신다.

> 죽은 자의 부활을 논할진대 하나님이 너희에게 말씀하신 바 나는 아브라함의 하나님이요 이삭의 하나님이요 야곱의 하나님이로라 하신 것을 읽어 보지 못하였느냐 하나님은 죽은 자의 하나님이 아니요 살아 있는 자의 하나님이시니라(마 22:31-32).

"성경에 의해 제사장이라는 신분과 정체성과 역할을 부여받고, 누구보다도 성경에 능통할 것으로 여김 받는 그대들이 정작 성경을 모른단 말인가?"

성경에 이미 기록해 주신 바와 같이 하나님이 자신을 가리켜 조상의 하나님임과 동시에 오늘 산 자의 하나님임을 스스로 밝히신 것은, 그분이 영존하시는 열조의 하나님이요, 여상하신 오늘의 하나님이시라는 사실이다. 그분이 산 자의 하나님이라면 우리는 그분의 안목 속에 산 자들이다. 우리의 시간 속에서 언젠가 죽음을 경험하게 되겠지만, 하나님이 살아계시는 한 부활은 기정사실이 될 것이다.

청중은 놀란다. 부활에 관한 소식도 놀랍지만, 권위자들에게도 아랑곳하지 않고 그러한 하늘에 속한 진리를 전하시는 예수님은 더욱 놀라우신 분이시다.

예수님은 이번 답변을 통해 우리가 '모르는 게 모르는 것이 아니라'는 암시를 주신다. 우리의 진정한 무지는 하나님의 말씀에 관한 무지요, 동시에 하나님에 관한 무지라는 근본적인 무지의 문제라는 것이다. 실제로 우리는 하나님을 모른다. 그러면서도 우리는 그 하나님을 다 아는 듯 행동하는 경향이 많다. 특히 우리는 하나님을 더 알고자 성경을 연구하지 않는다. 그 크신 분, 형용할 수도, 측량할 수도 없는 하나님에 대해 호기심도 없이, 그저 내가 들어왔고 이해했던 방식으로 하나님의 실체와 속성을 고정해 둔 채, 마치 하나님을 다 알기라도 한 것인 양 하나님에 대해 속단하고, 하나님의 이름을 빙자하여 힘을 발휘하려 든다. 거기에 심각한 부작용들이 뒤따른다. 종교적 조작행위(manipulation)가 바로 그것이다. 그것은 위험한 행동이다.

또한 우리는 하나님의 말씀을 잘 모른다. 성경책은 심지어 여러 권 소장하고 있지만 그 말씀들에 관한 개괄적인 이해의 수준을 쉽게 넘어서지 못하고 있다. 설령 그 책들에 대해 여러 번 통독했고 여러 성경공부를 거쳤고, 심지어 신학 과정을 이수하고 오랜 세월 설교를 하고 가르쳐 오면서도, 그 책이 실제로 의미하는 바가 무엇인지, 우리의 삶을 통해서 구현되기를 바라는 성경적인 가치가 무엇인지 잘 모르고 있다. 예수님 당시의 종교적 열심 자들과 다름없이, 우리는 오늘 우리 시대의 우리네 방식을 통하여 우리가 옳다고 믿는 것만을 선택적으로 옳다 주장하면서 종교생활을 지속하고 있는 것만 같다.

크고 첫째 되는 계명 (마 22:34-40)

예수님이 사두개인들과의 논쟁에서 이기셨다는 소문이 바리새인들에게도 들렸다. 한편으로 그들은 고소하게 생각했겠지만, 다른 한편으로는 사두개인까지 잠잠케 만들어버리는 예수님을 그대로 두고 볼 수는 없었다.

그들 중 한 율법사가 예수님을 시험하기 위해 왔다. 그리고는 질문을 한다.

"선생님, 율법 중에 어느 계명이 큽니까?"

이 질문의 어떤 점이 예수님께 시험이 되었을까? 이 질문에서 나오는 어떤 답변이 예수님을 올무에 걸리게 할 수 있었을까? 오히려 이 질문은 앞서 사두개인들이 예수님에게 들어야 했던 "너희가 성경을 모른다"는 말씀을 다시 듣게 하는 질문이 아닌가? 율법에 정통한 바리새인들이 그 계명 중에 가장 큰 계명을 모른다는 말인가? 아니 하루에도 몇 번씩 쉐마(신 6:4)를 암송하며 사는 바리새인들이 하나님의 핵심명령을 모른다는 말인가?

사두개인들에 답하시던 것과 달리 예수님은 사뭇 친절히 답을 주신다. 마치 이 질문에 관한 답을 전혀 알지 못하는 사람들에게 답을 하시듯이 말이다.

> 예수께서 이르시되 네 마음을 다하고 목숨을 다하고 뜻을 다하여 주 너의 하나님을 사랑하라 하셨으니 이것이 크고 첫째 되는 계명이요 둘째도 그와 같으니 네 이웃을 네 자신 같이 사랑하라 하셨으니 이 두 계명이 온 율법과 선지자의 강령이니라 (마 22:37-40).

결론은 이처럼 싱겁게 끝나버리고 만다. 마태는 심지어 그 율법사의 반응마저도 서술해 주지 않는다. 율법사는 어쩌면, 예수님이 율법에서 이르는 이와 같은 대강령을 팽개쳐버리고, 예수님 나름의 독자적인 주장을 하고 다닐 것으로 기대했을지도 모르겠다. 그리하여 '율법을 폐하는 자'라는 누명을 밝히 씌울 수 있기 때문이다. 하지만 예수님은 그 율법의 핵심을 벗어나지 않으셨고, 오히려 전체의 율법을 멋들어지게 요약해 주고 계신다.

예수님의 말씀과 같이 성경의 모든 율법과 선지자들이 전한 메시지들은 바로 이 간략한 말씀으로 요약된다. 그것은 첫째, 하나님 사랑이요, 둘째, 이웃 사랑이다. 첫 번째 하나님 사랑이 상정하는 것은 마치 나머지가 없을 정도로 하나님에게 전폭적인 사랑을 기대한다. 하나님을 향해 온 마음이기에 이웃은 물론 나 자신도 망각할 정도의 사랑이 전제되어 있다.

그때 비로소 나 자신도, 이웃도 바로 사랑할 수 있게 될 것이다. 실제로 우리 자신은 근원적으로 이기적이어서 이웃을 사랑하지 못한다. 이기적이라 해서 나 자신은 제대로 사랑한다는 것을 의미하지는 않는다. 오히려 이기적인 성향 때문에 나 자신에 대해서도 기형적인 사랑을 하게 된다. 그러니 이웃을 돌아볼 마음은 더더욱 기대하기 어렵다. 대안은 하나님 사랑에서 나온다. 우리가 전심으로 하나님을 사랑할 때, 하나님은 우리에게 이웃 인간들을 향한 하나님의 마음을 부어주신다. 그때에 우리는 비로소 이웃을 바르게 사랑할 힘을 얻는다. 이것이 바로 성경의 사랑명령이 의미하는 바다.

우리는 종종 이 둘을 혼합하거나 혼동하는 경향이 있다. 이웃을 사랑하는 것과 하나님을 사랑하는 것을 동일시하려는 경향이 바로 그것이다. 하지만 예수님은 이곳에서 분명히 '크고 첫째 되는 계명'과 '둘째' 되는 계명을 분리하신다. 그것은 하나같지만 분명 다른 것이다. 동시에 그것은 다른 것이지만, 그러면서도 따로 떼어 생각할 수 없는 통합적인 것임을 주장해야만 한다. 요한은 "보이는 형제를 사랑하지 못하는 이가 어찌 보이지 않는 하나님을 사랑할 수 있는가?"라고 도전한다(요일 4:20). 하나님 사랑으로 이웃사랑이 비로소 가능한 것이요, 이웃사랑이야말로 하나님 사랑을 증명하는 행위다.

하나님 나라의 백성은 오늘도 하나님 사랑과 이웃사랑이라는 대전제를 갖고 이 땅에서 사랑을 실천하며 살고 있다. 그것이 지속하는 한 이 땅에서는 하나님 나라가 확장되어 갈 것이다.

전통에 대한 예수님의 역공 (마 22:41-46)

싱겁게 끝난 시험이었지만, 이처럼 사두개인과 바리새인의 시험의 대상이 되어 곤혹스러운 질문들만 받으시던 예수님이 이번에는 그들에게 선제 질문을 던지신다. 그것은 매우 기초적인 성경 문답과 같다.

"여러분은 그리스도(메시아)에 대하여 어떻게 생각합니까? 그가 누구의 자손입니까?"

어려운 질문이 아니다. 즉각 대답이 나온다.

"다윗의 자손입니다."

"그러면 다윗이 성령에 감동하여 '주께서(The LORD) 내 주께(my Lord) 이르시되 내가 네 원수를 네 발 아래 둘 때까지 내 우편에 앉았으라 하셨도다'(시 110:1) 할 때, 어찌하여 그리스도를 주님이라 칭하여 말하였습니까? 다윗이 그리스도를 주라 칭하였은즉 어떻게 그의 자손이 되겠습니까?"

'이런, 그가 다윗의 자손이라는 사실만 배워 알고 있었지, 그것이 왜 그러한지는 한 번도 생각해 보지 못했다. 그가 다윗의 자손이라는 사실을 전달만 해 주었지, 아무도 그 기원에 대해 일러주는 이도 없었지 않은가?'

그렇다면 다윗이 언급하는 주님과 내 주님은 누구신가? 결국 하나님과 그리스도 아닌가? 그리스도를 가리켜 다윗마저 '내 주님'하고 불렀다면, 그 그리스도가 '다윗의 자손'이라 일컫는 것은 논리적으로 모순이다.

"그런데도 여러분은 그저 그를 가리켜 다윗의 자손이라 일컫습니다. 전통을 비판 없이 수용한 결과가 아닙니까? 성경의 권위에 따라 전통을 검증할 기회가 없었다는 말입니다."

이에 대답하는 이가 하나도 없다. 그리고 그날 이후로 그에게 묻는 자도 없었다. 예수님은 이 질문을 통해 그분의 그리스도로서의 우월성을 암시적으로 입증하신다. 그뿐만 아니라, 우리가 전통을 따라 믿는 바에 대해서도 생각하고 검증해 볼 것을 도전하신다. 그날에 성경 박사들도 오류가 있었다면, 우리에게도 없을 수 없다. 우리가 배운 것과 믿어온 것들이 틀릴 수도 있다!

  우리는 많은 것들을 이전 세대들로부터 물려받았다. 대부분의 것은 오랜 검증을 통해 신앙 전통으로 고정되어 있다. 하지만 여전히 많은 전통이 성경의 검증을 거치지 않은 채 우리 곁에 강력한 힘으로 실행을 계속하고 있다. 우리가 "옳다. 정통이다" 하는 것 중에 많은 것들은 여전히 성경의 척도에 의해 측량 받아야 하며, 건강한 이성적 토론의 과정을 거쳐야 한다. 그것이 진정한 '정통성'을 회복하는 길이다.

갈릴리로 오라

Come to Galilee

제 23 장
하나님 나라의 화음(禍音)

실천 없는 스승 (마 23:1-12)

예수께서 지금 예루살렘 성전에서 가르치고 계시는 상황을 놓쳐서는 안 된다. 예수님은 유월절 명절에 예루살렘에 들어와 성전에 서서 대제사장과 장로들과 바리새인과 사두개인, 그리고 서기관들과 더불어 변론하고 계신다. 일전에 예루살렘 입성과 성전청결 사건으로 잔뜩 예민해 있는 예루살렘 지도층을 향해, 예수님은 직격탄을 날리며 대응하고 계신다. 그것도 온 이스라엘과 흩어져 있던 유대인들이 명절을 맞아 예루살렘 성전을 찾아드는 그 혼잡한 와중에 말이다. 예수님은 성전을 지키고 서서 그 수많은 대중들 앞에서 보란 듯이 지배계층 사람들을 성토하고 계신다.

우선 예수님은 제자들과 무리를 향하여 "누가 진정한 스승인가"에 관한 화두를 던지신다.

먼저 예수님은 당대의 스승들인 서기관과 바리새인들을 주목하신다. 그들은 모세의 자리, 즉 권위를 가진 선생의 자리에 앉아 있다. 그들은 모세의 권위라는 공적인 지위를 가지고 하나님의 법을 풀어 많은 것들로 백성을 가르치고 있다. 하지만 예수님은 모든 이들이 인정하는 권위자들에 대해 혹독한 평가를 하신다.

"그들이 말하는 것은 행하고 지키라 하지만 그들이 행위는 본받지 말라. 저희는 말만 하고 행하지 않으며, 또 무거운 짐을 묶어 사람의 어깨에

지우되 자기는 한 손가락으로도 움직이려 하지 않는다. 그들은 모든 행위를 사람에게 보이고자 하는 동기로 한다"(마 23:3-5).

그들은 쉐마 구절이 담긴 경문을 넓게 하여 차고 다니며, 옷 술을 크게 함으로써 그들이 하나님의 말씀에 순종하며 실천하는 사람들임을 시위하였다. 동시에 그들은 잔치자리나 회당에서 상석을 차지하며, 시장에서 사람들에게 인사를 받거나 랍비라 칭함 받기를 좋아했다.

그런데 오늘날 교회 지도자들도 과거의 그들과 같이 외식적 경건의 표지들로 자신을 치장하는 태도를 포기하지 않았다. 뭔가 더 권위 있어 보이는 말투나 행동거지 그리고 일상에서도 성직자임을 드러내는 복장을 갖추거나, 권위 있게 들리는 목소리들로 변조하여 설교하고, 교인들과 어디를 가든 상석에 앉아 섬김을 받고, 자신이 유명세 있는 지도자임을 드러내기 위해 안간힘을 쓰기도 한다. 어떤 이들은 주보나 교회 달력은 물론이고, 교계 신문 등에 이름과 얼굴을 내기 좋아한다.

이것이 다름 아닌 예수님이 비판하신 위선의 문제다. 나를 포함하여 가르치는 처지에 있는 사람들은 예수님의 이 비판에서 자유롭기 쉽지 않다. 게다가 스스로 행하지도 않고, 심지어 행할 의도조차 없는 말씀들을 교훈이랍시고 예수님의 이름으로 마구 선포하는 경향까지 있다면 심각한 지경이다. 그것이 진리요, 하나님의 뜻이라고까지 고래고래 목소리를 바꾸어 가며 외쳐대지만, 정작 예수님은 내가 그 말씀대로 순종하여 사는 말씀의 사람이 아님을 알고 계신다.

그것은 '선포'를 빙자한 '강요'가 될 수 있다. 권위자로부터의 경건한 강요는 타인들에게 무거운 멍에가 된다. 그들은 그 말씀을 어떻게 지켜야 할 것인지에 대해 고민하고 씨름한다. 그런데 정작 선포하는 자는 그 말씀을 전하고 난 다음에 그 선포와 자신을 분리해 버리고 실천하지도 않는다. 지독한 모순이다. 그래서 예수님은 청중에게 "그들의 행위를 본받지 말라"(마 23:3)고 경계하신다.

하나님의 말씀은 은밀한 실천에서 그 위력을 발한다. 말씀은 준행을 목표하지, 단순히 지적 호기심을 만족하게 하기 위한 수단이 아니다. 또한, 기독교의 경건은 쇼(show)를 하기 위한 동기를 허락하지 않는다. 그것이 예배이든 설교든, 기도든 구제든 금식이든 말이다. 가르치는 위치에 있는 자는 자신이 가르치는 바를 삶으로 입증해 보여야 한다. 따라서 무엇을 가르치든지 그 가르치는 바를 실천하지 않는 자들은 진정한 스승이 아니다. 섬김을 가르치시던 예수님은 섬기는 자로 제자 중에 계셨다. 그리고 죽기까지 섬겨주셨다. 우리는 그분을 가리켜 주님이라 고백하며 따르는 자들이다. 섬김을 실천하지 않는 자는 예수님의 제자가 아니다.

나아가 예수님은 무리를 가리켜 랍비(선생님)라 칭함을 받지 말라 이르신다. 이유는 바로 하나님 나라에서는 모두가 서로 '형제'이기 때문이다. 세상 나라에서 익숙한 권위구조나 지배구조는 본질상 하나님 나라에 존재하지 않는다. 또한 그러므로 이 땅에서 권위를 갖는 자들을 가리켜 '아버지'라 부르며 세상적 권위구조에 매몰되어서는 안 된다. 우리에게 아버지는 오직 한 분, 하늘에 계신 하나님뿐이다. 우리는 또한 스스로 '지도자'인양 충성을 요구해서는 안 된다. 우리에게 참된 지도자는 그리스도뿐이다. 하나님 나라에서 우리는 서로에게 '형제요 자매'다. 그것은 그리스도의 피로 말미암아 획득한 영적 관계이다.

화로다, 위선자들이여… (마 23:13-22)

위선적 권위자들에 대한 예수님의 본격적인 책망이 시작되었다.

> 화 있을진저 외식하는 서기관들과 바리새인들이여 너희는 천국 문을 사람들 앞에서 닫고 너희도 들어가지 않고 들어가려 하는 자도 들어가지 못하게 하는도다(마 23:13).

비난 받는 서기관과 바리새인이라는 대상을 간단히 규명하기 어렵지만, 당대의 사회 문화적 배경을 고려한다면 적어도 권력층, 지식인층, 기득권층을 모두 아우르는 사람들로 보아도 좋다. 물론 자신을 정통이라 여기며 위선적 신앙형태에 만족하고 살아가는 많은 그리스도인 범주를 포괄한다고 하겠다. '외식하는'이라는 수식어가 너무도 익숙하게 들릴 만큼 위선의 삶에 깊게 자리한 사람들이다. 그 위선 때문에 예수님의 진노와 저주가 선언된다.

이 말씀의 1차 청중은 당시에 백성을 정치 종교적으로 지도하던 서기관과 바리새인들이다. 놀랍게도 그들은 당시 가장 존경받는 위치에 있었고 신앙 좋은 이들로 정평이 나 있던 자들이며, 공식적인 선생의 자리에 있던 사람들이었다. 그러나 예수님은 이들의 실체를 드러내시고 심지어 강력한 경고를 하고 계신다. 정말 이래도 괜찮으신 것인가? 화를 당하지나 않을 것인가?

예수님의 판단에 그들은 사람들 앞에서 하나님 나라의 출입구를 봉쇄하고 있다. 그들은 자신도 들어가지 않을 뿐 아니라, 들어가려는 사람들마저 들어가지 못하게 막는다. 적어도 사람들은 하나님 나라를 얻고자 하는 의도를 가지고 오지만, 지도자들의 무지와 방해로 인해 하나님 나라의 실제에 도달하지 못한다. 지도자들 역시 자신들이 백성을 인도하는 직책에 있음을 분명히 알고, 그들을 하나님 나라로 인도하고 있다고 믿지만, 정작 하나님 나라의 현실은 그들의 실상과 멀다. 지도자들의 외식은 많은 사람에게 외식적인 삶을 정당화 해주고, 그것은 전체적으로 사회 전반의 총체적인 무기력과 퇴보, 변절을 불러온다. 그것은 하나님 나라와 상관없는 것들이며, 그 나라의 현실로 인도하지 못한다.

14절이 없다. 그런데 성경 본문의 각주를 보면 다음 구절이 다른 사본들에 있음을 제시해준다.

"화 있을진저 외식하는 서기관들과 바리새인들이여! 너희는 과부들의 가산을 게걸스레 집어삼키고 사람들에게 보이기 위해 기도를 길게 하는 구나. 그러므로 너희는 더욱 중한 심판을 받을 것이다."

아무런 의지할 데 없는 과부들의 재산까지 노리는 부유한 지배자들의 행태는 오늘도 중단되지 않았다. 경건과 헌신이라는 이름으로, 또한 축복을 위한 수단처럼 수많은 헌금을 발명하여 과부들의 얇은 지갑까지 털어 내는 데 아무런 가책도 없는 종교지도자들이 있다(눅 21:1-2. 두 렙돈을 넣은 과부 참조). 게다가 그들은 자신의 기도를 들으시는 '진정한 청중'을 배제하고 사람들로 그 대상을 대체하고 있다. 그들은 사람들에게 보이려고, 나아가 그가 그만큼 신실하고 경건하고 기도를 잘 한다는 사실을 입증이라도 하듯이 유려한 언어로 길게 기도한다. 하지만 유일한 청중이신 하나님은 그것을 역겹게 보신다. 그것은 상급이 아닌 심판을 부르는 행위일 뿐이다.

15절은 13절을 더욱 강화해 준다. 그들에게 화가 따르는 것은, "교인 하나를 얻기 위해 바다와 육지를 두루 다니다가 생기면 그들보다 배나 더 지옥 자식이 되게 한다"는 것이다. 교인을 얻기 위한 전도활동으로 열심을 내지만, 정작 그렇게 해서 개종자를 얻으면 자신들보다 더 험한 명목신자를 만들기 때문이다. '천국'은 늘 언급되지만 '하나님 나라'의 실재에는 무감각하다. 열심은 있지만, 지식을 따르지 않기 때문이다(롬 10:2).

얼마나 많은 사람이 종교적 감성주의에 휘둘려 하나님의 말씀과 상관없는 열심으로 신앙생활을 미화하고 있는지 모른다. 이와 같은 종교적 행동은 오히려 따르는 사람들을 파멸로 인도한다.

16절 이하에서 그들은 결국 소경된 인도자(blind guide)라는 낙인을 받는다. 정의 자체가 정말 아이러니다. 인도자라는 사람들이 시각장애인이라니…. 그야말로 눈뜬 소경(청맹과니)이 아닌가? 그들은 말씀과 상관없이 스스로 '옳다' 여기는 것이나, 그러하다고 배운 것들을 진지한 검토와 성찰도 없이, 자신에게 익숙한 것으로 기준 삼아 가르치는 자들이다. 가령 다음과 같은 식으로 말이다.

"성전으로 맹세하면 아무 일 없지만, 성전의 금으로 맹세하면 지켜야 한다." 또한 "제단으로 맹세하고도 지키지 않으면 아무 일 없지만, 그 위에 있는 예물로 맹세하면 지켜야 한다."

요지는 '돈'이요, 그 이면에는 탐욕이 있다. 이는 오늘날도 어색하지 않게 들리는 말들이다. 건축을 위해서든 선교를 위해서든 작정을 강요하고, 한번 하나님에게 '작정'했으면 지켜야만 하며 그렇지 않으면 하나님의 심판이 임한다는 투의 주장들이 오늘도 있다. 예수님은 단호하게 힐책하신다.

"어리석은 소경들이여!"

금이 큰가 그 금을 거룩하게 하는 성전이 큰가? 또한 예물이 큰가 그 예물을 거룩하게 하는 제단이 큰가 말이다.

악의적으로 양떼들을 그릇 인도하는 이들에게 화가 미치는 것은 당연하다. 하지만 다만 분별력이 없어서 그러한 인도를 따른 사람들에게도 동일한 화가 임하는가? 안타깝지만 그러하다. 그들은 어리석고 눈먼 지도자들의 거짓 안내로 조종을 당하고, 종국에는 파국적인 삶으로 인도함 받기 때문이다. 사실 이것은 자신들의 욕심에 눈 먼 결과인 경우들이 다반사다. 안타깝게도 누구도 그러한 어리석은 판단으로 야기된 삶의 결과에 책임을 지지 않는다. 아니 누구도 대신 책임을 져 줄 수 없다.

율법보다 더 중요한 의와 인과 신 (마 23:23-24)

예수님의 경고는 계속된다. 이번에는 성전권력이 가장 중시하는 십일조와 관련된 비판과 경고다. 율법이 요구하고 있는 "박하와 회향과 근채의 십일조는 드리면서도 율법의 더 중한 의와 인과 신은 버렸다"는 것이 예수님의 요지다. 그들은 율법의 외형이 부과하는 십일조를 문자 그대로 세금과 같이 요구하고 드렸을 뿐, 그것을 요구하신 하나님의 본뜻에는 개의치 않는다.

십일조는 기본적으로 우리가 생각하는 순수 헌금이 아니다. 십일조(十一

租)라는 이름이 말하듯 그것은 세금 성격에 가깝다. 하나님과의 언약관계에 있던 이스라엘은 왕이신 하나님께 대한 백성(신민)의 신분으로 조공 성격을 지닌 십일조를 드림으로 언약관계는 갱신되고 유지될 수 있었다.

하지만 예수님의 말씀 속에는, 그러한 외형상의 준수보다 근본적인 십일조 정신이 지켜져야 한다는 것이다. 그것은 의(義)와 인(仁)과 신(信), 곧 정의(justice)와 자비(mercy)와 성실(faithfulness)이다. 하나님은 마음으로부터 유지되는 언약관계를 기대하신다. 문자적 '계약관계'(covenantal relationship)는 하나님과 백성 간의 관계가 아니다. 그것은 이익이 동기된 비즈니스를 위한 관계요, 정치적 이해에 따른 관계일 뿐이다. 하나님과의 관계는 하나님의 사랑과 은혜에서 출발하여 우리의 자발적인 동기를 통해 수용됨으로 형성된다. 규정과 법규만 남아 있는 관계는 세속적이지 하나님 나라적이지 않다.

여기서 예수님은 외형상의 종교적 의무만 수행하고서 종교인인 척하는 것을 역겹게 보신다. 따라서 '예배'(제사)의 경우에서와 같이 외형적인 종교의무를 수행하되 그 의무가 본질적으로 기대하는 중심을 놓쳐서는 안 된다. 실제로 그 중심은 그 외형보다 더 중요하기 때문이다. 그것은 마치 하루살이와 약대의 비교와도 같다. 크고 중요한 것은 그 중심이다. 중심은 내려놓은 채, 별 의미도 없는 형식만으로 종교의무를 대체하는 것은 벌써 근본적인 언약위반이다. 예수님이 제안하시는 대안은 "이것도 행하고 저것도 버리지 말아야" 한다.

회칠한 무덤같으니… (마 23:25-28)

예수님은 아직도 만족하지 못하신 듯하다. 격정에 사로잡힌 듯 저주의 선언이 이어진다.

"화 있을진저 외식하는 서기관들과 바리새인들이여 잔과 대접의 겉은 깨끗이 하되 그 안에는 탐욕과 방탕으로 가득하게 하는도다"(마 23:25).

이토록 강경한 발언을 쏟아 놓으면서도 여전히 부족하다. 비유 하나가 더 등장한다. 하지만 수위가 몹시도 높다. 듣는 사람들이 걱정할 정도다.

> 화 있을진저 외식하는 서기관들과 바리새인들이여 회칠한 무덤 같으니 겉으로는 아름답게 보이나 그 안에는 죽은 사람의 뼈와 모든 더러운 것이 가득하도다(마 23:27).

하나님은 결단코 마음 중심을 보시는 분이시다! 십일조 규정에서도 그 중심을 강조하신 바 있다. 예수님은 마음과 중심, 세계관적 타락에도 불구하고 거룩한 행세를 하며, 구색을 갖추며, 괜찮은 프레젠테이션을 하고, 길게 기도하고, 멋진 신학적 논리를 펴지만, 사용할 수 없는 더러운 그릇임을 분명히 하신다. 잘 장식된 묘소이지만 그 안에는 더러운 시체 썩는 현장과 다를 바 없다. 실상은 꾸며진 거짓에 의해 감춰져 있다. 하지만 불꽃 같은 하나님의 눈동자는 그 실상이 외식과 불법으로 가득해 있음을 단박에 관통하신다.

뱀들아, 독사의 새끼들아! (마 23:29-36)

올 것이 왔다! 죽음을 며칠 앞둔 예수님에게 그 며칠간의 예루살렘 여정은 너무도 중요한 시간이다. 예수님은 아예 작정하셨음이 틀림없다. 그는 강력한 탄핵과 회개를 촉구하신다.

사람들은 대대로 하나님의 보냄 받은 선지자들을 박해하고 그들의 피를 흘려왔다. 후대는 그것이 조상의 과오였음을 인정하면서, 선지자들의 명예를 회복하고자 묘소를 장식하기도 하고 기념비를 세우기도 하면서, "만일 자신들이 그 옛 시대에 살고 있었더라면 선지자를 죽이는 일은 없었을 것"이라 호언한다.

하지만 그것은 그들 자신이 선지자들을 죽인 자들의 후예임을 증명함과 동시에, 그들 역시 당대에 보냄 받은 하나님의 선지자들을 박해하는 자리에 서 있음을 변명하는 표현에 불과하다. 그들은 여전히 장소와 방법을 불문하고 하나님의 사람들을 박해하기에 여념이 없다. 십자가에 못 박고, 죽이고, 회당에서 채찍질하고 심지어 동네마다 찾아다니면서 박해한다.

"의인 아벨의 피로부터…사가랴의 피까지 땅 위에서 흘린 의로운 피가 다 그들에게 돌아갈 것이다…그것도 바로 그 세대에게 돌아갈 것이다"(마 23:35-36).

예수님은 그러한 완악한 태도를 갖고 있는 종교인들을 가리켜 외치신다.
"뱀들아, 독사의 새끼들아!"

정말 감당하기 어려운 거침없는 표현이다. 거룩하고 스스로 정통이요 잘 해내고 있다고 믿고 있는 권위 있는 종교지도자들을 향하여 서슴없이 일갈하신다.

"이 마귀 새끼들아!", "이 X 새끼들아!"

게다가 그들은 지옥의 판결을 피할 수 없을 것이라 선언하신다. 예수님이 위험하다…

그들은 이스라엘 종교의 이름으로, 하나님 여호와의 이름으로 수많은 이들을 정죄하고 심판했다. 선지자들과 지혜자들, 서기관들 그리고 이제 얼마 지나지 않아 예수님 자신까지 박해하고 죽일 것이다.

교회는 그 오랜 역사 속에서 수많은 이단 정죄와 마녀사냥을 멈추지 않았다. 하나님의 이름으로, 교회의 이름으로 그리고 진리의 이름으로 그들은 자신들의 생각과 다른 주장을 하는 사람들을 무참히 정죄하고 심지어 죽음으로 내몰았다. 어떤 이는 참수형에, 교수형에, 화형에, 수장에, 십자가형에 비견될만한 비참한 처형방식들을 동원하여 권력 있는 자들은 종교의 이름으로 하나님의 사람들을 박해해 왔다.

그런데 오늘날 우리는 그것을 '교회사'의 이름으로 기억하고 반성하며,

그 목적으로 기념비를 세우기도 하면서, 옛적의 그들과 동일하게 "만일 우리가 그 시대에 살고 있었더라면 그러한 일은 없었을 것"이라 호언하고 있다. 역사에 대한 왜곡은 물론, 성찰함 없는 단순한 역사 이해는 현실에 아무런 변화를 가져오지 못한다.

황폐하게 될 것 (마 23:37-39)

이 문제는 계속해서 예수님의 말씀 주제가 되고 있다. 예수님은 예루살렘을 향하여 탄식하시면서 하나님의 "선지자들을 죽이는 자"들로 그들을 규정하신다. 예수님은 이제 그들과 같은 보냄 받은 자가 되어 그들 가운데 계신다. 하나님은 "암탉이 그 새끼를 날개 아래 모음 같이" 그들을 모으려 하고, 보호하고 안위하며, 회복시키려 한 일이 수도 없이 많았다. 그러나 그들이 원치 않았다. 심지어 선지자들을 돌로 치던 예루살렘은 이제 예수님을 십자가에 못 박기 위해 음모하고 있다. 하지만 하나님은 이를 좌시하지 않으신다. 심판이 그들을 기다리고 있다.

> 보라 너희 집이 황폐하여 버려진 바 되리라(마 23:38).

5부

하나님 나라의 위임

갈릴리로 오라

Come to Galilee

제 24 장
환난의 날, 세상 끝에는

성전파괴와 세상 끝날 (마 24:1-14)

예수님은 성전에서 나와 제자들과 함께 그 앞을 지나가신다. 제자들은 성전 건물에 대해 예수님의 주의를 끌기 원했다. 하지만 예수님은 개의치 않는 듯 그들을 향해 말씀하신다.

> 너희가 이 모든 것을 보지 못하느냐 내가 진실로 너희에게 이르노니 돌 하나도 돌 위에 남지 않고 다 무너뜨려지리라 (마 24:2).

이쯤 되면 예수님은 '건물'로서의 성전에 전혀 마음이 없으시다. 엊그제 '강도의 굴혈'로 변질시켜버린 성전 권력을 탄핵하셨던 예수님은, 더 이상 그곳에 희망이 없음을 보신 듯하다. 이스라엘 공동체의 구심점이었던 하나님의 성전이 무너지게 될 것에 미련도 없으신 듯, 예수님은 담담히 장래 일을 말씀하신다. 아니, 실은 중심에서 멀어져 형식주의만 남아 있는 하나님 예배와 상징적이고 권위적인 요소로 전락해 있는 성전은 오히려 본질을 가릴 뿐 존재 이유를 상실했다고 보아야 할 것이다. 그것이 백성으로 하여금 보이지 않는 참된 하나님의 성전에 대한 안목을 가리고 있다면, 그것은 차라리 제거되어야 옳다.

이윽고 제자들은 예수님과 함께 예루살렘 성 동편의 감람산에 앉았다. 그들은 성을 내려다보면서 세상 끝날에 대해 예수님께 조용히 여쭙는다.
"언제 이런 일이 있으며, 또 주의 임하심과 세상 끝에는 무슨 징조가 있겠습니까?"

종말에 관한 사람들의 궁금증은 언제나 초유의 관심사다. 그만큼 신학적 해석과 입장들이 다양한 주제다.

예수님은 세 가지를 말씀하신다.

첫째, 사람의 미혹을 받지 않도록 주의해야 한다. 많은 사람이 예수님의 이름으로 표적을 보이며, 심지어 '내가 그리스도라' 하며 미혹할 것이다. 그들은 그럴듯한 종교적인 어휘들을 구사하고, 신비한 표적을 보이며, 미래를 예언하며 자신들의 존재를 증명하려 할 것이다. 그 후 많은 추종자를 거느리고 분위기를 조성하며 종말에 관한 긴장감을 조성할 것이다. 하지만 예수님이 미리 말씀해 주셨다. 속지 마라. 미혹되지 마라!

둘째, 난리와 재난의 소문을 듣겠지만 삼가 두려워하지 말아야 한다. 민족 간에 국가 간에 서로 분쟁이 일어날 것이고, 곳곳에서 기근과 지진의 소식이 일어날 것이다. 하지만 이것들은 재난의 징조일 뿐 종말은 아니다. 사람들은 성도들을 환란에 넘겨주고 죽이기도 할 것인데, 그리스도인들이 예수님을 믿는다는 이유로 사람에게 미움을 받을 것이다. 사람들은 시험에 빠져 서로 미워하고 고소할 것이며 거짓 선지자들이 많이 나와 사람들을 미혹케 할 것이다. 또한 불법이 성하므로 사랑이 식을 것이다. 이성을 잃고 행동하는 이들로 인해 총체적인 난국상이 벌어질 것이다.

셋째, 그런 상황 속에서도 끝까지 견디는 자가 구원을 얻을 것이다. 혼란한 세상일들을 인내하며 살아내야 한다. 그러나 많은 이들이 미혹되고 넘어지며, 혼란 상황에서 자신의 신념도, 신앙도, 하나님 나라의 중심도 지켜내지 못할 것이다. 그러면 가망이 없다.

이 천국 복음이 모든 민족에게 증언되기 위하여 온 세상에 전파되리니 그제야 끝이 오리라(마 24:14).

이것이 끝 날에 관한 가장 분명한 진술본문이다. 역사 속에서 사람들은 종말에 관한 논란을 쉬지 않았다. 지난 2천년 동안 수많은 거짓 선지자가 등장하여 예수님의 재림을 예언하고 사람들을 미혹하였다. 하지만 한 번도 우주적인 지상 재림을 경험한 경우는 없다. 이 본문의 말씀만 옳게 이해했어도 사람들은 미혹되지 않았을 것이다. '끝'은 오겠지만, 그 전에 하나님 나라의 복음이 모든 민족에게 증거되기 위해 온 세상에 전파'되어야 한다. 지상의 모든 민족이 하나님 나라의 도래를 경험하기까지, '끝 날'은 오지 않을 것이다. 달리 말해, '끝 날 까지' 온 세상에 하나님 나라가 편만하게 임해야 한다는 말씀이다. 이 말씀을 하신 후 21세기에 이르도록 하나님 나라의 복된 현실은 아직도 세상 구석구석에 요원하다. '끝 날'은 지연되고 있다. 본문의 역점은 "세상 끝 날이 언제 도래한다"가 아니라, 이 하나님 나라의 복음이 모든 민족에게 전파되어야 함에 있다.

큰 환난의 날 (마 24:15-28)

이어서 예수님은 유대에 임할 큰 환난 날을 예고하신다. 그것은 전무후무한 사건이 될 것이다. 그에 관한 징조가 있다. 다니엘을 통해(단 11:31) 예고된 바가 있는 '멸망의 가증한 것'이 거룩한 곳(성전)에 선 것을 보거든 그때는 환난의 때임을 알고 산으로 도망해야 한다. 오랜 선지자의 예언이 성취될 때가 이르렀다(이는 제사를 폐하고 이방 신상을 성전에 세워 숭배하게 했던, 66~70년 사이에 발생했던 유대 전쟁으로 성취되었다. 역사가 요세푸스). 그때는 어디에서 무엇을 하던 중이든, 피신하여 생명을 보존해야 한다. 옷이든 중요한 물건이든 그것들을 챙길 여유가 없다. 그것이 중요한 것이 아니다.

임산부나 아기들과 같이 피신하기 어려운 사람들은 어쩔 수 없이 화를 당할 수밖에 없을 것이다. 그 일이 겨울이나 안식일에 일어나지 않기를 바랄 뿐이다. 그때는 피신이 어려울 것이기 때문이다. 하지만 하나님은 그 심판의 와중에서도 '택하신 자들을 위하여 그 날들을 감하실 것'이다. 그렇지 않는다면 건짐 받을 사람이 없을 것이다.

예수님은 "미리 말하였다"는 말씀으로 사람들로 미혹되지 않도록 마음을 쓰신다. 그 혼란의 때에 사람들은 서로 '종말'을 빙자하여 사람들을 미혹해 댈 것이다. 그들은 자기의 주관적 체험, 자기가 들은 것, 자기가 옳다고 믿는 것, 심지어 자기 신학 등을 그리스도의 이름을 빙자하여 거침없이 혼돈을 유발할 것이다. 게다가 여기저기에 자칭 메시아라는 거짓 그리스도와 거짓 선지자들이 난무할 것이다. 심지어 그들은 큰 표적과 기사까지 보이면서 할 수만 있으면 믿는 자들을 미혹할 것이다. 특별 집회를 열고, 시한부 종말론을 주장하며, 놀랍고 신비한 은사들을 발휘하며, 새로운 운동들을 주창하여 혼란에 빠진 성도들을 미혹할 것이다.

하지만 주님은 미리 경계하신다. 그들을 "믿지 말라!"(마 24:23). 주께서 다시 말씀하신다. "믿지 말라!"(마 24:26). 메시아가 여기에, 저기에 임하신다 해도, 믿지도 말고 가지도 말아야 한다. 메시아의 오심은 "번개가 동편에서 나서 서편까지 번쩍임같이" 모두가 인식할 수 있도록 분명한 사건이 될 것이다. 몇몇 특별한 예언적 은사를 받은 사람들만 아는 비밀이 아니다. 따라서 거짓말들에 미혹되지 마라. 독수리들이 모이고 있다는 것은 썩어가는 시체가 나뒹굴고 있음을 보여줄 뿐이다. 속지 말아야 한다. 주님이 "미리 말씀하셨다"(마 24:25).

성전 파괴의 날 (마 24:29-31)

제자들이 물었던 두 가지 질문, 즉 성전의 운명과 세상 끝날에 대한 답변이 마태복음 24장과 25장에 구체적으로 언급되어 있다. 그런데 이 문제들에 관한 답변들이 동일한 사건처럼 이해되는 경향이 있어서 독자로서 조금은 해석의 난감함이 있다. 24장의 본문은 예수님의 말씀을 역사적 순서에 따라 한결같이 언급되었다고 보기에는 어려움이 있다. 즉 사건이 발생할 순차적인 기술은 아니라는 것이다. 특히 이 본문은 성전 파괴의 날에 일어날 일들에 대해 집중적으로 언급해 주는데, 이는 예루살렘을 넘어 유대 지경에 확대되어 일어날 일들이 언급되어 있다. 그때에 어떻게 대비해야 할 것인가를 설명해 주는 본문이다.

◆ 거짓 선지자들

이천 년 기독교 역사 동안 변함없이 수많은 거짓 선지자들이 일어났고, 성도들은 이 일로 두려워하거나 미혹되어 정상적인 그리스도인의 삶을 망가뜨린 일들이 다반사였다. 오늘날도 특히 이 본문과 다니엘의 본문, 요한계시록 등의 비밀을 밝힌다는 핑계로 성도들을 미혹하는 일들은 그치지 않고 있다.

예수님은 거짓 선지자들을 언급하시면서, 놀랍게도 그들이 수많은 기적과 기사를 행하고 있음을 말씀하신다(마 24:23-27). 그 말은 교회 내에서, 또는 기독교의 이름으로 시행되고 있는 많은 기적과 표적이 그 자체로서 하나님의 활동으로 입증될 수 없다는 것이다. 누군가에 의해 표적과 기적이 일어나고, 성령의 이름으로 놀라운 일이 일어난다 해서 그것이 곧 하나님의 역사라고 인정할 수도, 해서도 안 된다는 것이 예수님의 경계다.

오늘날도 많은 거짓 증인들이 나타나고 있다. 15절 이하에 있는 말씀을 통해 성도들을 미혹하고 있다. 오늘날의 많은 거짓 선지자들은 스스로 거짓 선지자가 되려 했거나, 또 그렇다고 주장하지 않는다. 그들이 먼저 신비한 현상들에 미혹됨으로 성도들을 잘못 인도하는 경우들이 많다. 어떤 이들은 성경의 본문을 문자적이고 자의적으로 해석하면서 "산으로 도망하라"는 말씀을 가지고 산 속에서 성도들의 집단 공동생활을 강조하는 이들이 있는가 하면, "지붕이나 밭에 있는 자도 물건을 가지러 집으로 가지 말라"는 말씀을 가지고 자신이 소유한 전답이나 재산 등이 쓸모없다 말하면서 헌납을 강조하기도 한다. 또한 "그날에는 아이 밴 자들과 젖 먹이는 자들에게 화가 있으리로다"라는 말씀을 가지고 결혼 무용론을 강조하면서 예수님의 재림을 예비하라고 부추겨 댄다.

"이런 일이 겨울이나 안식일이 되지 않도록 기도하라"는 말씀을 들어, 일상생활에서도 아침이고 저녁이고 기도하게 만든다. 지진 소식, 전쟁 소식들이 들릴 때마다, 예수님의 재림이 가깝다면서 성도들을 불안에 떨게 만든다. "예수님은 곧 오신다. 예수님의 재림을 예비해라. 여기에 화산이 폭발하지 않느냐? 보아라! 저기에 쓰나미가 일어나고, 곧 전쟁이 일어난다" 하는 것이 그들이 회중을 빠져나가지 못하게 가두는 철창이 되고 있다.

하지만 예수님의 말씀 이래로 이런 소식이 역사 속에 없었던 적이 언제였는가? 예수님은 분명히 말씀하신다. 미혹되지 말도록 "내가 이미 말했다." 제자들이 질문하는 저의도 분명하다. 일단은 끝 날에 관한 호기심이다. 하지만 예수님은 "너희의 알 바 아니다"라고 말씀하신다. 심지어는 "인자도 모른다"고 말씀하심으로 예수님 자신도 세상 끝 날에 마음 두지 않으심을 말씀하신다. 예수님은 다시 오신다. 하지만 그것은 회복과 구원과 영광스러운 소식이지, 두려움에 사로잡혀 떨면서 일상을 망가뜨리는 현실이 아니다.

오늘도 복음의 핵심 속에는 "예수님은 다시 오신다"는 중요한 메시지가 분명히 포함되어 있다. 그럼에도 예수님은 우리가 그분의 오시는 날까지 오늘 이곳 평범한 일상 속에서 하나님 나라를 살아내기를 기대하고 계신다. 그날이 언제이든지 말이다. 다시 강조하지만 예수님의 초점은 '죽어서 천국'이 아니라 '지금 여기'에서의 샬롬의 회복이다.

재림의 때에 대한 수많은 오해 (마 24:32-44)

이 본문처럼 종말론과 관련하여 많은 이론과 그에 따른 오해가 많은 구절도 드물 것이다. 성경에서 미래에 있을 일에 관한 예언적 메시지는 종종 묵시 문학적 장르를 취한다. 그것을 무리하게 영적으로 해석하거나 전체적인 문맥을 떠나 문자적으로 해석하려 할 때 오해는 생기기 마련이다.

첫째, 무화과나무의 비유다. 많은 세대주의 종말론자들은 이것이 이스라엘의 해방을 언급한다며 1948년 이스라엘의 정치적 독립의 해를 의미한다고 보았다. 따라서 하나님의 종말 프로젝트는 시작되었고 12시를 향하여 시계는 째깍거리고 있으므로 사람들은 예수님의 재림을 준비해야 한다는 것이다. 이러한 문자주의는 그 무엇으로도 입증할 수 없고 동시에 책임질 수도 없는 오류들을 끊임없이 양산하여, 예수님의 의도를 곡해할 뿐 아니라 성도들의 일상에 대한 초점을 흐리게 만든다.

둘째, "그날과 그때는 아무도 모르나니 하늘의 천사들도, 아들도 모르고 오직 아버지만 아신다"는 예수님의 말씀은 예수님의 신성과 전지전능성에 배치되는 것으로 보아, 필시 예수님이 날짜 등을 감추고 계신 것이라 보는 이들도 있다. 일리가 있지만, 예수님은 평소에도 하나님 아버지에 대한 의존성을 종종 언급해 오셨음을 간과해서는 안 된다(요 5:19, 6:57, 8:27 등). 보다 중요한 것은, 예수님은 이 말씀을 통해 우리로 하여금 그 날과 시에 마음 두지 말 것을 강조하고 계신다. 그것은 하나님의 권한에 속한 것으로 우리의 '알 바 아니다'(행 1:7).

셋째, '노아의 때'에 대한 비유를 해석하면서, 오늘날도 사람들은 여전히 '먹고 마시고 장가들고 시집가고' 있는 현실을 부정하려는 태도가 있다. 예수님은 당시 사람들이 그러한 일상에 열심을 내고 있던 현실을 꼬집은 것이 아니다. 자신의 생활에 몰두하여 하나님과 그분의 도래할 나라에 무관심할 뿐 아니라, 심지어 하나님의 심판에 대해서도 마음 두지 않음을 빗대어 말씀하신 것이다. 끝 날이 언제 오든지 성도는 오늘의 일상 속에서 하나님의 통치를 인식하며 하나님 나라의 실제를 살아가는데 최선이어야 한다.

넷째, 그날에 같이 거하던 두 사람 중 한 사람은 데려감을 받고 또 다른 사람은 버려둠을 당할 것이라는 말씀은 '휴거'(Rapture)를 언급하는 것으로 보는 이들이 있다. 하지만 본문을 잘 살펴보면 예수님의 비유는 명확한 구분이 되어 있다. 하나는 '두 남자'가 '낮의 일'을 하고 있고, 다른 하나는 '두 여자'가 '밤의 일'을 하고 있는 상황이 그것이다. 남자든 여자이든, 낮이든 밤이든 우리가 알지 못하는 어느 경점에 선악 간에 심판하실 끝날은 분명히 임할 것이라는 게 요점이다.

이 비유를 통해 예수님께서 전하고 싶으신 의도는 분명하다. 곧 하나님 나라는 세상 끝까지 편만히 임해 와야 한다. 도래하는 하나님의 통치에 무관심한 채, 여전히 자신의 일에만 몰두하고 살아서는 안 된다. 필시 심판이 있음을 인식하고, 그 날이 언제 임할지 모른다는 인식 속에서 예비하는 마음으로 살아내라는 것이다. 심판이 없을 것처럼 하나님 나라에 무관심한 채 여전히 자신들의 일에 몰두해 살아서는 안 된다.

예비한다는 것은 무엇인가? (마 24:45-51)

마지막 순간을 준비해야 한다면 무엇을 어떻게 해야 하는가? 본문은 '두 종의 비유'를 통해 어느 경점일지는 모르지만, 주인이 돌아올 때 종들의 어떤 모습을 기대하시는지를 말씀해 주신다. 한 종은 충성되고 지혜로운 종이요, 다른 한 종은 악한 종이다(마 24:48). 주님은 우리가 충성되고 지혜로운 종의 모습으로 준비되어 있기를 기대하신다.

본문에 나타난 "깨어 있어야 한다" 또는 "예비하고 있어야 한다"는 말씀을 문자적으로 적용해서 성도들에게 쉼 없는 기도생활로 괴롭게 하는 선지자들이 늘 있었다. 하지만 그런 문자적 깨어있음은 불가능하며 올바른 해석이 아니다. 25장의 첫 비유인 열 처녀의 비유도 그들이 지혜롭거나 어리석거나 간에 신랑을 기다리다 모두 졸고 있는 모습을 보인다. 따라서 이는 문자적으로 '잠자고 있어서는 안 된다'는 것을 말씀하는 것이 아니다.

오늘 본문에서 예수님은 주인이 돌아올 때에 우리가 기도하고 있거나 금식하고 있는 등 우리가 보기에 무척 종교적인 모습을 하고 있기를 기대하시지 않는다. 주인이 맡겨 주신 일, 주인이 그 종으로 마땅히 하도록 기대되는 그 일들을 성실하게, 지혜롭게 행하고 있는 바로 그 모습을 기대하신다. 낮일지 밤일지 모르지만 언젠가 예기치 않는 때에 주님이 돌아오신다면, 그때에 우리는 성실한 종의 모습으로 그분을 맞이해야 한다. 내가 어떤 소명을 받아 있든지, 그분이 낮에 오신다면 나는 낮의 일 속에서 성실한 모습으로 주님을 맞이할 것이다. 공부하는 학생이든, 가르치는 선생이든, 농사짓는 농부이든, 가사를 돌보는 주부이든, 아니면 생산 설비에서 일하는 사람이든, 분주한 시장에서 일하는 상인이든, 무엇을 하든 자신이 부름 받은 그 일터에서 지혜롭고도 성실하게 일하고 있는 모습으로 서 있는 것이다.

만일 밤에 오시면 어찌할 것인가? 모두 잠든 사이에 오신다 할지라도 종이 낮 동안의 수고로 말미암아 쉬고 있는 모습을 보는 것은 주인의 기쁨이다. 하지만 낮의 수고가 전제되어 있지 않은 종이라면, 즉 비유 속의 악한 종처럼 게으르고 어리석고 방종한 모습으로 살아가고 있었다면 주인이 보기에 그는 심판의 대상이다. 그는 많은 매를 맞게 될 것이다.

이 비유와 관련해서, 오늘날 교회 안에서는 예수님의 재림과 관련하여 은근히 두려움을 유발하고, 예비해야 하는 일에 관한 매우 종교적 측면의 적용을 강조하는 경향이 있다. 하지만 본문은 우리의 '종교 생활'보다 '일상적 소명'에 강조를 두고 말씀해 주신다. 충성됨과 지혜로움은 복을 부르는 중요한 덕목이다. 동시에 악한 종의 요소들, 즉 게으르거나 소명에 무관심하거나, 자기 스스로에 빠져서 방종을 일삼고 있는 모습은 주인이 보시기에 부적합하다.

누구나 종말을 맞을 때, 사람들은 각자의 부르심에 따라 서로 다른 영역 속에 있게 될 것이다. 장소나 역할, 관계 등 서로 다른 부르심 속에서 그 순간을 맞게 될 것이다. 하지만 마태복음 전반을 하나님 나라라는 큰 관점에서 본다면, 우리가 하나님의 백성답게 왕을 다시금 뵈올 순간을 기다리면서, 그 나라의 가치를 어떻게 성실하게 실현해 낼 것인가 하는 것이 중요한 주제다. 단순히 내가 하는 직업의 맥락에서 직업적 충실도만 견지하고 있다면, 그것은 성실함은 보여주나 지혜는 보이지 못하는 것이다. 어느 영역에서 무엇을 하든지 지혜의 영역을 동시에 고려해야만 한다. 우리는 직업을 위한 단순한 소명보다, 오히려 직업을 넘어서서 하나님 나라의 덕목들과 가치들을 살아내고 확장해 내도록 하나님 나라의 소금과 빛으로 부름을 받았다. 따라서 예수님이 들려주신 하나님 나라의 다양한 속성들이 우리 개인의 삶과 내가 속해 있는 공동체 그리고 사회적 확산을 위해 마음 쓰고 있는 모습들을 보여야 한다.

청년시절에는 사회 안에서 구체적인 역할을 하지 못한다 할지라도, 하나님 나라의 가치들을 배워가면서, 그런 이슈들과 성경적인 가르침에 관한 해석뿐 아니라, 우리가 서 있는 역사현실을 바른 안목으로 판단해 내는 일은 중요하다. 나아가 현실적인 이슈와 성경적인 바른 가치들을 어떻게 잘 조화 할 수 있을지에 대해 고민하며 살아내고자 하는 것은, 기독청년들에게 매우 의미 있는 준비가 될 것이다.

한국 교회에서 하나님 나라라는 말은 주로 내세적인 천국개념으로만 사용되고, 지구 이외 어딘가에 있을 것이라는 암시를 강하게 해 왔다. 그 때문에 성도들이 이 땅에서 경험하고 또 실현해야 하는 현세적인 하나님 나라에 대하여 입체적으로 이해하기는 수월하지 않다. 하지만 예수님은 "하나님 나라가 여기 있다 저기 있다고도 못한다. 너희 안에 있다"는 선언으로, 우리가 종종 치우쳐 있는 하나님 나라에 관한 '시공간적 개념의 한계'를 무효화 시킨다(눅 17:20-21).

염려되는 점은, 세상 끝 날과 관련하여 이런 미래적인 천국에 관한 강조는 자칫 종교지도자들의 '천국 이데올로기'로 변질할 수 있다는 사실이다. 이 이데올로기에 의해 성도들이 이 땅의 현실을 포기하고, 내세만을 위해 조종될 수 있다. 이때 정작 이 땅에서의 소명은 퇴색해 버리고, 역사현실에 관한 관심은 접어버리며, 오로지 내세 천국을 소유하기 위한 개인적이고 이기적이며 신비적이고 현실 도피적인 신앙생활에 매몰될 수도 있다. 개인적인 삶에서도 지상에서 사는 인생의 의미는 축소되어 버린다. 하지만 성경의 전체적 맥락, 특히 구약의 지혜문서는 인생을 긍정하며 하나님의 창조의도 속에서 풍성한 삶을 살아가기를 기대한다. 사랑과 정의, 평화와 축복 등과 같은 성경의 중요한 개념들은 바로 지상의 삶에 직결된 것들이다. '천국'을 소유하기 위한 신앙을 빙자하여 가장 '반(反) 하나님 나라적인 삶'을 살아갈 수도 있다는 점을 기억해야 한다.

갈릴리로 오라

Come to Galilee

제 25 장
결산의 날, 양과 염소와 같이

신랑을 맞으러 간 열 처녀 (마 25:1-13)

예기치 못할 환난과 세상 끝 날의 맥락에서 하나님 나라의 비유가 더해진다. 그 나라는 마치 신랑을 맞아야 하는 열 처녀와 같다. 그중에 다섯은 어리석은 이들이요, 다섯은 슬기로운 이들이다. 그것은 신랑을 기다리며 등불을 켜는 데 필요한 기름을 준비하고 있는지 여부에 따라 판가름 난다. 각기 불을 켤 수 있는 등을 들고 있지만, 별도의 기름을 준비하는 것은 언제 올지 모르는 신랑을 지속적으로 기다리며 밤중에 불을 켜고 기다릴 수 있는가를 결정하기 때문이다. 이야기 속에서 어리석은 다섯 처녀가 기름을 사러 간 사이에 신랑이 오고, 문은 닫혀 버린다. 그들이 돌아와 문을 열어 달라 간청해 보지만 '내가 너희를 알지 못한다'는 신랑의 말만 들릴 뿐이다.

이 이야기는 앞으로 임하실 예수님에 관한 이야기로 이해된다. 그분은 반드시 오신다고 약속하셨지만, 더디 오시는 신랑이시다. 그러기에 신부 된 교회는 정결한 몸과 그리움 가득한 마음으로 신랑 되신 그분을 기다릴 것이 기대되고 있다. 하지만 문자 그대로 기약 없는 기다림처럼 신랑이 오시는 기미는 보이지 않는다. 그럴수록 기다림은 힘을 잃게 되고, 그리움은 퇴색하고, 믿음과 소망과 사랑은 실재가 아닌 관념으로만 남아있게 되기 쉽다. 그래서 이 기다림에는 지속적인 '믿음'과 신뢰가 필요한 것 아니겠는가? 사실 25장의 본문은 달란트 비유를 제외하고 마태복음에만 기록된 비유로서, 훗날 교회가 처한 상황을 반영하는 내용일 가능성이 많다. 예수님의 재림은 지연되고 환란은 가중되며, 믿음에서 이탈하는 초대교회 상황 속에서 예수님의 다시 오심과 그 이후의 심판상황이 강조하여 소개되고 있다.

예수님은 말씀하신다.

> 그런즉 깨어 있으라 너희는 그 날과 그 때를 알지 못하느니라
> (마 25:13).

이 강조 속에서 분명한 것은 신랑이 오시는 그 날과 그 때를 교회는 알지 못한다는 사실이다. 하지만 우리 중에는 '그 날과 그 때를 안다'고 주장하는 이들이 꼭 있다. 그런 이들은 역사 속에 언제나 있어왔다. 그들은 사람들의 미래며 인류의 종말을 알 수 있다고 주장하며 사람들을 모은다. 자신들은 예언의 은사를 받았다고도 하고, 하나님의 직통 계시를 받았다고도 하고, '신(新)사도들이라'고도 주장한다. 소위 시한부 종말론은 이런 맥락에서 지금까지도 그침 없이 사람들을 미혹하고 있다. 그러한 주장에 신빙성이 있다고 생각하고 추종하는 사람들도 꼭 있다. 예수님은 분명히 이르신다.

> 너희는 그 날과 그 때를 알지 못하느니라(마 25:13).

그것이 바로 예수님이 우리에게 깨어있으라 말씀하시는 직접적인 이유다. 내게 지속적으로 불을 켤 수 있는 여분의 기름, 곧 지혜와 신뢰, 인내가 준비되어 있는가?

결산 날의 종들 (마 25:14-30)

우리에게 익숙한 '달란트 비유'가 뒤따른다. 예수님이 다시 오시면 무슨 일이 일어날 것인가? 바로 결산이 기다리고 있다.

어떤 사람이 자기 종들에게 재능에 따라 그 소유를 나누어 위탁하고 타국으로 떠났다가, 오랜 후에 돌아와 각 사람과 회계하는 시간을 갖는다. 각 사람은 자신이 받은 달란트대로 열심히 수고하여 그에 따른 결실들을 얻었다. (이곳에서는 달란트의 양과 가치가 해석에 영향을 미치지 않는다.) 다섯 달란트만큼 남들보다 많은 것을 받은 사람이나, 두 달란트만큼 남들보다 많지도 부족하지도 않게 받은 사람이나 다 같이 성실한 삶을 살았다. 하지만 한 달란트를 받아 상대적으로 적게 받은 것으로 보이는 사람은 그 달란트를 그대로 묵혀두고 시간을 보냈다.

드디어 시간이 흘러 회계의 날이 이른다. 주인이 돌아와 각 사람과 각기 결산을 한다. 많이 받았든 적게 받았든, 열심히 살아냈던 이들은 저마다 원금과 자신들이 남긴 것들을 들고 주인 앞에서 당당히 회계한다. 주인은 그들이 얼마를 가지고 사업을 했고 남긴 이윤이 얼마나 되던지, 그것의 많고 적음에 상관없이 그들의 충성과 노고를 치하하며 잔치자리에 초청한다.

> 그 주인이 이르되 잘 하였도다 착하고 충성된 종아 네가 적은 일에 충성하였으매 내가 많은 것을 네게 맡기리니 네 주인의 즐거움에 참여할지어다(마 25:21, 23).

주인은 그들이 작은 일에 충성했다고 칭찬한다. 그렇다. 그들은 특별한 일을 꾀하기보다 그들이 가진 재능과 자산과 유업을 가지고 주어진 일상에서 충성스럽게 시간을 보냈던 것이다. 결코 허풍스러운 야망을 갖지 않고 주인의 것을 맡아 성실히 돌아보는 청지기와 같은 마음으로 맡은 일상에서 충성을 다 한 것이다. 주인은 바로 그 점을 크게 보아 주었다. 경제 원리에 따라 그들이 얼마를 투자하여 얼마를 남겼는가 하는 것보다도 말이다.

하지만 받은 달란트를 땅에 묻고 묵혀두었다가 원금만 가져온 한 사람에 대해서는 몹시 가혹한 책망과 심판이 뒤따른다. 그는 주인에게 당당히 나아와 자신이 회계할 자인 것처럼, 스스로 주인을 평가하며 결산한다.

> 한 달란트 받았던 자는 와서 이르되 주여 당신은 굳은 사람이라 심지 않은 데서 거두고 헤치지 않은 데서 모으는 줄을 내가 알았으므로 두려워하여 나가서 당신의 달란트를 땅에 감추어 두었었나이다. 보소서 당신의 것을 가지셨나이다(마 25:24-25).

그는 자신의 판단과 행위가 옳았음을 주장하며, 이제 원금을 되돌려 주었으니 "당신과 나 사이에 회계는 끝났다"는 자세를 취한다. 곁에서 듣는 입장에서 보아도 이는 무례하고, 지각 없고, 어리석기 그지없는 태도다. 주인이 곧장 반전의 태도를 보인다.

> 그 주인이 대답하여 이르되 악하고 게으른 종아 나는 심지 않은 데서 거두고 헤치지 않은 데서 모으는 줄로 네가 알았느냐 그러면 네가 마땅히 내 돈을 취리하는 자들에게나 맡겼다가 내가 돌아와서 내 원금과 이자를 받게 하였을 것이니라(마 25:26-27).

전체적인 분위기로 보아 그 사람은 주인을 악하고 불한당 같은 사람으로 오해했음이 틀림없다. 오랜 세월 주인을 섬기고 살아왔겠지만, 그는 주인의 참모습을 알아본 적이 없었던 것 같다. 어쩌면 그는 타인들과의 수평 비교 속에서 주인 되는 사람이 불공평하다 여기고 언제나 주인과 타인들, 나아가 세상을 비판적으로 해석해 왔을지도 모른다. 주인은 그의 어리석음을 지적하며 그에게 어떤 결과가 뒤따르는지를 언급한다.

> 그에게서 그 한 달란트를 빼앗아 열 달란트 가진 자에게 주라 무릇 있는 자는 받아 풍족하게 되고 없는 자는 그 있는 것까지 빼앗기리라 이 무익한 종을 바깥 어두운 데로 내쫓으라 거기서 슬피 울며 이를 갈리라 하니라(마 25:28-30).

이 사람은 결국 악하고 게으른 종(마 25:26)이요, 없는 자요, 빼앗기는 자(마 25:30)요, 무익한 종이며 내어 쫓김을 당하는 자라 불리고 만다(마 25:30). 반면에 전자는 착하고 충성된 종이요 작은 일에도 충성된 종(마 25:21, 23)으로 일컬음을 받는다. 이 역시 주님은 미리 말씀해 주셨다. 결산의 날은 기다리기에 더뎌 보이지만 반드시 온다. 그때에 우리 각 사람은 주인 앞에 서서 착하고 충성된 종이거나 악하고 게으른 종으로 판명이 날 것이다.

우리가 경험을 통해 아는 것처럼, 사람마다 그 재능과 역량, 소유의 어떠함 등 그 출발선이 분명히 다르다. 그것은 단순히 우리 각자의 우열을 가르는 사안이 아니며, 우리 인생의 주인이신 하나님의 섭리 속에서 우리 각자에 관한 소명과 부합된 현실이다. 중요한 것은 오늘 내게 주신 달란트는 무엇이며, 또 얼마나 되는지 먼저 셈해 알고 수용하는 일이다. 그리고 그것으로 오늘의 일상에서 충성스럽게 살아 낼 일이다. 개인적이든 우주적이든, 결산의 날이 언젠가 다가오게 될 것을 아는 것 또한 잊어서는 안 된다.

양과 염소를 가르듯 (마 25:31-46)

심판과 관련된 강화는 계속 이어진다. 예수님은 모든 천사와 함께 임하여 영광의 보좌에 앉게 될 것이다. 그리고는 모든 민족을 그 앞에 모으고 (계 7장) 각각 분별하기를 목자가 양과 염소를 분별하는 것처럼 하여 양은 그 오른편에, 염소는 왼편에 두실 것이다. 그 판결의 날에 임금은 양편으로 사람들을 구분해 두고는 먼저 오른편에 있는 자들에게 이렇게 선언하신다.

> 내 아버지께 복 받을 자들이여 나아와 창세로부터 너희를 위하여 예비된 나라를 상속받으라(마 25:34).

또 왼편에 있는 이들에 관한 선언은 다음과 같다.

> 또 왼편에 있는 자들에게 이르시되 저주를 받은 자들아 나를 떠나 마귀와 그 사자들을 위하여 예비된 영영한 불에 들어가라 (마 25:41).

자! 그럼 판결문을 살펴보자. 무엇이 오른편의 축복된 현실과 왼편의 저주받은 현실을 판가름하게 했는가? 무엇이 오른편에 있는 이들에게는 '창세로부터 예비된 나라'를 상속받게 하고, 무엇이 왼편에 있는 이들에게 '마귀와 그 하수인들을 위해 예비된 영영한 불'에 들어가는 비참한 결말에 이르게 했는가? 무엇이 문제인가?

무엇보다 그것은 단순히 '예수 믿었느냐?'는 질문이 아니다. 예수님의 판결은 오히려 소소한 일상과 관계가 깊은 영역들이다. 선교나 부흥, 기도나 영적 활동과 같은 고상하고 종교적인 담론들이 아니다. 오히려 평범한 일상 속에서 우리가 접했던 이웃들에게 어떻게 행했는가와 관련되어 있다. 다양한 필요에 처한 이웃들의 형편에 어떻게 반응했는지가 그것이다.

그들이 굶주렸을 때 실제로 양식을 나눠주고, 헐벗었을 때 옷을 제공하고, 병들었을 때 돌아보아 힘을 북돋우며, 오갈 곳 없는 나그네가 되었을 때에 집에 초대하여 들이며, 감옥에 갇혔을 때에 찾아보아 위로했는지가 이러한 거대한 차이를 만들고 있다. 지상명령을 발하셨던 분이 우리더러 선교사로 나가지 않았다고, 기도하지 않았다고 책망하시는 것이 아니라, 우리의 일상 속에서 보고 또 만났던 이웃들의 필요에 둔감했다는 데서, 우리 안에 있는 문제의 실마리를 찾으신다. 그것은 마치 강도 만난 자의 이웃이 되어주었던 '어떤 사마리아인'과 같은 행동이 우리 안에 있었는가 하는 것이다(눅 10:30ff).

예수님은 여기서도 '지극히 작은 자'와 동일시하신다. 그들은 절실한 필요에 처한 자들이다. 그들은 힘없는 자요, 가난한 자요, 병든 자요, 고아와 과부요, 나그네요, 손님이요, 갇힌 자요, 포로 된 자이다. 그들에게 실제적인 복음(기쁜 소식)이 되는 현실을 제공해야 한다는 것이 예수님의 관심이다.

하지만 불편한 진실은, 그들은 일반적으로 우리의 관심과는 거리가 먼 사람들이라는 점이다. 우리는 내게 중요하고, 사회적으로 괜찮은 위치에 있고, 그래서 그들과 가까이하면 내게 도움이 되겠다 싶은 이들에게 관심을 두는 경향이 있다. 하지만 예수님이 동일시하는 '작은 자'들은 연약하고, 열등하고, 무기력하고, 결핍으로 가득한 사람들이다. 그들은 우리가 동일시하지 않는 정도가 아니라 차라리 우리 공동체에서 빠져 주었으면 하는 사람, 그가 내 이웃으로 산다는 사실만으로도 부담되는 사람, 내가 속한 공동체에 머물러 있다는 사실만으로도 마음에 짐이 되는 사람들이다. 구제해야 하거나, 나누어야 하는 등의 종교적인 부담이 되기에 말이다. 피하고 싶고, 멀리 있고 싶은 부류의 사람들이다.

하지만 예수님은 바로 그들과 자신을 동일시하신다. 그분을 사랑한다며, 섬긴다며, 따른다며 "주여, 주여" 하는 우리는 정작 예수님이 마음 쓰시고 동일시하는 부류의 사람들은 멀리하고 있다. 대신 우리를 환영해 주고, 칭찬해 주고, 사례하고, 선물하고, 함께 있으면 우리의 격이 높아지는 것 같은 부류의 사람들을 선호하고 편애하는 경향을 보이고 있다. '작은 자'는 생산적이지도 않으며, 존재가치가 높은 부류의 사람들도 아니다. 하지만 예수님은 그들의 모습으로 우리 곁에 계신다.

오른편에 선 자들은 "우리가 언제 예수님에게 그렇게 대했다고 그러십니까?"라고 반문한다. 그들은 굳이 예수님을 의식하지 않고(종교적 의무감으로 행할 필요도 없었다), 다만 인간적으로 사람들의 연약한 형편을 돌아보고자 충실했을 뿐이었다. 필요에 처한 이웃들에게 연민을 갖고, 그들이 당한 고통에 공감하면서, 그들의 처지를 내 문제나 되는 양 막아서고자 노력을 했을 뿐이다. 그러한 노력을 위해서 나의 작은 것들을 내어 놓았을 뿐이었다. 예수님은 그 작은 자들 안에서 그들의 도움의 손길을 받았던 것이다. 하나님 나라는 약자들의 삶에 그렇게 임하고 확장된다. 모두가 하나님 나라를 선취하는 것이다.

반면, 왼편에 있는 사람들은 "우리가 언제 예수님께 그렇게 하지 않았다고 그러십니까?"라고 반문한다. 그들은 분명히 '예수님에게' 한다고 했다는 것이다. 분명히 그랬을 것이다. 오히려 그들이 가진 것도 많았을 테니 더 많은 기회에 예수님에게 드린다고, 이름을 내어가며 자기의 가진 것들을 이곳저곳에 내어 놓았을지도 모른다. 하지만 그들 역시 오늘 우리의 성향과도 같이 그들에게 유리해 보이는 부류의 사람들에게, 마치 예수님이 오늘 그러한 고관대작이나 고위층이나, 권력을 가진 사람들, 즉 정치적이든 경제적이든, 종교적 권력을 가진 사람들의 모습으로 계실 것으로 생각하고 마땅히 그들에게 섬김을 계속해 왔을 것이다. 그러나 예수님은 지극히 비참한 형편에 처한 자들과 동일시하고 계셨다. 예수님은 그 작은 자들 안에서 왼편에 있는 사람들을 만나 본 적이 없으셨다. 그것은 양자 모두에게 지옥같은 현실을 살게 했을 것이다.

예수님은 언젠가 큰 잔치 비유를 하시면서도 우리가 초대해야 할 대상이 누구여야 하는가를 밝히신 적이 있다(눅 14:12). 그분은 죄인과 세리들과 가난한 자들과 어울려 식사하시는 본을 보여주시면서 우리가 함께 어울려야 할 대상들을 분명히 해 주셨다.

그러나 우리는 그러한 말씀을 읽고 묵상하면서도, 그것은 단지 예수님에 관한 이야기로 끝내고 만다. 그 사건 속에서 오늘도 길을 보이시는 예수님의 안내를 받지 못하고 있다. 이는 우리의 눈이 멀었든지, 귀가 어두웠든지, 아니면 아무것도 인식하지 못할 만큼 양심과 지각이 무디어졌든지 할 것이다. 그것도 아니면, 우리는 노골적으로 그런 부류와 어울리며 그들의 현실에 하나님 나라를 임하게 하는 일이 근본적으로 싫은 것이다.

예수님은 준엄한 경계를 하신다. 주님은 돌아오신다. 그리고는 모든 민족(한국인, 일본인, 중국인, 동남아인, 중동인, 아프리카인, 유럽인, 아메리카인…)을 당신 앞에 세우실 것이다. 그리고는 그들을 양과 염소와 같이 가르실 것이다. 예수님은 목자가 양과 목자를 손쉽게 구분하시듯, 우리 정체를 속속들이 분간해 내실 것이다. 우리가 아무리 양인 척해도 그분은 우리가 염소인 것을 아신다. 지금까지 우리가 사람들 앞에서 양처럼 가장하듯 행세해 왔는지 몰라도, 예수님은 한눈에 내가 양인지 염소인지 아신다. 그분은 판단에 혼란이 없으시다. 그분은 지극히 작은 자들 안에서 나를 경험하실 테니 말이다.

양은 양처럼 살아왔고, 염소는 염소처럼 살아온 삶의 궤적을 그분 앞에서 감출 수 없다. 양은 하나님을 사랑하는 마음으로 이웃에게 사랑으로 살아온 것이다. '척!'하고 사는 것은 예수님 앞에서 소용없다. 불꽃 같은 눈동자 앞에 낱낱이 드러날 것이기 때문이다.

또한 예수님은 내 형제 중 지극히 작은 자라 말씀해 주심으로 그가 예수님의 형제라 인정해 주신다. 예수님은 그 지극히 작은 자들이 바로 '내 형제'라 언급해 주신다.

갈릴리로 오라

Come to Galilee

제 26 장
배반의 날, 나는 그를 모른다

진리살해를 모의하는 세상 (마 26:1-5)

말씀을 마치신 예수님은 제자들에게 다가오는 유월절에 자신이 십자가에 못 박히기 위해 팔릴 것이라 예고하신다. 마치 그것을 입증이라도 하듯 마태는 곧장 사건 현장으로 카메라를 옮겨 대제사장들과 백성의 장로들이 가야바라 하는 대제사장의 집에 모여 예수님을 궤계로 잡아 죽이려고 모의하는 장면을 보여준다. 거기에는 세 등장인물이 있다.

◆ 종교지도자들

우선 예수님을 살해할 모의를 하고 있는 종교지도자들이 보인다. 좋은 옷을 입고, 경건한 모습으로 모여 있는 그들이 누군가의 '살해모의'를 하고 있다는 것 자체가 경악할 일이다. '살리는 일'을 위해 존재하는 자들이 '죽이는 일'을 도모하고 있다니… 물론 그들은 예수님을 잡아 죽이는 것이 정당하지 않음을 알고 있다. 나아가 그렇게 행하면 백성이 민란을 일으킬 것이라는 사실도 짐작하고 있다. 한마디로 그들은 그럴 수도 없는 일이었고 그래서도 안 되는 일임을 알고 있다. 하지만 그들은 포기하지 않는다. 자신들이 관철하고 싶은 의지가 분명하기 때문이다. 그래서 그들은 예수님에 대한 본래 목적은 감춘 채, 그럴듯한 구실을 찾아 예수님을 은밀하게 처치할 계획을 세운다.

종종 우리가 사는 세상에서 본문의 종교지도자들과 같은 입장에서 누군가를 처벌하거나 축출하기 위해 서로 모의하기를 꺼리지 않는 모습을 경험한다. '그가 처벌을 받거나 우리 가운데서 추방되는 것은 당연하다.' 그는 '우리'에게 동조하지 않거나 우리를 비판하기 때문이며, 그것은 곧 그가 틀렸다는 것이며, 따라서 우리는 그를 용납할 수 없기 때문이다. 이런 이해 틀 속에서라면 사실 우리 안에서 우리와 뜻을 같이하지 않는 것은 모조리 틀렸다. 우리와 다른 어조의 말과 우리와 다른 행동은 용납되지 않는다.

하지만 우리는 그것이 그를 처벌할 이유가 되지 못한다는 사실을 어렴풋이 알고 있다. 양심이 아직 살아 작동하기 때문이다. 만일 우리의 계획대로 일을 진행한다면 상식을 가진 일반 대중이 가만히 바라보지 않을 것임을 잘 안다. 오히려 그들의 비난을 피할 수 없게 될 것을 눈치챈다. 그래서 우리는 일반 대중들도 납득이 갈만한 별도의 추가적인 구실을 찾아낸다. 그러면 꼼짝없을 것이다. 우리는 적어도 그 한 사람쯤은 매장시킬 수 있는 힘(권력)을 가지고 있지 않은가? 그리고 대중들도 잠시 소란을 피우겠지만, 그들이 어쩔 것인가?

사실 우리가 대중들을 의식하는 것은 우리가 대중들의 의중을 존중해서가 아니다. 우리는 대중에 대해서도 어느 정도 간파하고 있다. '그들은 사실을 제대로 판단할 만큼 충분한 정보를 가지고 있지 않으며, 그렇게 지혜롭지도 못하며, 관심을 표명한다손 치더라도 자기의 앞가림하기에도 바쁜 이들이며, 결국 남의 일을 가지고 자기 목숨까지 걸 위인들이 아님을 안다. 그들도 한동안 불만을 표출하겠지만 금방 잊어버리는 것이 그들의 변치 않는 속성이 아니던가? 조금만 그럴듯한 이유를 제시하며 밀어붙이고, 또 버티다 보면 우리가 원하는 방식으로 일은 진행되기 마련이다.

그리고 우리는 이것을 하나님을 섬기는 도(道)로 여긴다. 이것이 한 소자를 실족케 하는 일이라는 사실은 안중에도 없다(마 18). 이것은 하나님을 위한 행동이며, 하나님을 위해 하나님의 이름을 모욕하고 하나님의 뜻을 거역하는 한 이단자를 징벌하는 것으로 정당화하고 합리화한다. 그래서 이런 몹쓸 짓을 하면서도 우리는 의로운 옷을 입고 하나님에게 의로운 기도를 드리며, 거룩한 행보를 지속한다. 적어도 우리가 참 진리이신 예수님을 제대로 만나기 전까지는, 우리가 진리를 따르고 있는 것으로 안다. 바울처럼 우리 눈에서 비늘이 벗겨지기 전까지는, 우리가 하나님을 위한 열심을 내고 있는 것으로 안다. 이래서 하나님과 하나님의 뜻을 빙자하고, 진리를 빙자하고, 기독교를 빙자하고, 성경을 인용하면서 자신의 뜻을 관철하려 드는 우리의 독선이 위험한 것이다.

불행하게도 교회 역사 속에는 이와 같은 바리새주의적 맥락에서 저질러진 죄악사가 너무도 심각하다. 중세의 십자군이나 마녀사냥, 개혁자들이나 거룩한 신앙운동들에 대한 탄압들이 바로 그러한 맥락에 서 있다. 그런 방식으로 예수님을 죽인 그 바리새적 망령은 사도들에게도 그러했고, 역사 속의 수많은 참 성도들에게도 그러했고, 오늘날까지도 교회 안에 그침 없이 되살아나고 있는 종교적 독단이요, 폭력이요, 죄악들이다. '우리'가 돌이키지 않는 한, 이 역사는 그침이 없을 것이다.

◆ 예수님

그렇다면 왜 예수님은 '제거대상'이 되었는가? 예수님은 왜 그런 고난을 겪게 되었는가? 그것은 단순히 그가 성경에 '고난받는 종, 메시아'로 예고되었기 때문인가? 그분은 단지 자신의 운명적인 삶의 궤적을 걷고 있을 뿐인가? 거대한 안목으로 그러한 섭리 속에서 길을 가신다 하더라도, 적어도 예수님을 죽이고자 공모했던 사람들에게는 그를 제거할 이유가 분명히 있다.

무엇보다 그들에게 예수님은 불편하고 위협적인 존재다. 예수님은 당대 기득권층의 신앙과 예배, 세계관과 삶, 권력과 일상 등에 대해 동의하지 않으셨고, 마치 그들의 것과 배치해 보이는 하나님 나라의 진리를 설파해 오셨다. 그것은 진리와 멀어져 있던 그들의 위선과 만행을 필연적으로 꼬집었고, 양심에 아픔을 느낀 지배자들은 그 불편을 제거하고 싶어 했다.

예수님이 침묵하셨다면, 세상에서 무슨 일이 일어나도 무관심하고 모른 체하셨더라면 고난을 겪지 않으셨을 것이다. 하지만 예수님은 잠잠하지 않으셨다. 그분은 가만히 보고 있지 않으셨다. 부자들과 권력자들을 향해 직설적인 비난을 그치지 않으셨다. 그것이 그분을 십자가에 몰아간 것이었다.

그렇다면 예수님은 그냥 가난한 자들 틈에서 천국이나 얘기하고, 자신을 믿다가 죽어서 천국에 가라고 권하면 되었을 텐데, 왜 최고의 종교적 권위를 가지고 있던 하나님의 율법을 폐기하는 듯한 발언을 하고, 자신과 하나님을 동일시하는 신성모독적인 발언을 했는가? 서슬 퍼런 권력자들을 향해 위선자요, 회칠한 무덤이요, 독사의 새끼들이라 욕설을 내뱉으며, 아무런 외적인 권위도 없는 분이 성전예배의 근간을 뒤엎고 성전권력에 정면도전을 하셨는가? 왜 심지어 정치지도자인 헤롯을 향하여서도 '저 여우'라 비난하셨는가? 왜 그 권력자들에게 불편하고도 위험한 자들, 곧 '반체제 인물'과 다름없는 자로 여겨질 만한 급진적 발언과 행동을 하셨는가? 예수님이 시쳇말로 '좌파'(?) 선지자였기 때문이었는가?

이는 예수님이 선포하시고 실현하시는 하나님 나라가 단순히 죽어서 가는 '저승'이 아니요, 오늘 이 땅에서 살아내야 할 총체적인 하나님의 통치사건이요, 따라서 인간 삶의 입체적 맥락 전제를 아우르는 사건이었기 때문이다. 그러한 하나님 나라의 선포는 왜곡된 세상 나라의 '전복'을 요구할 수밖에 없었고, 그것은 새 술이었고, 거기에는 새 부대가 필연적일 수밖에 없었다(마 9:17). 민초들의 삶 안에 이런 '하나님 나라'가 임하는 것이 예수님의 유일한 목표였던 것이다.

그러한 문제들을 대면하고서 예수님은 어떤 마음이셨을까? "예루살렘아, 예루살렘아!"(마 23:30) "화로다 너 고라신아, 벳새다야!"(마 11:21) 하고 탄식하시던 예수님의 마음은 답답하여 견딜 수 없었을 것이다. 예수님은 그 문제를 앞에 두고 단순히 하나님이 해결해 주시기를 위해 기도만 드리지 않으셨다. 예수님은 예언자적 전통에 서서 왜곡된 이스라엘 종교를 신랄하게 꾸짖으셨다. 좋은 게 좋은 것이라며 가볍게 '은혜'라는 말을 남발하지 않으셨다. 그분은 단호하면서도 유연하셨고, 공의를 실행하면서도 사랑으로 가득한 분이셨다. 교만한 지도자들을 향하여서는 "뱀들아, 독사의 자식들아"와 같은 강성발언을 서슴지 않으셨고, 가난한 심정으로 주께 나아오는 백성을 향하여서는 '목자 없이 유리하며 고생하는 양떼'로 보시고 가슴으로 품어주셨다.

그것이 예수님의 죄목이었다. 기존의 신앙적 열심만으로 고착된 율법주의적 이스라엘 종교를 회복하고자 바른 안목을 제시하고, 바른 삶과 바른 판단과 바른 추구와 바른 예배와 바른 삶을 설파한 것이 죄였다. 당장 예수님은 기득권자들의 반발을 불러왔고, 위험인물로 낙인찍혔고, 급기야 그들의 살해모의(처단계획)를 통해 십자가에 넘겨지고 말았다. 진리를 가장한 종교적 바리새주의에게 진리가 죽임을 당하고 말았다. 거짓(유사) 진리가 참된 진리를 몰아내 버린 것이다.

오늘도 예수님처럼 비 진리에 맞서 목소리를 발하는 이들이 있다. 그들은 단지 그러한 이유 때문에 기득권자들이나 소위 힘을 가진 이들에게 박해를 당한다. 그들은 가진 자들에게 불편하고 거북한 반항자들이요, 이단자요, 따라서 타도의 대상이다. 그것도 '하나님의 영광을 위하여' 말이다. 슬픈 역사다!

◆ 제자들

제자들은 어떠했는가? 그들은 자신의 스승이 죽을 죄인이 아님을 누구보다 잘 알았다. 그리고 종교지도자들이 스승을 심문하고 재판하는 것이 정당치 않은 것임도 알았다. 하지만 그들은 스승을 보호할 수도, 보호하지도 못한다. 스승을 위해 무언가는 하고 싶어 베드로와 같이 칼을 뽑아도 보지만, 결국에는 두려움에 사로잡혀 줄행랑치고 만다.

그들은 조금 전에 실천적 영성에 대하여 예수님께 배운 바가 있다. 예수님은 이 땅에 다시 오셔서 예수님이 동일시하는 "고난받고 필요에 처한 이를 위해 무엇을 했는가?"라는 척도를 가지고 우리를 판단할 것이라는 말씀 말이다(마 25장). 그런데 지금 그들은 체포되어 고난당하시는 그 스승에게 가서 위로의 말도, 그분의 처지에 대한 부당성을 변호하려는 어떤 실천도 하지 못하고 있다. 오히려 그들은 권력자들의 칼이 두려워 숨어버리고 만다. 그리고는 스스로 어찌할 수 없는 현실의 벽을 탓하며 자괴감에 빠져 고뇌하기도 하고, 그와 같은 현실에 통분해하기도 하고, 자신의 못난 모습에 탄식하기도 한다.

결국 그들의 스승이 심문을 받고 하릴없이 십자가에서 운명해 버릴 때, 그들은 낙담하고 좌절하여 기존의 소망을 일거에 접어버렸다. 그리고는 그 옛적 그물을 내리던 갈릴리 바다로, 자신이 모조리 버리고 떠나왔던 옛 삶의 터전으로 되돌아가 버리고 만다. 거기서 그들은 절망의 그물만 하염없이 던지고 있었다. 세상은 자신들의 비전과 이상만큼 그리 녹록하지 않았고, 아니 너무도 거대했고, 자신들은 너무도 미약하기 그지없었다. "세상을 변화시키자"는 것은 한낱 낭만적인 꿈이었고, 세상은 너무도 거칠고 적대적인 대상이었다.

오늘날도 그러한 지도자들이 있고, 그러한 예언자들이 있고, 그러한 제자들이 있다. 하나님을 위한 일이라 자신을 속이고, 아니 종교적 열정에 스스로 속아 하나님의 사람을 살해할 공모를 꾸미는 종교지도자들과 같은 이들이 있고, 그러한 서슬 퍼런 권력자들 앞에서도 진리를 선포하는 예언자적 소임을 다 하는 예수님과 같은 이들이 있고, 그 현실을 아파하며, 무엇을 해야 할지 알면서도 스스로 두려워 뒤로 물러나 실천하지 못하고 절망 속에 탄식하는 제자들과 같은 이들이 있기 마련이다.

사랑과 긍휼이 전제되지 않은 공의의 실행은 '바리새적 실행'만 불러오고 만다. 균형감을 잃은 진리에 관한 열정은 오히려 '참된 진리'를 입막음하고, 주리를 틀고, 십자가에 처형하고 만다. 그리고도 그것이 하나님을 위한 섬김이라 오해한다.

제 위치에 설 일이다. 더 유연하고도 더 인간적이고, 더 부드러운 마음을 품어야 한다. 종교지도자들처럼 예수님을 십자가에 넘겨버리지 않기 위해 스스로 조심해야 한다. 예수님처럼 진리를 사수하기 위해 예수님을 더욱 배우고 닮는 일에 힘써야 한다. 제자들처럼 배반하고, 부인하고, 도망가 버리고 탄식하지 않기 위해 더 용기를 낼 일이다.

신앙의 두 향방 - 한 여인의 향유 부음과 한 제자의 배반 (마 26:6-16)

마지막 한 주간 동안에 일어난 사건들이 매우 구체적으로 전개되고 있다. 특히 이 마지막 주간에는 다양한 등장인물들이 예수님과 다양하게 관계하고 있다. 본문에서는 매우 대조적인 두 사람이 주목받는다. 그들의 대조 속에서 두 유형의 신앙 향방이 드러난다. 이 이야기를 통해 나의 신앙의 노선은 잘 설정되어 있는가, 아니 안녕한지를 점검해 볼 일이다.

전반부에는 예수님이 베다니를 들러 가실 때 예수님에게 향유를 부은 마리아의 일화가 소개되어 있다. 하지만 어찌 된 일인지 마태는 그 익숙했을 이름을 생략한 채, '한 여인'이라는 무명씨로 처리하고 있다. 이것은 주목해서 볼 필요가 있는데, 14절부터 나오는 가룟 유다를 설명할 때는 그가 '열둘 중에 하나'라는 불필요할 정도의 구체적인 소개와는 대조되어 있기 때문이다. 가룟 유다라고 할 때 모든 독자는 다 아는 이름이다. 그런데도 그가 열둘 중의 하나였다고 하는 것은, 바로 앞서서 예수님을 만났던 '한 여인'이라는 표현과의 대조를 통해 '유명한 사람'과 '무명의 한 여인'이라는 대조를 의도하고 있는 것으로 보인다. 그녀의 이름을 곧장 얘기해 주었어도 적어도 초대교회 성도들은 그녀가 누구인지에 대해서는 잘 알았을 것이다. 그녀가 예수님과의 친근한 교제 속에 있었기 때문에 모를 일이 없다.

후반부에 가면 유다가 대제사장들에게 가서 스승을 넘겨주겠다면서 돈을 걸고 흥정을 한다. 거기서 유다는 예수님을 '흥정의 대상'으로 물상화 시켜버리고 만다. 그것도 자신이 마치 예수님에 대한 소유권이나 가지고 있어서 그의 운명을 좌우할 수 있는 자이기나 한 것처럼 말이다. 그런데 대제사장들도 이에 '옳다구나' 하고 반응하는 모습이 낯설다. 그들도 유다의 세계관에 동조하고 있는 셈이다. 사실 그들은 돈을 건넬 필요도 없다. 하지만, 백성의 반발 없이 예수님을 조용히 제거할 계획을 하던 그들은 한 제자의 배반을 천우신조의 기회로 보고 기꺼이 은 30을 건네준다. 수고비인 셈이다.

유다는 예수님에게 실망했을까? 예수님의 죽음 선택이 대안이 아니라고 판단했을까? 예수님의 하나님 나라를 오해했을까? 자신만의 계획이 생겼을까? 마태는 이에 관한 구체적인 동기에 대해 침묵한다. 어쩌면 같은 제자였던 그 역시 유다를 이해하지 못했는지도 모른다. 배반하던 당일까지도 그들은 그런 일이 있을 줄은 꿈에도 모르고 있었지 않았던가? 심지어 예수님이 유월절 식사를 하시며 "너희 중에 한 사람이 나를 팔리라" (마 26:21) 말씀하실 때에도 제자들은 심히 근심하면서도 각각 "접니까?" 하면서 아무도 예측하지 못하던 일이 갑작스레 발생했음을 보여주고 있었다.

◆ 제자 유다의 신앙 노선

권력자들에 대한 예수님의 비난의 강도가 높아지고, 그들이 예수님을 제거하고자 공모하던 바로 그 때, 유다는 갑자기 대제사장을 찾아가 자신의 스승 예수님을 그들에게 넘겨버린다. 그 이유가 설명되어 있지 않아서 우리는 그가 왜 또한 무엇 때문에 예수님을 배반하게 되었는지 알 길이 없다. 어떤 사람은 그 이유가 돈이라고 얘기를 한다. 그가 은 30을 받았기 때문이다. 하지만 그가 배신의 대가로 받았던 돈의 크기가 그에게 어느 만큼이었는지는 모르지만, 설령 그 돈이 많았다 할지라도 그것은 스승을 배반할 주요 동기는 아니었던 것으로 보인다. 적어도 그는 지금까지 예수님의 인격과 가르침에 탄복하여 제자로 살아왔다. 그는 자신이 속한 제자공동체 내에서 회계를 맡고 있었을 만큼 모두에게 신임을 받아왔다. 아마도 그는 성실하고 빈틈없는 사람이었을 것이다. 그가 자신의 인생을 걸고 주님을 뒤따랐던 사람이라면 그리고 예수님과 제자들 사이에서 인정받아왔던 사람이었다면 돈이 유혹의 조건은 아니었다고 보인다. 스승을 배반한 후에 그가 몹시 고뇌하며 받았던 돈을 성전에 내던져버리던 모습이 이를 증명한다. 물론 이 세상에서는 '돈'이 주요 동기가 되어 인간관계마저 그르치는 경우들이 다반사임을 부인할 수 없다. 사람들은 돈 때문에 배반도 하고, 돈 때문에 팔며 죽이기도 하지 않던가? 하지만 유다의 배반 동기는 그 배반의 삯으로 받았던 돈은 아니었음은 분명하다.

그러나 적어도 유다같이 치밀했던 사람이라면, 그도 마치 야고보와 요한과 같이 예수님이 예루살렘에 올라가서서 당신의 나라를 세우실 때에 자기도 주님의 오른편이든 왼편이든 한 자리를 차지할 수 있으리라 생각했을지 모른다. 어쩌면 정치적 야망은 아니었을지 모르지만, 적어도 예수님이 펼치시는 '새 세상'에서 자신이 기대했던 새로운 역사를 펼쳐볼 수 있을 것이라 기대했을 것이다(마 19:28). 그러나 예수님이 예루살렘 입성과 더불어 자신의 죽음을 선언하셨을 때, 예수님에게 기대할 수 있는 것은 아무것도 없었다. 오히려 그분 때문에 박해와 죽음이 기다리고 있을 것이었다. 그렇게 무기력하게 자신이 꿈꿔왔던 모든 계획을 다 내려놓는다는 사실은 유다로 하여금 수용하기 어렵게 했을 것이다. 그렇다면 가만히 앉아서 당하고만은 있을 수 없지 않은가?

그는 대부분의 우리 자신과도 같이 예수님을 따르면서도 예수님을 통해 무언가를 얻기를 기대했을지도 모른다. 예수님이 이룩하시는 나라를 얻고, 그 나라 안에서의 탁월한 역할을 맡고, 예수님을 통하여 자신도 덩달아 큰 이름을 갖고, 예수님을 통하여 자신에게 맡겨질 위대한 역사를 기대했을 것이다. 예수님은 그러한 일들을 이루시고도 남음이 있을만한 놀라운 분이 아니던가? 하지만 그 기대들이 한순간에 무너져버렸을 때, 그가 더는 예수님을 따른다는 것은 무의미했을 것이다. 오히려 차라리 그것을 기회로 삼고 현세적 권력자들을 이용해 보는 것이 지혜롭다고 생각했을지도 모른다. 그처럼 치밀하고 계산적이었다면 유다는 지금까지의 예수님과의 관계의 내용보다는 자신과 이스라엘의 미래를 위한 구체적인 대안이 필요했는지도 모른다.

어쨌든 그는 어리석었지만 과감했다. 마태 역시 치밀하게도 "그가 열둘 중에 하나였다"는 사실을 강조해 보인다. 처참한 일이다. 제자가 스승을 배신하여 팔았다는 얘기는 고대나 현재나 참으로 처참한 이야기가 아닐 수 없다. 진리를 탐구하는 공동체에서 진리가 주목하게 하는 가장 중요한 덕목들을 잃어버리고 가장 세속적 성취를 위한 수단들이 그 자리를 대신해 버린 것이다.

◆ 한 무명 여인의 신앙 노선

반면 무명으로 소개되고 있는 이 여인은 신앙 노선이 달랐다. 그녀가 예수님을 따르는 것은 예수님으로부터 무엇인가를 얻고자 함은 아니었다. 예수님을 따르면서 그분과 함께할 때 누렸던 은혜의 대화였든, 풍성한 사귐이었든, 그 교통을 기꺼워했을 것이다. 그러나 그녀는 예수님의 그 마지막 장사를 예비하는 맥락에서, 그것도 사람들이 보기에 너무도 값진 것까지 다 내어주면서 따름의 길을 마감하고 있었다. 앞으로 더는 예수님과 만날 수 있는 시간적 여유마저 없다. 그날의 그 만남이 최후의 기회다. 그녀도 알고 있고, 예수님도 이것이 사실임을 선언해 주신다. 만일 유다의 관점에서라면, 예수님과의 마지막 자리에까지, 더구나 그것이 마지막 순간이어서 더 이상 기대할 것이 없다면 그분을 위해 값진 것까지 내어놓을 이유가 없다. 그것은 부질없는 일이며, 돌려받을 것 없는 손실일 뿐이다. 차라리 그를 넘겨버리고 은 30을 받는 것이 현실적이다.

그런데 이름도 없는 그녀는 오히려 그 마지막 자리까지, 자신이 가장 소중하게 여기는 것까지 모조리 다 내어 주님에게 드리고 있다. 가장 중요한 것을 위해 가장 중요하게 여겨온 것을 깨뜨려 놓는 것, 시종일관 그것이 그 여인의 신앙 노선이었다. 주님을 따른다는 것은 오히려 내 것을 내어 주님을 섬기고, 나의 소중한 것이라도 내어 주님의 길을 예비해 드리는 것이다. 이것은 제자였던 유다의 관점과 무척이나 다른 신앙 노선이다.

◆ 나의 신앙 노선

"예수님을 따른다", "예수님 제자의 길을 간다"라고 얘기할지 모르지만, 주님을 따르는 신앙 노선이 예수님을 통하여 소위 "한자리를 한다"든지, 주님의 이름을 빙자하여 자신의 유익을 예상하고 길을 가는 중이라면 그것은 유다의 길에 서 있는 셈이다.

설령 목사라 할지라도 예수님을 따르는 신앙 노선이 그 여인과 같지 않고 오히려 가룟 유다와 같을 수 있다. 예수 그리스도를 은 30에 팔아버리는 문자적 배반은 하지 않는다 할지라도, 나는 오늘 설교를 하면서도 예수 그리스도의 이름을 빙자하여 내 호구지책을 삼아버릴 수 있다. 예수 이름으로 설교하고 가르친다 하면서 그리고 언제나 예수님의 이름을 인용하면서 나의 유익을 계산하며 살아갈 수도 있다. 무엇보다도 예수님의 이름으로 '하나님 나라의 실제'에는 무관심 한 채, 청중을 기쁘게 하고자 기복신앙이나 번영신학을 설교하는 것은 십자가의 길을 가신 예수님을 배반하는 행위에 다름 아니다. 이렇게 되면 비참한 현실이 되고 만다. 그 옛적 '열두 사람 중의 한 사람'의 이야기처럼, 오늘날 '예수님을 따르는 목사'가 예수님을 파는 비참한 현실이 되고 마는 것이다.

그러나 우리가 누구이든지 간에 여인이 가졌던 신앙 노선을 가지고 있다면, 주님께 무엇인가를 얻을 기대를 하거나 또는 주께 속함으로 영광을 얻거나 어떤 찬사를 얻고자 하지 않을 것이다. 반대로 예수님이 친히 말씀해 주신 것처럼 오히려 예수님의 이름 때문에 핍박을 각오하고, 예수님이 선언하셨던 공의와 자유와 평화의 현실들을 추구하게 될 것이다. 그러하다 보니 사람들의 미움을 사고, 욕을 먹고, 핍박과 박해를 당하며, 오히려 자신의 인생을 그분을 위해 향유처럼 부어드리는 삶을 살게 될 것이다.

유월절 식사 - 최후의 만찬 (마 26:17-30)

드디어 유월절이다. 그것은 구원과 해방과 자유를 상징하는 이스라엘의 기억 속에 있는 가장 크고 중요한 구원 사건을 기념하는 절기다. 그것은 이스라엘 역사 속에 하나님 나라의 해방하는 실제가 가장 구체적으로 경험된 사건이었다.

마지막 순간이 다가온 것을 아시는 주님은 제자들과 함께 의미 있는 유월절 식탁을 나누고 싶어 하신다.

> 유월절 전에 예수께서 자기가 세상을 떠나 아버지께로 돌아가실 때가 이른 줄 아시고 세상에 있는 자기 사람들을 사랑하시되 끝까지 사랑하시니라(요 13:1).

> 때가 이르매 예수께서 사도들과 함께 앉으사 이르시되 내가 고난을 받기 전에 너희와 함께 이 유월절 먹기를 원하고 원하였노라(눅 22:14-15).

예수님의 이 식탁을 위해 객실을 마련할 사람이 예비되어 있다. 바로 "성 내의 '아무개'"가 있었던 것이다. 이 무명씨는 "선생님 말씀이 내 때가 가까왔으니 내 제자들과 함께 유월절을 네 집에서 지키겠다 하시더라"는 말씀만으로도 예수님을 위해서라면 자신의 영토를 내어줄 준비가 되어 있던 사람이었음이 틀림없다. 학자들의 주장과 같이 그곳은 마가의 집 다락이었던 것으로 보이는데, 큰 다락방이 있었던 것으로 보아 마가의 집은 당시 예루살렘 성내의 유력자였던 것은 확실해 보인다. 이처럼 예루살렘에도 예수님을 따르는 무명 성도들이 자리하고 있었던 것 같다. 이름만 대어도 다 알만한 사람이었을 것인데, 복음서의 기자들은 굳이 이 주인의 이름을 무명씨로 두고 있다(막 14:13-16; 눅 22:7-13 참조). 초대교회의 정서와 부합되는 일이 아니었을까? 중요한 점은 섬김으로 '이름을 내는' 행위가 아니라, 언제든지 주님과 그분의 나라를 위해서는 준비된 자세를 견지한 성도들이 '성내에 있다'는 주님의 확신이 아니겠는가? 자, 이제 유월절 만찬 식탁은 예비 되었다.

그런데 그 중요한 저녁식탁은 그리 밝고 유쾌한 자리가 되지 못했다. 예수님은 그 만찬 식탁에서 한 제자의 배신을 정색하고 예고하신다.

"너희 중에 한 사람이 나를 팔 것이다!"

이 무슨 청천벽력 같은 말씀인가? 권력자들이 예수님을 어찌해 보겠다는 것까지는 이해하겠지만, 어떻게 '우리 중의 하나가' 주님을 팔아넘긴다는 말인가? 주님이 지금 무슨 말씀을 하시는 것인가? 저분이 실없이 말씀하시는 분이 아니지 않은가?

근심된 제자들은 각각 주께 여쭙는다.

"주님, 접니까?"

"설마 저는 아니겠지요?"

그가 누구일지 알지 못해도 불편한 내용이요, 알아도 불편하기 그지없는 정보다. 하지만 제자들은 묻는다. 그것도 "도대체 그가 누구란 말입니까?"라는 질문 대신 "주님, 저입니까?"라는 '나(I) 중심적' 질문이다. 언제나 부정적인 일에는 '나'를 배제하고 '타인'에게 전가하는 듯한 질문과 답변을 좋아하는 우리와는 사뭇 다른 모습이다. 그것도 이 심각한 사안을 두고 말이다. 그들은 자신의 연약함에 집중하고 있다. '하나님의 섭리 속에서, 또는 나의 나됨 속에서, 나는 얼마든지 그런 악역에 함몰될 수 있다'는 자기 이해가 있었는지도 모른다. 주님은 그 질문에 대한 답변을 순순히 해 주신다.

"나와 함께 그릇에 손을 넣는 그가 나를 팔리라"(마 26:23).

그 시간 빵조각을 떼어 주님과 동시에 올리브유를 찍어 먹는 한 사람을 지목한 말씀이겠지만, 결국 주님과 '한솥밥 먹던 제자'가 배신할 것이라는 말씀이다. 예수님은 말씀을 이어가셨다.

"나야 기록된 대로 가겠지만, 나를 파는 사람에게는 화가 있겠구나. 어떻게 그런 결정을 내릴 수 있었을까? 차라리 이 세상에 나지 않았더라면 그에게 좋을 뻔했다."

감정을 배제한 마태의 딱딱한 문체 속에서 담담히 하시는 듯한 말씀이지만, '차라리 나지 않았더라면 좋을 뻔했다'는 강조 속에서는 그분의 애끓는 심정이 어쩔 수 없이 배어 나온다(그렇다고 해서 그가 '배반할 운명'을 가지고 태어났다는 결정론적 해석은 금물이다).

마침내 유다가 묻는다.

"주님, 접니까?"

유다는 무엇을 확인하고자 한 것일까? 일말의 반전이라도 기대한 것일까?

"그래, 네가 말한 대로다."

배반하여 자신을 파는 제자와 한 상에서 식사를 하는 스승의 마음은 얼마나 불편했을까? 그들 중에 한 사람이 스승을 배신하게 될 것이란 소식을 접하고, 누구일지, 심지어 자신이 그가 될지 알지 못하는 제자들의 마음은 얼마나 황당했을까? 또한 배반하는 제자에게 이처럼 잔인하고 불편한 시간이 있었을까?

이 불편한 순간에 예수님은 이제 식사를 시작하자 하신다. 아니, 이 '밥맛' 달아난 분위기에서 밥이 입에 들어갈까? 가시방석 같은 자리에서 돌을 씹는 듯한 식사자리가 되고 말았지 않는가? 그래도 예수님은 식탁의 주인으로서, 정색하고 떡과 잔을 들어 축사하시고 제자들에게 제공하신다.

"받아먹어라. 이것이 내 몸이다. 이것을 마셔라. 이것은 죄사함을 얻게 하려고 많은 사람을 위하여 흘리는 바 나의 피 곧 언약의 피다."

슬퍼도 먹어라. 불편해도 식사를 해라. 당장 배신의 자리로 달려갈 '그대도' 마지막 식탁을 나와 함께하라. 이 떡은 그대들의 생명을 위해 부서뜨리는 내 몸(살)이요, 이 잔은 그대들의 자유를 위해 흘리는 내 피라. 그것이 언약의 피인 이유는, 이 떡과 잔을 대하는 이들과 내가 언약으로 맺어질 신비한 연합 때문이다. 이 떡과 잔에서 얻는 내 살과 피는 그대들을 형성하는 살과 피가 될 것이며, 그대들 안에서 '살려주는 생명'으로 살아 역사 할 것이다. 그러함으로 나는 그대들과 생명의 연합으로 존재하게 되는 것이다.

이윽고 그들은 식사를 마친다. 그리고는 함께 찬양을 흥얼거리면서 감람산으로 향한다. 첫 성찬은 이렇게 막을 내린다.

배반의 예고 (마 26:31-35)

3년간 동고동락해 온 '한솥밥' 먹고 지내온 형제들이 결국 자신을 모른 체하고 흩어져버릴 것을 아신 주님의 마음은 참담했을 것 같다. 하지만 주님은 그러한 연약한 인생의 어떠함을 헤아리신 듯 담담하게 제자들에게 그들의 배반을 예고하신다.

하지만 누가 들어도 그것은 눈살을 찌푸리게 하는 이야기다. 의리도 없는가? 제 목숨 부지하려 "그리스도시요, 하나님의 아들이시다"라고 고백하고 따랐던 주님을 일순간에 부인하고 도망쳐버린단 말인가? 제자들 역시 예수님의 예고에 펄쩍 뛴다. 특히 수제자 베드로는 설령 다른 제자들 모두가 주님을 버린다 해도 자신만은 동일한 범주에 들지 않겠다고 맹세한다. 나아가 "내가 주와 함께 죽을지언정 주를 부인하지 않겠습니다"라고 하면서 동료 제자들의 동의까지 구해 낸다.

여기서 베드로와 제자들을 의심할 필요는 없다. 단순히 '입바른 소리'가 아니었을 테니 말이다. 그들은 진심으로 예수님을 사랑했고, 예수님을 위해서라면 목숨이라도 기꺼이 내어 드릴 마음의 자세가 되어 있었다. 예수님은 그들의 마음에 분명한 원함이 있음을 인정해 주셨고(마 26:41), 또한 베드로는 실제로 죽음이라도 불사하듯 검을 빼들면서까지 저항하지 않았던가?(마 26:51)

예수님의 예고에 따르면 세 번의 기회가 주어질 모양이다. 새벽이 오기 전에 적어도 세 차례에 걸쳐 주님을 인정하거나 부인하게 될 여지가 찾아올 것이다.

'설사 처음 무심결에 주님을 부인한다 할지라도, 적어도 세 번의 시험이라면 응당 기억하고 반격할 기회가 있지 않겠는가?'

하지만 슬프게도 일은 그렇게 생각대로 진행되지 않는다. 정말 예기치 않은 순간에 그리고 무심결에, 아니 위기는 바로 문지방 아래에 도사리고 있었다. 그것은 그날의 제자들에게뿐만 아니라 오늘 우리에게도 반향되어 오는 예고다. 그것은 단순히 십자가를 앞두고 제자들에게 경고하셨던 2천여 년 전의 역사적 진술만이 아니다. 그것은 우리의 현실에도 여지없이 임해 온다.

오늘 밤에 너희가 다 나를 버리리라(마 26:31).

우리네 현실은 주님과의 관계를 부인하고야 마는 더 많은 장애요소를 가지고 있지 않은가? 그래도 우리의 내면에서는 그날 베드로의 중심이 솟아 나온다.

"예수님, 무슨 섭섭한 말씀을 그렇게 하십니까? 다른 사람은 몰라도 저는 결코 주님을 부인하지 않을 겁니다. 설사 죽음이 나를 막아선다 할지라도 말입니다!"

용기는 가상하다. 하지만 자신에 대해 그렇게 자만하지 마라! 자아라는 놈은 그렇게 순순한 존재가 아니다. 다음에 나오는 결과가 말해 주듯, 나라는 존재는 심지어 "주님을 위해 한 시간도 깨어 있기조차 못하는 곤하고 연약한 존재"다(마 26:43).

겟세마네의 기도 (마 26:36-46)

그랬다. 그 약함은 비단 제자들만의 것이 아니라, 철저히 참사람이셨던 예수님에게도 마찬가지였다. 그분은 남은 제자들을 한곳에 머물러 둔 뒤, 예의 그 세 제자를 데리고 기도의 자리로 나아가신다. 마태는 그 길에 예수님이 매우 "슬퍼하고 고민하셨다"고 보고한다. 예수님은 세 제자를 향하여 자신의 심정을 솔직하게 표현까지 하시며 동행을 부탁하신다.

> 내 마음이 심히 고민하여 죽게 되었으니 너희는 여기 머물러 나와 함께 깨어 있으라(마 26:38).

그 말씀을 마치시고 예수님은 기도의 시간을 가진다. 그분의 기도하는 모습은 그 슬픔과 고뇌를 반영하는 듯하다. '얼굴을 땅에 대고 엎드려' 간구하신다.

> 내 아버지여 만일 할 만하시거든 이 잔을 내게서 지나가게 하옵소서 그러나 나의 원대로 마시옵고 아버지의 원대로 하옵소서(마 26:39).

자신이 그 고난의 잔을 받음으로 아버지의 뜻이 궁극적으로 이루어지기를 원하는 마음이지만, 할 수만 있다면 이 죽음의 잔을 피하고 싶으시다. 누가는 이 순간을 보다 세부적으로 묘사했다.

> 예수께서 힘쓰고 애써 더욱 간절히 기도하시니 땀이 땅에 떨어지는 핏방울같이 되더라(눅 22:44).

이토록 간절히 기도하던 예수님은 기도를 마치고 제자들에게 돌아오신다. 하지만 제자들은 곤하여 잠에 떨어져 있다. 스승이 부당하게 권력자들에 의해 죽임을 당하게 된 상황에서도 그와 연대할 줄 모르는 무심한 군상들의 모습이다. 예수님은 그 모습을 보고 아쉬운 마음을 감추지 않으신다.

"너희가 나와 함께 한 시 동안도 이렇게 깨어 있을 수 없더냐"(마 26:40).

'죽겠다'고 할 만큼 슬프고 고민하던 예수님은 그 고통의 순간에 제자들이 가까이에서 동행해 주기를 기대하신다. 이해와 공감과 연대를 기대하신다. 그리고는 땀방울이 핏방울이 되도록 애간장이 녹는 기도를 반복하신다. 그런데 그 고뇌의 순간에 제자들은 잠에 빠져있다. 아무도 그 사정을 헤아려드리지 못한 것이다. 하늘 아버지의 지속적인 침묵과 임박해 있는 십자가의 죽음 앞에서, 예수님은 무척이나 외롭고 고뇌의 찬 밤을 맞고 계신다.

하지만 그러한 아쉬움을 곧 제자들에 관한 염려와 이해로 대체하신다. 마음으로는 간절히 원함에도, 그렇게 행하지 못하는 제자들의 현실에 공감해 주신다.

> 시험에 들지 않게 깨어 기도하라. 마음에는 원이로되 육신이 약하도다(마 26:41).

그들의 눈이 피곤함일러라(마 26:43).

이제는 자고 쉬라(마 26:45).

　예수님은 그들이 진심으로 주님을 위해 주님 곁에 서고 싶어 함을 알아주신다. 동시에 그들의 약함도 헤아려 주신다. 하지만 이처럼 부드럽게 그들의 약함을 헤아려 주시고 이해해 주시는 분의 음성을 들었을 때, 제자들의 민망함은 얼마나 컸을까? 그토록 번민하고 슬퍼하며 간절히 기도하시던 예수님을 위해 한시도 깨어있지 못했던 자신들에게 "이제 됐다. 한숨 자고 쉬어라"는 말씀은 평생 잊을 수 없이 송구한 말씀이 되었을 것이다.

　그런데 하나님이 철저히 침묵하신다. 그것이 바로 예수님이 이 동일한 기도를 세 번이나 반복하신 이유였던 것으로 보인다. 그는 땀이 피 방울같이 떨어지도록 간절한 기도를 드리신 것으로 보인다. 그리고 잠들어 있는 제자들을 경계하시고도 다시 기도를 마치고 돌아와 보면 벌써 제자들이 잠들어 있을 만큼 충분하고도 깊은 기도를 드리셨던 것으로 보인다. 하지만 세례 시에 들려오던 하늘의 음성이나(마 3:17), 변화산상에서 울려오던 하나님의 음성은 없었다(17:5). 예수님의 이 기도는 결국 문자적으로 응답되지 않은 기도가 되어버렸고, 하나님은 침묵 속에서 그 뜻을 지속하시고, 예수님은 그 뜻에 순응해 가고 계셨다.

　이것이 고뇌하는 한 인간이 경험하는 실제하는 기도경험이다. 예수님도 이러한 하나님의 침묵 속에서 고뇌의 시간을 가지셨다는 것이 우리에게 위로다. 그것이 죽음을 앞둔 한 인간의 고뇌에 찬 처절한 기도였음에도, 심지어 하나님 아들의 의로운 죽음 앞에서도 응답받지 못하였다는 것은, 오늘날 우리가 고난 중에서 드리는 기도에 대한 응답에서 많은 것들을 말씀하고 있는 것으로 보인다.

　이제 기도할 시간은 지났다. 시험에 대비할 수 있는 시간은 끝났다. 언제나 내 맘대로 무언가를 정돈되게 할 수 있는 것이 아니다. 벌써 군사들이 들이닥치지 않는가?

체포의 순간 (마 26:47-56)

아직 동산은 어둡다. 갑자기 무리의 발소리가 커지면서 횃불들이 움직인다(요 18:3). 앞서 걸어오는 이의 얼굴이 익다. 함께 있었던 유다이다. 아직도 사태파악을 못 하고 있는 이들도 있을 것이다.

'아니 저 친구가 왜 저기에 있나? 또 함께 온 군대는 뭐람?'

유다는 예수님에게 성큼성큼 다가와 아무 일도 없다는 듯, 친밀한 관계에서 으레 그러하듯 볼을 마주 비비며 인사를 나눈다.

"선생님, 안녕하십니까?"

참, 민망한 문안이다. 평안을 묻는 인사를 곁에 두고, 그를 죽이려는 자들에게 스승을 넘겨주고 있는 이 '시츄에이션'을 어떻게 설명해야 하는가? 배신의 자리는 그런 것이다. 대화는 여전히 어색하기만 하다.

"친구여, 그대가 하고자 하는 일을 행하시게."

이때를 기다려 오신 예수님은 담담히 그를 맞이하신다. 달리 표현하면 이렇다.

'이 친구야, 내 앞에서 무얼 그리 감추려 드나? 그대의 의도를 다 알고 있다네.'

겉보기엔 평온한 움직임들이 이어지는 것 같지만, 긴장이 흐른다. 호흡들이 거칠어진다. 그때 군인들이 거칠게 예수님에게 달려든다. 순식간에 예수님은 군인들의 손에 체포되고 만다. 갇힌 자에게 놓임과 해방을 선포하러 오신 이가 이제 붙잡힌 신세가 되고 말았다. '함께 있던 자 중에 하나'가 잽싸게 칼을 빼어 휘두른다. 요한의 보고를 따르면 그는 베드로다(요 18:10). 그는 예수님을 붙잡는 남자의 머리를 노렸음이 틀림없다. 어두운 밤, 그들의 잽싼 움직임에 칼날은 다행히 정수리를 비켜 귀를 날려버렸다. 누가는 예수님이 그 귀를 만져 낫게 하셨다고 적고 있다(눅 22:51). 섬뜩한 칼부림은 계속될 수도 있었지만, 예수님이 서둘러 이를 정리하신다.

> 네 칼을 도로 칼집에 꽂으라 칼을 가지는 자는 다 칼로 망하느니라(마 26:52).

베드로는 자신의 격정과 주님을 위한 열심으로 칼을 휘둘렀지만, 그가 정작 오해하고 있는 바가 있었다. 그것은 근본적으로 '예수님의 해법'이 아니었다. 그것이 해법이었다면 그분은 지금 당장에라도 열두 개의 군단(legion)도 더 되는 천사들을 동원해서라도 해결할 수 있다는 사실을 상기시키신다. 나아가 예수님은 무기를 손에 들고 물리적으로 일을 처리하려 하는 병사들에게도 "너희가 강도를 잡는 것같이 검과 몽치를 가지고 나를 잡으러 나왔느냐?"라며 나무라신다. '평화의 왕'(Prince of peace)을 위한다는 명목으로 싸움과 무기를 들 수는 없다. 그것은 길이 아니다.

마태나 초대교회의 해석이 담긴 표현이겠지만, 예수님은 자신의 행적이 선지자들의 글에 대한 성취임을 분명히 하신다. 사안이 다급해 보인다고 해서 물리적으로 사건을 해결할 일이 아니다. 적어도 예수님 사건은 "이런 일이 있으리라 한 성경"이 이루어져야 하는 계시적이고도 우주적인 사건이다. 예수님은 그 밤에 기도했던 대로 '아버지의 주신 잔'을 기꺼이 받고 계셨다(요 18:10). 애석하지만 예수님은 순순히 그렇게 붙들려 가신다. 제자들은 어떻게 되었는가?

> 이에 제자들이 다 예수를 버리고 도망하니라(마 26:56).

가야바의 뜰에서 (마 26:57-68)

> 예수께서 침묵하시거늘 대제사장이 이르되 내가 너로 살아 계신 하나님께 맹세하게 하노니 네가 하나님의 아들 그리스도인지 우리에게 말하라 예수께서 이르시되 네가 말하였느니라 그러나 내가 너희에게 이르노니 이후에 인자가 권능의 우편에 앉아 있는 것과 하늘 구름을 타고 오는 것을 너희가 보리라 하시니 이에 대제사장이 자기 옷을 찢으며 이르되 그가 신성 모독 하는 말을 하였으니 어찌 더 증인을 요구하리요 보라 너희가 지금 이 신성 모독 하는 말을 들었도다 너희 생각은 어떠하냐 대답하여 이르되 그는 사형에 해당하니라 하고(마 26:63-66).

대제사장의 심문에서 핵심적인 질문은 그가 '그'인가, 곧 '하나님의 아들 메시아'인가 하는 것이다. 예수님은 단호히 말씀하신다.

"그대가 말하였소!"

그리고 결정적인 한 마디를 첨언하신다.

"인자가 권능의 우편에 앉은 것과 하늘 구름을 타고 오는 것을 그대가 볼 것이오!"

대제사장은 옷을 찢으며 극한 반응을 보인다. 인정할 수 없음을 넘어, 신성모독적 발언이라는 것이다. 왜 그런가? 지금 자신이 심문하여 처형하고자 하는 자가 바로 다니엘이 예언한 '그 인자'라는 것이 아닌가?

> 내가 또 밤 이상 중에 보았는데 인자 같은 이가 하늘 구름을 타고 와서 옛적부터 항상 계신 자에게 나아와 그 앞에 인도되매 그에게 권세와 영광과 나라를 주고 모든 백성과 나라들과 각 방언하는 자로 그를 섬기게 하였으니 그 권세는 영원한 권세라 옮기지 아니할 것이요 그 나라는 폐하지 아니할 것이니라

(단 7:13-14).

"구름을 타고 온다"는 표현은 근본적으로 "하나님이 임해 오신다"는 사실을 성경이 설명하는 방식이다(사 19:1 참고). 예수님은 이미 제자들에게 자신이 하나님의 영광으로 임할 것을 예고한 바가 있다.

"그 때에 인자의 징조가 하늘에서 보이겠고 그 때에 땅의 모든 족속들이 통곡하며 그들이 인자가 구름을 타고 능력과 큰 영광으로 오는 것을 보리라"(마 24:30).

사도 요한은 훗날 이 말씀을 반향하며 예수님의 재림을 상기시킨다.

"볼지어다 구름을 타고 오시리라 각인의 눈이 그를 보겠고 그를 찌른 자들도 볼 터이요 땅에 있는 모든 족속이 그를 인하여 애곡하리니 그러하리라 아멘"(계 1:7).

그렇게 되면 모든 산통이 다 깨지는 것이다. 하나님의 아들이 도래하여, 모든 그릇된 것들을 전복시키고 모든 것을 바로잡으시는 심판이 있을 것이다! 하지만 스스로 통치자로 군림하던 자들은 이를 받아들일 수 없다. 간단히 그의 입을 막거나 그를 제거해 버림으로써 후환을 막고 손쉽게 자신들의 입지를 고수하려 한다.

신약성경 이후로 과거 기독교 역사는 소위 진리의 이름으로 숱한 과오를 저질러 왔다. 때론 거짓 신앙이 진리를 대체하고, 권력화된 교권은 하나님의 이름으로 착취와 억압, 살인을 일삼곤 했다. 재판석에 앉은 이들이 곧 하나님이었고, 그들의 결정이 곧 하나님의 뜻이 되곤 했다. 심지어 종교 개혁자들마저 반대파나 그들의 신학에 맞지 않는 이들에 대한 박해에서 벗어나지 못했다.

그날도 권력자들은 하나님의 이름으로 메시아에게 이단과 신성모독으로 정죄하며 사형선고를 내리고 있다. 치졸한 종교재판의 원조격이다. 하나님 앞에 겸비하게 서서 하나님의 말씀에 비추어 세상을 판단해야 할 하나님의 일꾼된 자들이, 자신의 본분도 잊고, 기준도, 안목도 잃은 채, 하나님의 아들을 욕보이고 있다. 자유자이신 분을 결박하여 끌고 나와서, 진리이신 분에게 거짓 증거로 억압하고, 말씀이신 분에게 침묵을 부과하고, 영화로우신 분의 얼굴에 침 뱉고 주먹으로 치며 모욕을 하고, 모든 것을 다 아시는 분에게 선지자 노릇을 강요하며 욕보인다. 진정한 심판자를 그들은 심문하기까지 한 것이다.

그들은 자신들이 '하나님을 위하여' 하는 것으로 믿고 행한다. 바리새파 사람이었던 바울도 예수님을 만나기 전까지 그러했다. 하나님을 향한 종교적 열심을 가지고 예수 믿는 신자들을 옥에 가두고 심지어 죽이기까지 하였다. 오늘날도 진리라는 이름으로, 하나님을 빙자하여, 여전히 종교 폭력을 행사하는 이들이 있다. 나아가 그날의 종교인들처럼 지금도 우리는 종종 예수님을 피고석에 앉히고 있다. 일이 잘 안 풀리거나, 문제가 발생할 때, 우리는 종종 예수님을 '나의 산헤드린' 앞으로 포박해 내어 가차 없이 심문한다.

"당신이 잘못했소! 당신은 내 문제의 이면에서 내 뜻대로 일해 주었어야 했소!"

어느새 그것은 예수님 탓이 되고 만다. 심지어 우리는 예수님 앞에서 가장 겸손해야 할 기도의 자리에서까지도 종종 예수님을 심문하는 기회로 삼는다.

"주님이 저들을 구해주어야 하지 않습니까? 저들의 고통을 모르신단 말입니까?"

수제자의 부인 (否認, 마 26:69-75)

참 서글픈 장면이 아닐 수 없다. "내가 주와 함께 죽을지언정 주를 부인하지 않겠나이다"(마 26:35)라고 장담했던 그가, 결국 예수님의 예고처럼 닭 울기 전에 세 번이나 부인하고 만다. 다른 제자들이 뿔뿔이 흩어져 가버린 그 밤, 베드로는 주님의 일이 궁금하여 "멀찍이 예수님을 좇아 대제사장의 집 뜰에까지 가서 그 결국을 보려고 안에 들어가 하속들과 함께 앉아" 있다. 앞서 체포되는 주님을 보호하기 위해 칼까지 뽑았던 그는, 어쩌면 가야바의 뜰에서도 주님을 위해 무언가를 해야 할 것으로 생각했을지도 모른다.

그곳에서 대제사장들과 온 산헤드린이 모여 재판을 벌이고 있다. 그것도 예수를 죽일 계획을 세우고 거짓증거까지 찾아가면서 말이다. 이미 재판은 공정을 기대하기 어려운 상황에 처해버렸고, 이제 흐름은 어찌하든지 예수님을 죽이는 수순으로 치닫고 있다. 정의니 공정이니 하는 개념은 이미 상실되어 없고, 거기에는 예수님과 그 일당에 대한 살기만 등등해 있다.

거기에서 예수님은 한갓 무기력한 죄수와 같아 보인다. 그들의 거짓 증거에도 아무런 저항도 보이지 않으실 뿐 아니라, "이 후에 인자가 권능의 우편에 앉은 것과 하늘 구름을 타고 오는 것을 너희가 보리라"는 생경한 말씀만 더하실 뿐이다. 가뜩이나 구실을 찾던 그들에게, 이 말은 신성모독적 발언으로 접수된다. 대제사장은 예수님을 죽이기 위해 더 이상의 증거가 필요 없음을 공표하고, 사람들은 단박에 소리 높여 그의 사형을 요구하는 상황이 되어버리고 만다. 게다가 사람들은 폭도들이 되어 저마다 예수님에게 달려들어 그의 얼굴에 침 뱉으며, 주먹으로 치고, 혹은 손바닥으로 때리면서, "메시아야! 우리에게 선지자 노릇을 해 보라. 너를 친 자가 누구냐?"며 기롱하기 시작한다. 지켜보기에는 미칠 지경이지만, 여기에서 주님을 위해 무언가를 한다는 것은 당장 죽음을 자초하는 길이다. 당황한 베드로에게는 두려움만 더욱 엄습해 올 뿐이다. 그는 바깥 뜰로 살짝 몸을 빼 나올 수밖에 없다.

그때, 한 여인이 그를 알아본다.

"당신도 갈릴리 사람 예수와 함께 있었던 사람이 맞군요!"

앗! 황급해진 베드로는 사람들이 손을 쓰기 전에 서둘러 그 사실을 부인한다.

"당신이 무얼 말하는지 모르겠군요!"

얼른 자리를 떠나 앞문으로 걸어 나오니 또 다른 여인이 그를 알아보고 주변 사람들에게 말한다.

"이 사람도 나사렛 예수와 함께 있었던 사람이에요!"

도대체 어떻게 된 일인가? 갈릴리 사람 베드로를 예루살렘 여인들이 어떻게 알아본다는 말인가? 그의 용모가 특이했을까? 예수님 곁에서 동행하던 베드로를 어떤 사람들은 유심히 보아두었던 모양이다.

그는 또 부인하며 심지어 맹세한다.

"나는 그 사람을 알지 못합니다!"

일은 그렇게 마감되지 않는다. 잠시 후 이를 지켜보던 곁에 있던 사람들이 함께 나와서 빼도 박도 못할 말로 접근해 온다.

"그 도당이 맞구먼 그래. 당신의 말투가 벌써 당신이 그 패거리인 것을 말해주고 있지 않소?"

그렇다. 그는 변방 갈릴리 사람이다. 그가 입을 열 때마다 그의 갈릴리 방언과 억양은 '나는 갈릴리 사람이오'라고 선포한다. 그는 시골에서 물고기를 낚으며 살던 사람이다. 어떻게 이 대도시에서 그 '촌티'를 내지 않을 수 있겠는가? 그는 어떻게든 그 상황을 면하고 싶다. 결국 그는 예수님을 저주하며 맹세하기 시작한다.

"단연코 나는 그 사람을 모르오!"

그 말투부터가 억센 갈릴리 사투리다! 부인하며 맹세하는 음성 자체가 역설적으로 말한다.

'난 그의 사람이오!'

아뿔싸! 바로 이때 닭이 운다. 예수님이 예고하시던 바로 그 새벽닭이 울었다. 그 혼돈의 긴 밤이 다 지났다. 간밤에 예수님과 함께했던 그 기괴한 만찬의 시간, 제자들의 배반을 예고하시며 새벽 닭 울기 전에 그가 세 번이나 부인하리라던 주님의 음성, 근심 중에 겟세마네 동산에 가서 기도

하다 잠들어 주님께 민망했던 일 그리고 예수님을 체포하러 온 병사들에 맞서 목숨 걸고 칼을 뽑았던 일, 하지만 잡혀가시는 주님을 뒤로하고 혼비백산 도망하여 그 잡혀가시는 길에 몰래 뒤따라 왔던 일들이 주마등처럼 스쳐 간다.

그랬다. 자신도 어쩔 수 없는 소인배였다. 적어도 주님과 함께 있을 때는 주님을 위해 모든 것을 걸었다고 생각했다. 아니, 주님의 말씀을 듣고, 그분의 일꾼이 되어 섬기며, 함께 걷고 함께 평화의 날들을 걸어올 때는 주님께 전심인 줄 알았다. 그래서 주님이 "네가 나를 부인하리라"고 예고하실 때에도 펄쩍 뛸 수밖에 없었고, "남들은 다 주를 버릴지라도 저만큼은 아닙니다"라고 장담을 했던 자신이다. "주와 함께 죽을지언정 주를 부인하지 않겠습니다"라는 마음은 진심이었다. 그런데 이렇게 허무하게 주님을 심지어 '저주하면서까지' 부인하고 말았다니, 처참하기 이를 데 없었다.

그렇다. 예배의 뜨거운 열기 속에 있을 때, 골방에서 기도가 깊어질 때, 우리는 주님을 위해서는 무엇이든 하겠다고 다짐하며 장담한다. 남들은 몰라도 나만큼은 주님을 위해 목숨이라도 드리겠노라고 맹세한다. 그러하고도 우리는 일상으로 돌아와 가차 없이 주님을 부인하고 만다.

겁쟁이…. 예수님의 수제자가 그 스승을 부인해 버리다니…. 대제사장 가야바의 뜰은 그 수제자의 부인 장소가 되고 말았다. 권력자들에 대한 두려움, 박해와 죽음에 대한 공포, 주님에 대한 회의, 자신에 대한 불확실성…. 가장 종교적인 사람의 처소가 가장 비종교적 행패와 폭력과 부인과 능멸이 자행되는 수치의 장소가 되고 말았다. 그곳은 오늘날 제자인 나의 부인 현장이기도 하다. 수많은 것들로 두려워하는 오늘 우리는 평안의 시기가 지나면, 금방 공포에 사로잡혀 버린다. 위기의 때, 우리는 주님을 가볍게 부인해 버리고 그 위기를 탈출하는 제자가 되고 만다. 그리고는 물러나 하릴없는 눈물을 뿌린다. 오늘도 닭의 울음소리가 가까운지도 모른다. 내 통곡의 새벽이 서서히 밝아오고 있는지도 모른다.

갈릴리로 오라

Come to Galilee

제 27 장
운명의 날, 다 이루었다

유다의 후회 (마 27:1-10)

　새벽부터 대제사장과 장로들은 재판도 하기 전에 이미 사형을 확정하고 있다. 이제 그들에게 필요한 것은 로마 권력자로부터 '형식적 사형선고'를 이끌어 내는 일이다.
　유다는 일이 이상하게 진행되는 것을 감지했다. 그는 예수님이 사형에 처해질 것을 깨닫자, 이 일에 빌미를 제공한 자신의 행동에 대해 '스스로 뉘우쳤다.' 일반적인 오해와 달리 성경은 그가 회심하였음을 분명하게 기록하고 있다. 그의 판단은 분명했다.
　'그분은 무죄한 분이다. 사형과는 무관한 분이다. 그러한 분을 저 간사한 자들에게 넘겨주었다니 나는 분명 그분께 돌이킬 수 없는 죄를 짓고 말았다.'
　그는 지체하지 않는다. 자신이 한 행동이 어떻게 권세자들에 의해 이용되고 있는지 금방 간파하였다. 스승대신 희망을 걸었던 이들에게 보란 듯이 배신을 당했다. 이제 그는 그 사실에 대해 자신이 어떤 책임이 있는지를 깨달았을 뿐 아니라, 그 일을 원상복구 하고자 한다. 그는 받은 돈을 그대로 들고 대제사장들과 장로들에게 반환하며 계약파기를 요구한다.
　"거래는 무효다. 그분을 돌려 달라!"
　하지만 그들은 만만한 자들이 아니다.

"그것이 우리와 무슨 상관이란 말인가? 그 일에 관해서라면 네가 책임 져라!"

백성의 분란을 피하면서 예수님을 조용히 잡아 죽일 방도를 찾던 이들에게 한 제자의 은밀한 배신은 그들이 기대하지 않았던 너무도 좋은 기회를 제공해 주었다. 그런데 그것을 도로 물려줄 것을 기대하는 것은 순진하다. 그들의 악한 본성을 참작해 볼 때, 오히려 유다는 처음부터 그들의 악의에 희생자였던 셈이다. 그들은 사실이나 진실에는 관심이 없다. 유일한 목적인 거추장스러운 존재를 제거할 수 있다면 유다의 양심선언이나 원상복구 요구는 그들이 알 바 아니었다. 심지어 그것이 유다에게 죄를 덮어씌우는 일이 될지라도, 그 역시 그들이 상관할 바도 아니다. 필요하다면 그가 알아서 죄책을 받으면 될 일이다.

유다는 주저하지 않고 손에 들린 그 애매한 돈을 성전에 내던져버린다. 그것은 사실 그가 원하던 것도, 필요로 한 것도 아니었던 것으로 보인다. 이 행동은 그 순간 유다의 중심이 어떠한지를 분명히 보여주는 그림이다. 그것이야말로 정확히 회개의 방식이다. 그는 성소에서 나온 돈을 격식도 포기한 채 내동댕이쳐 넣는다. 상환한 것이다. 일방적이긴 하지만 계약은 파기되었다. 이제 주님을 돌려 달라! 하지만 무엇이 바뀔 것인가? 그 권력자들이 휘두르는 무자비한 폭력 앞에서 그가 할 수 있는 일은 없다. 주님을 되찾아 올 수도, 대화를 이끌어 원 계약을 파기할 수도 없다. 스스로 떨쳐 일어나 그들과 전투를 벌일 수도 없다. 함께 호소할 동료들도 흩어져버리고 없다. 그가 할 수 있는 일이란 정말 아무것도 없다.

마침내 그는 스스로 목숨을 끊어버리는 극단의 선택을 하고 만다. 그는 그 배신의 잔, 수치의 잔을 들이킨 자신의 행동에 대한 책임을 그런 식으로라도 져야 한다고 생각한 것 같다. 생명을 무엇으로 보상한다는 말인가? 하지만 좀 더 인내하며 그 배신의 결과를 주님께 맡겨 둘 수는 없었을까? 결과론적이지만, 그도 베드로와 같이 회개하고 주님에게 회복될 수도 있지 않았겠는가 말이다.

로마의 심문 : 사형선고 (마 27:11-26)

마침내 예수님이 로마 총독 앞에서 심문을 받으신다. 예수님은 '유대인의 왕'인지를 묻는 총독 빌라도의 질문 외에는 아무 말도 대답하지 않으신다. 그를 죽이려 거짓으로 증언하고 있는 야비한 대제사장들과 장로들의 고소에도 아무런 반응을 보이지 않으신다. 십자가 사건의 한 복판에서 '말씀'이신 분이 침묵하고 계신다. 하나님 편에서 가장 공평한 역할을 해야 할 그들이 가장 치졸한 악역을 자처하고 있다는 사실이 예수님으로 할 말을 잃게 하는지도 모른다. 어쩌면 그들 역시 마치 가룟 유다가 그랬던 것처럼 이 구원드라마의 한 단역배우로서 역할을 하고 있는지도 모른다. 그들 역시 아무런 판단도 하지 못한 채 그런 자리에서 그런 역할을 하게 되었다는 사실을 예수님도 비극으로 인식하고 계시는지 모른다.

빌라도는 예수님이 무고히 고소를 당하고 있다는 사실을 알고 있다(마 27:19). 그는 예수님이 유대 종교지도자들의 시기를 받고 있음을 알았고, 따라서 할 수만 있으면 무죄한 그를 석방해 주고 싶어 한다. 게다가 불길한 꿈을 꾸었다는 아내가 예수에게 해를 끼치는 판결을 하지 말도록 사람까지 보내 조언을 하지 않았던가? 그래서 그는 명절(유월절)을 맞아 죄수 하나를 풀어주는 유대인들의 관습도 존중해 줄 겸, 내심 예수님도 석방할 겸 백성에게 바라바와 예수 중 하나를 선택할 기회를 제공한다.

하지만 종교지도자들은 군중을 선동하여 바라바를 선택하도록 한다. 선동정치가 따로 없다. 이에 빌라도는 놀라는 것 같다. 아무리 보아도 포악한 정치범 바라바와 백성의 칭송을 받는 종교지도자인 예수 사이에 군중은 당연히 예수님을 선택하리라 여겼다. 하지만, 종교지도자들의 선동에 넘어간 군중의 입에서는 "예수를 십자가에 못 박으라"는 거친 함성만 높아 간다. 그는 한 번 더 군중에게 어필하며 기회를 얻는다.

"도대체 어떻게 된 영문인가? 그에게 무슨 죄가 있다는 것인가?"

이것이 바로 상식의 목소리이다. 하지만 종교적 선동이 사안을 주동하면 건전한 상식은 금방 힘을 상실하게 된다. 그리고는 거침없는 폭력이 종교적 열심과 의로 가장을 하여 희생자에게 가해진다. 무서운 결과가 뒤를 잇는다.

사람들은 그 말이 뇌리에 입력된 이들처럼 더욱 소리를 높여 외치기 시작한다.

"십자가에 못 박으라!"

소용이 없다. 조금 더 나간다면 심지어 큰 민란이 날 기세다. 빌라도는 이쯤에서 손을 빼기로 작정한다.

"좋소. 이 사람의 피에 대하여 나는 무죄하니 당신들이 책임을 지시오!"

빌라도는 예수의 생명에 대한 책임에서 벗어나고 싶었다. 그 지역의 통치자로서 그는 할 수만 있으면 이 일로 인해 불필요한 소란을 겪고 싶지 않았다. 놀랍게도 유대인들은 "그 피를 우리와 우리 자손에게 돌리시오!"라고 답한다. 이 피 흘림에 대한 책임과 그 대가를 기꺼이 자신들뿐 아니라 자녀 대에까지 돌려도 좋다는 뜻이다. 그만큼 그들은 예수님을 처형하는 것이 하나님을 위한 정당한 행위라고 생각하는 모양이다. 무서운 일이 아닐 수 없다.

이 갈림길에서 바라바는 자유를 얻게 되고, 예수님은 십자가에 넘겨지고 만다. 빌라도에 관해서는 그 다음을 말하지 않아도 잘 안다. 이 일로 본디오 빌라도라는 이름은 세대에 세대를 거쳐 유명세를 얻게 되었다. '사도들의 고백'(사도신경)을 암송하는 모든 신자의 입에서 예수님을 십자가에 못 박게 내어준 자로 악명 높게 인용되고 있기 때문이다.

모욕과 십자가 처형 (마 27:27-44)

예수님이 십자가에 못 박히신 사건이 너무도 건조하고 담담하게 기술되어 있다. 마치 의도적으로 감정은 배제한 채 사건의 사실(fact)만 기술하고 있는 신문기사와 같은 분위기다. 주변인들이 예수님을 향하여 어떻게 움직이고 있는지에 관한 그림은 비교적 상세하지만, 그때 예수님이 어떤 느낌이실지에 대해서는 온통 독자의 공감력과 상상력에 맡겨 두었다.

사람들은 모욕과 희롱을 예사로이 하고 있다. '유대인의 왕'이라는, 조롱 목적으로 붙인 별명에 걸맞게 왕의 옷을 상징하는 홍포를 입히고, 면류관을 상징하는 가시관을 머리에 씌웠다. 왕의 홀을 상징하는 갈대를 오른손에 들리고, 그 앞에서 무릎을 꿇고 왕을 알현할 때 하는 예를 표하며 왕과 신하놀이를 즐기고 있다. 그리고는 곧장 예수님의 면상에 침을 뱉고, 갈대를 빼앗아 예수님의 머리를 때린다. 입혔던 홍포를 도로 벗겨, 그 벗겨진 모습을 드러내며 그가 '결코 왕이 아니라'는 사실을 분명히 한다. 그리고는 십자가에 처형하기 위해 짐승처럼 끌고 나간다. 예수님은 아무런 말씀도, 아무런 반항도 없이 그 모욕과 희롱과 구타를 그대로 감내하신다. '털 깎는 자 앞에 선 어린양'(사 53:7)의 그림 그대로다.

예수님에 대한 모욕은 거기서 그치지 않는다. 예수님이 달리신 십자가 위에는 "유대인의 왕"이라는 죄패가 달려 있다. 앞의 조롱에 비추어 그것은 사람들의 놀림거리로 사용되었음이 틀림없다. 그러나 요한은 "자칭 유대인의 왕"이라 수정해야 한다는 대제사장들의 항의가 있었고, 그럼에도 빌라도가 개입하여 "쓸 것을 썼다"고 일축했다는 것으로 소개함으로써 그의 처형 원인이 매우 정치적이었음을 분명히 한다. 십자가형이 당대 로마의 정치범(반체제 인사)을 처형하던 극형이라는 차원에서, 그의 죄목은 반체제적인 '유대인의 왕'이란 점을 주목케 한다. 하지만 이 표현을 놓고 당시 그 체제를 대변하던 빌라도는 그가 진정 '왕적 존재'임을 인정하는 분위기를 보인다. 반면 대제사장들은 정색하며 그가 왕일 수 없다는 체제 동조적 발언을 한다. 선동된 군중은 그 표현을 희롱의 빌미로 삼는다. 거기에 가시면류관을 쓰고, 홍포 대신 벌거벗고 십자가에 달린 왕이 계셨다.

십자가에 달린 그를 올려다보며 지나는 사람들은 '자기 머리를 흔들며' 예수님을 모욕한다.

> 네가 만일 하나님의 아들이어든 자기를 구원하고 십자가에서 내려오라(마 27:40).

대제사장들과 서기관들과 장로들도 함께 희롱했다.

> 그가 남은 구원하였으되 자기는 구원할 수 없도다 그가 이스라엘의 왕이로다 지금 십자가에서 내려올지어다 그리하면 우리가 믿겠노라(마 27:42).

심지어 함께 십자가에 못 박힌 투사들도 "저가 하나님을 신뢰하니 하나님이 저를 기뻐하면 이제 구원하실지라" 하고 모욕을 했다.

불편하기 그지없는 모욕들이지만, 정죄자들의 처지에서 보면 이해가 가는 말들이다. 사실 지금이야말로 예수 자신이 선언한 하나님의 아들 임을 증명할 절호의 기회가 아닌가? '하나님의 아들이라면 얼마든지 이런 상황을 벗어날 수 있지 않은가? 그가 많은 이들을 심지어 죽음에서조차 건져냈다고 하지 않는가? 하나님도 당신의 아들을 이대로 못 박히게 놔두진 않으실 것 아닌가?'

그렇다. 실은 공생애 전에 유대 광야에서 물리쳤던 사탄이 결정적인 순간에 돌아와 여러 사람의 목소리로 다시금 유혹하고 있다. 겟세마네 동산에서 "할 수만 있으면 이 잔을 내게서 옮기어 주소서"라는 기도를 드린 예수님에게, 살을 찢는 십자가의 고통은 당장에라도 벗어나고 싶은 유혹이었을 것이다. 기도하던 순간, 잡히던 순간, 심문받던 순간, 모욕을 당하던 순간, 십자가에서 못에 박히던 순간, 그 와중에서도 머리를 흔들며 모욕하는 무리의 조롱 소리를 듣는 순간, 찢기는 몸을 지탱하며 고통당하고 있던 그 순간순간은 정말 '인간' 예수로서도, '하나님의 아들'로서도 감당하기 어려웠을 것이다.

이 비난의 말들은 바로 오늘날도 많은 그리스도인이 견지하고 있는 신앙상식이다. 우리는 대개 고통이 하나님의 심판이라 믿으며, 소위 불행한 상황은 하나님의 뜻과는 상관이 없는 것으로 오해한다. 그래서 상황이 잘 풀릴 때나 평안할 때를 하나님 응답의 징조쯤으로 여기는 경향이 많다.

하지만 지금 이 순간, 실상은 저들의 조롱과는 다르다. 그들이 조롱하고 있는 이는 하나님의 아들이요 하나님이 기뻐하시는 자가 맞다. 게다가 하나님은 '저를 기뻐하심으로' 십자가에서 고통을 받게 하고 계신다. 그는 스스로를 죽음에 내어줌으로 죽어가는 자들을 구원하신다. 십자가 상에서 강도로 죽어가는 자나, 대제사장과 서기관들과 장로들이나 신학 없음은 매일반이다. 신학 없는 판단들은 종종 이처럼 죽어가는 자에게도 긍휼 없이 잔인한 조롱이나 해대기 일쑤다. 그것은 살리는 일이 아니라, 죽어가는 자에게 확인사살까지 하는 셈이다. 무서운 일이다.

운명의 현장에서 (마 27:45-56)

하나님의 아들은 살이 찢기는 최후의 고통 속에서 하나님을 부른다.
"나의 하나님, 나의 하나님, 어찌하여 나를 버리셨나이까"(마 27:46).
사실 그것은 부름이라기보다는 절규에 가까운 것이다. '세상 죄를 지고 가는 하나님의 어린양' 곧 소명의 사람으로 사시다가, 자신의 '죽음'을 예고하며 기꺼이 십자가를 지셨지만…, 그 고통이 너무도 심하셨을까? 삼위 하나님의 그 온전한 관계와 교통의 단절이 그토록 가혹한 유기로 다가왔을까? 아니면 그토록 마음 쓰며 구현해 내고자 했던 하나님 나라가 이토록 가뭇없이 중단되어버리는 현실이 한탄스러웠을까? 이 처절한 부르짖음은 오늘까지도 그 동산에서 그침 없이 메아리쳐온다.

그날 십자가에서 다루어지고 있는 죄의 문제는 성부 하나님이 '죄 짐을 지신' 성자 하나님마저 외면해 버릴 정도로 심각했다. 죄를 담당하시는 성자 하나님은 그 죄와 더불어 철저히 외면당하셨고, 성령 하나님도 철저히 침묵하시며 교통의 여지를 거두시고 말았다.

이처럼 십자가 사건은 그 죄의 심각성을 너무도 생생하게 보여준다. 그것은 오늘도 죄를 가지고는 하나님 앞에 나아갈 수도 없을 뿐 아니라, 죄에 관한 한 하나님은 아들마저 외면하시며, 철저히 심판하신다는 사실을 상기시킨다. 그날 십자가 상에서 죄를 담당하던 아들은 그 처절한 고통 속에서 하나님을 '아버지'라 부르지도 못한다. 죄는 그 관계마저 파괴하기 때문이다. 죄를 담당하던 아들은 사랑의 아버지 대신 '심판하시는 하나님'을 대면해 있다. 하나님의 아들마저도 아버지와의 분리를 초래하고 마는 것이 바로 죄의 속성이다.

한편, 이스라엘과 열방에 하나님의 통치현실이 드러나는 하나님 나라가 임하기를 고대했던 예수님은 그 마지막 순간까지 하나님의 오심으로 모든 잘못이 바로잡히고 하나님의 새로운 질서가 임해 오기를 고대했을 것이다. 하지만 악인들의 손에 의해 십자가에 달려 처절한 고통을 당하고 있을 때, 하나님은 여전히 침묵하시며 악인들의 조롱은 극에 다다라 있었다.

예수님은 절규하신다.

"엘리 엘리 라마 사박다니!"

고통받는 예수님 앞에 선 사람들

이 순간 온 세상은 이 하나님 아들의 죽음을 애도하고 있다. 해조차 어두워 빛을 잃고, 온 세상이 어둠에 잠겨 떨며 진동하고 있다. 그 와중에 사람들은 저마다 이 하나님 아들의 죽음을 지켜보고 있다.

◆ **무감각하게 서 있는 사람**

> 거기 섰던 자 중 어떤 이들이 듣고 이르되 이 사람이 엘리야를

부른다 하고(마 27:47).

그리고는 그들의 말에 아무런 언급이 덧붙여 오지 않는다. 이렇게 문장이 끝난다면, 이들은 참 무심한 사람들이다. 그들은 십자가 상에서 죽어가는 예수님의 괴로운 외침에 공감하지 못하고 있다. 다만 어떤 이가 비통하게 죽어가고 있는 현장에서, 그들은 그저 그 죽어가는 이의 한 외침을 흘깃 흘려듣고 말 뿐이다. 그들이 공감하지 못하는 이유는 그분의 외마디 소리도 제대로 이해하지 못하고 있기도 하지만, 애당초 그들은 철저히 자신을 그 죽어가는 자와 분리하고 있기 때문이다. 그들은 자기 자신과 직접 관계된 일이 아니면 관심 두지 않는다. 그가 어인 일로 죽어 가는지, 그 죽음의 배후에는 어떤 원인이 놓여 있는지 관심이 없다. 어디에서 어떤 일들이 발생해도 그것은 하나의 사실(fact)일 뿐이요, 뉴스나 가십거리일 뿐이다. '그래서 어쨌단 말인가? 어차피 사건들은 일어나고 있고, 세상은 또 그렇게 회복의 과정을 반복하면서 지속해 가는 것 아닌가?'

◆ 공감하며 반응하는 사람

그 중의 한 사람이 곧 달려가서 해면을 가져다가 신 포도주에 적시어 갈대에 꿰어 마시게 하거늘(마 27:48).

이 사람은 처형을 담당하던 병사 중의 한 사람이었을 것이다. 그러기에 그는 기계적으로 움직였을 수도 있다. 하지만 설령 그가 사형수에게 그 일을 하도록 책임을 진 자라 할지라도 죽어가는 자에게, 어차피 조금 후에는 죽어버릴 잔혹한 죄수에게 굳이 아량을 베풀 필요를 느끼지 못할 수도 있다. 그러나 이 사람은 예수님의 음성에서 고통을 읽었다. 그의 일그러진 얼굴과 피로 범벅이 된 육체 그리고 떨리는 그 음성을 외면하지 않는다. 그는 자신의 직무 수행에 앞서 동료 인간으로서 해야 할 일을 하고 있다.

이 사람은 적어도 타인의 고통에 인간적으로 공감하는 사람이다. 물론 자신이 이 죽음의 과정이나 결과에 어떠한 변화를 가져올 수는 없음을 안다. 자신의 무기력함에 절망감이 들 수도 있다. 하지만 그런 감정에 붙잡혀 있지만 않는다. 적어도 지금 이 순간 고통을 당하는 이에게 적어도 내가 할 수 있는 일을 통해 그 고통을 감해 줄 수 있을 것이라 믿는다. 그리고 그는 행동한다. 신포도주라도 마시게 하여 준다면 그의 고통이라도 완화할 수 있지 않은가?

◆ 잔인하여 조롱하는 사람들

> 그 남은 사람들이 이르되 가만 두어라 엘리야가 와서 그를 구원하나 보자 하더라(마 27:49).

그 참혹한 고통 속에서 죽어가는 자에게 어떻게 이처럼 끝까지 조롱할 수가 있을지 언뜻 상상이 되지 않는다. 하지만 진실에서 떠나 사실에 대한 참된 판단력을 잃을 때, 또는 무지할 때, 사람들은 이성을 잃고 쉽게 잔인해질 수 있다. 권위자의 말 한마디에 손쉽게 부화뇌동(附和雷同)하여 약자의 처단을 외치며 군중 속에 숨어버릴 수 있다. 우리는 그러한 모습을 사회 속에서나 심지어 교회 안에서 심심치 않게 목격한다.

이날도 다수의 사람은 예수님을 향하여 조롱을 그치지 않는다. '어디 한 번 보자'는 심산이다. 심각한 불신이요, 잔인하기 그지없는 비인간적인 처사다. 예수님에게 믿음을 두지 않는다 하더라도 적어도 그 죽음 앞에 침묵해 줄 수는 없을까? 내면에서 일어나는 그러한 '죽음'의 순간에 대한 본연의 경외감에 순순히 반응해 줄 수는 없을까?

◆ 믿음에 참여하는 사람들

이러한 상황 속에서 예수님은 외로이 슬픈 운명을 맞으신다. 하지만 그 혼돈의 자리, 그 처참한 해골골짜기에서 믿음에 참여하는 사람들이 있다.

> 백부장과 및 함께 예수를 지키던 자들이 지진과 그 일어난 일들을 보고 심히 두려워하여 이르되 이는 진실로 하나님의 아들이었도다 하더라(마 27:54).

가끔 이와 같은 극한 상황이야말로 사람의 진정이 거침없이 통하는 기회가 되기도 한다. 죽어가는 자를 조롱하며 비인간적 면모를 내 보이는 사람들 틈에서, 그 대상의 진정성을 알아보고 그에게 믿음을 둘 수 있다는 사실은 참으로 귀하다.

더욱 놀라운 것은 이들이 소위 신자들이 아니라 이방인들이라는 사실이다. 그리스도인들의 통상적인 오해 속에는 일반적으로 불신자들의 사고나 행위가 종종 비인간적일 수 있을 것이라는 생각이 있다. 하지만 예수님이 들려주시는 이야기 속에서나 예수님의 구원 사건 속에는 오히려 기대 밖에 거하던 이방인이나 타종교인, 죄인들이나 사회적 약자들이 오히려 신자들을 넘어서는 반응을 보여준다(선한 사마리아인 참고). 게다가 그 점은 오늘날도 종종 여전히 사실이라는데 이의를 제기할 수 없다.

◆ 아픈 마음으로 현장을 지키는 사람들

또한 누구보다도 이 죽음을 마음 아파하며, 그 현장을 지키는 사람들이 있다.

> 예수를 섬기며 갈릴리에서부터 따라온 많은 여자가 거기 있어

멀리서 바라보고 있으니 그 중에는 막달라 마리아와 또 야고보
와 요셉의 어머니 마리아와 또 세베대의 아들들의 어머니도 있
더라(마 27:55-56).

그렇다. 여인들이다. 제자들조차 두려워 도망쳐버린 그 자리를, 예수님의 모친 마리아는 물론 함께 하던 여인들이 지키고 서 있다. 그들은 갈릴리에서부터 예수님의 사역에 동행하며 섬기던 마음 따뜻한 여인들이다. 외형이야 나약하기 이를 데 없지만, 그 중심만큼은 아무도 견줄 수 없는 견고한 분들임이 틀림없다. 그 참혹한 처형의 자리, 골고다 언덕을 여인들이 지키고 있다.

누군가의 고통의 현장을, 이 여인들처럼 지켜 줄 수는 없을까?

"크게 소리 지르시고 운명하시다" (마 27:50)

요한은 이 장면을 두고 "다 이루었다 하시고 머리를 숙이시고 영혼이 돌아가시니라"(요 19:30)고 기록한다. 하지만 마태는 그분이 마지막으로 '크게 소리 지르시고' 운명하신 사실만을 담담히 전한다. 모진 채찍질로 온몸은 이미 피투성이인데, 못 박힌 손과 발에 실려 오는 체중만큼의 살을 찢는 고통은 얼마나 혹독했으랴. 실 한 오라기도 걸치지 못한 수치와 함께, 죽음이 배회하는 십자가상에서 하나님의 아들은 마지막 호흡을 거칠게 몰아쉬고 있다. 호흡 하나 하나마다 온 존재로부터 흘러나는 고통스런 신음이 묻어난다. 여기에서 비명 이외에 무엇이 더 가능할까? 오히려 제대로 된 말 표현이 낯설지 않겠는가?

침묵하시는 하나님, 무심한 하나님…이대로 두십니까? 구원하지 않으십니까?

하나님 아들의 마지막 비명소리가 갈보리 언덕에 메아리친다.

무덤의 아이러니 (마 27:57-66)

이것은 역사상 최대의 아이러니가 아닐 수 없다. '생명'이신 분이 '사망'에 머물러 계신다니 말이다. 생전에는 머리 둘 곳조차 없을 만큼 가난한 분이 부자의 묘실에 누워계신다. 그의 손으로 지음 받은 모든 피조물의 황망함을 대신하여 생명 없다 여김 받던 바위굴이 홀로 그 생명 잃은 생명의 주를 무감각하게 모시고 있다. 스스로 지각이 있다고 여기던 무리는 가장 지각없이 행동하며, 그 '진리'이신 분을 '유혹하던 자'로 여겨 그의 주검까지 구속하고 있다.

이 역설 속에서, 예수님에게 합당한 매장지란 애초에 불가한 이야기였다. 역사가들에 따르면, 십자가형에 처형되는 죄수들에게는 애초에 매장하지 않는 관례가 있었다고 한다. 하지만, 권세자들에 대항하던 예수님께는 정작 당대의 권세자에 의해 매장이 허락된다. 그리고는 그의 죽음을 슬퍼하는 이들에게 위안이 될 만한 준비된 묘실이 제공된다. 놀랍게도 그는 예수님의 공동체로부터 자칫 부자라 비난받기 쉬웠던 아리마대 사람 요셉이다. 그 마지막 순간에 그는 자신을 위해 준비해 둔 묘실을 예수님께 내어 놓은 것이다. 사실 그는 예수님을 심문했던 산헤드린 공회의 의원이다. 하지만 그는 선하고 의로운 사람이요, 예수님을 은밀히 따르는 제자 중의 한 사람이었고(눅 23:50; 요 19:38), 하나님 나라를 기다리는 자로서, 예수님에 대한 심문과 사형선고와 처형이 부당함을 알고 그들의 결의와 행사에 동의하지 않았던 사람이다(눅 23:51).

하지만 동시에 그는 유대인들을 두려워하여 은밀히 따르고 은밀히 자신의 의견을 감추곤 하던 소심한 사람이다(요 19:38). 그러나 이제 그에게도 행동할 때가 온 것이다. 그는 당돌히(막 15:43) 총독에게 나아가 예수님의 시신을 요구한다. 빌라도는 순순히 그 주검을 내어 주었고, 그 길로 그는 자신을 위해 예비해 둔 새 돌무덤을 예수님의 안식을 위해 기꺼이 내 놓는다.

언젠가 예수님은 "낙타가 바늘귀로 들어가는 것이 부자가 하나님 나라에 들어가는 것보다 쉬우니라"(마 19:24)고 경고하신 적이 있다. 하지만 예수님은 사람들 사이에 어떠한 외적 차별을 하신 적이 없다. 이처럼 부자 요셉이 하나님 나라의 선한 여정에 동참해 오듯, 부자들은 자신의 것들을 내어 하나님 나라의 현실에 구체적으로 참여하도록 초청하셨다.

거기, 그 무덤가에 황망해하는 두 여인이 앉아 있다. 막달라 마리아와 다른 마리아가 무덤을 향하여 앉아, 주님의 죽으심을 탄식하고 있다.

'어떻게 이런 일이…. 체포되어 감옥에라도 수감되어 계셨더라면 며칠 사이로 면회라도 가서 뵈올 수 있었으련만…. 어떻게 잡혀가시던 날 밤을 지나 곧바로 처형되어버리는 일이, 이 대명 천치에 어디 있단 말인가?'

아무리 빼앗긴 나라요, 소망 없고 억눌린 세월이었지만, 이런 법은 없다. 전심으로 사랑했던 주님을 잃은 이 여인들은 넋이라도 나간 듯 떠날 줄 모르고 무덤을 지키고 있다. 명령을 따라 무덤을 인봉하고 지켜 선 그 파수꾼들의 외형보다도, 예수님을 사랑하는 이 여인들의 주님을 향한 파수하는 마음은 더욱 견고히 무덤을 지키게 한다.

이러한 이들을 남겨두고 예수님은 꼭 죽임을 당하셔야만 했을까? 하나님의 섭리를 모두 헤아릴 길은 없지만, 생명이신 예수님은 죽어가던 우리에게 그 생명을 전가해 주시기 위해 돌아가셔야했음은 분명하다. 생명으로라야 그 생명을 구속할 수 있기 때문이다. 결국 그의 죽으심으로 말미암아 비로소 우리가 생명을 얻기 때문이다. 이 역설적인 그의 죽으심 사건 속에서 우리는 오늘도 죄와 자신에 대해 죽음으로써 생명의 주님을 맞이하게 된다.

부활의 아침이 다가오고 있다.

제 28 장
부활의 날, 하나님 나라의 위임

부활의 아침 (마 28:1-15)

무겁고 어둡던 안식일이 지나고 그 첫날(주일) 새벽이 밝아오자, 드디어 예고되었던 사건이 일어난다. 천사가 하늘에서 내려오고 큰 지진과 함께 무덤을 막고 있던 돌이 굴려지면서, 무덤에 뉘었던 예수님이 부활의 아침을 맞는다. 천사는 광명한 모습으로 무덤 곁을 지키며 부활을 증거한다.

> 그가 여기 계시지 않고 그가 말씀하시던 대로 살아나셨느니라
> 와서 그가 누우셨던 곳을 보라(마 28:6).

하지만 '부활의 이야기'는 지금이나 그때나 쉽게 받아들일 만한 소식은 아닌 듯하다. 오늘날 과학주의가 만연한 세대 속에서 부활의 이야기는 그야말로 하나의 신화적인 이야기로 치부되곤 한다. 당시에도 그 이야기는 심지어 예수님을 가장 가까이서 알았던 최측근들에게마저 의심되던 일이었다. 여인들로부터 예수님이 부활하셨다는 이야기를 전해들은 제자들은 사실이 믿기지 않았다. 실의에 차 엠마오로 내려가던 두 제자도 한 행인(실은 예수님 자신이셨다!)으로부터 부활소식을 전해 듣고도 믿을 수 없었다(눅 24:13ff). 동료 제자들로부터 스승이 부활하셨다는 이야기를

전해들은 제자 도마도 자신이 직접 보기 전에는 믿을 수 없노라 했다(요 20:25).

그렇다. 예수님이 부활했다는 이야기는 "누가 부활했다 하더라!" 해서 쉽게 믿고, 예수님이 이전에 "사흘 만에 다시 살아나리라" 예언했다 해서 곧이곧대로 믿어지는 문제가 아니었다. 본문 속에 나오는 등장인물들도 그 부활의 사건을 그리 쉽게 받아들이지 않는다. 심지어 현장에서 놀라운 사건으로 부활을 목격한 파수하던 군사들도 그 부활의 증인이 되지 못한다. 그러니 사건을 직접 보지 못한 제사장들이나 장로들, 심지어 제자들이 그 부활을 쉽게 수긍할 수 있었겠는가?

중요한 것은 부활이 갖는 의미다. 예수님의 부활은 기독교가 새롭게 태동하게 된 초석이 되었다. 사망 권세를 이기고 부활하신 그리스도는 자기 증언과 같이 하나님 나라를 여는 '부활이요 생명'(요 11:25)이며 아버지께로 이르는 '길이요 진리요 생명'(요 14:6)이 되심을 확증했다. 궁극적으로 메시아의 부활은 모든 인간이 대면하고 있는 최후의 원수, 곧 죄와 죽음에 대한 승리를 표방한다. 동시에 그것은 죽음을 빌미로 인간을 억압하는 모든 세상 권세(로마제국의 권세와 이스라엘의 정치, 종교 권력…)들에 대한 승리를 의미한다. 그의 부활로 인해 죄의 권세도, 사망의 권세도, 사단의 권세도, 세상의 권세도 모두 깨뜨려졌다.

그러므로 이제부터는 진정한 하나님 나라의 '새로운 시작'이 열렸다. 부활은 단순히 사후세계를 제시하는 문이거나, 죽어서 천국 가는 현실을 보장하는 사건을 뛰어 넘는다. 그것은 이제 비로소 모든 권세를 이기신 주 예수께서 세상의 진정한 통치자가 되신다는 선포요(빌 2:9-11), 하나님 나라가 생명력 있게 확산되는 토대를 제공한다. 그 선포는 이 땅에서 가이사(황제)가 더 이상 왕이 아니라는 것이다. 지금껏 황제에게 돌려지던 모든 칭호가 이제 그리스도께로 향한다. 부활하신 그리스도 그가 '왕'(King)이며, '주'(Lord)시며, '하나님의 아들'이며, '하나님 자신'이시다. 그가 바로 시편에서 예언된 진정한 왕으로 등극하신다. 그분이 통치하는 나라가 임했다. 예수님의 나라가 도래했다! 그분의 주권과 심판이 임해온다!

> 내가 나의 왕을 내 거룩한 산 시온에 세웠다 하시리로다 내가 여호와의 명령을 전하노라 여호와께서 내게 이르시되 너는 내 아들이라 오늘 내가 너를 낳았도다 내게 구하라 내가 이방 나라를 네 유업으로 주리니 네 소유가 땅 끝까지 이르리로다 (시 2:6-8).

부활사건을 받아들이는 네 유형의 사람들

마태가 전하는 그 부활의 아침에는 예수님의 이 부활 소식에 상이하게 반응하는 서로 다른 사람들의 입장들이 드러난다.

첫째, 그 부활의 아침에 무덤을 찾았던 그 두 여인이 있다.

> 그 여자들이 무서움과 큰 기쁨으로 빨리 무덤을 떠나 제자들에게 알리려고 달음질할새 (마 28:8)

그들은 무덤가에서 예기치 않게 천사를 만나 두려웠지만, 예수님의 부활을 전하는 천사의 증거가 반갑고 기쁘기 한이 없었다. 그들은 천사가 권하는 대로 '예수께서 누우셨던 곳을 볼' 필요조차 없었다. 말씀하시던 대로 그분이 살아나셨다는 천사의 증거면 되었다. 사실 남들은 곤한 잠에 빠져있는 새벽 미명부터 무덤을 보러 나갔던 그 두 여인의 기대가 무엇이었겠는가? 설령 그들이 사랑으로 모시던 분의 무덤과 시신을 돌아보고 싶은 마음이었다 할지라도, 그들의 마음속에는 그분이 말씀하시던 것처럼 다시 사신 분을 뵙기라도 했으면 하는 마음이 간절했을 것이다.

그런데 열린 무덤 문 앞에 앉아 있는 천사를 보고, 또 천사의 부활 중언을 듣고, 그들은 예수님의 부활을 증거하는 외적 증거를 찾을 필요를 굳이 느끼지도 않았다. 그들은 두려움과 기쁨을 동시에 가지고 부활의 소식을 증거하기 위해 달리기 시작했다. 그들은 보지 않고도 믿을 수 있었다. 과연 부활하신 예수님은 그들을 만나주셨다. 반가움과 기쁨과 감격으로 그들은 예수님의 발아래에 경배를 드렸다.

둘째, 거기에는 또한 남의 일은 무엇이든 상관없다고 여기는 부류의 사람들이 있다.

> 너희는 말하기를 그의 제자들이 밤에 와서 우리가 잘 때에 그를 도적질하여 갔다 하라…군인들이 돈을 받고 가르친 대로 하였으니 이 말이 오늘날까지 유대인 가운데 두루 퍼지니라 (마 28:13, 15).

이 무덤을 지키던 파수꾼들이야말로 부활의 사건을 '직접' 경험한 이들이었다. 그들은 이 놀라운 사건을 보고하기 위해 제사장들에게 달음질했다. 무덤을 지키는 것이 바로 그들에게 맡겨진 책무가 아니던가? 그들이 보았던 천사의 강림과 큰 지진, 무덤 문이 열리고 죽었던 이가 부활해 나오는 일이 그들에게 무엇을 의미하는지를 깨달을 여지가 없었다. 그들은 그저 직업적인 책임 의식에만 충실할 뿐이다. 게다가 사실 여부와는 상관없이 상관들이 시키는 대로 묵묵히 따를 뿐이다. 그들로부터 돈을 받고 사는 존재들 아닌가? 누군가 여전히 그들에게 급료를 주고, 그 직책을 계속해서 안정감 있게 수행하게만 해 준다면, 진리가 무엇이며 의미가 무엇이란 말인가? 사실 그들이 전달한 내용대로라면 그들은 돈을 받을 일이 아니라 직무태만으로 처벌을 받았어야 옳다. 하지만 이런 상황에서는 종종 큰 거짓을 위해서라면 작은 거짓 정도는 당연한 절차가 되어버리고 만다. 결국 그들은 그 놀라운 부활 사건의 증인이 되지 못했다. 오히려 그 부활사건의 왜곡된 전달자들이 되고 말았다.

셋째, 또한 거기에는 예수님 부활의 파장이 자신들에게 미칠 악영향을 두려워하는 자들이 있다.

> 그들이 장로들과 함께 모여 의논하고 군인들에게 돈을 많이 주며 이르되 너희는 말하기를 그의 제자들이 밤에 와서 우리가 잘 때에 그를 도적질하여 갔다 하라 만일 이 말이 총독에게 들리면 우리가 권하여 너희로 근심하지 않게 하리라 하니 (마 28:12-14).

어쩌면 대제사장들에게는 그 '부활'이라는 소식 자체가 불편한 진실이었을 것이다. 그들이 예수님을 처형하지 않았는가? 자신들이 죽인 '이단 예수'가 심지어 죽음을 정복한 부활의 주인공으로 알려진다면 백성의 혼돈은 어찌하며, 자신들의 종교적, 정치적 권위와 영향력은 어떻게 되는가? 그들에게는 부활의 역사성이나 가능성 등과는 상관없이 부활은 아예 없어야 했다.

그리하여 그들은 수단과 방법을 가리지 않고 사실을 감추거나 왜곡하려 들었다. 사실 그들은 부활하신 예수님을 뵌 적도, 경험한 적도 없다. 따라서 그 사실을 알지 못했지만, 그들은 파수꾼들이 목격한 내용을 보고받고 다만 그 사실을 원하지 않았다. 그래서 그것의 사실 여부와 상관없이, 다음의 사정은 어찌 되든 부활소식을 없애야만 했다. 따라서 당장은 거짓말을 해서라도 군중은 사실을 사실대로 알면 안 되는 것이었다. 심지어 그들이 소중히 여기는 돈을 내주는 한이 있더라도 사실이 사실대로 전달되어서는 안 되었고, 적절한 방책이 강구되어야 했다. 그런 일이라면 정치지도자들이든 종교지도자들이든 군 관계자들이든 의견을 달리할 필요가 없다. 어떤 힘을 동원해서라도 군중과의 진정한 소통은 막아야 하며, 자신들이 원하는 형태의 정보를 전달해 주어야 했다. 그들 생각에 그것이 바로 '갈릴리 이단'으로부터 군중을 보호하는 방책이라고 믿었을는지도 모른다.

끝으로, 평소에 진리를 '더디 믿는 자들'이지만 그러한 거짓과 왜곡된 정보에 오히려 귀를 기울이고 쉽게 믿음을 두는 군중이 있다.

> 너희는 말하기를 그의 제자들이 밤에 와서 우리가 잘 때에 그를 도적질하여 갔다 하라…군인들이 돈을 받고 가르친 대로 하였으니 이 말이 오늘날까지 유대인 가운데 두루 퍼지니라 (마 28:13, 15).

사람들은 기이할 정도로 남이 전하는 이야기들을 쉽게 받아들인다. 그것의 진리 여부는 관심이 없다. 자신들의 관심사이기만 하면, 그것의 출처가 어디이든 그 이야기의 의도가 무엇이든, 그 사건의 배경이나 연관된 사람들의 개인적인 특수상황이 무엇이든, 그 사건의 구체적인 진행과정이 어떠하든 크게 관심 두지 않는다. 이야기가 (자신들의 이해관계와 맞물려) 그럴듯하게만 들리면 그것이 다만 뜬소문이어도, 사실이 왜곡된 거짓이어도 거기에 믿음을 쉽게 두어버린다. 물론 그들은 종종 진리에 대해 논의를 한다. 하지만 그것에 대해서는 객관적이고 과학적인 증거들을 요구하는 듯하면서도, 정작 자신들이 믿어버린 거짓에 대해서는 증거가 필요 없는 내적 확신을 수용하는 사실조차도 인식하지 못한다.

그래서 사람들은 진리나 사실 그 자체에 관한 정보보다는 거짓이나 사실이라 믿도록 가공되거나 편집된, 왜곡된 사실을 기정사실로 믿어 버린다. 진리는 언제나 힘 있는 자들이 소유하고 있는 것으로 착각하기 때문이다. 그것이 정보이든, 학위든, 재산이든, 권력이든, 기회이든 무엇이든지 더 가진 자들이 더 나은 정보, 더 나은 해석, 더 가치 있는 내용, 더 효과적인 대안을 가지고 있을 것으로 생각한다. 그렇지 않겠는가? 일반 대중이라면, 전에 '창녀였다던' 여인을 포함하여, 평소에 지각능력이나 감정 조절에 미약하다 여겨졌던 여인들의 몇 마디가 진실을 담고 있다고 여기겠는가, 아니면 제사장, 장로와 같은 정치, 종교 지도자들이 이르는 말에 더 진정성이 있다고 믿겠는가?

오늘도 부활의 소식은 이처럼 다양한 반응을 불러오는 소식이다. 예수님의 부활에 관한 우리의 정보는 2천여 년 전에 그 부활을 경험한 소수 증인들의 고백에 근거해 있기 때문이다.

오늘도 사람들은 두 여인과 같이 부활을 기대하며 새벽 미명부터 다시 사신 예수를 뵈옵고자 열망하는 이들이 있다. 그들은 부활하신 예수님을 만나고, 엎드려 경배하고, 천사의 증거대로 증인되기 위하여 달음질하는 사람들이다. 반면에 돈을 위해서라면, 그것의 진리여부는 상관없이 그저 위에서 시키는 대로 직업적 책임감에만 충실하여 가공된 정보를 퍼 나르는 군병들 같은 사람들이 있다. 또는 부활의 역사적 진위와는 상관없이, 그것이 자신이 믿는 바와 다르다는 사실을 들어 그것을 거짓으로 치부하고, 돈이라도 내어 그러한 정보를 자신이 원하는 방식으로 왜곡시키려 수고하는 사람들도 있다. 아니면 진리에 관심도 없고 더디 믿으면서도, 자신의 관심사에만 마음 두면서 남들이 전해주는 왜곡된 사실들에만 만족하며 사는 사람들이 있다. 아쉽게도 이들에게서 진리의 추구나 예수님에 대한 경배를 찾아볼 수는 없다.

예수님은 부활하셨다! 그것은 우리의 '믿는바'와 상관없는 독립적인 사실로 존재하는 문제다. 우리는 다만 그 사실에 대한 입장을 선택할 수 있을 뿐이다.

지상명령 (마 28:16-20)

제자들은 예수님과의 약속을 상기하고 그 말씀 하시던 산에 이르렀다. 거기서 그들은 예수님을 뵈옵고 경배를 드렸다. 하지만 여전히 의심하는 이도 있었다는 것은 슬픈 현실이다. 그 예배의 자리에서 예수님은 우리가 오늘 '지상명령'이라 일컫는 "모든 민족으로 제자를 삼으라"는 말씀을 제자들에게 마지막 유언으로 남기셨다.

> 그러므로 너희는 가서 모든 민족을 제자로 삼아 아버지와 아들과 성령의 이름으로 세례를 베풀고 내가 너희에게 분부한 모든 것을 가르쳐 지키게 하라…(마 28:19-20).

복음서 저자들은 각기 다른 형태이긴 하지만 하나같이 이 유언의 말씀을 놓치지 않는다.

> 너희는 온 천하에 다니며 만민에게 복음을 전파하라(막 16:15).

> 그의 이름으로 죄 사함을 받게 하는 회개가 예루살렘에서 시작하여 모든 족속에게 전파될 것이 기록되었으니 너희는 이 모든 일의 증인이(눅 24:47-48).

> 너희에게 평강이 있을지어다. 아버지께서 나를 보내신 것같이 나도 너희를 보내노라(요 20:21).

승천해 가시기 직전에 하신 예수님의 마지막 메시지는 이렇다.

> 오직 성령이 너희에게 임하시면 너희가 권능을 받고 예루살렘과 온 유대와 사마리아와 땅 끝까지 이르러 내 증인이 되리라 (행 1:8).

그것은 예수님의 제자 된 이들로 하여금 제자 삼기를 계속하며, 예수님의 증인이 되라는 명령이다. 그 대상과 지평은 예루살렘과 온 유대와 사마리아와 땅 끝, 곧 온 천하 모든 족속에 이르며, 그 내용은 예수님께서 가르치시고 분부하신 모든 것이다. 예수님의 제자들은 어디에서 무엇을 하든 이 명령이 의미하는 바를 최고의 목표로 삼고 살아갈 것이 기대된다. 그것은 필연적으로 하나님 나라의 확장으로 귀결되는데, 예수님이 분부하신 하나님 나라의 복음을 통해 개인과 그들이 속한 사회가 하나님 나라의 현실을 경험해 가도록 이끈다.

따라서 제자를 삼는 것은 단순히 성경공부 명령이나 또한 좁은 의미의 전도명령을 넘어선다. 그것은 예수님이 우리에게 가르치시고 분부해 주신 모든 것, 곧 '하나님 나라'로 요약되는 이 땅에서의 총체적이고 변혁적인 삶의 증거명령이다. 이 증거를 통해 개인은 예수님을 주와 그리스도로 영접하고, 그의 가르침을 따라 하나님이 통치하시는 하나님 나라적 삶으로 방향을 전환해 갈 것이 기대된다. 그러한 개인들이 모인 공동체는 그들이 속한 교회는 물론 지역사회의 현실이 하나님 나라의 가치가 실현될 수 있는 장이 되도록 지속적으로 참여하고 변혁하면서 하나님 나라 건설을 위해 역할을 할 것이 기대된다.

이 명령과 관련하여, 종종 예수님의 교회가 낯설어 보일 때가 있다. 많은 교회가 마치 이 명령이 빠져있는 성경을 읽고 있는 듯한 느낌을 받는다. 이 명령은 교회를 향한 예수님의 유언으로써, 최종적이며 최고의 명령이다. 이는 교회가 방심하거나 차선으로 삼거나 잠시 미뤄둘 수 있는 명령의 성질이 아니다. 그런데도 교회들은 이 명령을 문자 그대로 최우선순위(Priority One)를 삼지 않는다. 교회적 삶의 주된 관심사는 여전히 교회내부에 머문다. 이 지상명령 성취를 위해 사용하는 예산만 검토해 보아도, 교회가 이 부르심에 얼마나 충성하고 있는가를 가늠해 볼 수 있을 것이다.

동시에 예수님의 교회가 지속해서 망각하는 것이 있다. 예수님의 십자가와 부활로 '구원받았다'는 사실에 집중하는 나머지, 바로 그 십자가와 부활로 온 세상에 '보냄을 받았다'는 사실에 대해서는 소홀한 경우가 많다. 구원의 감격을 표명하기 위한 축제와 같은 예배가 있고, 함께 기뻐하는 성도의 교제가 있고, 그 구원의 소식을 강화하고 후대에 계승하기 위한 교육도 있고, 그 기쁨의 소식을 세상과 나누고자 하는 봉사도 있지만, 교회는 여전히 그쯤에서 '구원의 감격'을 제한하려 한다. 그것은 '모이는 교회'의 구심적 결속 이미지를 넘어 '흩어지는 교회'의 원심적 확산을 기대하고 있다.

나는 서문에서 하나님 나라에 대한 오늘의 교회의 태도를 안타까워 하면서 다음과 같이 쓴 바 있다.

> 하지만 실상 하나님 나라는 우리 주 예수님의 꿈이요, 역점이요, 소망이요, 유업이다. 그것은 예수님 자신의 실재요, 그분의 오심이요, 그분의 온 생애요, 죽음과 부활이요, 다시 오심의 주제다. 그것은 그러한 신적 현실을 통해 형성된 그리스도의 몸 된 교회의 청사진이요 동시에 존재 이유다. 그럼에도 그 하나님 나라는 우리 안에서 희미하고, 다분히 피상적이며, 우리의 관심사 밖에 있다.

교회가 구원받은 공동체로서 이 지상에 존재하는 목적은 바로 이 명령을 따라 하나님 나라를 이 땅에 구현하는 데 있다. 따라서 교회는 이 명령을 소명으로 인식하고, 비전과 사명으로 붙들어야 한다. 이를 교회의 지상목표로 삼고, 교회가 기울이는 모든 노력의 최우선순위를 삼아야 할 것이다. 즉 교회가 예배하고, 교제하고, 교육하고, 봉사하는 목적은 바로 이 지상명령으로 귀결되어야 한다.

교회가 이 중심을 잃으면, 마치 목표를 잃고 광야에서 방황하던 이스라엘 사람들처럼 되고 만다. 그들은 애굽의 노예상황으로부터의(from) 구원은 인식하고 있었지만, 그 구원이 무엇을 위한(for) 것이었는지에 관한 목적과 부르심을 망각하고 있었다. 교회가 받은 구원은 바로 이 목적, 즉 이

지상에 하나님 나라의 현실을 확장시키는 사명으로 이끈다.

갈릴리에서 새 출발 하는 하나님 나라 복음

그런데 예수님은 이 중요한 말씀을 하시면서 갈릴리를 선택하셨다. 왜 일까? 자신의 공적 생애를 예루살렘에서 마감하셨다면 그리고 거기서 영광스러운 부활을 하셨다면, 예루살렘이야말로 이 새로운 '하나님 나라 운동'(movement)을 시작하기에 가장 적절한 종교적 거점도시가 아니겠는가? 그런데 예수님은 제자들을 갈릴리로 재소집하신다. 사람들의 기억 속에 여전한, '갈릴리(나사렛)에서 무슨 선한 것이 날 수 있는가?'하는 편견의 땅 갈릴리로 말이다.

하지만 갈릴리는 예수님이 처음부터 선택하신 하나님 나라 복음의 터전이었다. 갈릴리는 예수님의 고향이요, 삶 터요, 그의 모든 삶이 녹아 있는 곳이었다. 무엇보다 갈릴리는 예수님의 공생애 사역의 출발지였고 공생애 사역 동안 모든 관심이 집중되어 있었던 곳이었다. 거기에서 산상수훈이 나오고, 거기에서 수많은 기적이 나타나고, 거기에서 수많은 사람이 하나님의 구원을 보았다. 예수님 이후의 하나님 나라 복음이 다시 그곳에서부터 출발한다는 것은 하나도 낯선 일이 아니다.

거기에 더하여 더욱 더 중요한 요소 하나가 남아 있다. 갈릴리에서 시작한 복음이, 예수님의 부활과 더불어 다시금 갈릴리를 출발점 삼아 재출발한다는 것은 바로 기독교 복음의 특성과도 관련이 있다. 그것은 기독교 복음의 첫 동기, 첫 발걸음, 첫 소명은 언제나 '갈릴리'에 뿌리를 두어야 하며, 그 기원을 잊어서는 안 된다는 사실이다. 역사적으로 갈릴리는 흑암의 땅이요, 이방인의 땅이요, 소망 없던 땅이었다. 당시에도 갈릴리는 가난한 자들의 땅이요, 소외된 땅이요, 그로 말미암은 혁명의 땅이었다. 기독교 복음이 바로 그 갈릴리에서 시작되었고, 또 바로 그 갈릴리에서 재출발하였다는 것은, 그 복음이 결코 '성공지향의 복음'이 아니라는 것이다. 그것은 사회적 약자들이 살던 아무런 선한 것도 기대되지 않았던 땅에서 꽃피우고 열매 맺은 복음이다. 그 갈릴리 복음이 전파되어야 할 곳은 바로 지구상 곳곳에 있는 또 다른 갈릴리여야 하며, 아무리 사역이 확장되고 추종자가 많아진다 해도 그것은 '예루살렘'의 형식으로 변질해서는 안 된다. 그 복음이 단순히 이스라엘 나라에 국한되지 않고 지구상에 거하는 모든 족속과 연관된 것이라 해서 더 큰 성읍, 더 중요한 도시에서 출발하라는 법이 없다.

갈릴리를 강조하신 예수님의 의도에 따라, 우리 역시 어느 시대, 어떤 정황을 살아간다 하더라도 갈릴리를 기억해야 한다. 새로운 전환점이 필요하다 생각될 때, 우리는 갈릴리로 돌아가야 한다. 그때는 예수님도 제도권의 선생이 아니었고, 제자들 역시 엘리트 집단이 아니었다. 그들은 얼마 전까지만 해도 나사렛 동리의 목수요, 갈릴리 호수에서 그물을 내리던 어부들이었고, 이스라엘의 회복을 위해 가슴에 칼을 품고 다니던 자들이었다. 아카데미에 모여 철학적으로 사유하거나 토론하느라 시간을 보내기보다는, 백성의 처절한 삶의 현장 속에 하나님 나라가 실현되기 위해 이스라엘 전역을 돌아다니며 하나님 나라를 선포하고 그 도래를 목도했다. 거기에는 여전히 갈릴리 사람 예수님이 계셨고, 그분의 거친 광야의 소리가 선포되었고, 그것이 현실에 뿌리 내려오기 위해 치열한 토론과 성찰이 이어졌고, 그분의 위로와 초자연적 역사와 구원의 길들이 제시되었다.

오늘날 기독교 내부에서의 성공신화와 번영신학의 범람 현상은 가장 근본적으로는 바로 기독교 복음의 기원이 갈릴리임을 망각한 현상이라고 이해한다. 교회의 머리이신 예수님은 화려한 성 바벨론의 수장도 아니요, 전통과 종교와 권위의 도시 예루살렘에서 권력을 행사하시는 분이 아니시다. 그분은 갈릴리로 제자들을 부르시는 분이시다. 거기서 새로이 하나님 나라의 삶을 시작하도록 오늘도 부르시는 분이시다.

신앙의 연륜이 깊어가고 이제 무언가를 안다고 생각이 들 때 그리고 무언가를 할 수 있다는 생각이 들 때, 우리가 처음 예수님께 돌아왔던 때의 그 마음과 그 중심을 기억해야 한다. 예수님께서 나를 처음 불러주셨을 때의 그 마음과 그 태도를 기억해야 한다. 이제 좀 살만해졌다고, 이제 좀 익숙해졌다고, 이제 좀 괜찮은 위치에 있다고, 이제 좀 사람들이 알아준다고, 이제 좀 안정적이라고 더 큰 이름을 위해, 더 큰 성공을 위해, 더 큰 조직과 더 나은 체계 등을 마음 쓰는 순간, 우리는 탈선한 기차와 같은 현실에 놓이고 마는 것을 잊어서는 안 된다.

갈릴리로 부르시는 부활하신 예수님의 음성은, 우리 신앙의 근원과 본질을 살피고 성찰하도록 요청하시는 주님의 초청이다.

꼬/리/말

 마태복음과 함께 우리는 예수님을 모시고 긴 장정을 달려왔다. 그 사이 우리는 베들레헴에서 출발하여 이집트를 거쳐, 갈릴리에서 오랜 시간을 머물며 많은 사람을 만났다. 요단강변에서 세례를 베풀던 세례요한을 만나고, 팔레스타인과 그 인근 마을들에서 수많은 사람이 고침을 받고 하나님 나라를 살게 되는 모습을 지켜보았다. 그리고 예수님 곁에서 숱한 기적들도 체험했다. 무엇보다 보화와 같은 천국복음들을 경청하면서 하나님 나라의 깊은 실제들을 경험해왔다. 놀람과 기쁨과 안도와 희망으로 벅차오르기도 했고, 때로는 감격하고, 탄식하고, 울며, 스스로를 한하기도, 분노하며 절망하기도 했다.

 그리고 예수님과 함께 갈릴리 생활을 마감하고 예루살렘에 올라갔다. 환호하던 군중의 소요와 함께 성전에서의 소동과 권력자들에 대한 성토, 그들의 살인모의를 가슴 조이며 지켜도 보았다. 그 마지막 한 주간을 제자들과 함께 예수님을 따라 성전에도 가고, 마가의 다락방에도 가고, 겟세마네 동산에도 가고, 가야바의 뜰에도 가고, 빌라도의 법정에도 기웃거렸다. 마침내 대적자들의 간계로 십자가를 지시는 예수님을 따라 골고다에도 올랐다. 슬픔과 분노와 절망감이 교차하던 그 어두운 시간을 보내고, 결국 예수님이 이르시던 부활의 아침을 맞아 갈릴리로 돌아가 부활하신 예수님을 만나 새로운 소명을 부여받았다. 그리고 이제 새로이 '길 떠나는 나그네'가 되어 세상 한복판으로 나서기 위해 서 있다.

 하나님 나라는 이제 나(우리)의 작은 발걸음에 달려있다. 적어도 내 여정 속에서 내게 맡겨주실 소수 무리의 삶에는 그러할 것이다. 내 작은 영토가 하나님 나라로 꽃피울지는 철저하게도 내가 그 나라의 왕 되신 예수님을 모시고, 그분의 통치원리와 법에 따라 살아가는지에 달려 있다. 그 나라의 확장 역시 우리 각자의 확장 노력에 달려 있다. 이제 우리의 푯대는 하나님 나라다. 우리에게 비전이 있다면, 우리에게 꿈이 있다면, 그리고 오늘 우리의 일상에 목표가 있다면, 하나님 나라의 실현과 확장이다.

하지만 현실은 여전히 녹록하지 않다. 오늘의 다짐과 결단과 달리, 하나님 나라를 살아낸다는 것은 평생에 걸친 실천의 과제를 부여한다. 말씀을 현장에서 살아낸다는 것은 쉬운 일이 아니다. 그럼에도 그것은 우리에게 구실이 되지 못한다. 말씀은 항상 소명하는 힘이 있다. 우리가 안주하고 있는 틀로부터 우리 자신을 불러내고, 움직이도록 동기를 부여하고, 그 동기가 진실한지의 여부를 묻곤 한다. 그래서 부담스럽다. 그래서 필자 자신도 늘 말씀에 대해서는 아마추어만 같고, 가르치고 설교하는 일이 두려워진다. 그 말씀이 기대하는 현실에 관한 충분한 가치를 알지 못해 머뭇거리기도 한다. 동시에 그 가치를 알면서도 쉽게 내 현실을 팔아버리지 못하고 배회하기도 한다. 그 가치가 단순한 이해 수준의 가치가 아니라 실현되어야 할 가치라서 부담스러운 것이다. 실천적 삶을 요구하기 때문이다. 동기뿐 아니라 방향도, 그리고 순도까지 말이다.

사실 나는 이 책을 통해 너무 많은 말을 하지는 않았는지 염려스럽다. 여러 주제를 끌어오면서 다 아는 척, 스스로 의로운 척, 모든 것에 온전한 척, 예수님 편에 서 있는 척을 하면서 불특정한 형제-자매들을 지적하고 비판하면서 독자들에게 불쾌감과 부담을 주지는 않았는지 조바심이 난다. 하지만 필자 자신도 함께 하나님 나라를 고민하고 조바심내면서 내어놓은 고통스러운 고백임을 이해하셨으리라 믿는다. 여전히 여러 측면에서 흠 많고, 해결하지 못한 문제들과 오늘도 씨름하며, 남들에게 드러내지 못할 수치와 가식으로 고민하며, 또 삶의 다양한 문제들로 혼돈 중이다. 그럼에도 말씀을 통해 '예수님의 현실'에 다가서고자 애쓰면서, 자신의 누추한 모습을 그분의 인격과 형상으로 날마다 새롭게 형성되기를 소망하고 있음을 헤아려 주길 바란다.

　이 책을 탈고하는 과정에서 시인 김응교님의 글을 읽다 마음에 찔리는 구절을 발견했다. 시인의 은사이신 고 박두진 선생님께서 몸소 삶으로 살아내지 못하는 우리네 신앙방식을 도전하셨다는 말씀이었다.

　　쉽게 십자가니 보혈이니 글에 쓰지 마세나.
　　그 단어의 아픔만치 살고 그 삶을 글로 시로 쓰세나.

　또 다시 부끄러워져서 이렇게 책으로 묶어 내는 것이 잘하는 일인지를 한 번 더 돌아본다. 그리고는 또 다짐해 본다. 글로 쓰고, 말로 하고, 성경을 인용하고, 미사여구를 동원하며 예수님의 이름을 들먹이는 것보다, 결국 내가 믿고 알고 가르치고자 하는 바를 삶으로 말하며 살아야겠다고 말이다.

　예수님은 이렇게 부실한 내 작은 삶의 동기요 목적이 되신다. 이 책이 있기까지 인도하시고 또 말씀해 주신 분은 예수님이셨음을 고백한다. 지속해서 동기를 불어넣어 주시고, 교훈해 주시고, 책망해 주시고, 격려해 주시며, 당신을 더 알아가도록 붙들어 주셨다. 그렇게 지속해 왔던 마태복음 묵상의 시간은, 이전에 내게 익숙했던 예수님을 더욱 새롭게 배워가게 했던 시간이었다. 나는 그 동일한 은혜가 모든 독자의 묵상 속에서도 함께 하실 줄을 믿는다. 그리고 이후로도 끝까지 붙드실 주님을 기대한다.

　주님은 여전히 우리 모두에게 하나님 나라의 삶을 살도록 요청하시며 명령하신다. 우리가 그분의 몸 된 교회인 이상 우리는 그 나라의 백성답게 살 수밖에 없다. '하나님 나라'가 우리 삶과 사역의 밑그림이 되게 하자. 이 그림이 우리 개인의 삶과 공동체 삶을 재정립하고, 끊임없는 성찰과 반성과 회고를 통해 우리의 위치를 점검하고 변화를 도모해 가게 하자. 그 실재의 여부만이 복음서를 읽고 예수님을 만난 사람과 그렇지 않은 사람의 경계가 될 것이다. 이 그림이 희미해질 때, 그래서 내가 속하고, 누리고, 정착해 있는 환경에 주저앉아 있다고 생각될 때, 형제여 자매여, 다시금 원 복음의 땅 갈릴리로 오라!

　마태가 전하는 하나님 나라의 복음을 통해 오늘도 현현해 주시고, 갈릴리의 빈들에서 하나님 나라를 새롭게 도전하시는 우리 주 예수님의 평강과 동행의 약속이 당신의 삶에 충만하시기를….

> 볼지어다 내가 세상 끝 날까지 너희와 항상 함께 하리라
> (마 28:20).

임마누엘!!

● 참고도서

게리 하우겐, 『정의를 위한 용기』, 이지혜 역, 서울: IVP, 2011.
김회권, 『하나님 나라 신학으로 읽는 다니엘서』, 서울: 복있는사람, 2010.
도널드 크레이빌, 『예수가 바라본 하나님 나라 : 세상 속으로 뚫고 들어오는 하나님
　　　나라의 전복적 삶』, 김기철 역, 서울: 복있는사람, 2010.
로날드 사이더, 『가난한 시대를 사는 부유한 그리스도인』-IVP 모던 클래식스 10, 한
　　　화룡 역, 서울: IVP, 2009.
보언 리즈, 『중국의 예수가족 공동체 교회 이야기』, 송용자 역, 서울: 부흥과개혁사,
　　　2005.
사이먼 키스트메이커, 『예수님의 비유』, 김근수, 최갑종 공역, 서울: CLC, 2002.
스탠리 하우어워스, 윌리엄 윌리몬, 『주여, 기도를 가르쳐 주소서』, 이종태 역, 서울:
　　　복있는사람, 2010.
양용의, 『마태복음 어떻게 읽을 것인가』, 서울: 성서유니온, 2005.
톰 라이트, 『마침내 드러난 하나님 나라』, 양혜원 역, 서울: IVP, 2009.
＿＿＿, 『톰 라이트가 묻고 예수가 답하다』, 윤종석 역, 서울: 두란노, 2013.

갈릴리로 오라

Come to Galilee

갈릴리로 오라
Come to Galilee

2012년 04월 10일 초판 발행
2014년 03월 20일 개정판 발행

지 은 이 | 김대옥

편   집 | 박상민, 박예은
디 자 인 | 박희경, 이보람
펴 낸 곳 | 사)기독교문서선교회
등   록 | 제16-25호(1980. 1. 18)
주   소 | 서울시 서초구 방배로 68
전   화 | 02) 586-8761~3(본사) 031) 942-8761(영업부)
팩   스 | 02) 523-0131(본사) 031) 942-8763(영업부)
홈페이지 | www.clcbook.com
이 메 일 | clckor@gmail.com
온 라 인 | 기업은행 073-000308-04-020, 국민은행 043-01-0379-646
           예금주: 사)기독교문서선교회

ISBN 978-89-341-1363-8   (93230)

* 낙장·파본은 교환해 드립니다.

이 도서의 국립중앙도서관 출판시 도서목록(CIP)은 서지정보유통지원시스템 홈페이지(http://seoji.nl.go.kr)와
국가자료공동목록시스(http://www.nl.go.kr/kolisnet)에서 이용하실 수 있습니다.(CIP제어번호: CIP2014006645)